DER KLEINE PHOENIX

Ein Arbeitsbuch für Erziehungswissenschaft in der Sekundarstufe I

(Differenzierungsbereich 9/10)

Verfasst von:

Heinz Dorlöchter, Bernd Kahlbau, Gabriele Krafeld, Gudrun Maciejewski, Martina Sander, Christel Schrieverhoff, Edwin Stiller, Frank Wittig

Best.-Nr. 018290 2

Schöningh

Website
www.schoeningh.de

E-Mail
info@schoeningh.de

ab 2002 Schöningh Verlag im Westermann Schulbuchverlag GmbH,
Jühenplatz 1–3, D-33098 Paderborn

Druck: westermann druck GmbH, Braunschweig

Druck 5 4 3 Jahr 06 05 04

ISBN 3-14-018290-2

Dieses Werk folgt der reformierten Rechtschreibung und Zeichensetzung. Ausnahmen bilden Texte, bei denen künstlerische, philologische oder lizenzrechtliche Gründe einer Änderung entgegenstehen.

Inhaltsverzeichnis

***Vorwort* 8**

9/1 1. Der „Babysitterführerschein" 13

***Einführung* 14**
Babysitter – kein Job für schwache Nerven **14**
Babysitters erster Besuch **15**
Übung: Zeitreise **15**
Wir erinnern uns an unsere Kindheit **17**
Übung: Große und kleine Menschen **18**

***Orientierung und Planung* 18**
Methode: Referat **20**
Methode: Lesen **22**

***Erarbeitung* 22**
Die Welt aus der Sicht eines Säuglings **22**
Die Entwicklung im Überblick **25**
Alles nicht so einfach! **27**
Das Kind im dritten Lebensjahr **28**
Hegen und Pflegen will gelernt sein! **29**
Gute Unterhaltung! **32**

***Anwendung* 32**
Nicht nur lesen und reden... ! **32**
Babysitter-Führerschein **34**
Merkblatt für Babysitter **35**

***Beurteilung* 37**
Aller Anfang ist schwer! **37**
Erzieher / Erzieherin, Freund / Freundin oder Beziehungspfleger / Beziehungspflegerin? **40**

9/1 2. Spielraum 41

***Einführung* 42**
Spiele zum Sofortspielen **42**
Meine Lieblingsspiele in der Kindheit **43**
Übung: Lieblingsspiele **45**
Befragung: Veränderungen kindlicher Spielwelten **45**

***Orientierung und Planung* 46**

***Erarbeitung* 47**
Die Bedeutung von Spiel im Entwicklungsverlauf **47**
Gestaltung von Spielräumen **50**
Welche Spielmittel brauchen Kinder? **53**
Was muss ein guter Spielleiter/ eine gute Spielleiterin können? **59**

***Anwendung* 60**
Offene Pause **60**
Projektvorschläge **61**

***Beurteilung* 64**

9/1 3. Konflikte lösbar machen 66

***Einführung* 67** Übungen ohne Worte **67**
Konflikt-Comic **68**
Die Maßnahmen **68**
Biografischer Schreibanlass **69**
Standortbestimmung **69**

***Orientierung und Planung* 70**

***Erarbeitung* 71** Konflikte wahrnehmen und verstehen **72**
Anregungen zum konstruktiven Umgang mit Konflikten **76**
Handlungs- und Erprobungsmöglichkeiten im Alltag **83**
Exkurs: „Ich habe Angst, ‚Nein' zu sagen" – Selbstbehauptung **85**

***Anwendung* 87** Eine öffentliche Lesung **87**
Schülerinnen und Schüler regeln Konflikte in ihrer Schule **87**
Es geht um meine (Kurs-) Gruppe **87**
Es geht um meine Clique **88**
Besuch bei einer Schiedsfrau/einem Schiedsmann **89**
Weitere Anregungen **89**

***Beurteilung* 90** Brief an dich selber **90**
Arbeit und Situation in der Kursgruppe **90**

9/2 1. Hilfe, helft uns! – Kinder als Opfer, Kinder als Täter – was tun? 91

***Einführung* 92** Aktuelle Schlagzeilen und Kommentare **93**
Missbrauchte Täter **95**
„Armutskarriere" **96**

***Orientierung und Planung* 97**
Methode: Umgang mit statistischen Daten ***98***

***Erarbeitung* 100** „Ärmer als gedacht" – Hintergrundinformationen zum Thema **100**
Statistiken **105**
Was ist Kindesmisshandlung? **108**
Gesetzesverstöße strafunmündiger Kinder **109**
Verurteiltenstatistik **112**
Interview mit Prof. Franz Josef Krafeld **112**

***Anwendung* 115** Was können wir tun? **115**

***Beurteilung* 117** Kriminelle Kinder ohne Zustimmung der Eltern ins Heim? **117**
Weitere Anregungen **118**
Straßenkinder – Kinder der Ausweglosigkeit in Deutschland **119**
„Müssen Minderbemittelte mehr morden?" **120**
Kinder schreiben an die Kinderkommission **121**

9/2 2. Fremd – beziehungsweise – anders: Erziehung zwischen den Kulturen 122

***Einführung* 123** Prominente über Deutschland 123
A, B oder C 124
Erziehung zwischen den Kulturen 124
Selbstbild 126

***Orientierung und Planung* 127**
Methode: Biografisches Lernen 129

***Erarbeitung* 131** Jugendliche über sich 131

***Anwendung* 143**

***Beurteilung* 147** Ausländer – gefährlich fremd? 147
Fremdenangst – natürlich vorprogrammiert? 148

9/2 3. Typisch Mädchen? – Typisch Jungen? 151

***Einführung* 152** Das „Geschlechterpuzzle" 152
Lauter dumme Sprüche, Meinungen und Bilder 153
Wer bin ich? 154

***Orientierung und Planung* 154**
„Trennung auf Zeit" – ein besonderer Lernweg 155
Wissenswertes zum Thema „Rollen" 155
Methode: Karikatur 157
Methode: Rollenspiel 158

***Erarbeitung* 160** Wie entstehen Geschlechterrollen? 160
Männliche und weibliche Lebenswelten? 162
Wie kann man die verschiedenen Lebenswelten durchbrechen? 163
Mädchenarbeit 163
Jungenarbeit 164
Geschlechtsbewusste Erziehung konkret 166
Ein wichtiger Exkurs: Aus der Rolle fallen – lesbische und schwule Menschen 167

***Anwendung* 171** Markt der Möglichkeiten 171

***Beurteilung* 173** Erfahrungen eines männlichen Erziehers 173
Claudia – die sich die Freiheit nahm 174
Karrieren … 175
Anregungen 176

10/1 1. Generationenkonflikte 177

***Einführung* 178** Übung: Meine Meinung – deine Meinung 178
Wie lassen sich Generationenkonflikte beschreiben und in welcher Phase der Entwicklung gibt es sie? 179

***Orientierung und Planung* 180**
Generationenbefragung: Konfliktfelder 180
Methode: Interview 181
Begriffsbestimmung 183

Erarbeitung 184 Der Generationenkonflikt gehört zum Entwicklungsprozess **184**
Der Generationenkonflikt im Spannungsverhältnis **187**
Im Generationenkonflikt werden unterschiedliche Wertvorstellungen ausgetragen und neue entwickelt **190**
Anwendung 193
Beurteilung 195 Zusammenfassende Rückschau **195**
Diskussion von Thesen **196**
Beziehungen gestalten – neue Wege gehen **197**
Rück-Blick **198**
Hinweise **198**

10/1 **2. Schule im Wandel – Wandelt sich Schule? 199**

Einführung 200 Stramm stehen oder sitzen bleiben?
Klasse(n) Fotos im Vergleich **200**
Über die StrEnge geschlagen?
Schulerfahrungen mit Fräulein H. **201**
Schule in Ordnung? Unterricht nach alten Regeln **202**
Verstaubt und alt? Schulgeschichte zum Anfassen **204**
Orientierung und Planung 205
Spurensuche I: Das weitere Vorgehen planen **205**
Methode: Quellensuche/oral history **205**
Erarbeitung 207 Wozu ist die Schule da? Die Ziele der Schule im Wandel **207**
Was wurde gelehrt und gelernt?
Einsichten in Lehrpläne, Fächer und Schulbücher **210**
Wie und wo wurde gelernt? Klassenräume und Lehrmethoden zwischen alt und neu **214**
Anwendung 219 Spurensuche II: Auf den Spuren der eigenen Schule **219**
Beurteilung 221 Durch Rückblick zum Ausblick – Entwurf einer Schulordnung **221**

10/1 **3. „Und die Moral von der Geschicht' …" – Kinderbücher im historischen Wandel 223**

Einführung 224 Peter Weiss: Aus Büchern lernen **224**
Astrid Lindgren: Das entschwundene Land **224**
„Meine ersten Helden" – Eigene Leseerfahrungen **225**
Orientierung und Planung 225
Erarbeitung 227 *Methode: Erzähltextanalyse* **227**
Methode: Facharbeit **228**
Vier Kinderbücher im Vergleich **230**
Anwendung 239 Der Bücherkoffer **239**
Bestseller der Kinderliteratur **239**
Vorlese-Projekt **240**
Regeln für Vorlesende **241**
Beurteilung 243 „Pädagogisch wertvoll" **243**

10/2 **1.** **Erziehung im Beruf – Erzieherische Berufe 245**

Einführung 246 A, B, C oder D **246**
Orientierung und Planung 248
Erarbeitung 249 Ein Tag aus dem Leben einer Grundschullehrerin **249**
Heilerziehungspflegerin/Heilerziehungspfleger **250**
Erzieherin/Erzieher **253**
Wer ausbildet, erzieht! **257**
Sozialpädagogen **258**
Anwendung 261 Erkundungshilfen für erzieherische Berufe **261**
Methode: Praktikum in erzieherischen Berufen ***264***
Beurteilung 265 Anforderungen an den Beruf der Erzieherin/des Erziehers **265**

10/2 **2.** **Mein Paradies 268**

Einführung 269 Mein Paradies **269**
Aphorismen zum Leben **271**
Leben als Aufgabe oder Genuss? **272**
Lebensziele im Vergleich **273**
Unser Schachtelmuseum **274**
Orientierung und Planung 275
Erarbeitung 276 Welchen Weg wähle ich? **277**
Die unstillbare Neugier auf Sinn **278**
Milchschnitten statt Zuwendung **280**
Cool, ey! **282**
Leben können – Entwurf eines Systems von Haltungen **283**
Ein Paradies für Flüchtlingskinder? **284**
Wie können Eltern ihren Kindern bei der Entwicklung von Werthaltungen helfen? **285**
Anwendung 287 Drei Varianten einer Kurs-Talkrunde **287**
Gestalterische Möglichkeiten **288**
Beurteilung 289 Zum Abschluss: Das Ritual mit den drei Kerzen **290**

10/2 **3.** **Erziehung zur Verantwortung 292**

Einführung 293 A, B, C oder D **293**
Orientierung und Planung 296
Antworten auf Fragen – Ver/antwort/ung **296**
Methode: Textanalyse ***298***
Erarbeitung 299 Wie kann Erziehung helfen, Verantwortung für sich selbst zu übernehmen? **299**
Wie kann Erziehung helfen, Verantwortungsbereiche zu erkennen und Verantwortung wahrzunehmen? **301**
Anwendung 305
Beurteilung 309 Rück-Blick **310**

Glossar 311 ***Bildquellenverzeichnis 315***
Register 313 ***Die Autoren des „Kleinen Phoenix“ 317***

Womit sich das Fach Pädagogik beschäftigt...

Wird ein Kind geboren, so ist der erste Ausdruck seiner Bewegungen die Suche nach Kontakt. Es sucht die Begegnung, um sein Bedürfnis nach Nähe und Geborgenheit zu befriedigen, die neuen Eindrücke und Herausforderungen aus einem vertrauten Raum heraus wahrnehmen und durch Aktivität in seinen Erfahrungsbereich aufnehmen zu können. Die eigene Lebensgeschichte ist eine Geschichte von Begegnungen. Für ein kleines Kind sind diese Begegnungen normalerweise durch Fürsorge und Elternliebe bestimmt. Diese Begegnungen können aber auch durch Verhaltensvorschriften geprägt sein: Um Kinder vor Gefährdungen, z. B. im Straßenverkehr, zu schützen, bekommen sie Regeln auferlegt.
Begegnungen sind durch die unterschiedlichen Positionen beeinflusst, welche die beteiligten Partner einnehmen: So gestalten sich z. B. Begegnungen zwischen gleichaltrigen Geschwistern anders als zwischen Eltern und Kindern, Väter gehen oft anders mit ihren Töchtern um als mit ihren Söhnen, Mütter entsprechend anders mit ihren Söhnen als mit ihren Töchtern, Schülerinnen und Schüler haben untereinander andere Begegnungsmöglichkeiten als mit Lehrerinnen und Lehrern usw.
Begegnungen sind oft Auseinandersetzungen, z. B. im Jugendalter, wenn es darum geht, eigene Wege zu suchen und durch eigene Setzungen andere, manchmal gegenläufige Richtungen zu erforschen.
Begegnungen sind geprägt durch Nähe oder Distanz der beteiligten Personen, durch Zuwendung oder Krisen. Begegnungen im konstruktiven Sinn sind Austausch durch Andersartigkeit, die Gleichwertigkeit zulässt, indem sie Verschiedenheit respektiert. So ist es doch eigentlich erstaunlich, dass zwei so verschiedene Wesen wie eine Mutter und ihr kleines Kind im positiven Fall ihre Andersartigkeit respektieren und damit eine für beide konstruktive Beziehung aufbauen können. Aktionen und Reaktionen der Begegnungspartner beeinflussen dabei unsere Wahrnehmung, unsere Einstellung und unser Verhalten. Die Räume, in denen wir uns begegnen, ermöglichen oder beschränken unsere Handlungsspielräume und unsere Bewegungs(t)räume. So tragen sie dazu bei, dass wir im Laufe des Lebens Erfahrungen sammeln, an Selbstsicherheit gewinnen oder auch Ängste entwickeln, dass wir fähig werden uns Herausforderungen zu stellen oder dass wir von vergangenen Erlebnissen eingefangen sind.
Die eigene Lebensgeschichte ist auf jeden Fall ein Teil der eigenen Persönlichkeit geworden und beeinflusst wesentlich unser Selbstbild, unsere Anschauungen und unsere Fähigkeit zu handeln. Nicht jede Begegnung ist eine pädagogische: Beim Einkaufen wird die Kassiererin/der Kassierer nicht versuchen die Begegnung so zu gestalten, dass sie dich in deiner Persönlichkeitsentwicklung herausfordert – diese Situation wird durch Geben und Nehmen ohne nachhaltige Konsequenzen geregelt werden. Umgekehrt wirst auch du bei der Kassiererin/dem Kassierer keine Spuren hinterlassen, außer ihr findet euch sympathisch und verabredet euch. Solltest du jedoch einen Diebstahl begehen, so können erzieherische Maßnahmen folgen: Dein nicht der Norm und den Gesetzen entsprechendes Verhalten wird von den gesellschaftlichen Einrichtungen nicht toleriert und es wird versucht dich so zu beeinflussen, dass dein zukünftiges Verhalten ein anderes sein wird.
Einflussnahme mit einer mehr oder weniger deutlichen/verdeutlichten Zielperspektive auf die Persönlichkeitsentwicklung ist ein wesentliches Kriterium für erzieherische Situationen. Eine solche Einflussnahme kann – wie in diesem Beispiel – steuernd und direktiv sein, sie kann durch Zuwendung, Liebe und Verantwortungsgefühl charakterisiert sein. Deine Eltern werden in der Regel die Begegnung mit dir so gestalten, dass sie an deine Einsicht appellie-

ren und sich mit dir und deinen Vorstellungen auseinander setzen wollen. Doch da gibt es sicherlich vielfältige Ansichten, wie solche pädagogischen Einflussnahmen gestaltet werden sollen: autoritär, abwartend, verhandelnd,...
Einflussnahme kann als Prozess aufgefasst werden, bei dem alle Beteiligten in Wechselwirkung stehen und miteinander reden bzw. sich austauschen können (in diesem Fall könnte man auch von Begegnung sprechen), Einflussnahme kann aber auch als einseitige Beeinflussung verstanden werden. Das Ziel der Einflussnahme kann bewusst und allen Beteiligten deutlich sein, es kann auch eine gegenseitige Übereinstimmung mit dem Ziel vorliegen (Lehrer/Lehrerinnen beeinflussen Schüler/Schülerinnen mit dem Ziel eines Lernzuwachses, Schülerinnen/Schüler kommen zur Schule um zu lernen). Das Ziel kann aber manchmal weder dem Einflussnehmenden noch dem Betroffenen klar sein („spontane" Wutausbrüche oder Angstzustände in emotionsgeladenen Auseinandersetzungen sind dafür möglicherweise Beispiele).

„Erzieh mich doch, erzieh mich doch!"

Man kann immer dann von pädagogisch orientierten Begegnungen sprechen, wenn eine dir nahe stehende Person, eine Personengruppe oder Personen, die eine Einrichtung vertreten (Erzieherinnen und Erzieher, Lehrerinnen und Lehrer, ...), dir so begegnen, dass sie auf deine jetzige Persönlichkeitsverfassung oder deinen zukünftigen Lebensweg aus Liebe, Sorge, Verantwortungsgefühl, Interesse, ... mit einem mehr oder weniger deutlichen/verdeutlichten Ziel Einfluss nehmen wollen. Diese Begegnungen können respektvoll, achtungsvoll, mit der Mitwirkungsmöglichkeit aller Beteiligten, veränderbar, ..., aber auch rücksichtslos gestaltet werden.
Die Auswirkungen dieser Einflussnahme sind dabei nie mit Sicherheit vorhersagbar; die Art der Begegnung kann eine begünstigende oder hemmende Wirkung haben.
Im Fach Pädagogik soll nun untersucht werden, welche Folgen welche Art von Begegnung hat und welche verschiedenen Möglichkeiten zur Ausgestaltung es gibt.
Ihr sollt euch selber ein Urteil bilden können, welche Art der Begegnung ihr aus welchen Gründen in welchen Situationen bevorzugt. Die Begegnung einer Mutter/eines Vaters mit einem versorgungsbedürftigen Baby wird eine andere sein als ihre Begegnung mit einem pubertierenden Kind und sie wird sich unterscheiden von der Begegnung eines Sozialarbeiters mit einem drogenabhängigen Jugendlichen.
Die Ausgestaltung einer pädagogisch orientierten Begegnung – unter einer Zielperspektive in einer besonderen Situation – ist maßgeblich durch die Personen und ihre Einstellungen sich selbst und anderen gegenüber geprägt: Erachte ich mich selbst als wertvoll und verbreite ich eine Atmosphäre der Zuversicht oder bin ich voller Zweifel und Widersprüche und mutlos? Traue ich meinem Gegenüber etwas zu oder sehe ich ihn/sie als hilfloses Wesen? Bin ich bereit, meine Überzeugungen/ Urteile infrage zu stellen oder verharre ich auf einmal gefundenen Positionen?
Über eigene Einstellungen nachzudenken, ihren möglichen Einfluss auf eine Begegnung zu überdenken und zu verändern, sich mit sich selbst auseinander zu setzen, die Wirkung der eigenen Lebensgeschichte auf die

Gegenwart und das jetzige Handeln zu bedenken und gegebenenfalls zu verändern kann ein wichtiger Beitrag für eine pädagogisch orientierte Begegnung sein.
Dazu gehört auch, die gebildeten Muster des Denkens und Fühlens, die Einnahme von Rollen etwa als Junge oder Mädchen, Schüler oder Schülerin, die an einen gestellten Erwartungen etwa als zukünftige Mutter oder zukünftiger Vater wahrzunehmen und zu überprüfen, inwiefern ich an andere mit bestimmten Erwartungen herantrete oder ob ich den anderen in der Begegnung so wahrnehmen kann, wie er ist.
Begegnungen sind situationsgebunden, sie finden in vorstrukturierten Situationen (z. B. Ausbilder/Ausbilderin und Auszubildende), in einem vorgegebenen Raum (z. B. Schule mit ihren Regeln/Normen und entsprechenden Verhaltensmöglichkeiten) und in einer bestimmten gesellschaftlichen Atmosphäre und Struktur (z. B. Demokratie, die auch Widerspruch und Widerstand zulässt) statt. Oft haben Institutionen (Kindergarten, Schule, Erziehungsberatungsstelle,...) als Orte einen so erheblichen Einfluss auf die Personen, dass auch sie die Persönlichkeitsentwicklung prägen – dies gilt z. B. auch für den Kontakt mit Medien bzw. die Wirkung der Medien auf die Konsumenten.
Wer sich mit solchen Situationen unter pädagogischen Gesichtspunkten auseinander setzt, darüber nachdenkt und sich informiert, wie andere Menschen darüber denken bzw. darüber gedacht haben, der erwirbt pädagogische Kenntnisse, die sein Verhalten und das seiner ihn umgebenden Mitmenschen beeinflussen können. Wer pädagogische Kenntnisse hat, kann sich selbst und seine Schwierigkeiten besser verstehen und vielleicht Wege finden, diese Schwierigkeiten zu beheben. Diese Kenntnisse können benutzt werden beim Umgang mit anderen Menschen (z. B. in „pädagogisch orientierten Berufen") und sie sind hilfreich bei der Erziehung der eigenen Kinder.

Die folgenden Zeilen versuchen auf der Grundlage der vorigen Überlegungen ein Verständnis des Begriffes Erziehung zu entfalten:

Erziehung heißt:
einem Menschen begegnen,
auf seine Persönlichkeitsentwicklung verantwortungsvoll
Einfluss nehmen wollen,
ihn dabei achten und respektieren,
ein Du erkennen,
ein Wir erleben,
sich bewusst werden als ein Ich,
Nachspüren und infrage stellen lassen,
über das „Wozu?" auseinander setzen,
damit ein gleichwertiges „Wohin?" entstehen kann.

Schaut euch nach der Arbeit mit diesem Buch noch einmal diese Zeilen an. Vielleicht wollt ihr ja auch ein Gedicht schreiben, in dem eure Auffassung deutlich wird.

Eine weitere Anregung wäre, dieses Bild zu verändern/zu gestalten und ihm einen Titel zu geben, der im Zusammenhang mit Erziehung steht.

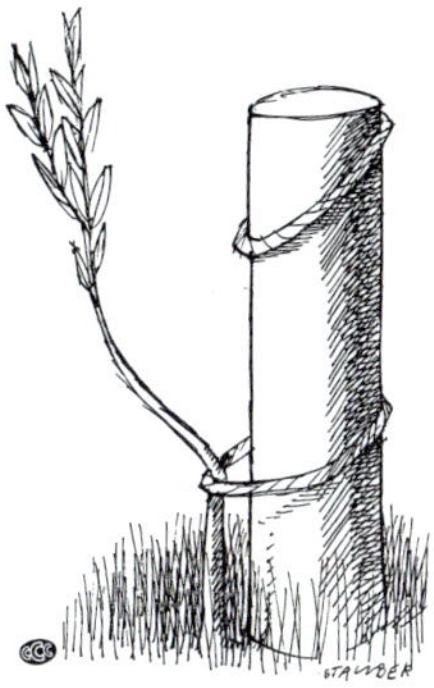

Über Rückmeldungen würden wir uns sehr freuen.

Wie man mit diesem Buch arbeiten kann:

In diesem Buch stellen wir euch/Ihnen für jedes Halbjahr drei Themen/Wahlalternativen vor, die in Abstimmung mit den Richtlinien allein oder kombiniert behandelt werden können.
„Der kleine Phoenix" ist als Arbeitsbuch konzipiert, das man nicht von der ersten bis zur letzten Seite nacheinander durcharbeitet. Vielmehr soll in gemeinsamer Planung von Schülerinnen und Schülern mit den Lehrerinnen und Lehrern eine Auswahl getroffen und Arbeitsschwerpunkte gesetzt werden.
Gemeinsam soll überlegt werden, welche Themen projektförmig, das heißt mit intensivem Praxisbezug, Recherche vor Ort und gemeinsamer praktisch-pädagogischer Tätigkeit, bearbeitet werden sollen.
„Der kleine Phoenix" soll selbstständiges Lernen und das Beschreiten von eigenen Lernwegen ermöglichen, daher unterbreiten wir viele Vorschläge, die weit über das Buch hinausgehen.
Aber auch innerhalb des Buches ergeben sich durch die Vernetzung der einzelnen Kapitel vielfältige Möglichkeiten, Komponenten des Buches selbstständig zu verknüpfen. Schülerinnen und Schüler können diese eigenen Lernwege alleine beschreiten, aber auch in Partner- oder Gruppenarbeit differenziert im Kurs arbeiten.
Durch spezielle **Methoden- und Lerntechnik-Hilfen** sowie **Literaturhinweise** (bis hin zu Internet-Adressen) möchten wir den möglichst selbstständigen Umgang mit dem Buch fördern.
Handlungsorientierte Arbeitsaufträge werden mit dem Symbol und biografisch orientierte Arbeitsaufträge mit dem Symbol kenntlich gemacht.

Alle Kapitel haben den gleichen Aufbau:

In der ***Einführung*** werden unterschiedliche methodische Zugänge zum Thema angeboten, damit die jeweilige Problematik von unterschiedlichen Seiten beleuchtet werden und jeder herausfinden kann, worin der persönliche Bezug zum Thema besteht („Was habe ich damit zu tun? Was geht mich das an?"), aber auch, von welcher allgemeinen Bedeutung das Thema ist.
Im Teil ***Orientierung und Planung*** können die Kurse entscheiden, welche Schwerpunkte in der Bearbeitung des Themas gesetzt werden sollen, welche Fragen an das Thema, welche Methoden (Interview, Umfrage, Expertenbefragung, Übungen ...) im Vordergrund stehen sollen und was als greifbares Ergebnis der Arbeit vorgesehen ist (Ausstellung, Zeitungsartikel, Kinderbetreuungsangebot ...).

Im ***Erarbeitungsteil*** werden grundlegende Informationen bereitgestellt und methodische Hilfen angeboten.
Im ***Anwendungsteil*** geht es um die praktische Umsetzung des Gelernten, sowohl im Kurs wie auch in der Schulöffentlichkeit oder sogar darüber hinaus.
Im ***Beurteilungsteil*** soll überlegt werden, ob die Fragen, die man sich am Anfang gestellt hat, beantwortet wurden und ob jetzt neue Fragen aufgetaucht sind. Der Lernweg, der zurückgelegt wurde, soll noch einmal betrachtet werden. Schließlich soll Material zur Diskussion anregen und zur eigenen Meinungsbildung beitragen.

Im Pädagogikunterricht geht es oft um Themen, die sehr persönliche Bezüge haben, bei denen jede/jeder Einzelne viel über sich und ihre/seine Lebensgeschichte sowie ihre/seine zukünftige Lebensplanung lernen kann. Dies macht das Fach Pädagogik auch gerade interessant. Damit hier niemand überfordert wird, sollten einige Vorsichtsmaßregeln im Umgang mit persönlichen Lernprozessen beachtet werden:
- Jede/jeder sollte jederzeit selbst darüber entscheiden können, was sie/er von sich preisgibt.
- Für sehr persönliche Aufzeichnungen bietet es sich an, ein gesondertes Heft zu führen. Jede/jeder kann selbst entscheiden, wer dieses Heft lesen darf bzw. im Austausch hineinschreiben kann.
- Schülerinnen und Schüler/Lehrerinnen und Lehrer sollten sich darauf verständigen, dass nichts Persönliches, über das im Kurs gesprochen wird, außerhalb des Kurses weitergegeben wird.

Auch bei **Übungen,** in denen es um zwischenmenschliche Beziehungen geht, etwa im Bereich Konfliktbewältigung, müssen zum Schutze aller Vorsichtsmaßregeln gelten:
- Der Umgang miteinander sollte niemanden verletzen oder bloßstellen.
- Es geht zunächst immer darum, die jeweiligen Gedanken und Handlungen der anderen zu verstehen und nachvollziehen zu können. Daher sollten alle mit Beurteilungen und Belehrungen sehr zurückhaltend sein.
- Auch bei der Auswertung dieser Übungen gelten die Schutzregeln zum Umgang mit persönlichen Angelegenheiten (siehe oben).

Dieses Warndreieck soll alle darauf aufmerksam machen, dass dort die Beachtung der hier formulierten Regeln besonders wichtig ist.

Die Regeln und der Sinn biografischen Lernens sowie zwischenmenschlicher Beziehungsübungen sollten im Kurs zu Beginn besprochen und der hier vorgeschlagene Regelkatalog an die besondere Situation des jeweiligen Kurses angepasst werden.

Lernen mit „Der kleine Phoenix“ heißt:

- nicht nur Antworten geben, sondern vor allem auch Fragen stellen,
- für sich klären, warum man lernt, welche Bedeutung das Lernen für jeden selbst hat,
- sich auseinander setzen mit dem Gegenstand des Lernens und mit anderen Lernenden und durch den Austausch zu neuen Betrachtungsweisen kommen,
- denken, fühlen und handeln,
- durch gemeinsames Tun Verantwortung übernehmen.

„Der kleine Phoenix“ hat noch zwei Nachfolger für die gymnasiale Oberstufe (11 – 13); diese Bücher sind ähnlich aufgebaut und tragen den Titel:

Phoenix – Der etwas andere Weg zur Pädagogik, Band 1 und Band 2

9/1 **1.**

Der „Babysitter-führerschein“

Das ist „Call“. Dies ist natürlich nur sein Spitzname. Er ist der Schrecken seiner Babysitterin/seines Babysitters.
Vielleicht habt ihr Lust, individuell oder in Gruppen, euch eine Familie auszudenken, in der „Call“ lebt? Gebt ihm und seinen Eltern Namen, vielleicht hat er Geschwister. Erfindet auch eine Babysitterin/einen Babysitter. Was macht ihr/ihm Probleme? Wie kam „Call“ zu seinem Spitznamen? Beschreibt „Call“ und seine Familie in allen Einzelheiten.

Einführung

Babysitter – Kein Job für schwache Nerven

In ihrem Jugendbuch beschreibt die Autorin Inge Methfessel die Geschichte der 15-jährigen Karin, die, wie wahrscheinlich viele von euch auch, chronisch pleite ist und daher beschließt, als Babysitterin Geld zu verdienen.
Auf dem Weg zu ihrem ersten Einsatz schießen ihr viele Gedanken durch den Kopf:

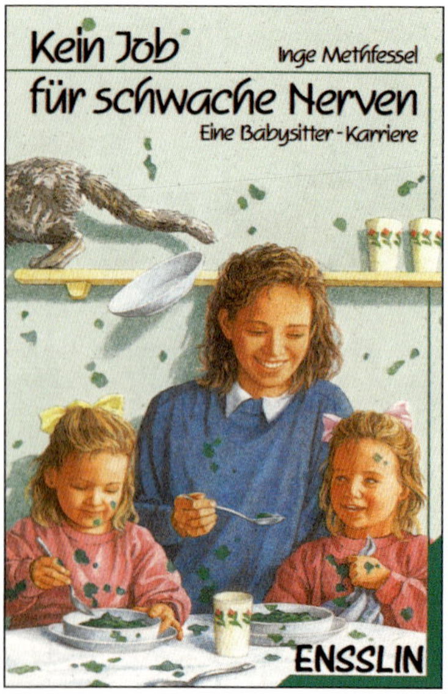

„Unterwegs versuche ich mir ins Gedächtnis zurückzurufen, was ich über Babys wusste. Sie brüllten meistens. Wenn sie nicht brüllten, schliefen sie. Sie bekamen die Brust oder das Fläschchen. Sie machten die Windeln voll, dann rochen sie unangenehm. Ja, noch etwas: Wenn sie Zähne bekamen, dann sabberten sie. Damit war ich mit meinen Vorkenntnissen am Ende. Ich musste mir eingestehen, dass das nicht gerade viel war. Aber ich hatte bisher keine Gelegenheit gehabt, mich aktiv oder passiv mit Babys und Kleinkindern zu beschäftigen. Und einen Leitfaden für Babysitter gab es eben noch nicht. Merkwürdig – es gab doch Anleitungen für alles, die Buchhandlungen waren voll davon. Aus Büchern konnte man das Computern ebenso wie das Angeln mit Fliegen erlernen. Da wurde anhand von Abbildungen gezeigt, wie man sich beim Yoga verknoten muss. Und wer sich einen Gartenteich anlegen wollte, konnte unter soundso vielen Publikationen wählen. Nur für Babysitter hatte sich bisher weder ein Autor noch ein Verleger interessiert. Dabei war das doch ein Job, bei dem man für ein bisschen Hilfe und Aufklärung dankbar wäre. Er erforderte nicht nur praktische Fertigkeiten: „Wie legt man eine Windel an?", sondern vor allem auch psychologische Tipps: „Wie geht man mit unvermutet auftauchenden Großmüttern um?"
Wie teuer solch guter Rat ist, wenn man selbst das Lehrgeld dafür bezahlen muss, habe ich erst später gemerkt. Jetzt fuhr ich erst einmal voller Optimismus meinem ersten Job als Babysitter entgegen."

(Inge Methfessel, Kein Job für schwache Nerven. Eine Babysitterkarriere, Ensslin & Laiblin Verlag, Reutlingen 1990, S. 27ff.; wiederaufgelegt in dem Ensslin-Leseinsel-Sonderband „Liebe oder so ähnlich" bei Ensslin & Laiblin 1995, S. 14)

1. Inzwischen gibt es auch Ratgeber für Babysitter, aber nur sehr wenige. Vielleicht kann euer Kurs am Ende des Projektes eine eigene Ratgeberbroschüre erstellen.
2. Erstellt eine Liste mit all den Dingen, die für die optimale Vorbereitung eines Babysitters nötig wären.

Wir werden Karin noch einmal am Ende des Kapitels in einer schwierigen Situation erleben. Zuerst schauen wir uns aber die Beschreibung eines solchen Ersteinsatzes in einem Babysitterhandbuch an.
Hast du schon eigene Erfahrungen als Babysitter/Babysitterin?
Wenn ja, dann schreibe sie auf und berichte von schönen, aber auch von schwierigen Situationen.

Anschließend könnt ihr euch zu zweit über die Erfahrungen austauschen und überlegen, was ihr den anderen, die noch keine Erfahrungen haben, berichten wollt.

Diejenigen, die noch nie Babys gesittet haben, können den folgenden Text als Grundlage nehmen:

Babysitters erster Besuch

„Stellen Sie sich bitte einmal folgende Situation vor: Die nette Studentin von nebenan sitzt in einer fremden Wohnung. Gegen 11 Uhr nachts ertönt aus dem Kinderzimmer leises Gejammer, das allmählich in kräftiges Schreien übergeht. Der neue Babysitter springt auf, läuft in Richtung Baby-Bettchen und versucht den kleinen Schreihals zu beruhigen. Vielleicht hat er seine Windeln nass gemacht und fühlt sich jetzt unwohl? Vielleicht ist ihm einfach nur zu warm, und er hat Durst? Vielleicht ist er aber auch gewohnt, dass die Mama an seinem Bett auftaucht und ihn beruhigt? Aber wo ist sie? Als er das fremde Gesicht sieht, stimmt er noch lauteres Gebrüll an und klammert die kleinen Fäustchen angstvoll an die Bettdecke. Er möchte seine Mama sehen. Die Studentin versucht, den Kleinen durch sanftes Wiegen zu beruhigen – umsonst. In dieser für das Baby so angstvollen Situation wird es auch dem freundlichsten Babysitter kaum gelingen, besänftigend zu wirken. Eine Situation, die nicht nur für das Kind, sondern auch für Babysitter und Eltern unangenehm ist."

(Kathrin Kleinjung, Babysitters Handbuch, Steinheim Verlag, München 1983, S. 13f.)

Hier ist offensichtlich einiges schief gelaufen:

1. Wer hat in dieser Situation welches Problem?
2. Was hätte getan werden können um diese Probleme zu vermeiden?

Übung

Zeitreise: „Zurück in die eigene Kindheit"

Zeitbedarf:

ca. 20 Minuten plus Auswertungszeit

Vorbereitung:

Für eine Fantasiereise braucht man Zeit und möglichst viel Ruhe und Entspannung. Also kann man den Klassenraum abdunkeln oder in einen anderen Raum ausweichen. Hilfreich ist auch Meditationsmusik im Hintergrund. Ein Schild: „Bitte nicht stören!" an die Tür hängen.

Eine Fantasiereise kann man im Sitzen oder Liegen (von den räumlichen Bedingungen abhängig) unternehmen. Im Sitzen sollte man eine möglichst entspannende Haltung einnehmen, die Augen schließen oder einen Punkt an der Decke ansehen. Jeder kann jederzeit aus der Fantasiereise aussteigen.

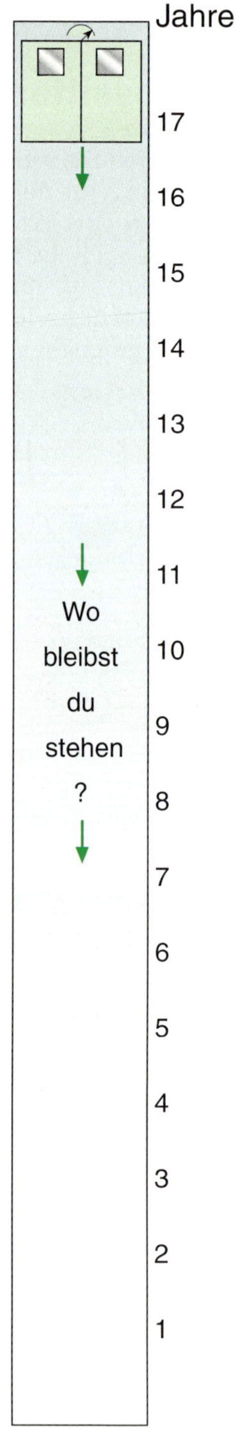

Durchführung:

Die Lehrerin/der Lehrer liest den folgenden Text sehr langsam und mit Pausen vor:

„Stell dir vor, du reist jetzt Schritt für Schritt zurück in deine Kindheit … wie mit einem sanften Fahrstuhl fährst du hinab in deine Erinnerung: Du bist zwölf … elf … zehn … neun Jahre alt. Du bist acht … sieben … sechs … Jahre alt … Reise so weit zurück, wie deine Erinnerungen reichen … Die Tür des Fahrstuhls deiner Zeitreise öffnet sich geräuschlos … Und du bist auf einmal an einem Ort, der ein Lieblingsplatz deines Kindseins war. Du blickst dich um … Was siehst du … was hörst du … was riechst du? Wie sieht dieser Ort aus? Welche Stimmung hat dieser Ort ? Nimm dir die Zeit und fühle dich in diesen Platz ein … (ca. zwei, drei Minuten Pause) …
Nun triffst du auf einen Menschen deiner Kindheit, mit dem du viel zusammen erlebt und gemacht hast … Wie sieht er aus? … Erinnerst du dich an sein Gesicht, seine Gesten,… die Stimme, den Körper? ... Was erzählst du diesem Menschen? … Was erzählt diese Person dir? … (zwei, drei Minuten Pause, während die Musik immer weiter läuft) … Nun kommen wir langsam zum Ende unserer Reise … Verabschiede dich von diesem Ort … Verabschiede dich von dem oder den Menschen, die du hier gesehen und erlebt hast (Pause) …
Jetzt steigst du wieder in den Fahrstuhl, dessen Tür sich vor dir geräuschlos öffnet …
Du fährst Zug um Zug zurück in deine Gegenwart …bist nach einer Weile hier und jetzt angelangt …
Spanne auf einmal alle deine Muskeln an … öffne die Augen … Während die Musik weiter läuft, suchst du dir Papier und Stift …
Bevor du mit anderen sprichst, schreibe alles auf, was du auf deiner Reise erlebt hast.

(Kaleidoskop [Hrsg.], Projektmappe Kindheit, Selbstverlag, Köln o. J., S.14)

Auswertung:

Zunächst sollte jede/jeder mit einem selbst gewählten Partner/Partnerin die gemachten Erfahrungen austauschen. Versucht euren Partner/eure Partnerin zu verstehen, aber kommentiert oder bewertet seine/ihre Erlebnisse nicht. Sammelt dann in Vierergruppen Gemeinsamkeiten und Unterschiede. Diese könnt ihr anschließend im Gesamtkurs austauschen. Achtet dann darauf, was für angehende Babysitter von Bedeutung sein könnte.

Wir erinnern uns an unsere Kindheit !

Biografische Schreibanlässe:

Bevor man Babys oder Kleinkinder „sittet", ist es wichtig, sich an die eigene Kindheit zu erinnern, zum Beispiel an eigene Ängste – nicht um sie zu bearbeiten, sondern um Kinderängste besser verstehen zu können und sich besser in Kinder hineinversetzen zu können.

a) Die Listen der ...

1. größten Ängste als Kind:
2. innigsten Wünsche als Kind:
3. häufigsten Streitgründe (Streit mit Eltern):
4. häufigsten Streitgründe (Streit mit Kindern):
5. ...

b) Geschichten, die das Leben schrieb:

1. Ich war maßlos enttäuscht, als ...
2. Ich hab' mich riesig gefreut, als ...
3. Wenn ich mal groß bin, dann ...

c) Der Kinderkoffer

Jedes Kursmitglied versucht einen alten Koffer zu besorgen. In diesen Koffer packt jeder dann die Dinge, die sie/ihn ganz besonders an die eigene Kindheit erinnern: zum Beispiel die Lieblingspuppe, das Lieblingsbuch, Fotos, Schmusedecke, Teddy usw. ...
Zu einem vereinbarten Zeitpunkt werden die Koffer mitgebracht. Jede/jeder kann dann den anderen Kursmitgliedern den Koffer oder ausgewählte Dinge zeigen und etwas dazu erzählen.
Denkbar ist auch, mit den Koffern eine Ausstellung zu machen.

d) Ja, wie sahst du denn aus !!!?

Zu einer vereinbarten Stunde bringen alle ein Babyfoto von sich mit; die Fotos werden eingesammelt und der Dargestellte muss erraten werden!

e) Babymodenschau

Kaum vorstellbar, dass man mal in solche winzigen Kleidungsstücke gepasst hat. Viele Menschen heben zumindest den ersten Strampler auf oder das Lätzchen. Auch zu diesen Dingen können Geschichten erzählt werden.

Übung

Große und kleine Menschen

Alle Kursmitglieder suchen sich einen Partner / eine Partnerin. Eine / einer setzt sich auf den Boden, die / der andere bleibt stehen. Fünf Minuten lang erzählt die / der Stehende der / dem Sitzenden, was sie / er gestern den ganzen Tag so gemacht hat, die / der andere hört zu. Anschließend werden die Positionen getauscht.
Achtet dabei genau darauf, wie ihr euch als Sitzende bzw. Stehende gefühlt habt. In welcher Position ging es euch besser? Welche Gedanken gingen euch durch den Kopf?
Welche Erinnerungen wurden hervorgerufen?

1. Tauscht eure Erfahrungen im Gesamtkurs aus.
   Was sagt diese Übung über das Verhältnis von großen und kleinen Menschen aus?
   Was heißt dies für Babysitter und Babysitterinnen?
   Warum ist es insgesamt für Babysitter und Babysitterinnen wichtig, sich an die eigene Kindheit zu erinnern?
2. Was könnte einen Bildredakteur dazu gebracht haben, diese Fotomontage auf die Titelseite eines „Spiegel special“ zum Thema: „Menschenskinder. Erziehung, schwere Last“ zu setzen?

Orientierung und Planung

Der ideale Babysitter

Was muss der ideale Babysitter – also in Zukunft auch wir –

wissen?	fühlen?	können ?
?	?	?

Was müssen wir uns von daher in den nächsten Wochen erarbeiten? Was können Kinder in den ersten Lebensjahren? Was noch nicht? Was sind typische Probleme in diesem Alter? Was können Babysitter tun?

Die Entwicklung von kleinen Menschen ist ein vielschichtiger und sehr komplexer Prozess, der sich auf wenigen Schulbuchseiten nur schwer darstellen lässt. Trotzdem ist es für angehende Babysitter ausgesprochen wichtig, Grundkenntnisse auf diesem Gebiet zu haben, um weder sich selbst noch die zu betreuenden Kinder zu überfordern.
Die Lektüre kann natürlich die reale Begegnung, die Beobachtung und den intensiven, individuellen Kontakt nicht ersetzen, aber sie kann vorbereiten, aufmerksam machen und dazu anregen, sich zusätzliche Informationen zu beschaffen. Daher geben wir hier schon Materialhinweise für diejenigen, die über den Unterricht hinaus weiter lesen wollen:

- Die Bundeszentrale für gesundheitliche Aufklärung (Postfach 91 01 52, 51071 Köln) hat Broschüren für Eltern erstellt, die kostenlos, auch im Klassensatz, abgegeben werden. Für den Babysitterführerschein empfehlenswert: „Das Baby“ (über das erste Lebensjahr), „Unsere Kinder“ (Kinder von 2 bis 6 Jahren) und „Kinderspiele“ (Spielvorschläge zur Entwicklungsförderung) sowie die „Sicherheitsfibel“ (Verhütung von Kinderunfällen).
- In Stadtbüchereien und im Buchhandel sind viele Elternratgeber zu erhalten. Empfehlenswert sind zum Beispiel:
  - Ulrich Diekmeyer, Unser Kind im 1. und 2. Lebensjahr (bzw. 3. u. 4. Lj.), rororo, Reinbek 1998
  - Katharina Zimmer, Schritte ins Leben, Kösel Verlag, München 1991
  - Miriam Stoppard, Säuglinge, Babys und Kinder, Ravensburger Verlag 1996
- Speziell für angehende Babysitter gibt es drei Veröffentlichungen:
  - Kathrin Kleinjung, Babysitters Handbuch, Steinheim Verlag, München 1983
  - Marianne Austermann / Gesa Wohlleben, Der Babysitter kommt!, Kösel Verlag, München 1996
  - Verena Sommerfeld, Babysitter, Tagesmutter, Krippe..., rororo, Reinbek 1997
- Die meisten Babynahrungshersteller und gesetzlichen Krankenkassen stellen Entwicklungskalender und Ratgeberbroschüren kostenlos zur Verfügung.

Filmtipp: Die englische Fernsehserie „Baby it's you“ (ausgestrahlt auf Arte, bei JPC-Medien zu erwerben: 5 Teile auf drei Videokassetten, 99,95 DM)

Neben der Lektüre gibt es andere gute Wege der Informationsbeschaffung. So können Experten in den Unterricht geholt oder Einrichtungen aufgesucht und interviewt werden (siehe Methodenhinweis S. 181 ff.). Für das Projekt Babysitterführerschein bieten sich an:

- Gesundheitsämter (dort werden z.B. Säuglingspflegekurse angeboten)
- Erziehungsberatungsstellen (die ja nicht nur in Krisensituationen helfen können)
- Jugendamt (vermitteln zum Teil auch Babysitter bzw. Tagesmütter)

- Kinderschutzbund (bildet zum Teil auch Babysitter aus, hat sicher Bedarf an Babysittern, die er vermitteln kann)
- Krabbelgruppen, z. B. in Familienbildungsstätten (dort findet man Experten z. B. für das Spielen mit Kleinstkindern)
- Kinderärztinnen und -ärzte, Säuglingsschwestern, Hebammen ...

- Ausbildungsstätten für Kinderpflegerinnen
- nicht zuletzt Eltern, Großeltern, Geschwister – die Experten des Alltags !!!
- Im Internet findet man unter der Adresse: http://www.meinbaby.de/ Hinweise rund ums Baby.

Einen ungewöhnlichen Roman hat Anne Fine zum Thema Baby im Unterricht geschrieben:

„Mit einem Mehlsack herumzurennen, der ein Baby darstellen soll, ist für eine Klasse von dreizehnjährigen Jungs schwer zu ertragen. Es sei denn, man stelle sich vor, dass am Ende des Projekts 114 Pfund Mehl im Klassenzimmer durch die Luft fliegen ... So jedenfalls hatten Simon und seine Klassenkameraden sich das Finale des Baby-Projekts ausgemalt, warum sonst hätten sie zugestimmt, drei Wochen lang auf ihre ‚Mehlbabys' aufzupassen und auch noch täglich einen Eintrag ins Tagebuch zu machen, der über diese neue Erfahrung eines Lebens mit Kind berichten sollte? Simon findet das Ganze zunächst völlig absurd, doch kaum ist er für sein ‚Mehlbaby' verantwortlich, verändert sich einiges in seinem Leben."

(Anne Fine, Das Babyprojekt, übers. von Barbara Heller, Diogenes, Zürich 1995, Klappentext)

Für die Erarbeitung z. B. der entwicklungspsychologischen Grundlagen kann auch eine arbeitsteilige Informationsbeschaffung vereinbart werden, die mit Referaten, Hausarbeiten oder Facharbeiten verbunden werden kann (siehe hierzu die Methodenhinweise auf den Seiten 20 f. und 228 ff.).

Methode

REFERAT

Eine „Blitzlichtrunde" zum Begriff „Referat" würde wahrscheinlich bei euch im Kurs ganz unterschiedliche Assoziationen wie
- gute Idee für besonders Interessierte
- langweilige Unterrichtsform, da nur einer redet
- gute Möglichkeit, um die Note zu verbessern
- zu viel Arbeit ...
- macht Spaß, da ich selbstständig mein Thema erarbeiten kann
- Angst vor dem Referatvortrag

hervorrufen.

Die Methode „Referat“ ist eine auch in der Pädagogik teilweise umstrittene Arbeitsform, da sie die Gefahr in sich birgt, Kommunikation eher zu verhindern als zu ermöglichen, wenn ein Referat
- zu lange dauert
- keine klare Gliederung hat
- schlecht vorgetragen wird.

Referate bieten aber andererseits Schülerinnen und Schülern auch besondere Chancen, selbstständiges Lernen zu lernen und in der Lerngruppe selbst als „Lehrer/Lehrerin“ zu wirken, d. h. den Mitschülern und Mitschülerinnen über einen bestimmten Themenbereich Wissen zu vermitteln. Damit dieser „Dialog“ im Kurs funktioniert, sind folgende Tipps für dich wichtig:

Grundregel: Denke immer daran, dass das Referat drei Aspekte hat, die in einem Wechselverhältnis zueinander stehen:

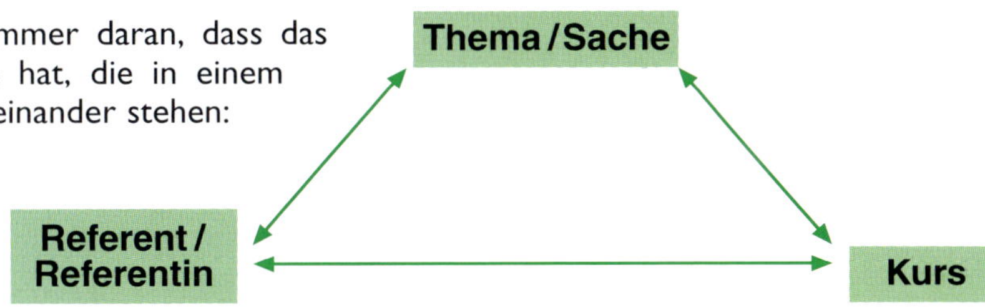

Deine Aufgabe ist es, das Referat möglichst interessant für den Kurs zu gestalten. Das setzt folgende Arbeitsschritte voraus:

I. Vorbereitung

1. Bereite dein Referat gründlich vor. Beachte genau das Thema und sichte die Materialien entsprechend.
2. Fertige eine klare Gliederung für dein Referat an:
   - Einleitung,
   - Hauptteil,
   - Schlussteil.
3. Verfasse das Referat sprachlich so, dass der Kurs es verstehen kann und du eine Vortragszeit von 10 bis 15 Minuten nicht überschreitest.
4. Stelle ein übersichtliches Thesenpapier zusammen, das die Hauptgedanken deines Referates enthält. Nenne auch die von dir benutzte Literatur oder gib nützliche Literaturtipps weiter.

II. Präsentation

1. Denke daran, dass deine Mitschüler und Mitschülerinnen viel weniger über das Thema wissen. Deshalb ist es wichtig, dass du nicht zu schnell sprichst und die Aufmerksamkeit deiner Zuhörerinnen und Zuhörer durch einen möglichst freien Vortrag sicherst. (Übe den freien Vortrag zu Hause!)
2. Benutze visuelle Medien wie z. B. Folien, Bilder, Plakate, Dias usw. zur Veranschaulichung deiner Informationen, denn Menschen nehmen ca. 70 % der Informationen über die Augen auf und nur ca. 30 % über die Ohren!
3. Gib am Ende des Referates deinen Mitschülerinnen und Mitschülern Gelegenheit zu Rückfragen und zur Diskussion deiner Ergebnisse / Erkenntnisse. Durch provokative Aussagen kannst du sicherlich den Dialog im Kurs fördern.

Methode

LE
SEN

Eine Textaufnahme, die so gestaltet ist, dass man mit dem Gelesenen arbeiten kann, setzt mehrmaliges Lesen voraus.

Erstes Lesen

Ein Text sollte daher zunächst einmal zusammenhängend gelesen werden – dabei geht es um das Textverständnis.
Um dieses zu erreichen ist es notwendig, Fremdwörter im Wörterbuch nachzuschlagen. Nicht selten sind aber auch Wörter unverständlich, obwohl es sich nicht um Fremdwörter handelt. Häufig geht ihre Bedeutung aus dem Zusammenhang, in dem sie stehen, hervor (z. B. durch eine Abgrenzung von anderen Begriffen oder durch die Gegenüberstellung von Aussagen, in denen sie stehen, mit anderen Aussagen). Daher muss man in einem solchen Fall beim Lesen in besonderer Weise auf den Zusammenhang achten, in dem ein solches Wort steht.

Zweites Lesen

Das zweite Lesen dient einer verstärkten Beachtung des Textzusammenhanges (Gliederung, Gedankengang). Es ist daher insbesondere auf Beziehungen zwischen den einzelnen Abschnitten zu achten. Eine besondere Hilfe sind dabei bestimmte Formulierungen im Text, die diese Beziehungen deutlich machen (z. B.: aber, nichtsdestoweniger, obwohl, darum, dagegen, auf der anderen Seite). Beim zweiten Lesen sollten aber nicht nur die Beziehungen zwischen den einzelnen Abschnitten hergestellt, sondern auch bereits die Kernaussagen dieser Abschnitte ermittelt werden.

Drittes Lesen

Beim dritten Lesedurchgang sollte der Text mit Blick auf eine bestimmte Fragestellung bzw. auf die zu behandelnde Thematik gelesen werden. Daher wird man sich nun beim Lesen darauf konzentrieren, welche Teile des Textes für die betreffende Problemstellung relevant sind, und diese dann in kleinen Schritten genauer analysieren bzw. auf die Problematik übertragen.

(Annette Höhne)

Erarbeitung

Die Welt aus der Sicht eines Säuglings

Die moderne Säuglingsforschung hat in den letzten zwanzig Jahren mit neuen Untersuchungsmethoden viele neue, spannende Erkenntnisse über die ersten Lebensjahre herausgefunden, die wir auf den nächsten Seiten vorstellen wollen. Einer der bekanntesten Säuglingsforscher ist Daniel N. Stern aus den USA, der neben seinen wissenschaftlichen Veröffentlichungen Eltern einen Einblick in die „innere Welt" des Babys zu vermitteln versucht.

In seinem „Tagebuch eines Babys“ stellt er seine Untersuchungsergebnisse auf eine ungewöhnliche Art vor: Aus der Perspektive eines Säuglings versucht er zu beschreiben, was ein Kind sieht, spürt, fühlt und denkt. Hier ein Auszug:

Ein Hungersturm – 7.20 Uhr morgens

Joeys letzte Mahlzeit ist vier Stunden her, er hat jetzt wahrscheinlich Hunger. Plötzlich schiebt sich seine Unterlippe vor. Er wird verdrießlich. Bald tauchen erste abgerissene Jammerlaute auf und entwickeln sich rasch zu anhaltendem Schreien.

Ein Sturm droht loszubrechen. Das Licht wird metallisch. Die Wolkenparade am Himmel bricht auseinander. Himmelsfetzen zerstieben in alle Richtungen. Der Wind sammelt still seine Kraft. Man hört ein Brausen, aber keine Bewegung ist zu sehen. Der Wind und sein Rauschen haben sich getrennt. Jeder hetzt hinter dem verlorenen anderen her, hält abrupt inne und jagt wieder los. Die Welt zerfällt. Irgendetwas wird gleich geschehen.

Das Unbehagen wächst. Es breitet sich vom Zentrum her aus und verwandelt sich in Schmerz.

Genau im Zentrum bricht jetzt der Sturm los. Genau im Zentrum wird er stärker und geht in pulsierende Wellen über. Die Wellen treiben den Schmerz hinaus, ihr Sog zieht ihn jedoch zurück nach innen.

Der Wind und das Brausen und die Himmelsfetzen werden alle zum Zentrum zurückgesogen. Dort finden sie zueinander, werden wieder vereinigt, doch nur, um sich von der nächsten Welle wieder hinausschleudern und wieder zurücksaugen zu lassen, dabei dunkler und stärker werdend.

Die pulsierenden Wellen türmen sich auf und nehmen die gesamte Atmosphäre ein. Die Welt ist ein einziges Brüllen. Alles explodiert und wird hinausgeworfen und bricht in sich zusammen und rast zurück zu einem punktförmigen Schmerz, der keinen Bestand haben kann, aber doch weiterbesteht.

Hunger ist eine überwältigende Erfahrung, ein Bedürfnis, ein Trieb. Er rast durch das Nervensystem eines Säuglings wie ein Orkan, unterbricht dabei alles, was vorher war, und setzt vorübergehend jedes geordnete Verhalten und Erleben außer Kraft. Der Sturm erzwingt sich eigene Handlungs- und Gefühlsmuster, eigene Rhythmen.

Das Hungergefühl ist zunächst schwach, wird aber rasch stärker. Solange es zu Beginn noch diskret und vage ist, empfindet es Joey vermutlich nur als allgemeine Gereiztheit, die seine Ausgeglichenheit stört. Davon ist alles betroffen – Bewegungen, Atem, Aufmerksamkeit, Gefühle, Erregung, Wahrnehmungen und anderes mehr. Diese „globale“ Störung muss Joey wie ein plötzlicher Verlust der Harmonie erscheinen, als ob „etwas schief laufe“. Der Gefühlston aller Dinge verändert sich mit einem Mal, so wie das „Licht“ vor einem Sturm „metallisch wird“.

In dieser Phase des zunehmenden Chaos und wachsenden Hungergefühls muss die Welt bindungslos und fetzenhaft erscheinen. Wenn Joeys Aufmerksamkeit für Augenblicke nach innen gezogen wird, kann er die Außenwelt nur fragmentarisch wahrnehmen. Was er normalerweise als ein kontinuierliches Werden erlebt, wird lückenhaft, so als habe eine Szene abrupt geendet und an einer anderen Stelle oder zu einem anderen Zeitpunkt wieder eingesetzt. Joeys Erleben weist Brüche auf: Er strampelt mit Armen und Beinen und erschüttert so die Atmosphäre um sich. „Die Wolkenparade am Himmel bricht auseinander. Himmelsfetzen zerstieben in alle Richtungen.“

Am meisten gestört ist Joeys Atemfluss. Der Hunger wächst weiter und drängt seine Ordnung dem bereits herrschenden Chaos auf. Zunächst erobert er Joeys Atem,

dieser wird schneller, tiefer, abgehackter. Nach kurzer Zeit wird auch seine Stimme aktiviert, Joey beginnt zu schreien. Während der Hunger noch wächst, stimmen Joeys Atem („der Wind") und sein Schreien („sein Rauschen") noch nicht überein. Einmal atmet er ohne Stimmbeteiligung, dann wieder kennzeichnen kurze Schreie das Ende der Ausatemphase, ohne jedoch die ganze Phase über anzuhalten. Dann wieder dauern Ausatmen und Schrei so lange, dass Joey keine Luft mehr bekommt.

Die fehlende Koordination zwischen Atmen und Schreien ist für Joey, als hätten „der Wind und sein Brausen sich getrennt. Jeder hetzt hinter dem verlorenen anderen her, hält abrupt inne und jagt wieder los". Joeys wütendes Schreien und heftige Bewegungen sind ebenfalls bestimmende Elemente dieser chaotischen Unmutsphase. Arm- und Beinbewegungen sind weder untereinander koordiniert noch mit dem Schreien und Atmen gekoppelt. Für Joey „zerfällt die Welt". Dieses diffuse Gefühl ohne jeden Angelpunkt spiegelt die tief greifende Erschütterung seines Wohlbefindens.

Schließlich jedoch beginnt der immer stärker werdende Hunger sich in ihm zu lokalisieren, und zwar an einer Stelle, die sich wie „das Zentrum" anfühlt. (Joey weiß noch nicht, dass es sich dabei um sein Zentrum handelt, für ihn bildet es einfach das Zentrum dessen, was für ihn die Welt ausmacht.) Es passieren zwei Dinge. Zunächst entwickelt sich vor dem Hintergrund der diffusen Gereiztheit ein deutliches Hungergefühl: „Genau im Zentrum bricht jetzt der Sturm los." Zum anderen bewirkt der Hungerschmerz in Joeys Nervensystem einen Wechsel der Gangart. Joey kann sich in den kraftvollen Rhythmus des lauten Schreiens fallen lassen. Er erlebt ihn als pulsierende Wellen. Das Schreien aus vollem Halse ist keineswegs ein chaotischer Zustand, sondern ein vom zentralen Nervensystem charakteristisch organisiertes Verhalten. Dieser Zustand koordiniert Joeys Verhalten wieder entsprechend seinen eigenen Mustern.

Die neue Ordnung des vollen Schreis besteht in einem schnellen, tiefen und gierigen Einatmen (dem Sog zum Zentrum) und einem lang gezogenen Ausatmen in Verbindung mit dem lauten Schrei, der den Atem jeweils bis zum Ende der Ausatemphase begleitet (dem Hinausschleudern). Atem und Stimme sind endlich wieder gekoppelt, die Welt beginnt sich von neuem zu ordnen. „Der Wind und das Brausen und die Himmelsfetzen werden alle zum Zentrum zurückgesogen. Dort finden sie zueinander, werden wieder vereinigt, doch nur, um sich von der nächsten Welle wieder hinausschleudern zu lassen."

Während das Schreien lauter wird, nimmt es Joeys gesamtes Tun und Erleben vollständig ein und ordnet es. Vermutlich macht das kraftvolle, mit einem Schrei verbundene Ausatmen Joey den Schmerz im Moment erträglicher, so wie Jammern und herumhüpfen „helfen", wenn man sich einen Zeh gestoßen hat. Er handelt jetzt koordiniert und erlebt die Dinge nicht mehr nur passiv. Außerdem bieten seine Anstrengungen und der Lärm, den er produziert, eine Ablenkung. Während er schreit, kommt es Joey vor, als würde er den Schmerz immer wieder nach außen wegschreien. Zwischen den Atemzügen verdichtet sich die Empfindung innen von neuem. „Die pulsierenden Wellen türmen sich auf und nehmen die gesamte Atmosphäre ein. Alles explodiert und wird hinausgeworfen." Es bricht in sich zusammen und „rast zurück zu einem punktförmigen Schmerz".

Das geordnete laute Schreien hilft Joey in zweierlei Hinsicht, mit dem Hungergefühl umzugehen. Es handelt sich um ein wundervolles, zielgerichtetes Signal (Polizei- und Feuerwehrsirenen machen sich dasselbe Prinzip zunutze), um seine Eltern auf sein Unbehagen aufmerksam zu machen und sie zu einer Reaktion aufzufordern.

Gleichzeitig hilft es dem Säugling, die Intensität des Hungergefühls abzuschwächen. So gesehen ist es der Hunger, der in Joey Potenziale freisetzt, welche ihm helfen, einerseits die Außenwelt zu erreichen und andererseits mit seiner Innenwelt zurechtzukommen.

(Daniel N. Stern, Tagebuch eines Babys, übers. von Gabriele Erb, Piper Taschenbuch, München 1998, S. 38 – 41)

1. Charakterisiere das Erleben des Kindes mit deinen Worten.

2. Wie sollte ein Babysitter auf den „Hungersturm" reagieren?

Die Entwicklung im Überblick

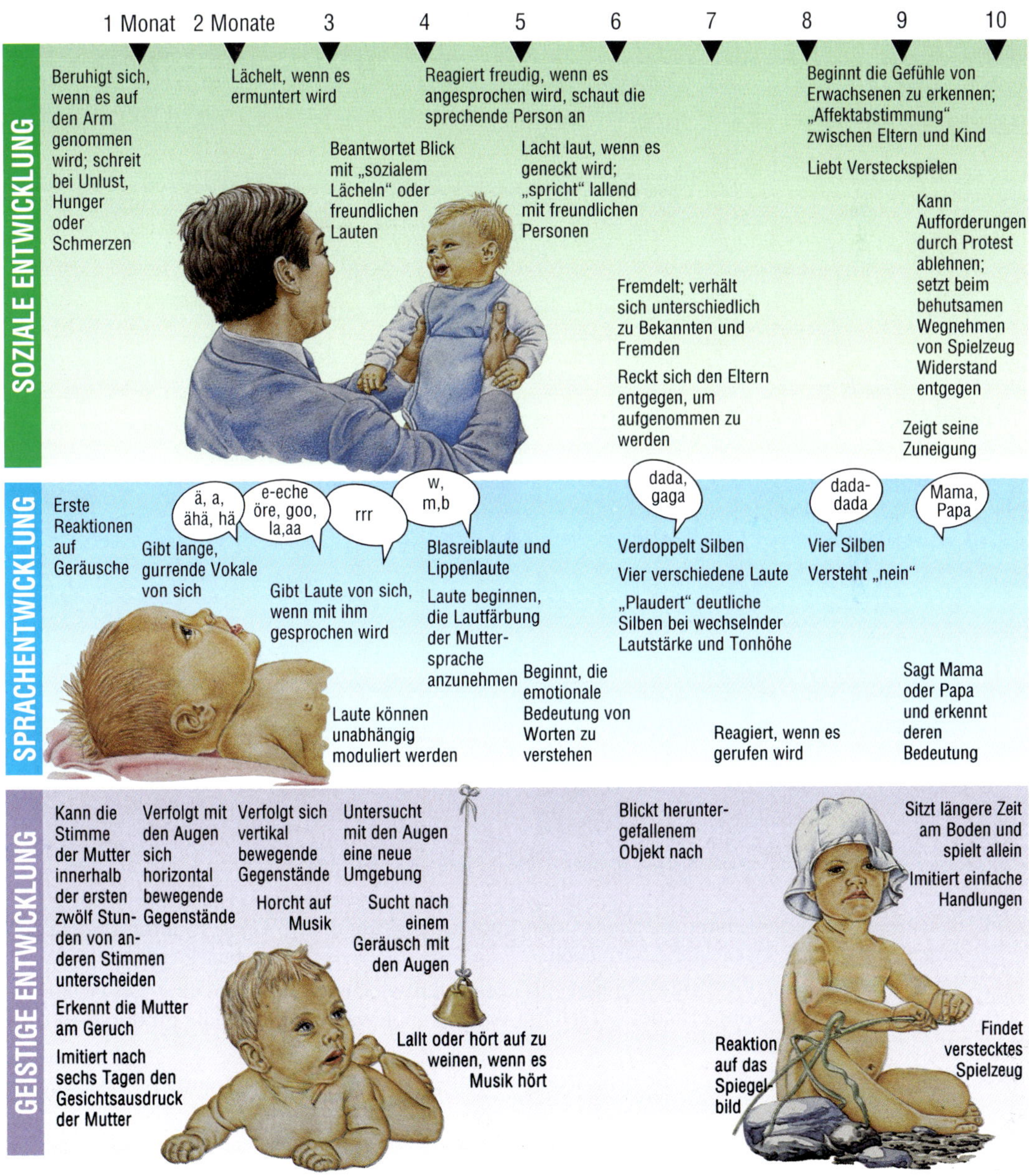

(Dirk Lehmann, Lust und Last der Wunderkinder, in: GEO 7/1996, S. 48f.; Abb.: Barbara Michael/GEO)

1. Beschreibt an ausgewählten Beispielen den Entwicklungsstand von Kindern unterschiedlichen Alters in den drei Entwicklungsbereichen.

2. Welche alltäglichen Probleme können mit diesen Entwicklungsprozessen und Entwicklungsständen verbunden sein? Erfindet ausgehend von euren gewählten Entwicklungsbeispielen kleine Alltagssituationen.

3. Welche Konsequenzen können Babysitter und Babysitterinnen aus ihren entwicklungspsychologischen Kenntnissen ziehen?

Alles nicht so einfach ! – Sitzen, Gehen, Stehen, Laufen ...

(Paul H. Mussen u. a., Lehrbuch der Kinderpsychologie, Band 1, übers. von Irmgard Hölscher, Klett-Cotta, Stuttgart 1993, S. 118)

1. Beschreibe die motorische Entwicklung mit deinen Worten.

2. Was bedeutet dieses Können bzw. Noch-Nicht-Können für den Alltag des Kindes?

3. Die zeitlichen Angaben sind durchschnittliche Richtwerte (wie auch in der Überblickstabelle auf den Seiten 25/26), denn Kinder entwickeln sich sehr unterschiedlich, auch in unterschiedlichen Entwicklungsbereichen.
Welchen Nutzen können solche Entwicklungsrichtwerte haben? Können sie auch schaden?

4. Welche Probleme und Aufgaben stellen sich für die Babysitterin/den Babysitter?

Das Kind im dritten Lebensjahr

Alles über den Körper – seine Entwicklung, Pflege, Ernährung und Kleidung

Körperentwicklung und -beherrschung im 3. Lebensjahr

Das Kind verliert nun etwas an babyhafter Pummeligkeit, wirkt zartgliedriger und sieht manchmal schon aus wie ein kleiner Erwachsener. Das liegt unter anderem daran, dass der Kopf im Verhältnis zum übrigen Körper nicht mehr so schnell wächst. Machte er beim Neugeborenen noch 1/3 der gesamten Körpergröße aus, so sinkt das Verhältnis nun auf ein Fünftel. Der Kopfumfang nimmt nur noch um 1 cm zu. Danach ist das Schädelwachstum fast abgeschlossen. Die Fontanellen sollten spätestens zu Beginn dieses Jahres geschlossen sein. Fontanelle nennt man die Lücke zwischen den Schädelknochen beim Baby, welche sich gewöhnlich innerhalb der ersten beiden Lebensjahre mit Knochenmasse füllt.
Das Gesicht wirkt großflächiger und erwachsener. Die Beine und besonders die Arme wachsen nun schnell, strecken sich und wirken etwas gerader. Mit der Änderung der Körperproportionen verlagert sich der Schwerpunkt des Körpers im Lauf der Jahre weiter nach unten. So wird es für das Kind auch immer leichter, das Gleichgewicht zu halten.
Insgesamt wird der kindliche Organismus belastbarer. Herz und Lunge nehmen weiter an Größe zu, und damit wächst die körperliche Leistungsfähigkeit. Denn letztere hängt mehr von der Funktionstüchtigkeit des Herzkreislaufsystems ab als von der tatsächlichen Muskelkraft. Diese erscheint noch sehr gering, ist aber im Verhältnis zur Körpergröße bereits genauso ausgeprägt wie beim Erwachsenen. Wichtig ist gerade jetzt eine ausreichende altersgemäße körperliche Belastung, welche einem Zurückbleiben der muskulären Entwicklung vorbeugt und außerdem Gelenkigkeit und gute Körperbeherrschung fördert. Sie erhöht auch die Freude des Kindes an der Bewegung und ist somit die beste Garantie gegen späteres Übergewicht. Eine Überanstrengung des Kindes brauchen Sie nicht zu befürchten. Jüngere Kinder schützen sich selbst instinktiv davor und setzen sich sogar zur Wehr, wenn sie überfordert werden.
Nachdem Ihr Kind das Laufen mühelos beherrscht, verlegt es sein ganzes Interesse auf eine fast „akrobatische" Vervollkommnung dieser Fähigkeit. Es rennt und versucht dabei scharfe Kurven zu nehmen, balanciert mit Vorliebe über niedrige Mauern, probiert das Hüpfen und Springen aus, geht mal auf Zehenspitzen und versucht ein anderes Mal auf einem Bein zu stehen. Auch das Klettern gehört zu seinen „Hobbies".
Zu Beginn des Jahres erklimmt es noch die Treppe, indem es ein Bein nachzieht. Gegen Ende kann es, ohne sich festzuhalten, mit wechselndem Schritt die Treppe hinauf- und hinunterlaufen. Auch das selbstständige Springen aus geringer Höhe übt es nun. Lieber aber lässt es sich noch von großer Höhe in die Arme seines Vaters oder seiner Mutter fallen. Es fährt nun auch geschickt auf seinem Dreirad.
Es gelingt ihm nun auch immer besser, einzelne Teile seines Körpers oder sich auch selbst ruhig zu halten. Allerdings kaum ganz bewusst und auf eine Aufforderung hin, sondern wenn eine spannende Spiel-Aufgabe es erfordert. *Immer feinere und gezieltere Bewegungen gelingen nun, ohne dass der ganze Körper sich unwillkürlich mitbewegt. Das Zusammenspiel der einzelnen Muskelgruppen und der Sinnesorgane – besonders von Hand und Auge – gelingt immer besser und wird mit viel Geduld und wachsender Konzentration durch ständiges Wiederholen in der spielerischen Bewegung geübt.*

So werden die Deckel von Behältern mit Vorliebe immer wieder abgeschraubt, einzelne Buchseiten umgewendet, ein Turm aus mehreren Klötzen gebaut, verschiedenartige Formen in die passenden Öffnungen gesteckt, Nägel in weiches Holz gehämmert, große Perlen aufgefädelt und einfache Figuren nachgezeichnet. Auch mit einzelnen Geräten wie Schere und Besteck lernt es nun gut umzugehen. Im Laufe des 3. Lebensjahres lernt das Kind außerdem, sich weitgehend selbst an- und auszuziehen, (große) Knöpfe auf- und zuzumachen, ein Tablett mit Geschirr sicher zu tragen. Und beim Abtrocknen lässt es nur noch wenig fallen. Kurz, es kann schon kleine Aufgaben erledigen und in einzelnen Dingen für sich selbst sorgen: selbstständig essen, sich die Hände waschen und abtrocknen, seine Haare kämmen. Allerdings darf noch nicht erwartet werden, dass das Kind diese Handlungen nun schon als regelmäßige „Pflicht" auch ausübt.
Es kann nun beim Aufräumen der Spielsachen helfen, da es sich den Platz der einzelnen Dinge gut merkt. – Deshalb holt es auch gerne im Haushalt die Gegenstände, die die Mutter gerade braucht, und stellt sie an den richtigen Platz zurück.
Natürlich schwankt die Beherrschung dieser Fähigkeiten noch nach Lust und Laune: Ist es müde oder lustlos, so nimmt es gerne wieder Hilfe auch bei Dingen an, die es sonst zum Teil alleine ausführt – wie zum Beispiel das An- und Ausziehen.
Gegen Ende des 3. Lebensjahres kann es meist auch schon selbstständig auf die Toilette gehen (obgleich da viele Kinder noch gerne Begleitung haben – nicht, weil sie nicht allein zurechtkämen, sondern einfach, weil es mehr Spaß macht und sie das Lob der Eltern nach vollbrachter Tat genießen).
Die Aufzählung dieser Fähigkeiten und Fertigkeiten bedeutet natürlich nicht, dass jedes Kind das alles im 3. Lebensjahr erlernt und ausführt. Unterschiedliches Reifungstempo und auch verschieden geartete Entwicklungsanreize und Übungsgelegenheiten bewirken schon jetzt große Unterschiede im Verhalten, ohne dass eine Störung vorliegen muss.

(Bundeszentrale für gesundheitliche Aufklärung [Hrsg.], Unsere Kinder, Köln 1995, S. 9f.)

1. Beschreibe Entwicklungsfortschritte in unterschiedlichen Bereichen.

2. Was bedeuten diese Entwicklungen für den Kinderalltag? Erfinde kleine Handlungssituationen, in denen diese Fortschritte, aber auch typische Probleme dieses Alters Bedeutung haben.

3. Was heißt all dies für eine Babysitterin/einen Babysitter?

Hegen und Pflegen will gelernt sein!

Da Eltern meist ihre eigenen Erfahrungen und Kunstgriffe im Umgang mit Flasche, Topf und Bett haben, ist es am besten, sich vorher in die kleinen Geheimnisse einweihen zu lassen. Vor allem bei kleineren Kindern ist es oft nützlich, bestimmte Handgriffe im Beisein der Eltern mehrfach zu üben.

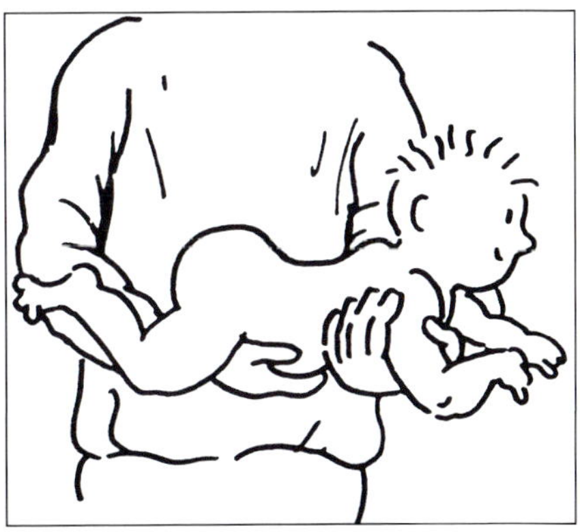

Die Zauberkraft des Schaukelns, Tragens und Haltens

Schaukeln und Tragen wirken sehr beruhigend, doch jedes Baby hat seine eigenen Vorlieben. Am besten, Sie probieren aus, wobei es sich am wohlsten fühlt. In jedem Fall ist es aber wichtig, den Säugling sicher und gut zu halten, deshalb stellen wir einige wirksame Tragegriffe vor.
Beim Tragen in der rechten oder linken Armbeuge können Sie sich besonders gut mit dem Kerlchen unterhalten. Auf dem linken Arm liegt das Kind nah an Ihrem Herzen. Der gleichmäßige Rhythmus des pochenden Herzens beruhigt und weckt Erinnerungen an die Zeit im Mutterleib.

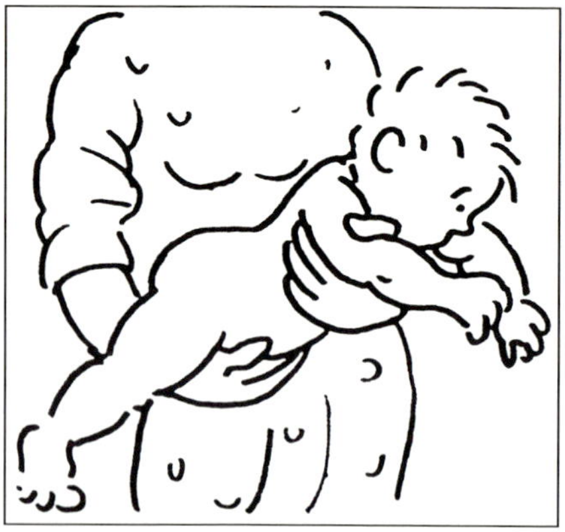

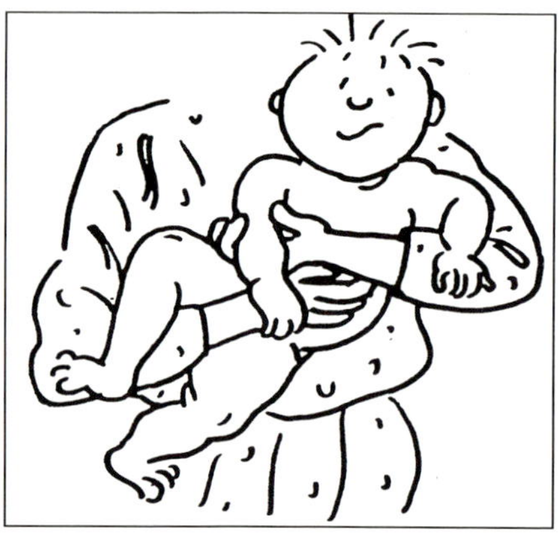

Tipp: Wechseln Sie die Seiten beim Tragen. Das Aufnehmen des Kindes erfolgt am besten über die Seite, da die Schulter dem Baby hilft, seinen schweren Kopf selbst zu halten und sich aktiv an der Bewegung zu beteiligen.
Tragen, Schaukeln und Wiegen regen den Gleichgewichtssinn an. Durch unterschiedliche Tragepositionen werden aus alltäglichen Handgriffen erste Spiele. Der Körperkontakt vermittelt Geborgenheit, Singen und Sprechen geben zudem ein Gefühl für Musik und Rhythmus der Sprache.
Seitlich, auf dem Unterarm liegend, den Rücken an Ihren Körper gekuschelt, kann der kleine Wicht seine Umgebung mit Blickrichtung in den Raum besonders gut wahrnehmen. Zur Abwechslung kann das Kind mit dem Bauch auf Ihren Unterarmen liegend geschaukelt werden, wobei jeweils ein Oberarm und ein Oberschenkel gut festgehalten werden.

Tipp: Kinder, die Blähungen haben, genießen diese Position besonders, wobei sie sich gern den Bauch sanft in kreisenden Bewegungen massieren lassen.
Bei der nächsten Variante sitzt der kleine Knirps auf Ihrem Unterarm, so dass er, mit dem Rücken an Ihre Brust gelehnt, in den Raum schauen kann. Ihre Schultern geben dem Kopf Halt.

Tipp: Wenn das Kind so auf Ihrem Arm sitzt, können Sie besonders gut erklären, was Sie sehen und was Sie jetzt machen werden.

Kampf oder Spiel beim Wickeln?

Schreit ein Baby, wenn Sie es berühren, so kann das oft mit kalten Händen zusammenhängen.

Tipp: Reiben oder Klatschen der Hände sowie warmes Wasser machen „kalte Flossen" warm und kälteempfindliche Kinder glücklich.
„Trockener Po macht froh!" Ein trockener Babypo ist unanfälliger gegen Wundsein und Pilzbefall. Lassen Sie den kleinen Racker so oft wie möglich mit nacktem Hinterteil strampeln.

Solange Sie lachen, singen, schmusen und nicht zu hektisch vorgehen, lässt sich das Baby gern von Ihnen versorgen, selbst wenn die Windel nicht ganz so perfekt sitzt oder falsch herum zugemacht wird.
Die jeweilige Wickelmethode, Pflege der Haut und die dazugehörenden Rituale lassen Sie sich am besten von den Eltern gut erklären. Wegwerfwindeln sind in den meisten Familien der „Renner“ und wirklich simpel zu handhaben, außer, Sie haben Öl oder Creme an den Händen. Alternativ dazu werden oft Mullwindeln und Schafwollhosen verwendet, die besonders hautfreundlich und schon etwas aufwändiger in der Handhabung sind.

Tipp: Quirlige und lebhafte Kinder wickeln sich leichter auf einer Decke am Fußboden.
Kinder, die schon stehen können, dürfen auch im Stehen gewickelt werden, wenn sie zu großes Theater machen. Sie können sich dabei an Stuhl, Sofa, Bank oder einem niedrigen Tisch festhalten und lassen sich mit einem interessanten Spiel oder Gegenstand ablenken. Flüstern, Pfeifen, Tiergeräusche imitieren, Quietschen, Brummen und immer wieder Lachen, lustige Verse und Lieder verwandeln „Wickelstress“ in ein Kuschel-Streichel-Schmusevergnügen.

Tipp: Um zu vermeiden, dass flinke Kinderhände buchstäblich „ins Volle“ greifen, eignen sich folgende Ablenkungsmanöver: Klapperdosen aller Art, Haushaltsgegenstände, Knister- und Butterbrotpapier, feste Gefriertüten mit wenig warmem oder kaltem Wasser, Erbsen, Perlen, Zucker, Grieß usw. gefüllt. Bestimmt fällt Ihnen auch eine kleine Überraschung für die kleinen Wilden ein.

Achtung: Bieten Sie niemals Puderdosen zum Spielen an. Puder kann sehr gefährlich werden, wenn er in die Atemwege gerät (Erstickungsgefahr). [...]

Tipp: Wenn der Windelverschluss nicht klebt oder abgerissen ist, so hilft Heftpflaster oder etwas Gewebeband, und die Sache hält bis zum nächsten Mal (Müllvermeidung).

Achtung: Zu viel Öl macht die Haut weich und verstopft die Poren. Schützende Cremeschichten sind nur notwendig, wenn der Babypopo wund ist oder wund zu werden droht.
Normalerweise sind Babys pflegeleicht, und es ist ausreichend, wenn sie ein- bis zweimal die Woche fünf bis zehn Minuten in klarem Wasser planschen dürfen. Babys sind noch dünnhäutig, und es dauert Jahre, bis sie eine ähnlich dicke „Elefantenhaut“ haben wie Erwachsene.
Sollte es nötig sein, das Baby zu baden, so achten Sie bitte auf die richtige Raum- und Wassertemperatur. (Raumtemperatur: 22 bis 25° C, Wassertemperatur: 36 bis 38° C.)

(Marianne Austermann/Gesa Wohlleben, Der Babysitter kommt, Kösel Verlag, München 1996, S. 28–31 [Auszüge])

Die Autorinnen betonen immer wieder die Notwendigkeit, sich von den Eltern über die Pflegegewohnheiten und Vorlieben der Kinder informieren zu lassen, und die Wichtigkeit der praktischen Übung im Beisein der Eltern. Im Kurs ist es aber vielleicht möglich, sich vom Gesundheitsamt eine Übungspuppe auszuleihen und mit einer erfahrenen Mutter oder Säuglingsschwester erste Erfahrungen zu sammeln, so wie dies Eltern in Vorbereitungskursen auch tun. Auch das Kennenlernen und Training von Erste-Hilfe-Maßnahmen mit Kleinstkindern kann hier im Buch nicht angeleitet werden, sondern muss mit Fachkräften vor Ort praktiziert werden. Eine theoretische Hilfe leistet hier die Sicherheitsbroschüre der Bundeszentrale für gesundheitliche Aufklärung (s. S. 19).

Gute Unterhaltung!

Da die Mattscheibe Kleinkinder matt macht – sie werden vorwiegend passiv berieselt, oft ohne die Eindrücke sinnvoll verarbeiten zu können – sollte der Babysitter/die Babysitterin die vielen Möglichkeiten nutzen, aktiv mit dem Kind die Zeit zu gestalten. Da wir hier im Schulbuch nur sehr begrenzten Platz haben, wollen wir hier in erster Linie Hinweise geben:

- Vorlesen ist in der Regel der Hit! Das gemeinsame Betrachten von Bilderbüchern macht Kindern ebenfalls viel Spaß. Ihr könnt das Kapitel 10/1, 3. dieses Buches zur Anregung nutzen.
- Vorsingen ist oft das beste Mittel, Kinder zu beruhigen! Gemeinsam Kinderlieder singen macht immer Spaß. Und vor kleinen Kindern kann man sich nicht blamieren. Also die Ausrede, man sei unmusikalisch, gilt nicht!
- Mit allem, was klingt oder Geräusche macht, kann man Musik machen: leere Dosen, Töpfe und Kochlöffel usw. – Achtung, Nachbarn hören mit!
- Spiele für jedes Alter von Tast- und Greifspielen, Trage- und Schaukelspielen über Schoß- und Kniereiterspiele bis hin zu ersten Geschicklichkeitsspielen: Das Buch von Marianne Austermann und Gesa Wohlleben (s. S. 19) bietet hierzu viele Anregungen. Auch das Kapitel 9/1, 2. kann hier weiterhelfen.

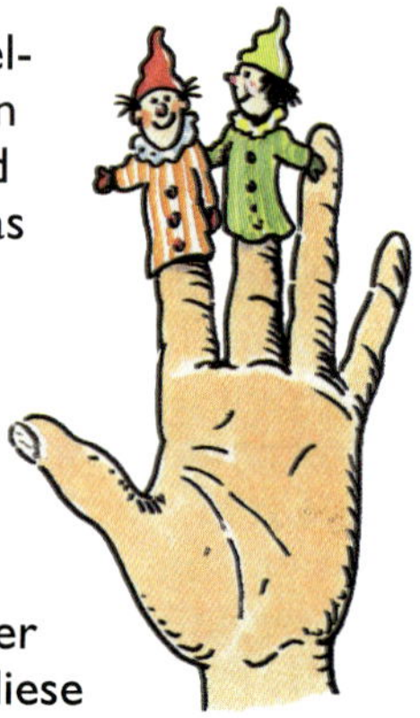

- Ohrensesselgeschichten: Eine Möglichkeit, die sich im Kurs gut trainieren lässt, sind Ohrensesselgeschichten. Die- oder derjenige, der/dem eine Geschichte erzählt wird, darf sich in eine bequeme Sitzgelegenheit setzen, wird vielleicht noch mit Bonbons verwöhnt und liefert dann dem Erzähler oder der Erzählerin fünf Stichworte, die alle in der Geschichte vorkommen müssen. Die Erzählerin / der Erzähler hat dann die Aufgabe, eine Stegreifgeschichte zu erfinden, in der diese Dinge eine Rolle spielen.
- Alle im Kurs erprobten Medien, Materialien und Tipps sollten in einem „Babysitterkoffer“ gesammelt werden und für den Einsatz bereitstehen.

Anwendung

Nicht nur lesen und reden ...!

Jeder hat in diesem Projekt die Möglichkeit, das Erlernte praktisch zu erproben. Durch praktisch-pädagogische Tätigkeit in der Schule oder darüber hinaus kann sich jeder von einer ganz neuen Seite kennen lernen.

Erkundung der Möglichkeiten in der Schule:
Gelegenheiten zur Kinderbetreuung wären z. B.:
- der Elternsprechtag,
- der Tag der offenen Tür,
- der Präsentationstag am Ende einer Projektwoche.

Vielleicht gibt es an eurer Schule noch andere Möglichkeiten. Sprecht darüber mit den Fachlehrerinnen und Fachlehrern des Faches Erziehungswissenschaft und der Schulleitung.

Vorbereitung:
- ein geeigneter Raum muss gefunden werden;
- für die entsprechende Ausstattung muss gesorgt sein, z. B. Matratzen aus der Sporthalle (Sportlehrerinnen und -lehrer fragen!);
- Material sollte langfristig gesammelt und gelagert werden: Bilderbücher, Spiele für alle Altersgruppen, Malzeug: Buntstifte, Fingerfarben o.Ä., Papier – hier kann man auch Eltern, Lehrer oder Einzelhandelsgeschäfte um Spenden bitten;
- ein Angebot muss vorbereitet sein: Wer hat wann Dienst ? Wer kann besonders gut mit Kindern malen, spielen, vorlesen …?;
- ansprechende Werbeplakate und Berücksichtigung in der Einladung zum Elternsprechtag o. Ä. müssen das Projekt bekannt machen.

Durchführung:
- dafür sorgen, dass immer mehrere Schülerinnen und Schüler „Dienst" haben;
- für Notfälle wissen, an welchen Lehrer/welche Lehrerin ihr euch wenden könnt;
- euren Einsatz dokumentieren (z. B. mit Fotos);
- besondere Ereignisse, Probleme schriftlich festhalten, damit ihr in der Auswertung im Kurs darüber sprechen könnt;
- Vielleicht kann auch ein Artikel über euer Projekt für die Schülerzeitung oder die örtliche Presse geschrieben werden.

Nachbereitung:
- Pädagogische Profis setzen sich nach getaner Arbeit immer zusammen und überlegen, was gut und was nicht so gut gelaufen ist und was man beim nächsten Mal besser machen kann. Das solltet ihr im Kurs auch tun!
- Sorgt für Kontinuität des Betreuungsangebots. Denn erst wenn eine solche Kinderbetreuung mehrfach durchgeführt wurde, entsteht auch eine Nachfrage an der Schule und die Kurse müssen nicht immer am Nullpunkt anfangen!
- Informiert die Schulöffentlichkeit über eure Arbeit. Das verbessert auch das Image des Faches Erziehungswissenschaft!
- Nach einem solchen Praxiseinsatz habt ihr euch dann den Babysitterführerschein verdient! (s. S. 34)

Möglichkeiten außerhalb der Schule:
Babysitterkurse werden in einigen Städten auch von Organisationen wie dem Deutschen Kinderschutzbund, dem Deutschen Jugendrotkreuz oder dem Jugendamt angeboten. Mit diesen Organisationen könnte über eine Zusammenarbeit gesprochen werden, z.B. auch auf dem Gebiet der Babysittervermittlung nach Projektende.
Denkbar ist auch die Gründung einer „Schülerfirma" zur Babysittervermittlung ! Dies ist aber nur unter günstigsten Bedingungen empfehlenswert, da es ein sehr langfristiges und zeitintensives Engagement voraussetzt!

Freiherr-vom-Stein-Gymnasium
Recklinghausen

Babysitter – Führerschein

Die Schülerin/der Schüler ....
hat sich im Schulhalbjahr 1998/1999 intensiv mit der Entwicklung von Kindern, der Bedeutung des Kinderspiels und den Aufgaben eines Babysitters auseinander gesetzt und in der Kinderbetreuung am Tag der offenen Tür unserer Schule praktisch mitgearbeitet.

Recklinghausen, den 26.1.1999

Babysitterausweis

Name: ....

Vorname: ....

Anschrift: ....

Alter: ....

Schulstempel

Merkblatt für Babysitter

→ Als Babysitter bist du verpflichtet, die Aufgaben, die dir von den Eltern übertragen werden, gewissenhaft und verantwortungsbewusst zu erfüllen. Allerdings darf es sich dabei nur um Babysitter-Aufgaben handeln, also die Tätigkeiten, die du im Kurs erlernt bzw. geübt hast, wie Wickeln, Essen für das Kind/Baby zubereiten, es füttern, beruhigen, sich mit dem Kind beschäftigen, spielen, vorlesen, es ins Bett bringen und während des Schlafes behüten. Irgendwelche Hausarbeiten oder Sonstiges musst du nicht machen. Es sollte jedoch selbstverständlich sein, dass du von dir und dem Kind benütztes Geschirr wegräumst bzw. abspülst und die schmutzigen Windeln entsorgst etc.

→ Versuche nicht, das dir anvertraute Kind zu erziehen, z.B. ihm deiner Meinung nach schlechte Gewohnheiten abzuerziehen! Respektiere das Kind und seine Gewohnheiten! Orientiere dich am Erziehungsverhalten der Eltern! Allerdings sind Schläge absolut tabu, selbst wenn sie zum Erziehungsstil der Eltern gehören und die Eltern dich dazu auffordern, das Kind notfalls auch zu schlagen. Wenn dir die Erziehungsmethoden der Eltern nicht gefallen, ist es besser, dort nicht mehr zu sitten. Wende dich an die Vermittlungsstelle, wenn du den Verdacht hast, das Kind werde misshandelt!

→ Gib Medikamente nur auf ausdrückliche Anweisung der Eltern!

→ Gehe pfleglich mit dem Eigentum der Familie um!

→ Rauchen und Alkohol sind verboten!

→ Benütze Geräte wie Fernseher, Stereoanlage nur, wenn die Eltern es dir erlaubt haben! Wir empfehlen, lieber ein Buch zu lesen als zu fernsehen. Fernsehen lenkt zu sehr ab und unter Umständen überhörst du das Weinen des Kindes.

→ Du hast kein Recht, das Telefon der Auftraggeber für private Gespräche zu benützen, außer du sittest über einen längeren Zeitraum. Auch dann solltest du von der Möglichkeit zu telefonieren nur beschränkt und nur nach Absprache mit den Eltern Gebrauch machen.

→ Nimm niemals ohne das Einverständnis der Eltern jemanden, z.B. deine Freunde, mit in die Wohnung!

→ Bediene dich nicht aus dem Kühlschrank, es sei denn die Eltern fordern dich dazu auf!

→ Wende im Notfall die im Kurs erlernten Erste-Hilfe-Maßnahmen an und versuche über die auf der Checkliste angegebenen Telefonnummern Hilfe zu holen!

→ Lass auf keinen Fall das Kind allein in der Wohnung, auch wenn die Eltern nicht rechtzeitig zum vereinbarten Zeitpunkt zurückkommen!

→ Informiere die Eltern, wenn sie heimkommen, über alles, was während ihrer Abwesenheit vorgefallen ist!

→ Du hast das Recht für deine Arbeit als Babysitter entsprechend entlohnt zu werden. Die Eltern sind verpflichtet, dir unmittelbar nach dem Sitten dein Honorar zu bezahlen. [...]

→ Falls du einen Termin nicht einhalten kannst, sage den Eltern und der Babysitter-Vermittlungsstelle so bald wie möglich Bescheid!

(Hildegard Zellinger-Kratzl, Babysitter-Dienst. Projekte mit Kindern und Jugendlichen, Bayerisches Jugendrotkreuz, Selbstverlag, München 1996, o. S.)

Checkliste: Was der Babysitter wissen sollte

Telefonnummern und Adressen für Notfälle	Wo sind die Eltern zu erreichen?	
	Wer sind die Stellvertreter?	
	Nachbarn	
	Freunde der Familie	
	Haus- bzw. Kinderarzt	
	Polizei	
	Feuerwehr	
	Krankenwagen	
Bei Krankheiten	Welche Medikamente sind wann zu geben?	
	Sind weitere Anwendungen erforderlich?	
Orientierungshilfen für den Tagesablauf	Besondere Vorlieben und Abneigungen des Kindes	
	Spezielle Pflegetipps	
	Topf, Toilette oder Windel	
	Geheimnisse der Babyküche und besondere Wünsche	
Schlafenszeit	Wann sollte das Kind/ die Kinder im Bett sein?	
	Individuelle Abendrituale	
Orientierung für den Babysitter	Dürfen Telefon, Fernseher, Kühlschrank benutzt werden?	

(Marianne Austermann/Gesa Wohlleben, Der Babysitter kommt, Kösel, München 1996, S. 13)

1. Das Merkblatt des Bayerischen Jugendrotkreuz kann euch als Anregung dienen, ein eigenes Kursmerkblatt zu erarbeiten. Was sollte übernommen werden? Was sollte ergänzt, was sollte geändert werden?

2. Die Checkliste von Marianne Austermann und Gesa Wohlleben kann auch als Vorlage für eine Kurs-Checkliste dienen. Was muss vor dem ersten Einsatz mit den Eltern besprochen werden? Welche Fragen müssten gemeinsam beantwortet werden?

3. Welche Erwartungen haben Eltern an Babysitter/Babysitterinnen? Was haltet ihr für zulässig? Was für unzulässig?

Aller Anfang ist schwer!!!

Zu Beginn des Kapitels habt ihr die Babysitterin Karin auf dem Weg zu ihrem ersten Einsatz kennen gelernt. Hier ein Bericht von einem besonders stressigen Einsatz:

Da hockten sie also auf dem Teppich, die drei Zwerge, verfolgten die Reklame für Duschgel und Kaugummi, Orangensaft und Waschpulver mit einem gesammelten Ernst, der einer besseren Sache wert gewesen wäre. Mir schoss der verwegene Gedanke durch den Kopf, sie so dasitzen zu lassen, über die Tagesschau, den ersten Film, die Tagesthemen, den zweiten Film, bis die lieben Eltern zurückkamen. In ihre stille Hingabe einzugreifen, das konnte doch nur Komplikationen mit sich bringen. Aber als gewissenhafter Babysitter musste ich mich nun einmal an die Marschroute halten.

Als meine Armbanduhr halb acht zeigte, erhob ich mich und näherte mich dem kleinen rundköpfigen Burschen, der als Billy bezeichnet worden war. Als ich ihm die Hand auf die Schulter legte, benahm er sich wie ein Jungvogel, der aus dem Nest geholt werden soll: Er schrie wie am Spieß. Dann entwand er sich meinem zu diesem Zeitpunkt noch sehr sanften Griff und verzog sich unter den Couchtisch. Die anderen beiden ließen sich in keiner Weise ablenken.

Ich bückte mich und griff unter den Tisch. An dem Bein, das ich zu fassen bekam, zog ich den brüllenden Billy hervor. Körperlich war ich die Stärkere.

Ich hob das strampelnde, spuckende Bündel hoch und trug es erst einmal aus der Nachbarschaft des Fernsehgerätes weg. Einen Moment musste ich im Flur stillstehen, um mich zu orientieren, während Billy sich bemühte, meine Halsschlagader abzuzwicken. Dann hatte ich das Kinderzimmer gefunden und setzte Billy mit Erleichterung mitten in ein Sortiment von Kuscheltieren.

Zu meiner Freude hörte er sofort auf zu brüllen und begann sich mit einem aufziehbaren Marienkäfer zu beschäftigen. Ich wünschte ihm von Herzen eine gute Nacht und löschte das Licht.

Inzwischen war es Viertel vor acht und Susi war an der Reihe. Susi hatte eine andere Methode als Billy. Sie streckte die Beine lang aus und machte sich steif und schwer wie ein Brett.

Aber auch Susi war mir kräftemäßig nicht gewachsen. Ich packte sie und hob sie hoch. Zu meiner Erleichterung blieb sie stumm.

Ich trug sie ins Kinderzimmer und ließ sie freundlich, aber bestimmt in das nächste Bett gleiten. In diesem befand sich außer einem lebensgroßen Stoffpekinesen nur noch ein Spielzeug in Gestalt eines Krokodils.

Ich löschte das Licht und schloss die Tür. Dahinter erhob sich ein wildes Geheul, das alsbald zweistimmig wurde. Also schaute ich nach, was los war.

Billy und Susi standen jeweils am Fußende ihres Bettes, deuteten mit ausgestrecktem Arm zum anderen Bett hinüber und schrien aus Leibeskräften. Ich riet ihnen, jetzt schnell einzuschlafen, und entfernte mich, denn es war Zeit, ihren Bruder Walter abzuführen.

Der saß wie ein rundlicher Buddha mit untergeschlagenen Beinen vor dem Bildschirm. Die Tagesschau war bereits in vollem Gange. Ich schaltete das Gerät mittels der Fernbedienung aus und erreichte damit, dass er mich anschaute.

Ich war mir nicht klar, wieweit man ein Kind im Vorschulalter schon als denkendes Wesen betrachten kann, aber ich nahm mir vor, ihn als ein solches zu behandeln. Er war meine einzige Hoffnung in dieser Situation.

„Komm mit, Walter“, sagte ich, „die beiden brüllen, und ich weiß nicht, was sie haben.“

Widerwillig ließ er sich hochziehen. Im Kinderzimmer genügte ihm ein Blick für die Diagnose.

„Du hast sie in die falschen Betten getan“, sagte er.

„Aber Billy hat nicht protestiert“, wandte ich ein.

„Billy ist gerne mal anderswo, Susi nicht.“

Aha – das war's! Ich legte die beiden in ihre richtigen Betten. Billy wollte den Käfer behalten. Susi wollte ihm den Käfer nicht überlassen. Der Sturm brach von neuem los. Ich schlichtete den Streit, dabei büßte der Käfer einen Flügel ein.

Dann fragte ich Walter: „Und du, wo schläfst du?“

„Da drüben.“

Ich versuchte ihn ins Bett zu heben, aber er sträubte sich. „Ich muss erst noch mal“, meinte er.

„Kannst du das alleine?“

„Klar.“ Er verschwand hinter einer Tür.

Ich wartete. Ich wartete lange. Billy und Susi wimmerten noch immer. Vielleicht hatten sie Durst.

„Wollt ihr noch etwas zu trinken haben?“, fragte ich. „Ja, ja!“ Das war Susi.

Billy nickte nur.

Ich ging in die Küche, füllte zwei Becher und trug sie zu den Kindern. Ich hielt Susi den rosa Becher hin. Aufheulend schlug sie ihn mir aus der Hand. Der Tee landete auf dem Teppichboden.

Was war denn jetzt wieder los? Walter kam nicht aus dem Bad heraus. Schweißperlen begannen mir im Nacken hinunterzurinnen.

Ich klopfte an die Badezimmertür.

„Komm raus, Walter! Ich weiß schon wieder nicht, warum sie schreien.“

„Ich bin noch nicht fertig.“

Ich holte aus der Küche Papiertücher, um den Tee aufzuwischen. Dann versuchte ich es erneut.

„Walter!“ Das war schon fast ein Verzweiflungsschrei.

Keine Antwort. Ich drückte auf die Klinke. Die Tür war von innen verriegelt. Ob er sich eingesperrt hatte und das Schloss nicht mehr aufbekam?

Mein Blick streifte die Standuhr in der Diele. Im Theater war jetzt gerade Pause. Würde ich diese Kinder überhaupt ins Bett kriegen, bevor die Kassels zurückkamen?

Im Augenblick standen die beiden Kleinen hellwach in ihren Betten und eine Art Heuldialog fand zwischen ihnen statt. Aber mein Hauptproblem war jetzt Walter.

Ich klopfte, ich hämmerte – keine Antwort.

Nach einer Zeit, die mir wie eine halbe Ewigkeit vorkam, hörte ich die Wasserspülung rauschen. Aber heraus kam er noch lange nicht.

Jetzt wurde der Wasserhahn aufgedreht. Und dann, endlich, bewegte sich die Tür. Walter erschien.

„Du hast dich eingesperrt“, empfing ich ihn vorwurfsvoll, aber erleichtert.

Er maß mich mit einem langen Blick. „Sperrst du dich nicht ein, wenn du mal musst?“, fragte er.

„Susi hat mir den Tee aus der Hand geschlagen“, sagte ich bitter. „Alles ist nass.“

„Du hast ihr den falschen Becher gegeben. Susi trinkt nur aus dem blauen."

„Aber es ist doch derselbe Tee!", schrie ich entnervt.

„Ich dachte, weil Susi ein Mädchen ist, würde ihr der rosa Becher gehören."

„Der blaue", verbesserte Walter mich streng. „Der rosa Becher gehört Billy."

„Tee, Tee!", schluchzte Susi. Ich reichte ihr den blauen Becher. Täuschte ich mich, oder sahen mich ihre Augen über den Rand hinweg wirklich so schadenfroh an?

Als ich Billy den rosa Becher reichen wollte, sah ich, dass er eingeschlafen war. Ein Drittel meiner Probleme war damit gelöst. Den Kopf auf den Pekinesen gebettet, lag er da wie ein Engel.

„Ich will auch noch was zu trinken haben", meldete sich Walter.

Ich trug ihn, da er nicht in die Küche laufen sollte, auf dem Arm hinüber. Susi jammerte hinter uns her. Damit sie Billy nicht wieder aufweckte, holte ich sie auch. Wir bildeten eine leicht erschöpfte Runde um den Küchentisch. Klaglos trank Susi Tee aus einem gelben Becher.

„So", sagte ich und stand auf, „ab ins Bett mit euch." Diesmal musste ich wohl den richtigen Nachdruck in meine Stimmme gelegt haben, denn sie ließen sich ohne weiteren Protest abtransportieren und krochen unter ihre Decken.

„Ich will aber keinen Kuss", sagte Walter.

Ich hatte gar nicht die Absicht gehabt, ihn zu küssen.

Aufatmend setzte ich mich ins Wohnzimmer. Allmählich beruhigte sich mein Puls.

Die Kassels kamen um Mitternacht.

„Na, alles ruhig?", fragte Frau Kassel.

Ich setzte an, um zu erzählen, was los gewesen war, aber sie zeigte keinerlei Interesse.

„Gib ihr das Geld", sagte sie zu ihrem Mann.

Der entnahm seinem Portmonee fünfzehn Mark und gab sie mir.

„Dann komm jetzt", sagte er.

Herr Kassel hatte eine mächtige Weinfahne, aber ich war viel zu müde, um mir Sorgen wegen seiner Fahrtüchtigkeit zu machen. Er redete auf der ganzen Fahrt kein einziges Wort, und ich erklärte auch nur den Weg.

Vor unserer Haustür setzte er mich ab, wendete und verschwand in der Nacht.

Fünfzehn Mark – und dabei waren es diesmal drei Kinder und viel mehr Stunden gewesen. Ich hatte angefangen, nicht nur zu verdienen, sondern Lehrgeld zu bezahlen.

(Inge Methfessel, Kein Job für schwache Nerven. Eine Babysitterkarriere, Ensslin & Laiblin Verlag, Reutlingen 1990, S. 26ff.; wiederaufgelegt in dem Ensslin-Leseinsel-Sonderband „Liebe oder so ähnlich" bei Ensslin & Laiblin 1995)

1. Schildert auf der Basis eurer erworbenen Kenntnisse die Probleme, die Karin bei ihrem Einsatz hat.

2. Wie würdet ihr versuchen die Probleme zu lösen?

3. Wie sieht es in diesem Fall aus mit Erziehung, Freund sein oder unterstützen? Nehmt begründet Stellung.

4. Vielleicht könnt ihr im Kurs, ausgehend von diesem Fallbeispiel, einen Ratgeber für angehende Babysitter schreiben.

Erzieher/Erzieherin, Freund/Freundin oder Beziehungspfleger/-pflegerin?

1. Erziehen – die schönste (und schwierigste) Aufgabe!

Jedes Kind hat von Geburt an seine ganz unverwechselbare Persönlichkeit. In den ersten Wochen werden Sie es vor allem an der Art und Weise merken, wie Ihr Kind seine Mahlzeiten zu sich nimmt. Oder wie kräftig und heftig es um „Beistand“ brüllt, wenn es nasse Windeln oder Hunger hat, wenn es ihm zu heiß oder zu unbequem ist. Wie der Körper des Kindes wächst, so wachsen auch seine Fähigkeiten, die das Ergebnis einer langsamen, stufenweisen Entwicklung der Sinnesorgane, des Gehirns, der Muskeln sind. Damit sich die Persönlichkeit Ihres Kindes entfalten kann, ist es Ihre schönste und schwierigste Aufgabe, zwischen den Bedürfnissen und Wünschen Ihres Kindes und den äußeren Gegebenheiten zu vermitteln. Deswegen sollte Erziehung des Kleinkindes nicht bedeuten: Es darf nur das tun, was die Erwachsenen wünschen. Erziehung heißt aber auch nicht: alles durchgehen lassen. Erziehung bedeutet: von einem Kind das zu fordern, was es im Augenblick seinem Entwicklungsstand entsprechend leisten kann, es zugleich aber anzuregen, den nächsten Schritt zu wagen.

(Bundeszentrale für gesundheitliche Aufklärung, Das Baby, Köln 1994, S. 58)

2. Nicht Erzieher, sondern Freund sein!

Versuchen Sie auch niemals, die Kinder von oben herab zu behandeln, sondern zeigen Sie, dass Sie ihr Freund sind. [...] Bei der Betreuung der Kinder werden Sie sich weitgehend an der elterlichen Erziehung orientieren müssen. Sprechen Sie daher vorher mit der Mutter ab, was erlaubt ist und was nicht. Sie werden dem Kind dann nicht Dinge zugestehen, die es bei seiner Mutter nicht bekommt, und umgekehrt. Das Kind muss sich auf die Menschen in seiner Umgebung verlassen können. Dazu gehört auch, dass es konsequent behandelt wird. Drohungen sollten Sie den Kindern gegenüber nicht anwenden. Schornsteinfeger, Schutzmann oder Knecht Ruprecht als „Schwarzer Mann“ machen ein Kind vielleicht fügsam und ruhig, aber auch schüchtern und ängstlich. Es sind aber gerade Mut und Selbstsicherheit, die der kleine Mensch in seinem späteren Leben braucht, um neue Situationen und Aufgaben zu bewältigen. Die Entwicklung des Kindes in diesem positiven Sinne können Sie auch als Babysitter fördern helfen.

(Kathrin Kleinjung, Babysitters Handbuch, München 1983, S. 17 ff.)

3. Eine gute Beziehung zum Kind pflegen!

Jedes Kind ist einzigartig und damit jede Familie und die entsprechenden Problemsituationen. Patentrezepte gibt es nicht, doch Orientierungshilfen, wodurch häufig Probleme zu „Problemchen“ schrumpfen oder dramatische Entwicklungen entschärft werden können. Vor allem, wenn Sie noch keine große Übung als Babysitter haben, sollten Sie mit den Eltern über momentane „entwicklungsbedingte“ Schwierigkeiten des Kindes reden. Sie sind nicht aufgerufen, die Erziehung der Eltern zu korrigieren, vielmehr eine gute Beziehung zum Kind zu pflegen. Versuchen Sie sich in die jeweilige Situation hineinzuversetzen, und denken Sie daran, dass Sie auch einmal klein waren.

(Marianne Austermann/Gesa Wohlleben, Der Babysitter kommt!, Kösel Verlag, München 1996, S. 38)

1. Versuche, ausgehend vom ersten Textauszug, Erziehung mit eigenen Worten zu definieren.
2. Welcher der drei Positionen kannst du dich am ehesten zuordnen? Begründe deine Entscheidung.

9/1 2.

Spielraum

Ich brauche dich.

Mit Kindern leben

Schlafen und essen kann ich alleine. Aber wer spielt mit mir?

Kinder haben ein anderes Zeitgefühl. Ein Tag ist für sie eine Ewigkeit. Eltern und Spielkameraden stehen nicht rund um die Uhr zur Verfügung. Aber Kinder freuen sich über einfache Gesten der Zuwendung. Das nimmt den „Kleinen" das Gefühl, allein zu sein. Und im Spiel mit den „Großen" lernen sie ihre kleine Welt immer besser kennen und verstehen. Kinderfreundlichkeit belohnt sich selbst. Denn Kinder machen unsere Welt freundlicher.

Die Bundesfamilienministerin

- Betrachtet das Bild auf dem Plakat eine Weile und überlegt, was der dort abgebildeten Situation vorangegangen sein könnte. Versetzt euch in die Situation des Jungen: Wie fühlt er sich? Was geht ihm durch den Kopf? Was wünscht er sich?
- Stellt euch vor, ihr würdet die Situation beobachten. Wie würdet ihr euch verhalten? Würdet ihr auf das Kind zugehen und mit ihm sprechen? Was würdet ihr sagen? Würdet ihr mit dem Kind spielen? Womit hättet ihr Schwierigkeiten?
- Betrachtet das gesamte Plakat und überlegt, welche Gedanken und Absichten sich hinter der Gestaltung des Plakats verbergen könnten. (Welche Aussagen werden z. B. über ‚Spiel' getroffen, welche Bedeutung wird dem Spiel zugemessen, an wen richtet sich das Plakat mit welcher Absicht?)

Einführung

„Spiele zum Sofortspielen“

Gleiche Merkmale finden

Alle gehen durch den Raum, bis der Spielleiter/die Spielleiterin ein Merkmal wie z. B. „Augenfarbe“ ruft. Daraufhin müssen sich alle mit der gleichen Augenfarbe zu einer Gruppe zusammenstellen. Weitere Merkmale könnten sein: Schuhgröße, Sternzeichen, Art des Transportmittels zur Schule, Lieblingsfach, Haustiere, Geschwisteranzahl etc.

(Ulrich Baer, 666 Spiele für jede Gruppe für alle Situationen, Kallmeyersche Verlagsbuchhandlung, Seelze-Velber 1995, S. 162)

Alle in eine Reihe

Alle bilden nach einem von der Spielleitung genannten Kriterium eine Reihe. Beispielsweise ordnen sich alle Spieler und Spielerinnen nach der Körpergröße in eine Reihe, d. h. die Reihe beginnt mit dem größten Mitspieler/der größten Mitspielerin und endet mit dem/der kleinsten Mitspieler/-spielerin. Weitere Kriterien der Reihenbildung könnten z. B. sein: die Anfangsbuchstaben der Vornamen (beginnend bei A), die Schuhgröße, die Entfernung des Wohnortes zur Schule, das Alter, die Urlaubszielentfernung etc.

(Ulrich Baer, a.a.O., S. 38)

Lügen-Portrait

Zunächst bilden sich Paare, die sich gegenseitig interviewen. Die Fragen können sich z. B. auf das Alter, den Wohnort, Lieblingsfächer, Hobbys, Wünsche und Träume u. a. beziehen. Anschließend stellen die beiden Partner/Partnerinnen den jeweils anderen der Gruppe vor. Dabei wird eine Lüge eingebaut, die die Gesamtgruppe anschließend erraten soll. Variante: Vorstellen des Interviewpartners, der -partnerin in einer Heiratsanzeige oder einem Stellengesuch.

(Ulrich Baer, a.a.O., S. 237)

---

1. Wertet eure Spielerfahrungen mit dem „Spiel zum Sofortspielen“ aus, indem jeder/jede von euch zunächst folgende Satzanfänge ergänzt:
- Mir hat das Spiel Spaß gemacht, als …
- Mir hat das Spiel keinen Spaß gemacht, als …
- Gefreut hat mich, …
- Geärgert hat mich, …
- Ich habe …
- Ich würde das Spiel …
- Als Spielleiter/-leiterin …

Tauscht euch über eure Erfahrungen mit dem Spiel in der Klasse aus. Fasst anschließend eure Ergebnisse zusammen, indem ihr Sätze mit folgendem Anfang bildet: „Spiel bzw. Spielen macht Spaß, wenn …“

2. Überlegt, mit wem ihr die oben vorgestellten Spiele spielen würdet. In welcher Situation würdet ihr sie zu welchem Zweck spielen? Was mag sich der Erfinder dieser Spiele bei dem Spiel/den Spielen gedacht haben? Welche pädagogischen Zielsetzungen verbindet er möglicherweise mit dem jeweiligen Spiel?

Meine Lieblingsspiele in der Kindheit

1. Betrachtet die Fotos und überlegt, in welchen Spielsituationen ihr als Kind gerne mitgespielt hättet. Gibt es von den hier abgebildeten Spielsituationen solche, bei denen ihr auch heute noch gerne mitspielen würdet? Welche Situationen hätten für euch heute kaum oder gar keinen Spielanreiz?
Welche Veränderungen in euren Interessen stellt ihr fest bezogen auf
- Spielformen/Spiele
- Spielmaterialien
- Spielpartner/-partnerinnen
- Spielorte
- ?

2. Erinnert euch an eines eurer Lieblingsgruppenspiele, zu dem man kein Material benötigt, um es spielen zu können. Stellt eure Lieblingsspiele der Klasse vor und stellt dar, was euch als Kind an dem jeweiligen Spiel fasziniert hat. Einigt euch auf eines eurer liebsten Kinderspiele und spielt es gemeinsam in der Klasse. Tipp: Es ist sinnvoll, sich auf ein Spiel zu einigen, das möglichst viele von euch kennen und auch als Kind gerne gespielt haben.
Tauscht euch anschließend über eure aktuellen Spielerfahrungen mit dem Spiel aus. Berücksichtigt dabei die Frage, ob das Spiel für euch heute noch den gleichen Reiz hat wie in eurer Kindheit. Was hat sich verändert? Wie erklärt ihr euch mögliche Veränderungen? (Berücksichtigt dabei auch die Ergebnisse aus Aufg. 1.)

3. Listet in Kleingruppen auf, welche Spielarten bzw. Spiele ihr als Spielleiter/Spielleiterin für Kinder und Jugendliche der folgenden Altersgruppen anregen würdet oder welches Spielmaterial ihr zur Verfügung stellen würdet:
- bis zu ca.1,5 Jahren
- zwischen ca. 1,5 bis ca. 3 Jahren
- zwischen ca. 3 Jahren bis ca. 6 Jahren
- zwischen ca. 6 Jahren bis ca. 12 Jahren
- ab ca. 12 Jahren

Diskutiert anschließend die Ergebnisse in der Klasse.

„Zum Spielen in der Gruppe gehört Vertrauen, Lockerheit, Einfallsreichtum, Initiative. [...] Mit diesen Spielvoraussetzungen ist es (z. B. bei vielen Jugendlichen) nicht weit her. Deshalb muss Spielen erst wieder gelernt werden."

(Quelle unbekannt)

1. Setzt euch in Kleingruppen zusammen und malt euch eine Situation aus, in der die o.g. Aussage hätte fallen können:
- Wer könnte die Aussage gemacht haben?
- Welchen Beruf hat er/sie?
- Zu wem spricht er/sie?
- Welche Einstellung hat er/sie zum Spiel/zu Jugendlichen und deren Spiel„fähigkeiten"?
- Was will er/sie bei den Zuhörern/Zuhörerinnen erreichen?
- Wie reagieren die Angesprochenen?

2. Stellt die Situation, so wie ihr sie euch ausgemalt habt, in einem Rollenspiel der Klasse vor. Diskutiert anschließend, ob ihr der Aussage zustimmt, ihr teilweise zustimmt oder sie ablehnt. Tauscht eure Argumente aus.

Übung

„Das kann ich unterschreiben!" – Die Lieblingsspiele unserer Klasse

1. Jeder/jede überlegt einen Moment, was er/sie in der letzten Woche gespielt hat. Schreibt den Namen des jeweiligen Spiels oben auf einen DIN-A4-Bogen (pro genanntem Spiel in der Klasse nur einen Bogen, mehrfach genannte Spiele werden nur einmal vermerkt). Legt die Zettel verteilt in der Klasse aus, geht nun in der Klasse herum und lest die Namen der Spiele. Unterschreibt jeweils den Zettel mit dem Spiel, das euch besonders gut gefällt, d.h. überlegt euch, welches Spiel ihr unterschreiben könnt.
Wertet die Bögen aus: Welches Spiel hat wie viele Unterschriften erhalten? Erstellt anschließend die „Topten" der Spielhits eurer Klasse.

2. Auf die gleiche Weise könnt ihr in Partnerarbeit verteilt die Spielehitlisten aller Klassen eurer Schule erarbeiten und ggf. öffentlich in der Schule aushängen. Vielleicht habt ihr auch Lust, die Hitliste der Lieblingsspiele der Lehrer und Lehrerinnen zu erfragen.

3. Vergleicht die Ergebnisse: Welche Spiele werden in den jeweiligen Alters- und Jahrgangsstufen bevorzugt, bezogen auf:
- den personellen Aspekt (Gruppenspiel, Partnerspiel, Spiele ohne Partner);
- den materiellen Aspekt (Spiele ohne Material, Spiele mit Naturmaterialien, Spiele mit Alltagsgegenständen, Spiele mit technischen Hilfsmitteln, industriell gefertigtes Spielzeug etc.);
- den räumlichen Aspekt (Spiele in der Natur, Spiele auf der Straße, Spiele in Privaträumen, Spiele in Freizeitzentren etc.);
- den zeitlichen Aspekt (zeitintensive vers. kurzfristige Spiele)?

Zu welchen Vermutungen und Fragen regen euch die Ergebnisse an?

Befragung: Veränderungen kindlicher Spielwelten

Entwerft einen Fragebogen zur Befragung älterer Mitbürger/-bürgerinnen (Tipp: Bewohner/Bewohnerinnen von Altenheimen stehen euch als Interviewpartner/-partnerinnen möglicherweise gerne zur Verfügung) sowie eurer Eltern und Großeltern, um Informationen hinsichtlich Veränderungen in den Spielmöglichkeiten und -vorlieben von Kindern zu erhalten. Zusätzliche Hinweise zur Gestaltung und Durchführung von Interviews findet ihr im Übrigen im Kapitel „Generationenkonflikte" auf S. 181 ff.
Folgende Angaben bzw. Fragen könnten euer Interview leiten:
- Geschlecht
- Geburtsjahr
- Lieblingsspiele
- Lieblingsspielzeug
- Spielpartner/-partnerinnen
- bevorzugte Spielorte
- Stellungnahme zur Frage: Was hat sich Ihrer Meinung nach an den Spielmöglichkeiten für Kinder heute im Vergleich zu Ihrer Kindheit verändert?
- Was wünschen Sie Kindern heute für ihr Spiel?
-

Leitet aus den Ergebnissen eurer Interviews Hypothesen über von euch festgestellte Veränderungen in der Spielwelt von Kindern ab, indem ihr folgende Satzanfänge vervollständigt:

- Kinder meiner Großelterngeneration ...
- Kinder meiner Elterngeneration ...
- In meiner Kindheit ...
- Kinder heute ...

Was ist Spiel?

Sven, 5 Jahre alt, und Mirko sehen fern. Nachdenklich fragt Sven seinen Freund: „Was meinte deine Mutter vorhin, als sie fragte: ‚Wollt ihr nicht rausgehen und spielen?‘ – Was ist spielen?“

(Ulrich Baer, Spielpraxis. Eine Einführung in die Spielpädagogik, Kallmeyersche Verlagsbuchhandlung, Seelze-Velber 1995, S. 26)

1. Was würdet ihr Sven antworten? Tipp: Versucht Begriffe zu finden, die für euch das Gegenteil von ‚Spiel‘ ausdrücken.

2. Friedrich Schiller hat einmal behauptet, der Mensch sei nur da ganz Mensch, wo er spiele. Was meint ihr?

3. Auf welche Problematik macht das Gespräch zwischen Sven und Mirko aufmerksam?

Orientierung und Planung

1. Formuliert zunächst Fragen, die sich für euch aus dem Einführungsteil ergeben haben, und benennt konkrete Kenntnisse und Fähigkeiten, die ihr erwerben wollt.

2. Im Erarbeitungsteil dieses Kapitels findet ihr Materialien, die euch Kenntnisse und Fähigkeiten hinsichtlich der Bedeutung von Spiel, der Gestaltung von Spielräumen (insbesondere naturnaher Spielräume), der Beurteilung von Spielen sowie in Bezug auf notwendige Fähigkeiten bei der Betreuung und Durchführung von Spielen vermitteln.
Diese Materialien sollen euch helfen theoretische Kenntnisse zu erwerben, die euch ermöglichen, das Spiel von Kindern praktisch unterstützen zu können. Die Anwendungsvorschläge beziehen sich dabei vor allem auf Spielmöglichkeiten in der Schule.

a) Was möchten wir erstellen/organisieren/durchführen?

Listet zunächst alle Möglichkeiten und Wünsche, „Spielräume“ in der Schule zu realisieren, auf einzelnen Karteikarten auf und befestigt diese übersichtlich an einer Wand. (Tipp: Im Anwendungsteil findet ihr zahlreiche Anregungen für mögliche Projekte.)
Jeder/jede von euch erhält drei Klebepunkte, die ihr je nach Interesse auf die einzelnen Karteikarten verteilt, um so die Interessenschwerpunkte in eurer Klasse zu ermitteln.
Nachdem die Entscheidungen gefallen sind, beantwortet folgende Fragen:

b) Welche Kenntnisse und Fähigkeiten brauchen wir dazu?

c) Welche Abschnitte im Erarbeitungsteil helfen dabei, diese Kenntnisse und Fähigkeiten zu erwerben?

d) Welche Informationen brauchen wir darüber hinaus?

e) Wo können wir uns diese beschaffen?

f) Haben wir noch weitere Fragen/Interessen, die sich aus dem Erarbeitungsteil ergeben haben (vgl. 1.)?

g) Wessen Hilfe brauchen wir darüber hinaus?

Erarbeitung

Die Bedeutung von Spiel im Entwicklungsverlauf

„Spielen ist ‚Nahrung für die Seele'" – Warum Spielen wichtig ist

„Wenn die Eltern das Spiel ihrer Kinder nur halb so wichtig nehmen würden wie deren körperliches Wohl, so hätten sie mehr für die gesunde Entwicklung ihres Kindes getan als durch die sorgfältige Beachtung von komplizierten Ernährungs- und Pflegevorschriften ... ", sagte einmal die berühmte amerikanische Kinderpsychologin Virginia M. Axline.

Und weiter: „Wenn ihr Kind einmal nicht isst, so ist das für die meisten Eltern ein Anlass zu großer Sorge. Wenn ein Kind aber nicht richtig spielt, dann wird das häufig gar nicht bemerkt. Dabei ist letzteres meist ein viel ernsteres Alarmzeichen." [...]

Zur Gesundheit gehört nicht nur körperliches, sondern auch seelisches Wohlbefinden. [...] Und damit sich auch die Seele wohl fühlt, braucht sie „Nahrung", genau wie der Körper. Die Nahrung der Seele sind Eindrücke, Erlebnisse, Erkenntnisse. Auch die können „bekömmlich" oder „unverdaulich" sein, genau wie richtiges Essen. Und man kann davon zu viel und zu wenig bekommen.

Das richtige Ausmaß von Anregungen ist also wichtig für die körperliche, die geistige und die gefühlshafte Entwicklung des Kindes.

Der **„Weg"** oder der **„Kanal"**, über den das Kind hauptsächlich seine Eindrücke von der Welt empfängt, ist das Spiel. Im Spiel lernt es die Welt kennen, untersucht sie, erobert sie, verändert sie, macht sie sich zu eigen. Über das Spiel, das spielerische „Hantieren" oder Umgehen mit Dingen und Menschen „begreift" das Kind zunächst im buchstäblichen Sinne die Welt. Später kommt ihm auch die Fantasie zu Hilfe: Es erschafft sich ein Universum, in dem alles möglich ist. Rollen vertauschen sich: Es kann sich aussuchen, was es spielen möchte – besser gesagt, auch ist. [...] Durch das Hineinschlüpfen in verschiedene Rollen bereitet es sich auf seine späteren Rollen im Erwachsenenleben vor, lernt aber auch, sich in andere Menschen hineinzuversetzen, sie durch Einfühlung zu verstehen. Es lernt Konflikte zu bewältigen, die es in „Wirklichkeit" noch nicht bewältigen könnte – z. B. freiwillig etwas abgeben. (Beim Kaufmannspielen ist es Teil des Vergnügens, seine Sachen zu verkaufen.) Und es kann auch seine Enttäuschung oder seinen Zorn loswerden, indem es beispielsweise die Puppe beschimpft oder sie im hohen Bogen in die Ecke wirft.

Und nicht zuletzt ist Spielen für Kinder (und für Erwachsene!) auch ganz direkt für den Körper gesund: Sie toben sich aus – am liebsten übrigens draußen in der frischen Luft, rasen bergauf, bergab, treppauf, treppab, spielen Fangen und Verstecken, hüpfen, springen, [...], robben wie ein Tier, springen Seil, spielen Ball – wenn das nicht gesund für Kreislauf und einen gesunden Appetit und Schlaf ist.

(Bundeszentrale für gesundheitliche Aufklärung [Hg.], Kinderspiele. Anregungen zur gesunden Entwicklung von Kleinkindern, Köln 1996, S. 3)

1. Fasst die Bedeutung des Spiels für die soziale, geistige, seelische und körperliche Entwicklung des Menschen in Thesen zusammen.
2. Findet geeignete Beispiele, an denen die jeweilige Bedeutung des Spiels deutlich wird.
3. In dem Text wird auf die herausragende Stellung des Spiels für die kindliche Entwicklung hingewiesen. Haltet ihr die Bedeutung von Spiel für Erwachsene und für alte Menschen für ebenso wichtig? Welche Bedeutung kann Spiel aus eurer Sicht für Erwachsene und für alte Menschen haben?

Grundformen des Spiels in Abhängigkeit zum Alter

Grundformen	Beispiele
I. Sensomotorische Übungsspiele ab 3. Lebensmonat	
1. Spiele der Funktionslust	a) Spiele mit den eigenen Gliedmaßen b) Spiele mit der Stimme c) Spiele mit Gegenständen (Aufforderungscharakter)
2. Spiele der Neugier und des Erforschens	a) Spiele mit Gegenständen der weiteren Umwelt b) Neugier-getragene Spiele zur Erforschung der häuslichen (familialen) Umwelt und der in ihr befindlichen Gegenstände
3. Spiele des Veränderns, des Formens und Umformens	a) Spiele mit Sand und Wasser, Matsch b) Spiele mit einfachen, formbaren Materialien c) Spiele mit Zeichen-Materialien, um Striche, Kreise zu produzieren, also zu kritzeln d) mit dem Ziel etwas zu zerreißen, umzustoßen, um es zu verändern
II. Symbolspiele/Fiktionsspiele ab 16./17. Monat	
1. Erwachsenen-Imitation	a) Rollenspiele (Vater-Mutter-Kind etc.) b) Arbeitsspiele (Gartenarbeit, Berufsspiele, Kinderessen)

2. Spiele des Sich-groß-Zeigens	a) Spiele der Ich-Stärkung (z. B. sich vor anderen produzieren) b) Spiele einfacherer Mutproben, also Spiele mit einem gewissen Risiko (z. B. über einen Baumstamm balancieren)
3. Spiele mit Wettkampf-Charakter	Spiele des Sich-Vergleichens (z. B. Wer wirft am weitesten? Wer läuft am schnellsten?)

Konstruktionsspiele ab 16./17. Monat

1. Spiele einfachen Konstruierens	Spiele mit Baucharakter (z. B. Auftürmen von Bausteinen) – prozessorientiert
2. Bau- und Bastelspiel	Planvolles Bauen und Basteln – produktorientiert

III. Regelspiele (im 5. Lebensjahr langsam beginnend, mit allen Konsequenzen erst zwischen dem 7. und 11. Lebensjahr)

1. Kooperative Wettspiele	Spiele mit bindender Regelung (z. B. Räuber und Gendarm, Reise nach Jerusalem, Ballspiele, Laufspiele)
2. Tänze, Singspiele, Abzählreime	z. B. Reigen, Kreisspiele, Ritualspiele
3. Gesellschaftsspiele	Brett-, Karten-, Würfelspiele

(Klassifikation von Kinderspielen nach Wolfgang Stuckenhoff 1983, aus: Dieter Gröschke, Praxiskonzepte der Heilpädagogik. Anthropologische, ethische und pragmatische Dimensionen, UTB 1548 [Ernst Reinhardt], München/Basel, 2. Aufl. 1997, S. 239)

1. Im Kapitel „Babysitterführerschein" findet ihr eine Übersicht über Entwicklungsmerkmale im sozialen, sprachlichen und geistigen Bereich bei Kindern vom Säuglingsalter bis zum Beginn der Pubertät. Prüft, inwiefern zwischen der Entwicklung spielerischer Tätigkeiten und sozialer, geistiger und sprachlicher Fähigkeiten ein Zusammenhang besteht.

2. Welchen Grund könnte es dafür geben, dass die Übersicht über die Grundformen des Spiels in Abhängigkeit zum Alter mit dem Beginn der Pubertät aufhört?

3. Erstellt in arbeitsteiliger Gruppenarbeit eine Übersicht über altersentsprechende Spielmittel und Spielformen für folgende Altersgruppen:
- Säuglingsalter (bis ca. 1,5 Jahren)
- Kleinkindalter/Trotzphase (ca. 1,5–3 Jahren)
- Kleinkindalter/Kindergarten (ca. 3–6 Jahren)
- Mittlere Kindheit (ca. 6–12 Jahren)
- Pubertät/Jugendalter (ab ca. 12 Jahren)

Denkt daran, dass die Pubertät/das Jugendalter vor allem durch folgende Aspekte gekennzeichnet ist: Cliquenbildung, Suche nach eigenen Werten, Ablösung von den Eltern, Selbstzweifel, erste Liebesbeziehungen, aktives Sexualleben. Nähere Informationen erhaltet ihr dazu im Kapitel „Generationenkonflikte“, S. 184 f.

Erarbeitet in der Übersicht folgende Aspekte:

a) Spielmittel, die sich zum Kauf eignen;
b) Spielmittel, die nichts kosten;
c) Spiele, die Kinder allein spielen können;
d) Spiele, für die Kinder einen Spielpartner/eine Spielpartnerin brauchen.

Falls ihr im Erarbeitungsteil Spielehitlisten aller Klassen eurer Schule erarbeitet habt, könnt ihr diese Ergebnisse zu Hilfe nehmen. Ebenso bietet sich an, im Spielwarengeschäft Kataloge zu besorgen und zu prüfen, welche Spielmittel für welches Alter angeboten werden.

Gestaltung von Spielräumen

Auf welche Probleme machen das Foto und das Plakat aufmerksam?

Aspekte der Lebenswelt von Kindern und Jugendlichen heute als Rahmenbedingung von Spiel

Kinder verbringen [...] immer mehr Zeit in kindgemäßen Räumen, in denen sie die Erfahrung einer kontinuierlichen Überwachung durch Erwachsene machen [...]. Die meisten Sonderumwelten sind pädagogisch besetzt, d. h., die Erwachsenen treten Kindern mit einer Unterweisungsabsicht gegenüber. [...] Damit haben Kinder immer weniger Möglichkeiten, zwanglos, selbstbestimmt, spontan und kreativ zu handeln, ihren eigenen Interessen zu folgen und momentane Bedürfnisse zu befriedigen.
Kinder wechseln fortwährend zwischen der Familie und den Sonderumwelten. Aber auch Besuche bei Freunden erfolgen zumeist nur noch nach Verabredung. [...] Die Kinder wechseln von der „Wohninsel" zur „Kindergarten-" oder „Rollschuhbahninsel"; die übrigen Räume [...] bleiben unerforscht. [...]
Durch die *Verinselung* werden die Erfahrungsmöglichkeiten stark eingeschränkt, bleiben Kindern viele Bereiche der räumlichen Umgebung und der Erwachsenenwelt unbekannt. Für sie wird es immer schwerer, sich die Wirklichkeit anzueignen, zumal diese immer komplexer und undurchschaubarer wird. [...] Früher spielten Kinder unbeaufsichtigt im Wald, an Bächen und auf Wiesen, tollten auf der Straße und dem Hof herum und maßen ihre Kräfte aneinander. [...] Die Kinder spielten und arbeiteten mit denselben Werkstoffen wie Erwachsene, ahmten Arbeitsvorgänge ihrer Eltern nach, stellten viele Gegenstände selbst her und mussten Aufgaben im Haushalt, im Geschäft oder in der Werkstatt übernehmen. [...]
Heute haben Kinder nur selten Gelegenheit zum unbeaufsichtigten Spiel in der Natur, zum Herumtoben und zu spontanen Kontakten mit anderen Kindern. [...] Spielplätze sind kein Ersatz, da sie zumeist weder ansprechend noch altersgerecht sind. Wälder, Gewässer, landwirtschaftlich genutzte Flächen, Nutztiere und Bauerngärten werden häufig nur noch im Vorbeifahren wahrgenommen. Hinzu kommt, dass es heute auch an Möglichkeiten zur Entwicklung motorischer Kompetenzen und handwerklicher Fertigkeiten mangelt. [...] Die heutigen Lebensbedingungen von Kindern reduzieren die Bandbreite und Vielfalt von Erfahrungen. Eigentätigkeit, sinnvolles Spielen und soziale Kontakte werden auch durch den Medienkonsum beeinträchtigt. [...] Intellekt und Artikulationsfähigkeit werden beim Fernsehen kaum stimuliert, die soziale und die motorische Entwicklung nicht gefördert, Fantasie und Kreativität nicht angesprochen.
Auch viele Spielsachen beeinträchtigen Selbsttätigkeit und Erfindungsgabe. So ist immer häufiger das Spielerlebnis bereits vorprogrammiert: Puppen weinen, sprechen und laufen, Autos werden fernbedient, Computer lassen nur bestimmte Aktionen zu – das Spielen wird auf die Bedienung von Schaltern und Tastaturen reduziert. Aufgrund der engen Verzahnung von Kinder-Fernsehsendungen und Kinder-Warenmärkten tauchen auch immer mehr populäre Fernsehstars und Zeichentrickfilmhelden als Plastikfiguren (nebst Zubehör) auf. Hier beschränkt sich das Spiel oft auf das Nachstellen von Filmszenen.

(Martin R. Textor, Projektarbeit im Kindergarten. Planung, Durchführung, Nachbereitung, Herder, Freiburg i. Breisgau 1995, S. 11-14)

Hinweis: Weitere Informationen zur gegenwärtigen Lebenssituation vieler Kinder findet ihr in dem Interview mit Prof. Krafeld, S. 112 ff.

1. Stellt Vermutungen über mögliche Auswirkungen und Folgen der im Text genannten Lebensbedingungen für das kindliche Spiel und damit einhergehend für die kindliche Entwicklung im sozialen, geistigen, körperlichen und seelischen Bereich an.

2. Leitet aus dem Text Bedingungen (zeitlich, räumlich, materiell etc.) ab, die für das Spiel wichtig sind und die geschaffen werden müssten, um Spiel zu fördern.

3. Prüft, inwieweit die von Martin Textor behaupteten Lebensbedingungen sich in eurer Umgebung wiederfinden. Hierzu bieten sich folgende Möglichkeiten an:

a) Befragt Kinder z. B. darüber, wie sie ihre Nachmittage verbringen, wo sie am häufigsten spielen etc.

b) Entwickelt einen Stadtplan für Kinder über Spielmöglichkeiten in der Stadt, im Dorf, in der Siedlung um die Schule: Dazu hängt ihr zunächst einen Stadtplan stark vergrößert an die Wand und tragt Spielmöglichkeiten und Bedingungen in eurer Umgebung ein, entweder indem ihr entsprechende Fotos auf die Karte klebt oder entsprechende Orte durch Fähnchen kennzeichnet (rot für schlechte, gelb für mittlere, grün für gute Spielmöglichkeiten). Achtet vor allem darauf, die von Textor benannten Kriterien für fantasievolles Spiel bei der Bewertung zu berücksichtigen.

Gestaltung naturnaher Spielräume

Ebenso wie Natur und Architektur müssen Pflanzen und Spielgeräte keinen unverträglichen Gegensatz bilden. Es gibt durchaus geeignete Geräte und viele Möglichkeiten, wie Pflanzen und Spielgeräte nebeneinander bestehen und sich in ihren Erfahrungs- und Spielangeboten ergänzen können. Ein Spielgerät kann, wenn es gut gemacht und sinnvoll eingesetzt wird, eine Bereicherung für ein naturnahes Spielgelände sein. Bestimmte Spiele wie Schaukeln, Rutschen etc. sind ohnehin am besten auf Spielgeräten möglich.
Oft ist es ratsam und sinnvoll, Natur- und Geräteteile, natürliche Gegebenheiten und menschliche Bauten miteinander zu verbinden; was übrigens nicht nur für Spielplätze gilt. In einzelnen kann an einem aufgeschütteten Hügel eine Rutsche angelegt und der Aufstieg als Klettersteig errichtet werden. Eine Rutsche ist an Hochsommertagen auch in der Mittagshitze zu benutzen, wenn sie von schattigen Baumkronen umgeben ist. Die Konstruktion eines Seilzirkus kann auf spannende Weise mit Ästen, Zweigen und Blättern korrespondieren. Die Sandkiste lädt nur in einem relativ windgeschützten Bereich zu längeren Aufenthalten ein. […]
Gerade Naturmaterialien wie Gehölze, Hölzer, Steine, Lehm und Erdreich sind äußerst geeignet für spielerische Mitmach-Bau-Begegnungs-Aktionen, die man in einem Stadtviertel, einer Gemeinde, einem Dorf bzw. in einem Kindergarten, einem Park, auf einem Schulhof oder Spielplatz veranstalten kann.
Flechtzäune und Häuschen aus Weidenruten und anderen Pflanzenarten, wie z. B. die Haselnuss, können ebenso wie Trockenmauern, Biotope, Lehmöfen etc. aufgrund der ein-

Naturnaher Spielraum

fachen Techniken zusammen mit Kindern, Eltern, Anwohnern errichtet werden. In einer befristeten Bauaktion, zu der alle interessierten Personen eingeladen werden, erhält der Hinterhof, Spielplatz oder Pausenhof somit ein zusätzliches Erlebnis- und Spielangebot. Im Prinzip können dabei auch komplexere Konstruktionen entstehen wie eine lebende Laube, eine Grillhütte, ein Labyrinth usw.
Die Baumaterialien wie Weiden- oder Haselruten fallen ohnehin jedes Jahr beim notwendigen Auslichten von Wäldern, Bahndämmen, Flusstälern, Hochufern usw. an. Wenn man rechtzeitig bei den Grünämtern, Gartenbaufirmen etc. nachfragt, dürfte es im Allgemeinen kein Problem sein, die Ruten zu bekommen, da sie meistens nur verhäckselt und kompostiert werden. Sie müssen allerdings bis zum Baubeginn relativ feucht gelagert werden, wenn sie anwachsen und neu austreiben sollen.
Folglich ist das Bauen mit Ruten nicht mit Naturzerstörungen verbunden. [...] Ähnliches lässt sich für das Bauen mit Bauschuttmaterialien, alten Ziegeln, Kacheln- und Fliesenresten sagen, mit denen fantasievolle Mauern und Sitzgelegenheiten und wunderbare Mosaike gestaltet werden können.

(Peter Hohenauer, Naturnahe Spielräume – Aspekte zu einer notwendigen Verbesserung der Spielmöglichkeiten im öffentlichen Raum, S. 290–317. In: Johannes Wessel/Harald Gesing [Hg.], Spielend die Umwelt entdecken. Handbuch Umwelt-Bildung, Luchterhand, Neuwied, Kriftel, Berlin 1995, S. 308–310)

1. Beschreibt, welche Möglichkeiten naturnahe Spielräume für das Spiel bieten. Zu welchen Spielen regen solche Räume vor allem an?

2. Um die Bedeutung naturnaher Spielräume besser begreifen zu können, bietet sich ein Spielnachmittag im Wald an. In Büchereien gibt es inzwischen viele Bücher mit Naturerfahrungsspielen, Wald- und Umweltspielen wie z. B.
- J. Cornell: Mit Freude die Natur erleben. Naturerfahrungsspiele für alle, Verlag an der Ruhr
- Uli Geißler: Jolly Joggers und Lilly Lindes großes grasgrünes Umwelt-, Spiel- und Spaßbuch, Ökotopia Verlag
- Johannes Wessel/Harald Gesing (Hg.): Spielend die Umwelt entdecken. Handbuch Umwelt-Bildung, Luchterhand

Wählt in kleinen Gruppen Spiele aus, die ihr der Klasse an einem Spielnachmittag vorstellen wollt. Auf diese Weise könnt ihr zugleich eure Fähigkeiten üben, Spiele verständlich zu erklären.
Nicht alle Kinder und Jugendlichen haben die Möglichkeit in einem Waldgebiet zu spielen. Daher könntet ihr überlegen, inwieweit die erprobten Waldspiele umgeändert werden können, so dass sie auch in städtischer Umgebung gespielt werden können.
Und für alle, die kein Waldgebiet in der Nähe haben, aber dennoch Spiele im Freien bzw. in „naturnaher" Umgebung ausprobieren möchten, noch ein Tipp:
- Dave Ruse: City Adventures. Erlebnispädagogische Aktivitäten (nicht nur) für kleine und für große Städte(r), Ökotopia

Wertet euren Spielnachmittag anschließend aus, indem ihr euch über eure Erfahrungen mit den Spielen austauscht und überlegt, mit wem ihr diese Spiele spielen würdet und zu welchem Zweck.

Welche Spielmittel brauchen Kinder?

Bringt eines eurer Lieblingsspielmittel eurer Kindheit mit. Stellt es in der Klasse vor und sprecht über die Bedeutung, die dieses Spielmittel für euch hatte. Wie habt ihr diese Spielmittel benutzt? Leitet davon ausgehend Hypothesen über die Bedeutung von Spielmitteln für Kinder ab.

Häufig fragen sich Erwachsene, welche Spielmittel sie Kindern zur Verfügung stellen sollen. Michael Renner schlägt zur Auswahl ein „ausgewogenes Verhältnis von Spielmaterial, Spieldingen und Spielzeug“ vor, die „sich an spielauslösenden Bedürfnissen orientieren (Ruhe-, Konzentrations-, Mitteilungs-, Kontakt-, Bewegungs- und Darstellungsbedürfnis)“.

(Michael Renner, Spieltheorie und Spielpraxis. Eine Einführung für pädagogische Berufe, Lambertus, Freiburg i. Breisgau 1995, S. 113)

Die Spielmittel
Das sind alle Gegenstände, die Menschen zu verschiedenen Spielformen benutzen

a) Spielmaterial

Das sind Materialien, die im Alltag meist verfügbar sind und nicht für den Zweck des Spiels hergestellt wurden. Im Wesentlichen sind das Naturmaterialien (z.B. Erde, Wasser, Pflanzen, Ton, Sand, aber auch Papier, Farbe und rückgewonnene Materialien, wie z.B. Wollreste, Stoffreste etc.).

b) Spieldinge

Das sind Dinge, die für eine bestimmte Alltagsfunktion, aber nicht fürs Spiel hergestellt wurden, z.B. Werkzeug, Geschirr, Einrichtungsgegenstände, aber auch Gegenstände, die ihre Alltagsbedeutung verloren haben, wie z.B. Kleider, Hüte, Brillen, Schirme etc.

c) Spielzeug

Dieser Begriff kennzeichnet Mittel, die zum Zwecke des Spiels hergestellt wurden. z. B. Bälle, Spielzeugautos, Puppen, Brettspiele, Bauklötze, Spielfiguren (z.B. Playmobil, Barbie) oder Konstruktionsbaukästen (z.B. Fischer-Technik, Lego-Technik).

(Michael Renner, Spieltheorie und Spielpraxis. Eine Einführung für pädagogische Berufe, Lambertus, Freiburg i. Breisgau 1995, S. 110)

1. Prüft die jeweiligen Spielmittel auf mögliche Vor- und Nachteile.

2. Geht in kleinen Gruppen in Kindergärten und lasst euch die Spielmöglichkeiten zeigen. Inwiefern ist dort ein ausgewogenes Verhältnis von Spielmaterial, Spieldingen und Spielzeug zu erkennen? Befragt die Erzieher und Erzieherinnen daraufhin, welche Spielmittel die Kinder bevorzugen. Welche Verbesserungsvorschläge habt ihr?

Auswahl und Beurteilung von Spielmitteln

Kriterien zur Auswahl von Spielmaterial		ja	teilw.	nein
1. Entwicklungsstand	Für welchen Entwicklungsstand ist das SM geeignet?			
2. Gruppeneignung	a) Wie viele Kinder können mitspielen?			
	b) Kann Sozialverhalten gefördert werden?	O	O	O

3. Vielseitigkeit	a) Ist das SM für einen längeren Entwicklungszeitraum geeignet?	O	O	O
	• b) Gibt es Zubehör (wo und wie lange noch)?	O	O	O
	• c) Gibt es Kindergartenpackungen?	O	O	O
	d) Lässt sich das SM mit anderen Gegenständen kombinieren?	O	O	O
	e) Ist das SM offen für Fantasie und Kreativität?	O	O	O
4. Themenbezug	• Zu welchen Themen in der Gruppe passt das SM?			
5. Entlastung	a) Können die Kinder ohne Erzieherin damit spielen?	O	O	O
	• b) Ist die Anleitung verständlich und anregend?	O	O	O
6. Realitätslernen	Welche Informationen, Funktionen und Fähigkeiten bietet es?			
7. Gestaltung	a) Ist die Farbgestaltung sinnvoll?	O	O	O
	b) Ist die Formgestaltung sinnvoll?	O	O	O
	c) Ist das Gewicht sinnvoll?	O	O	O
	d) Lassen sich Geräusche erzeugen?	O	O	O
8. Sicherheit	• Ist eine Gefährdung der Kinder ausgeschlossen?	O	O	O
[...]				
10. Haltbarkeit	• a) Ist der Rohstoff dem Spielzweck angemessen?	O	O	O
	• b) Ist die Verarbeitung haltbar?	O	O	O
	• c) Sind Ersatzteile enthalten oder beschaffbar?	O	O	O
	• d) Kann das SM gut gereinigt werden?	O	O	O
11. Preis	Ist die Überteuerung vergleichsweise niedrig?	O	O	O

Zeichenerklärung:
SM = Spielmaterial
• = auch als Frage an Verkaufspersonal möglich
... = Antwort selbst formulieren
O = zutreffende Spalte ankreuzen (nach dem Kopieren)

(Fortbildungsinstitut für die pädagogische Praxis, Bausteine für die Arbeit in Kindergarten und Hort, Band II, Beltz, Weinheim 1980, S. 206f.)

1. Welchen pädagogischen Sinn machen die oben genannten Kriterien? Prüft, welche Kriterien ihr für besonders wichtig erachtet, und begründet eure Meinung.

2. Beurteilt euer mitgebrachtes Lieblingsspielzeug mit Hilfe des Beurteilungsbogens.

3. Ihr könnt zur Überprüfung auch in Spielwarengeschäfte gehen und ausgewähltes Spielzeug mit Hilfe des Beurteilungsbogens bewerten. Da ihr das Spielzeug nicht mit in den Unterricht nehmen könnt, ist es sinnvoll, von dem jeweils geprüften Spielzeug ein Foto zu machen oder sich Werbematerial mit einer Abbildung des geprüften Gegenstandes geben zu lassen.

4. Erstellt eine Hitliste der zehn besten Spielzeuge. Welche haltet ihr für empfehlenswert, welche weniger oder gar nicht?

5. Gab es in eurer Beurteilung noch weitere Kriterien, die der Fragenkatalog zur Auswahl von Spielmitteln nicht enthält? Welche Kriterien sollten noch hinzugefügt werden?

Was ist ein gutes Brettspiel?

1. Erstellt unter Berücksichtigung der Kriterien zur Auswahl von Spielmitteln einen Testbogen zur Beurteilung von Brettspielen (Hinweis: Ein solcher Testbogen findet sich in: Ulrich Baer: Spielpraxis. Eine Einführung in die Spielpädagogik, Kallmeyersche Verlagsbuchhandlung, Seelze-Velber 1995, S. 42-43). Bringt anschließend Brettspiele mit in den Unterricht, spielt diese und beurteilt sie in Kleingruppen mit Hilfe eures Testbogens.

2. a) Ein wichtiges Beurteilungskriterium ist laut U. Baer die Frage, ob ein Spiel so verändert werden kann, dass es für Familien, Senioren etc. spielbar wird. Sucht euch ein Spiel aus und entwickelt in Partner- oder Kleingruppenarbeit veränderte Spielregeln für unterschiedliche von U. Baer aufgeführte Gruppen. Stellt anschließend die Regeln der Klasse vor. Dabei könnt ihr gleichzeitig prüfen, welche Regeln am verständlichsten formuliert sind.
b) Eine weitere, häufig pädagogisch wichtige Variante, Spiele abzuändern, besteht darin, die Regeln eines Konkurrenzspieles so abzuändern, dass daraus ein kooperatives Spiel entsteht. Probiert dies an einem Spiel aus, indem ihr zunächst die Regeln verändert. Anschließend könntet ihr Gruppen bilden und die Spiele jeweils nach den ursprünglichen und dann nach den neuen Regeln spielen. Tauscht euch anschließend über eure Spieleindrücke aus.

Ein Königreich für ein Pferd! Wie sich Kinder zu helfen wissen ...

Spielzeug selber herstellen

Überblickt man den gegenwärtigen Stand der Spielmittelbeurteilung und Spielmittelbewertung, so lassen sich ökologisch orientierte Vorstellungen erst in Ansätzen ausmachen. Es überwiegt nach wie vor eine immanente Bewertungspraxis, die sich kaum dafür interessiert, was Kinder mit den Spielmitteln konkret anfangen und was sie davon halten [...]. Ist man bis zu diesem Punkt gelangt, stellt sich die Frage, ob nicht anstelle kommerzieller Spielwaren das selbst gebastelte Spielzeug viel stärker in den Mittelpunkt spielpädagogischer Betrachtungen treten sollte. Vieles spricht für selbst gemachtes Spielzeug: Die Kinder steigern ihre Geschicklichkeit und ihr Können. Sie finden zum selbst gemachten Spielzeug einen umfassenderen Bezug als zu Spielwaren. Durch die Notwendigkeit, Spielzeug selbst herzustellen, werden Einfallsreichtum und Fantasie angeregt. [...] Im Herstellen von Spielzeug können Eltern und Kinder in besonderer Weise voneinander lernen und sich zueinander in Beziehung setzen.

(Jürgen Fritz, Theorie und Pädagogik des Spiels. Eine praxisorientierte Einführung, Juventa, 2. korr. Aufl.,Weinheim / München 1993, S. 104–105)

1. Legt den Standpunkt von Jürgen Fritz zu kommerziellem Spielzeug dar.

2. Welche Hilfen brauchen Kinder bei der Herstellung von Spielzeug?

3. Welche Vorteile kann es haben, wenn Kinder z. B. Puppenkleider selber herstellen statt sie zu kaufen? Findet weitere Beispiele selbst gemachten Spielzeugs und prüft, welche Vorteile das Herstellen jeweils haben könnte. Gibt es auch Nachteile?

4. Habt ihr als Kind selbst Spielzeug hergestellt? Welches Spielzeug war das? Was kennt ihr sonst an selbst hergestelltem Spielzeug, was habt ihr schon mal gesehen? Sammelt in einer Auflistung Materialien, die man zum Herstellen von Spielen und Spielzeug nutzen kann. Schreibt dazu mögliche Ideen zur Spielzeugherstellung auf.

5. Wie sind ausgehend von dem Standpunkt von Jürgen Fritz zu kommerziellem Spielzeug Beurteilungsbögen von Spielmitteln zu bewerten?

Wenn das Spielzeug in den Keller wandert

Unsere Tageseinrichtung für Kinder besteht aus 5 altersgemischten Kindergruppen mit je 15 Kindern im Alter von 1–6. [...] Den Anstoß für unser Projekt des spielzeugreduzierten Kinderhauses gaben uns unsere Beobachtungen des Spielverhaltens der Kinder in der Gruppe. Die Kinder schienen nicht mehr zu spielen. Eine durchgängige Beschäftigung mit einem Material oder Spiel war nicht mehr möglich. [...] Sie warfen mit Material, kein Spiel klappte mehr, ohne dass nach kurzer Zeit Streit ausbrach. [...] Aufgrund vieler solcher Beobachtungen wurde bei uns im Team der Wunsch laut, den Kindern ein anderes Umfeld zu bieten, das ihnen evtl. wieder zu kreativem Spiel verhelfen könnte. [...]

1. Tag: In der Kinderrunde stellen wir unsere neue Idee, einmal ohne Spielzeug zu sein, vor. Zuerst schauen uns die Kinderaugen ungläubig an. [...] Also gut, wir wollen es erst einmal drei Tage versuchen. Dann geht es los. Treppauf, treppab tragen wir unser Spielzeug in den Keller. [...] Ganz langsam befassen sich die Kinder mit der neuen Atmosphäre im Raum. Jaja und Freddy leeren unsere Kastanien aus dem Korb aus, und schon fängt das Spiel an. Die Kastanien rollen quer durch das Zimmer. Jaja bekommt die Idee, ihre Schuhe auszuziehen und barfuß über die Kastanien zu laufen. [...] Die anderen Kinder nutzen die neue Leere, um die Hängematte so richtig zu genießen. Sie schaukeln und träumen.

2. Tag: Frühstückszeit. Wie es jetzt doch gemütlich war beim Frühstücken. Wir haben das Gefühl, endlos Zeit zu haben, seitdem das Spielzeug weg ist. Die Gespräche werden immer länger. So sagt Joscha: „Mir ist ja so langweilig." Also wird über die Langeweile geredet. Wie ist das, wenn einem langweilig ist? Tut das weh? Andreas macht dann Joscha einen Vorschlag: „Komm, bau doch mit uns eine Höhle!" „Nein", Joscha will lieber, dass es ihm langweilig ist, und verzieht sich auf die Hängematte und träumt und hört den Geschichten der Kinder zu. [...]

4. Tag: [...] Robin und Kesiha, unsere kleinsten Kinder, verkriechen sich stundenlang in den Höhlen. Es spielen Kleine und Große zusammen. [...] Wir wundern uns, wo sind die Streitigkeiten geblieben, die so oft unseren Tag beherrschten? Die Kinder sind viel gelassener und ruhiger. [...]

5. Tag: Jana wartet auf ihre Freundin Samra. Sie entscheiden, gleich in den Garten zu gehen, denn heute liegen die ersten Herbstblätter auf dem Boden. [...] Wie verschieden die Blätter sind! Das eine ist gelb, das andere braun. So entwickelte sich ein Spiel daraus. Welches Blatt gehörte zu welchem Baum? [...]

6. Tag: Heute ist Herbstwandertag angesagt. [...] Joscha und Eddy sammeln allerlei Schätze. [...]

11. Tag: Heute gehen wir alle in den Werkraum und machen bei Joschas Experimenten mit. Wir färben Wasser mit Krepppapier ein. Es wird den ganzen Tag gebastelt, gemalt und experimentiert. [...]

13. Tag: Piratenfest! [...] Alle Kinder verkleiden sich als Piraten. Es werden Hüte gebastelt, Bärte gemalt und dann geht die Schatzsuche los. [...] „Richtige Piraten", beschließen die Kinder, „essen zu Mittag auf dem Boden". Gesagt, getan, es werden Tische und Stühle zur Seite gerückt. Jeder sucht sich einen Platz auf dem Boden. [...]

14. Tag: Oh, wie schön kann doch eine Hängematte sein. Jaja macht es sich so richtig bequem darin. Ich geselle mich dazu. Wir erzählen uns gegenseitig Geschichten von Hexen, Gespenstern und Tieren. [...]

Das Spielverhalten unserer Kinder hat sich tatsächlich verändert. Die Kinder haben neue Arten des Spielens und des Gestaltens entdeckt. Auch mit den vorhandenen Materialien und Spielzeugen wird anders umgegangen als vor dem Projekt. Die Kinder bevorzugen eindeutig unfertige oder unstrukturierte Materialien wie Pappschachteln, Wolle etc., mit denen man experimentieren kann und die vielseitig einsetzbar sind. Die Konzentrationsfähigkeit wandelte sich ebenfalls im Verlauf des Projektes. [...] Während des Erzählens war es völlig ruhig. Man konnte den Kindern ansehen, wie sie sich in die Geschichte hineindachten. Das war vorher nicht zu beobachten gewesen. Die Konflikte in der Gruppe wurden weniger. [...] Der Erfolgszwang, immer besser zu sein als die anderen, und das Konkurrenzdenken untereinander waren nicht mehr spürbar. Jeder bekam die Chance, sich einzubringen. Die Kinder nahmen viel mehr Rücksicht aufeinander. Konflikte wurden meistens selbst und mit mehr Fantasie gelöst. Der Mangel an vorgefertigten Spielen animierte die Kinder auch zu einer längerfristigen Planung ihrer Aktivitäten. Große spielten dabei sehr liebevoll mit den Kleinen und bezogen sie bewusster in ihre Spiele mit ein. Auch war wieder Muße und Zeit da, um sich Geschichten zu erzählen und in der Hängematte zu träumen oder einfach zu reden. Wir haben die Kinder niemals so viel sprechen und erzählen hören.

(kindergarten heute. zeitschrift für erziehung im vorschulalter, Heft 7–8, 1996, Verlag Herder, Freiburg 1996, S. 33–36)

1. Was sagen die Ergebnisse des Projektes „Spielzeugfreier Kindergarten“ über die Spielbedürfnisse von Kindem aus?
2. Welche möglichen negativen Folgen von kommerziellem Spielzeug lassen sich ableiten?
3. Tipp: Geht einen Nachmittag in den Wald und sammelt Material, das sich zum Spielen eignet. Erfindet aus dem mitgebrachten Material Spielideen.
4. Welche Tipps würdet ihr Eltern zur Einrichtung eines Spielzimmers geben?
5. Stellt euch vor, es ist kurz vor Weihnachten und ihr wollt euren jüngeren Geschwistern oder Nichten/Neffen etwas zum Spielen schenken. Was würdet ihr wählen? Welche alternativen Geschenke zu kommerziellem Spielzeug würdet ihr wählen? Erstellt eine Liste möglicher alternativer Spielgeschenke.

Was muss ein guter Spielleiter/eine gute Spielleiterin können?

Neben dem räumlichen und dem materiellen Aspekt ist zur Spielförderung das erzieherische Verhalten eine wesentliche Bedingung. Spielleiter und -leiterinnen sollen laut Peter Thiesen vor allem Anlässe positiver Emotionen im Spiel schaffen.

Erinnert euch an Spielsituationen und -erlebnisse, die bei euch negative Emotionen (Ärger, Enttäuschung etc.) ausgelöst haben. Was waren die Gründe? Leitet daraus ab, wann Spiel Anlass für negative Emotionen werden kann.

Motivierung zum Spielen

Folgende Bedingungen sind nach Peter Thiesen herzustellen, um die Spielfreude der Teilnehmer und Teilnehmerinnen zu fördern:

- Auf das Kind eingehen, wenn es einen Spielpartner sucht! [...]
- Die Wünsche und Interessen der Kinder grundlegend in das Spiel einbeziehen!
- Spiele aussuchen, die allen – auch den Schwachen – Erfolgserlebnisse vermitteln können!
- Spielfreude kann sich nur dort entfalten, wo kein Zwang und Druck besteht. [...]
- Neugier wecken und Abwechslungen bieten! Die Spielangebote dürfen nicht zu gleichförmig sein.
- Positive Leistungen müssen angemessen bekräftigt werden! [...]
- Nicht schulmeisterhaft belehrend auf das Kind einwirken! Spielende Kinder nicht kritisieren! [...]
- Wo Gefahren gesehen werden oder sich Ungerechtigkeiten für den Einzelnen ergeben, grenzt der Spielleiter ein.
- Trotz gleichen Alters bringen die Kinder unterschiedliche Voraussetzungen mit, die das Spielniveau bestimmen. Die Spiele müssen den Fähigkeiten der Kinder entsprechend eingesetzt werden. Es soll weder zu einer Über- noch Unterforderung kommen. [...]
- Die Zeitdauer des Spiels richtet sich nach der Belastbarkeit der Kinder. [...]

– Eine Spielstunde sollte Höhepunkte bieten.
– Schwächeren und langsameren Kindern Beachtung schenken! […]
– Das eingangs erwähnte Vorbild des Spielleiters ist Ansporn für die Beteiligung am Spiel. Er ist geduldig und achtet darauf, dass freiwillig und fair gespielt wird. […]
– Gesellschaftsspiele gewinnen noch mehr an Reiz, wenn man Variationen entwickelt oder sich neue Regeln ausdenkt. Gemeinsam werden neue Spiele erfunden.
– Bei Gruppenspielen rechtzeitig abbrechen und nicht „totspielen"! Alternativen bereithalten. […]
– Selbst bereit sein, mitzuspielen […]

(Peter Thiesen, Arbeitsbuch Spiel. Für die Praxis in Kindergarten, Hort, Heim und Kindergruppe, Stam, 4. Aufl. Köln 1994, S. 18–21)

Und das solltet ihr unbedingt vermeiden:

– ermüdendes und unverständliches Erklären;
– sich gelangweilt und unbeteiligt geben;
– schimpfen, kommandieren und schikanieren;
– sich auf Kosten der Spieler lustig machen;
– zum Spiel zwingen; […]
– zu leises/zu lautes Sprechen;
– immer nur dieselben Spiele durchführen.

(Peter Thiesen, Arbeitsbuch Spiel. Für die Praxis in Kindergarten, Hort, Heim und Kindergruppe, Stam, 4. Aufl. Köln 1994, S. 25)

1. Fallen euch weitere Tipps ein, die eine Spielleitung unbedingt beachten sollte?

2. Erstellt eine Liste der Fähigkeiten, die euch als Spielleitung am wichtigsten erscheinen. Schätzt eure Fähigkeiten darauf hin ein, was ihr euch schon zutraut und was noch nicht.

3. Um die eigenen Spielleiterfähigkeiten zu verbessern, ist es sinnvoll, Spiele in der Klasse als Spielleiter/-leiterin durchzuführen. Bittet eure Mitschüler und -schülerinnen um Rückmeldung.

Anwendung

„Offene Pause. Selbstbestimmte, kreative Freizeitgestaltung in der Schule"

Schule ist für die Lehrer der Theodor-Heuss-Schule in Marburg eine „Welt im Kleinen", in der nicht nur Unterricht, sondern Leben stattfindet. Das spezifische Klima wird hier u. a. durch die „Offene Pause" geschaffen: Vor, zwischen und nach dem Unterricht gestalten die Schüler ihre Freizeit selbstständig.

Wer oft spielt, wird kreativ und einfallsreich. In den Pausen werden fantasievolle Spielvarianten erdacht und ausprobiert: z. B. das abgewandelte Tischtennisspiel. Dabei nimmt man Hände statt Schläger, und ein großer Fußball dient als Ball.

Die meisten Schülerinnen und Schüler gestalten die Pausen eigenständig und nutzen die Zeiten und Räume als Spielzeiten und Spielräume. Ein großes Angebot an Brettspielen lockt die Schülerinnen und Schüler in die Klassenräume. [...]

Das Aggressionspotenzial ist an dieser Schule sehr niedrig. An vielen Spielgeräten kann man sich richtig austoben. Auf dem Schulhof sind vier Basketballkörbe angebracht [...]. In den Klassenzimmern stehen Spieltonnen mit Bällen, Federballspielen, Tischtennisschlägern und weiteren Spielgeräten. In den Pausen können alle Spielzeug entnehmen. Jede Klasse ist selbst verantwortlich für die Vollständigkeit ihrer Tonne und die Anschaffung neuer Spiele. Das Jonglieren mit bunten Tellern fasziniert die Schülerinnen und Schüler immer wieder neu. [...]

Die Schülerinnen und Schüler können sich zu Pausenzeiten überall auf dem Schulgelände aufhalten: auf den Fluren, in den Klassenräumen und natürlich auf dem Schulhof.

Hier wird Musik gehört, dort in der Spielecke gekuschelt oder gerauft. [...]

(Eva Deppe/Jochen Dietrich, Offene Pause. Selbstbestimmte, kreative Freizeitgestaltung in der Schule. In: Friedrich Jahresheft XIII 1995: Spielzeit. Spielräume in der Schulwirklichkeit, Friedrich Verlag, Seelze 1995, S. 128–129)

Und das könnt ihr tun – Projektvorschläge:

Einrichtung eines Spielraumes in der Schule

Ein Spielraum in der Schule kann vielfältig genutzt werden: als Pausenraum, in Freistunden, zur Übermittagsbetreuung etc. Denkt bei der Einrichtung eines solchen Raumes vor allem an alle Altersstufen der Schule.

Viele Spiele lassen sich kostengünstig selber herstellen (z. B. mit Sektkorken, Bierdeckeln, Papprohren, Illustriertenbildern, Kleidungsstücken etc.); möglicherweise könnt ihr dies auch im Kunstunterricht durchführen. Vielleicht gibt es in eurer Schule auch bereits Spielmittel, die ihr zur Einrichtung des Raumes nutzen könnt.

Schulhofgestaltung

Wenn euch das Kapitel „Gestaltung von Spielräumen" dazu angeregt haben sollte, euern Schulhof in ein naturnahes Spielgelände zu verändern, prüft zunächst in Absprache mit der Schulleitung, inwieweit hierzu Möglichkeiten gegeben sind. Viele Gestaltungsideen und vor allem Hinweise zur Umsetzung bieten übrigens folgende Bücher:

- Udo Lange / Thomas Stadelmann: spiel-platz ist überall. Lebendige Erfahrungswelten mit Kindern planen und gestalten, Herder
- Richard Wagner: Naturspielräume gestalten und erleben, Ökotopia.

Bei der Durchführung dieser Projektidee ist eine Zusammenarbeit mit der Lehrkraft für Biologie sicher von Vorteil! Im Übrigen können auch Eltern etc. beteiligt werden. Neben der Einrichtung naturnaher Spielräume sind auch andere Möglichkeiten der Schulhofgestaltung denkbar: Gestaltung von Flächen für Hüpfspiele, Flächen zum Malen mit Straßenkreide, Gestaltung von Ecken für Murmelspiele etc.

Ein Bauwerk besonderer Natur

Gesamtlänge:	ca. 35 m
verbaute laufende Meter:	ca. 135 m
Materialmenge:	ca. 14 LKW-Ladungen Haselnuss und Weide
Bauzeit:	eine Woche
Helfer:	Kinder, Eltern und Kindergartenteam drei Fachschulklassen
Ort:	Kindergarten Birlehof Neuenburg a.Rh.

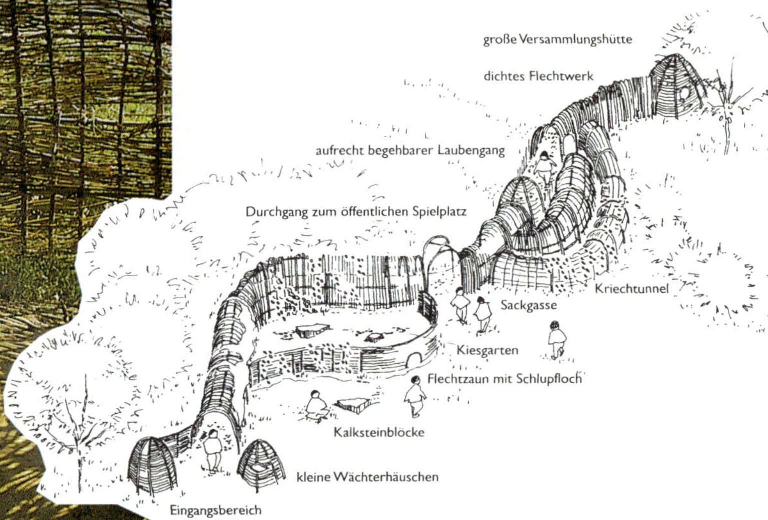

Im Rahmen eines Projektes entstanden am Albert-Schweitzer-Gymnasium in Marl Bewegungsflächen unter naturnahen Gesichtspunkten.

An der Bischöflichen Fachschule für Sozialpädagogik in Rheine haben Kinderspielnachmittage bereits Tradition.

Spielnachmittage

Anlässe zur Durchführung von Spielnachmittagen in der Schule gibt es genug, z. B. die Einschulung der Fünftklässler, Kinderbetreuung am Tag der Offenen Tür und bei Elternabenden bzw. -sprechtagen. Ihr könntet z. B. einen Spielnachmittag für die Fünfer anbieten, der vor allem das gegenseitige Kennenlernen (Kennlernspiele!) zum Zweck hat.
Denkt daran, dass ihr vorher gut überlegt, wer eure Zielgruppe ist und welche Wünsche, Interessen und Erwartungen diese haben könnte.

Darüber hinaus könnt ihr:

- einen Spielwagen einrichten, der in den Pausen auf den Schulhof gefahren wird;
- eine Spielausgabe einrichten, ähnlich einem Kiosk, so dass in Freistunden und in der Mittagspause Spiele ausgeliehen werden können;
- einen Spielführer für Eltern, Babysitter, Gruppenleiter und -leiterinnen erstellen;
- ein Hearing über Spielmöglichkeiten in der Schule oder in der Stadt durchführen;
- euch beim Jugendamt melden, das häufig Betreuer und Betreuerinnen für Spiel- und Ferienfreizeiten oder zur Kinderbetreuung bei Veranstaltungen sucht;
- euch auf dem alljährlich am Donnerstag und Freitag nach Karneval stattfindenden Spielmarkt in Remscheid informieren (Info: 0 21 91/7 94 - 0).

Beurteilung

1. Was hältst du von Baby-Spielgruppen?

a) viel, sie bedeuten eine große Entlastung für die Eltern
b) viel, denn da bekommen die Kinder Anregungen, die ihnen der Erwachsene nicht geben kann
c) wenig, denn es gibt doch nur Streit und Tränen
d) viel, denn auch schon die ganz Kleinen brauchen Kontakt mit Gleichaltrigen

2. Was tust du, wenn ein kleines Kind quengelt?

a) ich trage es herum und versuche es mit dem Schnuller oder einem Keks zu beruhigen
b) ich denke mir ein interessantes Spiel aus, das wir zusammen spielen können
c) wahrscheinlich ist es übermüdet und muss ins Bettchen
d) das kann man so nicht sagen, das kommt auf den Grund an

3. Spielen und Aufräumen – Wie siehst du das?

a) mich stört die Unordnung der Kinder nicht
b) Ordnung halten muss ein Kind schon möglichst früh lernen, sonst lernt es dies nie
c) es geht einfach schneller, wenn ich selbst von Zeit zu Zeit aufräume
d) wir machen aus dem Aufräumen ein gemeinsames Spiel

4. Wenn es beim Spielen Streit gibt, was tust du?

a) meistens nichts; die müssen sich selbst auseinander raufen
b) ich schütze das Kleinere vor dem Größeren
c) ich setze mich dazu und versuche das Spiel in neue Bahnen zu lenken
d) ich gebe den Kindern ein neues interessantes Spielzeug, um sie abzulenken

5. Wie siehst du das?

a) ein Baby sollte vor allem möglichst viel Ruhe haben
b) schon ein sechs Wochen altes Baby kann sich langweilen, wenn es zu wenig neue Anregungen erhält
c) man kann gar nicht früh genug anfangen, ein Kind gezielt zu fördern
d) ein Kind holt sich schon von allein die Anregungen, die es braucht

6. Eine gute Spielatmosphäre schaffe ich, wenn

a) ich in der Nähe bin, aber nicht reinrede
b) ich mich nicht zu oft blicken lasse
c) ich dem Kind helfe
d) ich dafür sorge, dass sich das Kind konzentrieren kann

7. Wenn ich einem Kind ein neues Spielzeug gebe,

a) zeige ich ihm, was man alles damit machen kann
b) lasse ich es selbst herausfinden, was man damit machen kann
c) zeige ich ihm die eine oder andere Möglichkeit, damit sein Spiel in Gang kommt
d) achte ich darauf, dass es etwas Neues dabei lernen kann

8. Ein Kind sitzt inmitten von Spielzeug untätig herum. Was denkst du?

a) es langweilt sich
b) es denkt nach
c) es ist traurig
d) vielleicht hat es zu viel Spielzeug

9. Wenn ein Kind spielt und das Essen ist fertig,

a) rufe ich und erwarte, dass es auch kommt
b) rufe ich so rechtzeitig, dass es sein Spiel fertig spielen kann
c) wird es schon kommen, wenn es Hunger hat
c) spiele ich ein paar Minuten mit, und dann gehen wir gemeinsam zu Tisch

10. Wenn ein Kleinkind sein Spielzeug immer wieder vom Kinderstuhl herunterwirft, heißt das,

a) dass es raus möchte
b) dass es werfen übt
c) dass es die Mutter provozieren will
d) kommt darauf an

11. Lenken, Anregen, Gewährenlassen, Beschützen?

a) wenn ein Kind immer wieder das Gleiche spielt, sollte man ihm schon neue Anregungen geben
b) ein Kind kommt schon selbst zum Erwachsenen, wenn es neue Anregungen braucht
c) ich sehe es dem Gesicht des Kindes an: wenn es sich langweilt oder nicht weiter weiß, schlage ich eine neue Spielvariante vor
d) je kleiner ein Kind ist, desto eher muss man ihm sagen, was es spielen soll

12. Viel oder wenig Spielzeug?

a) eigentlich braucht ein Kind bis zu drei Jahren kaum richtiges Spielzeug; jedes Ding kann zum Spielzeug werden
b) ein Kind braucht möglichst viel Spielzeug, damit es sich aussuchen kann, womit es spielen möchte
c) es ist günstig, wenn man dem Kind nur wenig Spielzeug zum Auswählen gibt, es dafür aber öfter austauscht
d) schon in frühester Kindheit sollte man auf pädagogisch wertvolles Spielzeug achten

13. Schule als Lern- und Spielort?

a) In der Schule wird gelernt. Für Spielen ist deshalb dort kein Platz.
b) Spielen ist eine wichtige Beschäftigung, bei der „nebenbei" gelernt wird. Deshalb sollte auch in der Schule gespielt werden.
c) Spielen ist in der Schule als Methode, um Lernstoff zu vermitteln, zu nutzen und somit legitim.
d) Spiel darf nicht als Methode zur Wissensvermittlung funktionalisiert werden. Spiel verliert sonst seine ursprüngliche Wirkung und Funktion.

(Gekürzt, leicht verändert und ergänzt aus: Bundeszentrale für gesundheitliche Aufklärung [Hg.], Kinderspiele. Anregungen zur gesunden Entwicklung von Kleinkindern, Köln 1996, S. 4–5)

Diskutiert in Kleingruppen je drei Fragen, entscheidet euch für je eine der vorgegebenen Antworten und stellt eure Ergebnisse anschließend im Plenum vor. Prüft, wie eure Diskussionen verlaufen sind. Habt ihr eure Entscheidung mit Hilfe eures Fachwissens überprüft oder habt ihr weniger sachorientiert, sondern eher subjektiv argumentiert? An welchen Stellen bestehen noch Unsicherheiten? Welche Informationen müssen noch eingeholt werden?

9/1 **3.**

Konflikte lösbar machen

Einführung

„Nicht die Existenz von Konflikten ist das Problem, sondern wie damit umgegangen wird. Die Chinesen benutzen für den Begriff Konflikt nicht ein, sondern zwei Symbole.“

(Ingrid Engert, Friedliche Konfliktlösungen in der Schule – Teil 1, in: System Schule, Heft 1, März 1997, S. 9)

1. Welche Bedeutung könnten die Symbole haben?

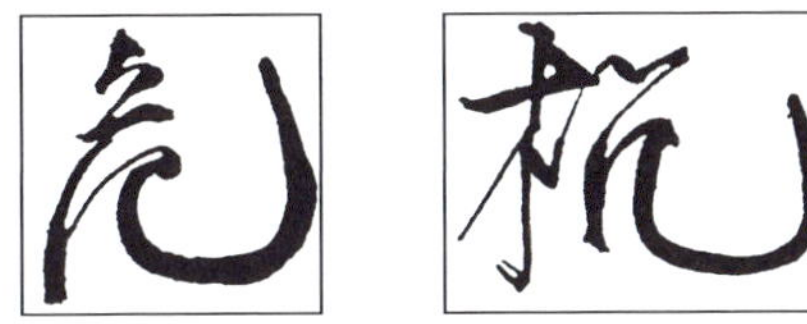

2. Was bedeutet das Wort: Konflikt?

Konflikt (lat): Gegensatz, Streit, Zusammenprall
Diese Wortbedeutung finden wir im Duden.

Wie habt ihr Konflikte erlebt, wie habt ihr euch dabei gefühlt?
Eure persönlichen Erfahrungen sollen in diesem ersten Teil im Mittelpunkt stehen. Dazu machen wir euch unterschiedliche Vorschläge. Wählt aus, was euch besonders anspricht.

Übungen ohne Worte

Übung

Themenbaum: Konflikt

Ihr benötigt verschiedenfarbige Zettel und für jede Person einen Stift.
Anleitung zur Übung:
Ihr geht alle herum, schreibt die Worte, die euch zu Konflikt einfallen, jeweils auf einen Zettel und lasst ihn fallen – wie Blätter im Herbst zur Erde fallen! Die Stichworte werden dann in drei oder vier Gruppen sortiert und jeder stellt sich zu den Zetteln, deren Begriffe als besonders ansprechend verstanden werden! Jede Gruppe gestaltet auf einem weißen Plakat mit allen Stichworten einen Konflikt-Baum (ab hier darf gesprochen werden) und gibt ihm einen Namen, der auf das Plakat geschrieben wird! Jede Gruppe stellt ihren Baum vor und beantwortet Fragen!

Übung

Zwei auf einer Linie

Auf einem Kreidestrich gehen zwei Personen von den Enden her aufeinander zu! Sie sollen sich nicht ausweichen und einander so nahe wie möglich kommen! Beobachterinnen/Beobachter schauen genau auf jeweils eine Person und halten wichtige Eindrücke fest!

Auswertung:

Die beiden Personen erzählen, was ihnen durch den Kopf gegangen ist und welche körperlichen Reaktionen sie gespürt haben.
Beobachtungsdaten werden vorgetragen; wie gut passen sie zu den Eindrücken der beiden Personen?
War typisches Verhalten in Konflikten zu entdecken? Bei dir? Bei anderen?

Konflikt-Comic

Im mittleren Bild seht ihr einen Konflikt, der in vollem Gange ist. Was war der Anlass? Wie endet der Konflikt? Hat der Konflikt Folgen bzw. Nachwirkungen?

1. Bild

2. Bild

3. Bild

1. Zeichnet die fehlenden Bilder auf ein weißes Blatt!
2. Gestaltet eine kleine Geschichte! Ergänzt Gedanken, Gefühle, Äußerungen, Geräusche usw.!

Die Maßnahmen

Die Faulen werden geschlachtet
die Welt wird fleißig

Die Hässlichen werden geschlachtet
die Welt wird schön

Die Narren werden geschlachtet
die Welt wird weise

Die Kranken werden geschlachtet
die Welt wird gesund

Die Traurigen werden geschlachtet
die Welt wird lustig

Die Alten werden geschlachtet
die Welt wird jung

Die Feinde werden geschlachtet
die Welt wird freundlich

Die Bösen werden geschlachtet
die Welt wird gut

(Erich Fried, Die Maßnahmen. Aus: Erich Fried, Gedichte, Classen, Hamburg u. Düsseldorf, 1958)

Diskutiert über die „Maßnahmen“ und ihre Auswirkungen.
Lasst den Erzähler auf einem Spaziergang seine Welt nach der letzten Maßnahme beschreiben.

Biografischer Schreibanlass: Ein Konflikt, an den ich mich erinnere

Konflikte sind alltäglich. Sicherlich hast du in den letzten Monaten einen Konflikt erlebt – als betroffene Person oder als Zuschauerin/Zuschauer – , an den du dich gut erinnern kannst.

Lasse dir Zeit, dich in aller Ruhe in Anlass, Personen, Umstände und Ausgang hineinzudenken!
An welche Verhaltensweisen – auch Gestik, Mimik usw. – erinnerst du dich besonders deutlich? Wie verlief der Konflikt und wie endete er?
Was ging bei diesem Konflikt in dir vor? Finde mehrere passende Ergänzungen:

– Ich dachte ...   – Ich fühlte (mich) ...   – Ich vermutete ...!

Hast du das getan, was du tun wolltest? Bist du mit deinem Verhalten in Konfliktsituationen zufrieden?
Entscheidet euch für einen oder mehrere Konflikte und spielt sie (vgl. methodische Hinweise zum Rollenspiel, S. 158 f.).
Tipp: Versucht eine pantomimische Wiedergabe der Ereignisse in Zeitlupe!

Standortbestimmung

Ihr habt aus unserem Angebot eine Auswahl getroffen und bearbeitet, eventuell habt ihr auch eigene Ideen für eine erste Beschäftigung mit dem Thema „Konflikte lösbar machen“ gehabt.
Damit eure Ergebnisse nicht verloren gehen, sollt ihr alles Wichtige zusammenfassen.

Formuliert eine Begriffsklärung! „Konflikt“ bedeutet hier und jetzt für uns ...
Diese Definition muss nicht perfekt sein, aber sie sollte mehrere Merkmale und Begleitumstände von Konflikten einbeziehen und somit eine gute Zusammenfassung eurer bisherigen Arbeit sein.

Welche Chancen räumt ihr dem Versuch ein, Konflikte lösbar zu machen?

Diskutiert im Kurs darüber! Betrachtet dazu auch die folgende Comic-Geschichte!

Schreibe deine Meinung auf und prüfe am Ende des Kapitels, inwieweit sich bei dir etwas geändert hat!

Orientierung und Planung

Fragen zur Orientierungsphase:

- Was interessiert uns besonders am Thema Konflikt?
- Welche Aspekte des umfangreichen Themas wollen wir genauer anschauen?
- Welche Fähigkeiten für den Umgang mit Konflikten wollen wir üben oder lernen?
- Welche Arbeitsmethode(n) wollen wir ausprobieren?
- Wer könnte uns helfen:
  - Schiedspersonen (vermitteln bei vielen privaten Streitigkeiten)?
  - Mitarbeiter des Jugendamtes?
- Wie wollen wir unsere Ergebnisse präsentieren?

Legt nun die Schwerpunkte fest, mit denen ihr euch in der nächsten Zeit beschäftigen möchtet!

Wenn ihr Lust habt, eure Planung übersichtlich auf einem großen Plakat zu entwickeln, dann könnt ihr mit einer **„Mind Map“** arbeiten.
Auf der nächsten Seite seht ihr eine „Mind Map“ zum Thema: Regeln und Tipps für Mind Maps. Das Ergebnis ähnelt einem Baum mit dicken und dünneren Ästen sowie Zweigen, an denen die Begriffe hängen.
Eure „Mind Map“ hätte dann das Thema: **Konflikt.** Ihr könnt gut gemeinsam festlegen, bei welchen Aspekten ihr noch genauer hinschauen wollt, und leicht erkennen, ob ihr etwas Interessantes vergessen habt!

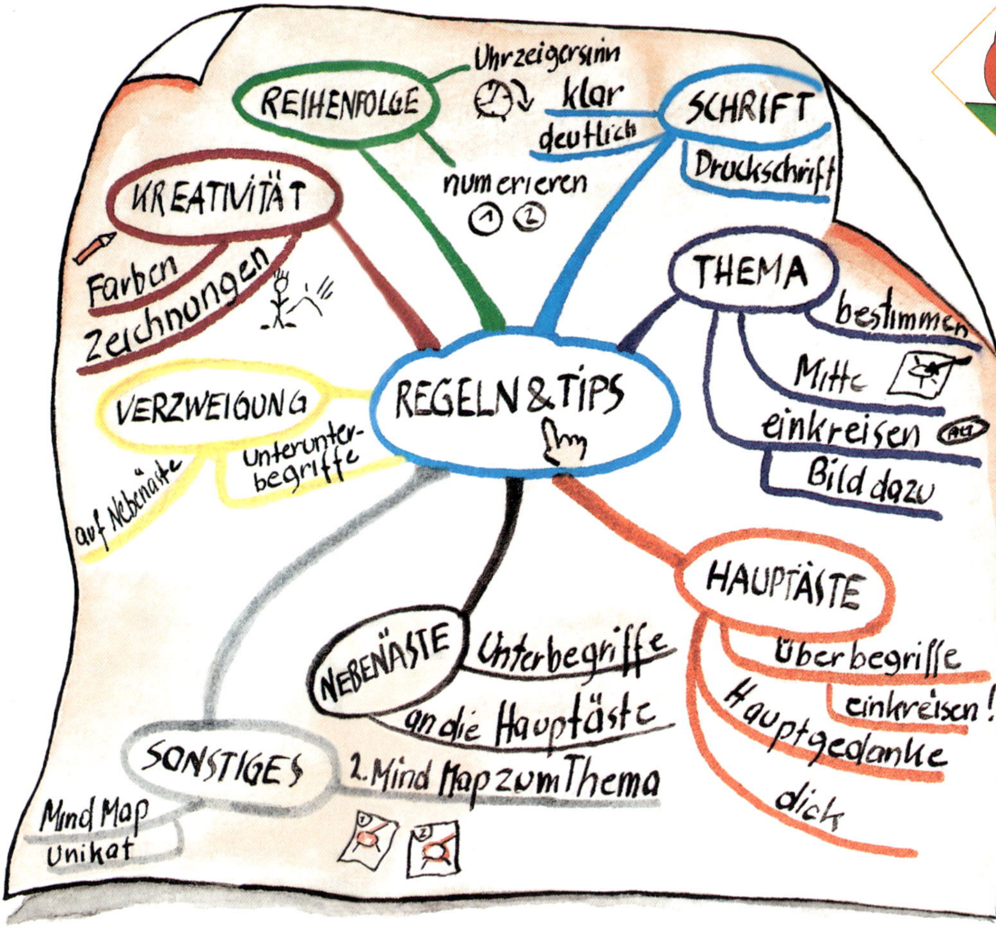

Das Lösen von Konflikten hat etwas von einem Puzzle:

Wo fange ich an? Wie sind die Ideen für eine gute Lösung zusammenzufügen?
Der Lösungsprozess kann ein langer Weg sein, auf dem ich auch mit Misserfolgen rechnen muss. Die Vielschichtigkeit von Konfliktlösungen spiegelt sich in den Angeboten des Erarbeitungsteils wider.

Erarbeitung

Übersicht zum Erarbeitungsteil:

1. Konflikte wahrnehmen und verstehen

Es kommt hier darauf an, Aspekte von Konflikten zu unterscheiden, genauer als sonst hinzuhören und hinzusehen, was in Konfliktsituationen passiert.
Es könnte bei der Besprechung dieses Abschnittes eine Hilfe sein, „Gesprächsverhalten unter der Lupe“ (S. 81/82) vorab bearbeitet zu haben. Überlegt dies gemeinsam!

2. Anregungen zum konstruktiven Umgang mit Konflikten

Nach einem Blick auf euch selber, auf eure Schwächen und Stärken in Konflikten, folgen Hinweise auf verschiedene Möglichkeiten der Gesprächsführung und ihre Wirkungen.

3. Handlungs- und Erprobungsmöglichkeiten im Alltag

In diesem Teil könnt ihr in ersten „Tests“ selber prüfen, wie wirkungsvoll euer Konfliktverhalten bereits ist.

4. Exkurs: „Ich habe Angst, ‚Nein‘ zu sagen“ – Selbstbehauptung

Fällt es dir schwer, nein zu sagen? Wann darfst du nein sagen, wann solltest du es tun? Oder ist es besser, (fast) alle Forderungen von Menschen deiner Umwelt zu erfüllen, auch wenn du die Faust in der Tasche ballst und dich über dich selber ärgerst?

1. Konflikte wahrnehmen und verstehen

Mosaik-Geschichten

Sammelt Bilder von Konfliktsituationen!
Geeignete Vorlagen findet ihr z.B. in Zeitungen, Zeitschriften, Comic-Heften usw.
Die mischt ihr dann, legt vier oder fünf in eine Reihe und erzählt damit eine Geschichte zum Thema Konflikt.

Eine Bildergeschichte (Sempé)

1. Zeichnet oder beschreibt das fehlende Bild und vergleicht eure Ideen mit Sempés Vorschlag. Das fehlende Bild findet ihr auf S. 86.
2. Kommen euch Verhaltensweisen in der Bildgeschichte vertraut vor? Wodurch wird der Streit der Erwachsenen beendet? Diskutiert das Streitende.
3. Sucht euch einige zusammenhängende Bilder aus und schreibt eine (kurze?) Theaterszene. Lest oder spielt die Szenen; ihr könnt auch zu einer Szene verschiedene Entwürfe machen. Welches Verhalten erleichtert bzw. erschwert eine dauerhafte und befriedigende Lösung?

Das Eisberg-Modell

Christian Besemer glaubt, dass Konflikte mit einem Eisberg verglichen und dann besser verstanden werden können. Ein Eisberg ist zu $\frac{2}{3}$ unter Wasser, nur $\frac{1}{3}$ ist sichtbar!

Erläuterungen

Beziehungsprobleme: Mein Kontakt zu einer Person oder zu mehreren ist belastet.

Intrapersonale Probleme: Ich bin mit mir selber unzufrieden, mich stört etwas an mir.

Werte: Was halte ich für erstrebenswert, wichtig?

Strukturelle Probleme: Welche Rahmenbedingungen, die von mir nicht (so einfach) verändert werden können, gelten z. B. in der Familie oder in der Schule und belasten bzw. stören mich?

Bearbeitungsvorschlag:

Entscheidet euch für einen Konflikt, an dem ihr das „Eisberg-Modell" erläutern und überprüfen wollt. Falls euch ein Konfliktfall aus der Schule interessiert: Unten findet ihr dazu einen Text mit dem Titel: „Keiner will helfen!".
Hilft die Unterscheidung in „sichtbarer Anteil des Konflikts" und „verdeckter Anteil des Konflikts", die Verhaltensweisen der Beteiligten besser zu verstehen?
Könnt ihr euch an einen Konflikt erinnern, bei dem es für eine Verständigung wichtig war, die (zuerst noch) verdeckten Anteile des Streits sichtbar zu machen?

Konflikte in der Schule: Ein Fallbeispiel

Keiner will helfen

Die Lehrerin ist fassungslos und enttäuscht. Das hätte sie von ihrer Klasse nicht erwartet. Was ist geschehen?
Zwei Schüler aus der 11. Klasse eines Wirtschaftsgymnasiums sind mit dem Motorrad verunglückt. Eike und Sahand haben sich glücklicherweise nur „glimpfliche" Verletzungen zugezogen. Eike hat sich den Knöchel gebrochen und Sahand den linken Arm. Es geht ihnen schon wieder besser, aber sie müssen noch mindestens vier Wochen im Krankenhaus bleiben. Damit sie den Anschluss nicht verlieren, hat die Lehrerin vorgeschlagen, dass täglich ein Schüler oder eine Schülerin den beiden die Hausaufgaben ins nahe gelegene Krankenhaus bringt und sie über das Schulgeschehen informiert.
Die Lehrerin hat in der letzten Woche schon mehrfach angemerkt, dass sich im Unterricht das Fehlen der beiden Klassenbesten auswirke. Nun ist sie völlig überrascht, dass niemand aus der Klasse bereit ist, die beiden zu besuchen. Der größere Teil der Klasse schaut bei der Frage zu Boden. Winfried, Volker und Anna sagen offen, dass sie nicht bereit sind, diese Aufgabe zu übernehmen. Andere meinen, sie hätten keine Zeit. Was ist der Hintergrund für dieses Verhalten der Klasse?
Die 11. Klassen am Wirtschaftsgymnasium sind sehr heterogen zusammengesetzt. Nur wenige kommen aus der eigenen Schule. Eike und Sahand kommen von dem örtlichen Elitegymnasium. Dort mussten sie nach der 10. Klasse aussteigen, weil sie zu schlechte Noten hatten. In der 11. Klasse aber sind sie die Klassenbesten, da sie vieles schon einmal im Unterricht hatten. Diesen Vorsprung spielen sie voll aus, rufen ständig dazwischen und lachen, wenn jemand eine falsche Antwort gibt. Die Lehrerinnen und Lehrer, die froh sind, dass jemand schnell antwortet, übersehen zumeist das schlechte Benehmen der beiden, und einige beziehen sich fast nur auf sie, um damit das Leistungsniveau der Klasse zu heben. Der größere Teil der Klasse hält sich zurück. Die Mitarbeit der meisten Schülerinnen und Schüler ist sehr stark zurückgegangen. Obwohl einige auch froh sind, dass die beiden die Lehrerinnen und Lehrer zufriedenstellen, haben sie doch zunehmend Angst wegen der Noten.
Nur Winfried und Volker, die auch relativ gut sind, protestieren häufiger gegen das Verhalten von Eike und Sahand, allerdings ohne größere Wirkung.
Besonders scharf ist der Konflikt zwischen Sahand, der aus einer iranischen Familie kommt, und Anna, die aus einer spanischen Familie kommt. Anna ist recht gut in der Schule, aber sprachlich manchmal etwas unsicher. Jedes Mal, wenn sie einen kleinen Fehler macht, lacht Sahand sie lauthals aus. Das hat dazu geführt, dass

Anna sich immer weniger im Unterricht meldet. Sie spricht aber bei den anderen Mädchen schlecht über Sahand, was diesen wiederum empört. In der Lehrerkonferenz zeigt sich, dass das allmähliche Auseinanderfallen der Klassengemeinschaft nicht bemerkt worden ist. Einige erinnern sich nun an eine Reihe von Vorfällen, deren Bedeutung ihnen erst jetzt klar wird. So haben sich schon im August Eike und Sahand gegen die ganze Klasse durchgesetzt, als es um das Ziel einer Klassenfahrt ging. Bei der Fahrt gab es harte Auseinandersetzungen zwischen beiden und einem großen Teil der Mädchen. Einen Monat später gab es großen Ärger, als Anna bei einem Schulfest ein Gedicht vorgetragen und Sahand sie anschließend nachgeäfft und sich über sie lustig gemacht hat. Im folgenden Monat haben die beiden durchgesetzt, dass in Mathematik der Stoff für eine Klassenarbeit, die schlecht ausgefallen war, nicht noch einmal behandelt wurde. Die zweite Arbeit fiel noch schlechter aus.

(Kurt Faller u.a., Konflikte selber lösen, Verlag an der Ruhr, Mülheim/Ruhr 1996, S. 55 [leicht verändert])

Auswertungsvorschlag:

1. Bildet Gruppen und zeichnet auf ein großes Blatt einen Eisberg und tragt die Meinungen und Positionen aus dem Fallbeispiel ein! Versucht dabei Punkt für Punkt nach dem Eisberg-Modell vorzugehen!
   Nehmt Ergänzungen und Präzisierungen vor, wenn euch dies sinnvoll erscheint!
   Stellt eure Resultate vor!
   Was ist euch bei der Arbeit mit dem Eisberg-Modell schwer oder leicht gefallen?
2. Bildet vier Gruppen: Zu Eike/Sahand, zu Winfried/Volker/Anna, zu den übrigen Mitschülern und zu den Lehrerinnen und Lehrern und erzählt den Konflikt aus ihrer Sicht! Überprüft, ob ihr die Sicht „ eurer“ Personen danach besser verstehen könnt! Entwickelt Ratschläge, wie man Konflikte besser wahrnehmen und verstehen kann!

(Nach: Kurt Faller u.a., Konflikte selber lösen, S. 57)

2. Anregungen zum konstruktiven Umgang mit Konflikten

Übung !

Reise(n) ins Land der Wut

Die „normale“ Reise ins Land der Wut

Dieses Land haben alle Menschen, je nach ihrer individuellen Art, häufiger oder seltener, laut oder etwas leiser, mit gewaltiger oder sparsamer Gestik bereist. Vermutlich haben sie sich bemüht, schnell wieder ins harmonische, schöne Land von Freude, Dankbarkeit, Großzügigkeit, Liebe usw. zu gelangen. Ihnen ist es dann peinlich, solche in unserer Kultur negativen und unerwünschten Gefühle wie Wut, Neid und Enttäuschung gezeigt zu haben. Sie schämen sich sehr und versprechen sich, nie wieder die Kontrolle zu verlieren – bis zum nächsten Mal, wenn die Wut wie ein U-Boot völlig unerwartet auftaucht, selten das Problem mildert oder beseitigt, wieder in unendliche Tiefen verschwindet und die betroffene Person hilflos und beschämt zurücklässt.

Die alternative Reise ins Land der Wut

Wir laden dich zu einer etwas anderen Reise ein! Du sollst auf deiner Reise ins Land der Wut genau hinschauen, bewusst Reiseeindrücke sammeln. Je mehr du sie als seltene Bodenschätze neugierig und interessiert betrachten kannst, desto besser. Wut ist ein selten betrachtetes, aber normales, ja sogar lebensnotwendiges Gefühl. Was will meine Wut mir sagen? Jeder Mensch kann von ihr über sich etwas lernen: über die Unsicherheiten, Verwundbarkeiten, Schwächen usw., sie sind ein wertvoller Teil unserer Persönlichkeit. Voraussetzung ist: Ich nehme das Gefühl als gegeben hin und setze mich mit ihm ernsthaft und ehrlich auseinander.
Wir möchten dich bitten, den Mut aufzubringen, auf einer alternativen Reise ins Land der Wut Detektiv deiner Wut zu sein. Dabei sollst du – auch im Bemühen gegen Vergessen und Verdrängen – deine Gedanken schriftlich festhalten. Lege dein Wut-Tagebuch an!

Wut-Tagebuch

- Wann warst du zuletzt wirklich wütend? (Je genauer du die Situation beschreiben kannst, desto hilfreicher ist die Erinnerung.)
- Wer oder was hat dich zornig gemacht?
- Wie hast du deine Wut gezeigt? (Gibt es typische Wut-Reaktionen bei dir?)
- Wie hast du dich in deiner Wut gefühlt, wo im Körper hast du sie gespürt?

Damit hast du eine größere Chance, zukünftig sinnvoller mit deiner Wut umzugehen, als wenn du bloß wütend reagierst (und dich nachher schämst) oder deinen Ärger herunterschluckst. Mehr Bewusstheit im Umgang mit der Wut kann zu größerer Selbstsicherheit führen. Dies kann helfen, Sackgassen in Konflikten und das Wiederholen von unwirksamen Reaktionen in Streitfällen zu vermeiden. Deine Wut zeigt dir, was du nicht mehr akzeptieren kannst oder willst – ohne dass es dir vorher so deutlich geworden ist. Sie kann dadurch ein Wegweiser für notwendige, überfällige Veränderungen in deinem Leben sein.

Damit ist allerdings noch kein Streit vermieden, kein Konflikt gelöst! Die folgenden Angebote in diesem Kapitel versuchen dir Fähigkeiten und Fertigkeiten zu vermitteln, die dir dabei helfen können.

Übung

Test: Welcher Konflikttyp bin ich?

Der folgende Test kann dir helfen, dein Konfliktprofil und damit deinen herausragenden Konfliktstil besser zu erkennen. Kopiere den Test und antworte bitte spontan, ohne lange zu überlegen.

	eher ja	eher nein	Fragen-Typ
1. Es macht mir Spaß, meinem Ärger Luft zu machen.	☐	☐	A
2. Man muss viel über einen Menschen wissen, bevor man ihn beurteilen kann.	☐	☐	D
3. Gefühle zu äußern bringt einen nur in Schwierigkeiten.	☐	☐	B
4. Ich kann auch in harten Verhandlungssituationen Zugeständnisse machen.	☐	☐	C
5. Ich kann auch meinem Gegner eine gewisse Wut zugestehen.	☐	☐	D
6. Wer immer nur seinen eigenen Kopf durchsetzen will, ist weniger erfolgreich.	☐	☐	C
7. Ich habe oft Angst vor Auseinandersetzungen.	☐	☐	B
8. Wenn mich jemand verletzt hat, ziehe ich mich von der betreffenden Person für längere Zeit zurück.	☐	☐	B
9. „Der Spatz in der Hand ist besser als die Taube auf dem Dach."	☐	☐	C
10. Ich bin davon überzeugt, dass Konflikte auch ihre positiven Seiten haben.	☐	☐	D
11. In Auseinandersetzungen bin ich meist der Unterlegene.	☐	☐	B
12. Die meisten Menschen sind nur durch eine „starke Hand" zu führen, sonst entsteht Disziplinlosigkeit.	☐	☐	A
13. Auseinandersetzungen, bei denen es auch persönlich wird, stimmen mich nachdenklich.	☐	☐	C
14. Seinem Ärger Luft zu machen ist wie ein reinigendes Gewitter.	☐	☐	D
15. Ich würde nur „hartgesottene Burschen" zu einer Verhandlung schicken, keinen, der Zugeständnisse machen könnte.	☐	☐	A
16. Ich bin mehr an Sachergebnissen als an Gefühlen interessiert.	☐	☐	A
17. Wenn mich ein Freund geärgert hat, sage ich ihm das.	☐	☐	D
18. Wenn es der Sache nützt, gebe ich auch in Gefühlsdingen nach.	☐	☐	C
19. Auseinandersetzungen mit Vorgesetzten gehe ich lieber aus dem Weg.	☐	☐	B
20. Der Satz „Der Stärkere gewinnt im Leben" trifft größtenteils zu.	☐	☐	A

Und so wertest du den Test aus:

1. Addiere bitte nur die Ja-Antworten der jeweiligen Fragentypen (A, B, C, D) und trage diese in die (zuvor kopierte) Tabelle ein. Gehe am besten so vor, dass du zuerst alle Ja-Antworten von A, dann von B, C, D addierst.
2. Multipliziere die Anzahl deiner jeweiligen Ja-Antworten mit 20. Dadurch erhältst du die jeweilige Prozentzahl.
3. Um dein Konfliktprofil nun sichtbar zu machen, trage deine jeweiligen Prozentwerte an der Prozentleiste ein und ziehe jeweils eine senkrechte Linie bis zur nächsten waagerechten Linie. (Du kannst die Balken auch ausschraffieren!)

Konfliktstil	Ja-Antw.		x 20	Dein Konfliktprofil 10 20 30 40 50 60 70 80 90 100 %
Durchsetzung	A			
Rückzug/Nachgeben	B			
Kompromiss	C			
Problemorientiert	D			

(Paul Gamber, Konflikte und Aggressionen im Betrieb, München/Landsberg a. Lech 1995, S. 45 – 47)

4. Klebt eure Konfliktprofile auf ein Plakat und vergleicht sie. Was habt ihr erwartet, was überrascht euch?
   Findet heraus, warum einzelne Aussagen A, B, C oder D zugeordnet werden.

Mein Anteil an meinen Konflikten

Übung

„Mein Feind“ (bis ca. 12 Personen)

In dieser Übung laden wir dich ein, über einen Menschen, den du nicht leiden kannst, genauer nachzudenken.

Denke an eine solche Person aus deinem Bekanntenkreis!

Ablauf der Übung

- Schreibe auf eine Karte drei Merkmale von einer Person, mit der du die größten Konflikte hast bzw. die du am deutlichsten ablehnst. Es kann sich auch um Eigenschaften handeln, die dich am meisten ärgern.
- Schreibe dann auf die Rückseite drei Eigenschaften, die du bei dir am positivsten findest oder die du gerne hättest.

- Trage die abgelehnten Merkmale vor und entscheide dich: „Wenn ich diese Merkmale betrachte, dann trifft mindestens eines auch auf mich zu!"
- Trage die positiven Merkmale vor und entscheide dich: „Wenn ich diese Merkmale betrachte, dann trifft mindestens eines auch auf meinen „Feind" zu!"

Gemeinsame Auswertung

Was haben wir und unsere „Feinde" gemeinsam?
Welche Ängste haben wir gemeinsam?

(Nach: Kurt Faller u.a, Konflikte selber lösen, a.a.O., S. 51)

„So habe ich das doch gar nicht gemeint!"

Missverständnisse sind in Konfliktsituationen besonders unangenehm: Sie können dazu führen, dass sich Positionen verhärten und Konflikte verschärfen. Anhand von Alltagssituationen wollen wir euch anregen, genauer über die **Wirkungen von Äußerungen in Konfliktsituationen** nachzudenken.

Bildet Gruppen und entscheidet euch für eines der folgenden Beispiele! Stellt die Wirkung der jeweiligen Äußerung möglichst genau heraus! Habt ihr einen besseren Vorschlag dafür, in einem Konflikt zu reagieren?

Beispiel 1:

Die 11-jährige Nora freut sich auf eine Woche Reiterferien in der Nähe. Als im Familiengespräch das Thema ‚Heimweh' fällt, wird sie sehr traurig. Sie möchte zwar reiten, doch die Familie wird ihr sehr fehlen! Wird sie diese Zeit auf dem Reiterhof durchhalten? „Du Heulsuse", ruft ihr älterer Bruder.

Beispiel 2:

Wegen mehrfach fehlender Hausaufgaben erhält der 14-jährige Frederik einen Tadel von der Schule. Nachdem der Vater den Brief gelesen hat, schimpft er scharf: „Wie kannst du uns nur so vor den Lehrern blamieren?"

Beispiel 3:

Wieder einmal streiten sich die Kinder um das Fernsehprogramm. Die Mutter hat Kopfschmerzen und ist den ewigen Streit leid. Sie schaltet das Gerät ab. „So, das habt ihr nun davon!"

Beispiel 4:

Das Ehepaar will zur Party. Sie probiert verschiedene Kleidungsstücke, dann schminkt sie sich sorgfältig. Er befürchtet, dass sie sich verspäten. Das wäre ihm sehr unangenehm, es ist schließlich eine Einladung bei seinem Chef. Da schaut er ins Badezimmer und meint: „Toll, wie schnell du dich heute fertig machst!"

Tragt anschließend eure Ergebnisse im Kurs vor!

Verständigt euch darüber, ob es Formulierungen gibt, die in mehreren Beispielen positive oder ungünstige Wirkungen in Konflikten haben!

Wenn ihr noch mehr über dieses Thema erfahren möchtet:

- Thomas Gordon: Die Schüler-Lehrer-Konferenz, Hoffmann und Campe Verlag, Hamburg 1977, S. 112/113
- Phoenix. Ein Arbeitsbuch, Band 1, Schöningh, Paderborn 1996, S. 59/60

Gesprächsverhalten unter der Lupe

Der Text rechts könnte die Reaktion des Jungen auf ein Gespräch in einem Konflikt darstellen. Erfindet eine Vorgeschichte und lasst sie den Jungen erzählen.

Im Folgenden findest du Verhaltensweisen, wie sie in Gesprächen immer wieder auftreten. Kopiere die Tabelle und kreuze bitte in jeder Zeile an, ob du das jeweilige Verhalten für gesprächsfördernd/ermutigend oder für gesprächshemmend/entmutigend hältst. Du hast sowohl auf der positiven Seite (+1 bis +3) als auch auf der negativen Seite (–1 bis –3) je drei Abstufungsmöglichkeiten. Notiere zusätzlich in Stichworten eine Begründung zu jedem Urteil!
Tauscht eure Einschätzungen aus und besprecht sie!

Gesprächsverhalten	+3	+2	+ 1	–1	–2	–3
Die Meinung der Mehrheit übernehmen						
Die Sätze mit „ich“ bilden						
Mit anderen sprechen, während jemand redet						
Die Sprechenden unterbrechen						
Ausführlich von persönlichen Erlebnissen berichten						
Behauptungen aufstellen						
Zwischenfragen einwerfen, während jemand spricht						
Dauernd das Wort ergreifen und lange reden						
Andere zum Reden auffordern						
Warten, bis man angesprochen wird						
Andere Meinungen bekämpfen						
Das Wort weitergeben						
Belehrend reden						
Sich mit Beiträgen zurückhalten und aufmerksam zuhören						
Andere Meinungen nicht gelten lassen						
Nur etwas sagen, wenn man ganz sicher ist						
Warten, wenn einmal niemand etwas sagt						
Die Dummheit des Gesprächspartners betonen						
Gleiche Ansichten wiederholen und damit bekräftigen						
Den Angesprochenen anschauen während des Redens						
Das betonen, was der eigenen Ansicht entspricht						
Seine Meinung anpassen						
Nachfragen, ob etwas richtig verstanden wurde						
Dafür sorgen, dass alle zu Wort kommen, auch die Stillen						
Die eigene Überlegenheit mehrfach deutlich herausstellen						

Brief an dich selber

Ihr habt euch jetzt längere Zeit mit Fallbeispielen, theoretischen Texten und Übungen zum Thema Konflikte beschäftigt. Es ist wichtig, von Zeit zu Zeit über die eigene Arbeit mit allen Problemen oder Erkenntnissen nachzudenken, sprich: eine Standortbestimmung vorzunehmen.

Was hat mich geärgert oder gefreut, was habe ich verstanden bzw. was ist mir unklar geblieben?

Womit möchte ich mich genauer beschäftigen?
Was nehme ich mir vor?
Du lässt die Eindrücke noch einmal an dich herankommen und teilst sie dir selbst in einem Brief mit.
Wann möchtest du den Brief erhalten? Soll er per Post kommen oder soll ihn dir deine Kurslehrerin, dein Kurslehrer oder eine andere Person übergeben?

3. Handlungs- und Erprobungsmöglichkeiten im Alltag

Lösungsvorschläge zu bisherigen Konflikten

Entwickelt Lösungsvorschläge zu bisher besprochenen Konflikten.
Verwendet die Anregungen aus „Konfliktlösemethode oder: Wie du noch besser streiten lernst“ (siehe S. 84) und wendet sie geschickt an.

Lösung unmöglich!

Die folgenden Bilder zeigen recht drastische Versuche, einen bestehenden Konflikt zu beenden.
Hätte sich die jeweils dargestellte Situation im Vorfeld vermeiden lassen, wenn die Partner die Anregungen aus „Konfliktlösemethode oder: Wie du noch besser streiten lernst“ (siehe S. 84) aufgegriffen und gut angewendet hätten?
Greift auf weitere Erkenntnisse aus dem Erarbeitungskapitel zurück, wenn sie euch hilfreich erscheinen. Entwickelt und diskutiert Vorschläge.

Konfliktlösemethode oder: Wie du noch besser streiten lernst

1. Schritt: Signalisiere dein Problem

Das heißt, dass du dein Problem zuerst selber richtig erkennen und innerlich dazu stehen musst. So kann sich z.B. ein verstecktes Problem äußern: murren/zu erkennen geben, dass man keine Lust hat, etwas zu tun/Augen rollen/seufzen/bei andern klagen ... Sicher fallen dir noch andere solche Verhaltensweisen ein. Statt dein Problem zu verstecken, solltest du es ans Licht holen: Sprich deine Bedürfnisse und Interessen deutlich aus (Ich möchte am Mittwochnachmittag ins Kino gehen, ich brauche mehr Taschengeld ...).

2. Schritt: Achte auf die Bedürfnisse und Interessen des Konfliktpartners

Fühlen sich meine Schulkameraden gestört, wenn sie mich ins Kino mitnehmen müssen? Muss die Mutter meinen Geschwistern ebenfalls mehr Taschengeld geben, wenn ich mehr erhalte? Achte auf die Informationen, die du erhältst.

3. Schritt: Suche mit deinem Gegenpart gemeinsame Lösungsvorschläge

Entscheide dich mit deinem „Streitpartner" für eine Lösung, die für euch beide stimmt, die ihr beide annehmen könnt.

Beispiel Taschengeld: Vielleicht musst du akzeptieren, dass dir deine Mutter im Moment nicht mehr Taschengeld geben kann.

Neue Lösungsidee: Die Mutter erhöht in einem halben Jahr dein Taschengeld. Oder: Du verdienst dir in

den Ferien etwas dazu. Oder: Du kannst dir ein Geldgeschenk anstatt etwas anderes zu Weihnachten wünschen ...

4. Schritt: Triff eine klare Abmachung

Beispiel Taschengeld: Vergewissere dich, dass deine Mutter mit deinen Vorschlägen einverstanden ist. Frage sie direkt: „Bist du einverstanden, dass ich arbeite, mir zu Weihnachten von Großmutter Geld wünsche ...?"

Wenn weitere Konflikte zu erwarten sind, kläre sie jetzt. Zum Beispiel: „Was ist, wenn Vater nicht will, dass ich in den Ferien arbeite? Wenn mir Großmutter lieber einen selbst gestrickten Pullover schenkt?" Dann müsst ihr gemeinsam eine neue Lösung suchen: Dass Mutter mit Vater sprechen will ... Dass du auf dem Flohmarkt ein paar alte Sachen verkaufen könntest ...

Wenn mehr als zwei Personen an einer Auseinandersetzung beteiligt sind, ist es wichtig, dass alle bei der Lösungssuche einbezogen werden und zum Schluss einverstanden sind.

Schwierig? Vielleicht findest du es mit der Zeit fast vergnüglich, mit etwas Fantasie neue Lösungen zu suchen. Und: Mehrere Köpfe haben mehr Ideen als ein einzelner. Es gilt nur, genau hinzuhören und die Interessen der andern herauszufinden (vergleiche Schritt 2).

(Karl Hurschler/Albert Odermatt, Schritte ins Leben, Klett und Balmer, Stuttgart o. J., S. 109)

Anmerkung: Verhaltensmuster, die beim Problemlösen kaum oder gar nicht helfen, nennen wir Scheinlösungen.

Findet solche ungeeigneten Muster und begründet, warum es Scheinlösungen sind.
Warum greifen Menschen dennoch auf Scheinlösungen zurück?

4. Exkurs: „Ich habe Angst, ‚Nein' zu sagen" – Selbstbehauptung

Zur Information

In vielen Situationen mit anderen Menschen geht es um Hilfe für oder Anpassung an andere bzw. um gemeinsame Versuche, etwas mit vereinten Kräften zu erreichen. Manchmal sind jedoch meine Bedürfnisse so wichtig, dass sie unbedingt im Miteinander verwirklicht werden müssen. Wird mir dann zu viel zugemutet oder soll ich etwas sagen oder tun, zu dem ich nicht bereit bin, dann möchte ich „Nein" sagen. Das fällt jedoch vielen Menschen nicht leicht:

- Sie wollen nicht unhöflich sein.
- Sie sind dem Gesprächspartner dankbar für etwas oder fühlen sich verpflichtet, ja zu sagen.
- Sie haben Angst vor den Konsequenzen.
- Sie können einfach nicht „Nein" sagen oder … oder …

Dabei zeigen sich dann auch körperliche Reaktionen: z. B. Schwitzen, heftiges Herzklopfen, Erröten. Sie denken,

- dass sie sowieso unterlegen sind (Alter, Argumentationsgeschick usw.),
- dass man ihnen ihre Unsicherheit ansieht usw.

Folgen:
Kurzfristig haben sie „bestanden", haben sich stark gezeigt und sich nicht blamiert!
Langfristig aber ärgern sie sich immer mehr und leiden unter den Lasten und Zugeständnissen!
Sie formulieren gute Vorsätze für das nächste Mal! Und dann … ?

Entwurf zum Thema Selbstbehauptung:

Entwerft kleine Szenen zu dem Thema, spielt sie und diskutiert eure Eindrücke. Menschen, die nicht „Nein" sagen können, sind mit sich selber im Konflikt und leiden darunter. Ist das „Schicksal" oder ist Hilfe möglich? Geht es euch auch manchmal so? Gestaltet Plakate, die Mut machen und Selbstbewusstsein vermitteln. Überlegt, wo sie aufgehängt werden sollen. Diskutiert den Entwurf „We can do it".

Übungen zum Thema Selbstbehauptung

Übung !

a) Ja – Nein (Paarübung zum Ja-Sagen und zum Nein-Sagen)

Anleitung:
Eine Person variiert das Ja, danach folgt jeweils das Nein als Antwort, ebenfalls so unterschiedlich wie möglich. Nach einigen Minuten tauschen die Partner ihre Rollen!

Anregungen zur Auswertung:
Was ist dir leicht, was ist dir schwer gefallen?
Gibt es Variationen, die du gerne ausprobiert hättest, aber bei denen dir der Mut gefehlt hat? Hat dich etwas bei der Übung überrascht?

b) Das Nein – Spiel

Man benötigt ein rotes Band, das man in etwa zwei, drei Zentimeter lange Stücke schneidet. Jede Person dekoriert man bei ihrer Ankunft mit einem dieser Bändchen, das man mit einer Nadel anheftet.
Ist die Gesellschaft vollzählig, erklärt man das Spiel etwa so: Es geht darum, am meisten Bändchen zu sammeln – man bekommt sie, indem man einen Gegner dazu bringt, ‚Nein' zu sagen. Sobald ihm das verbotene Wort entschlüpft, darf man munter alle seine Bändchen abpflücken, auch wenn er die ganze Brust voll hat.
Jede andere Verneinungsform wie beispielsweise ‚Ganz und gar nicht', ‚Hau doch ab!' oder gar ein Klaps wären so weit ganz in Ordnung und gestattet – aber, sobald man ein ‚Nein' herauslässt – adieu, schöne Bändchen ...!
Man bestimmt dann die Spieldauer und verspricht dem Spieler mit den meisten Bändchen einen Preis.

(Sid Sackson, Spiele anders als andere, Hugendubel, München 1994, S. 206)

c) Fantasieexperiment zur Selbstbehauptung (nach Dr. Steffen Fliegel)

Denke an eine Situation in der letzten Zeit, in der du von einer Person gebeten, gefragt, gedrängt worden bist, etwas für sie zu tun bzw. Ja zu sagen. Du hättest dich jedoch lieber dagegen gewehrt bzw. gerne Nein gesagt.
Stelle dir die Situation so genau wie möglich vor. Dieses Mal reagierst du in deiner Fantasie mit Nein! Klar und deutlich! (Pause)
Wie geht es dir dabei?
Welche Folgen, welche Konsequenzen hat dein Nein?
Wie gut kannst du damit leben ? Geht es dir besser als mit dem Ja?
Hast du Lust, im Kurs über deine Gedanken und Eindrücke zu sprechen?

(Dr. Steffen Fliegel, Das Problem, aus: Ich habe Angst, Nein zu sagen, Skript zu: WDR 2, Westzeit, vom 10. September 1997)

Schlussbild zu Sempé:

Anregung: Unterstützer-Karte für eine Minute

Wenn du zukünftig mehr von dem verwirklichen willst, was dir wichtig ist, dann schreibe drei konkrete Vorsätze auf eine kleine Karte (DIN A5), die du ständig bei dir trägst und täglich mehrfach liest! Der Text soll in einer Minute gelesen werden können!

Anwendung

1. Eine öffentliche Lesung

Ihr könntet eigene Texte oder auch Texte anderer junger Autorinnen und Autoren vorstellen und eine Diskussion mit Jugendlichen, Fachleuten und anderen interessierten Menschen in eurer Schule veranstalten! Gut geeignet sind z. B. Texte aus folgendem Buch:

Anne und Abraham Teuter (Hrsg.):
Du gegen mich, Alibaba-Verlag,
Frankfurt a. M. 1997, 240 Seiten, 24 DM

Wenn ihr Pressevertreter einladet, wird über eure Aktion in den Medien der Stadt berichtet.

2. Schülerinnen und Schüler regeln Konflikte in ihrer Schule

Konfliktlotsen bzw. Streitschlichter: Schülerinnen und Schüler regeln Konflikte zwischen Kindern aus den Jahrgangsstufen 5 und 6 in ihrer Schule während der Schulzeit.
Ansprechpartner:
Thomas-Morus-Akademie Bensberg (Seminarangebote) im Kardinal-Schulte-Haus/Tagungszentrum des Erzbistums Köln, Tel. 02204/51429
Ein wichtiger Hinweis:
Diese Tätigkeit erfordert eine Ausbildung durch Lehrerinnen/Lehrer und/oder Sozialpädagoginnen/Sozialpädagogen, eventuell in einer schulischen Arbeitsgemeinschaft.

3. Es geht um meine (Kurs-)Gruppe

Gibt es Konflikte, die ihr schon einmal besprechen wolltet? Manchmal liegen Konflikte auch unter der Oberfläche, es sieht so aus, dass scheinbar alles gut läuft, und dennoch behindern sie die Arbeit und stören das Klima im Kurs. Es ist immer gut, wenn Probleme frühzeitig erkannt werden, dann sind die Positionen meist noch nicht „festgefahren“, die Bereitschaft, an einer Lösung mitzuarbeiten, ist recht groß. Von Zeit zu Zeit ist es wichtig – unabhängig davon, ob ein Konflikt besteht –, die Stimmung in der Gruppe zum Thema zu machen. Solche Phasen können das Gemeinschaftsgefühl stärken. Im Folgenden schlagen wir euch Übungen mit und ohne Worte vor. Manche benötigen nur ganz wenig Aufwand.

Übung

a) Gruppenbild ohne Themenvorgabe

Gemeinsam sollt ihr ein Gruppenbild ohne Themenvorgabe malen (ca. 10 Personen pro Gruppe). Ohne Worte findet jeder (s)einen Platz und malt nach den eigenen Ideen.

Auswertungsgespräch: Habe ich den Platz, den ich mir wünsche?
Wo ziehe ich meine Grenzen? Wo sind sie zu weit, zu eng?
Wie viel Raum gebe ich den anderen?

b) Ritual (nach Klaus Vopel)

Diese Übung eignet sich für Situationen mit großen oder kleinen Schwierigkeiten in der Gruppe besonders dann, wenn der Konflikt zwar deutlich ist, aber die Gruppenmitglieder immer mit denselben Mustern um ihn „herumtanzen" und sich einer Lösung nicht nähern. Schon die Regel, ohne Worte gemeinsam den folgenden Sprecher zu bestimmen, lenkt die Aufmerksamkeit aller auf die Situation und die übrigen Gruppenmitglieder. Erfolge bei diesen Einigungsprozessen stärken die Kraft für konstruktive Lösungsversuche.

Anleitung:

„Ich möchte euch ein Ritual vorschlagen, das euch helfen kann, euer strittiges Thema weiter zu behandeln. Dieses Ritual hat folgende Regeln:

1. Es darf nur ein Gruppenmitglied zur selben Zeit sprechen.
2. Sprechen darf nur, wer von allen übrigen Gruppenmitgliedern die Erlaubnis erhält.
3. Diese Erlaubnis wird dadurch gegeben, dass alle übrigen Gruppenmitglieder mit dem Finger auf den nächsten Sprecher deuten.
4. Bei diesem Entscheidungsvorgang darf nicht gesprochen werden.
5. Es ist gestattet, dass ein Gruppenmitglied seinen Wunsch, selbst als Nächster das Wort zu bekommen, dadurch andeutet, dass er mit dem Finger auf sich selbst zeigt.
6. Wer das Wort erhalten hat, darf höchstens einen Satz sagen.
7. Das Ritual ist beendet, wenn ein Gruppenmitglied das Ende ausdrücklich feststellt und im Anschluss an diese Äußerung kein weiteres Gruppenmitglied das Wort erhält. Bei dieser Worterteilung benötigt der Sprecher jedoch nicht die Stimme desjenigen, der das Ritual zuvor beenden wollte.

Ich werde darüber wachen, dass diese Regeln eingehalten werden..."

(Klaus W. Vopel, Umgang mit Konflikten, Teil 4 der „Materialien für Gruppenleiter", iskopress, Salzhausen, 4. Aufl. 1994, S. 11; Tipp: Dort findet ihr noch viele andere Übungen zu der Thematik!)

4. Es geht um meine Clique

Übung !

Dies ist ein Vorschlag für eine Einzelarbeit.
Verschaffe dir einen Überblick zu den folgenden Fragen, wähle diejenigen aus, die dich besonders ansprechen, und nimm dir genügend Zeit für sorgfältige Antworten.

„Setz dich in einer bequemen Haltung hin und schließe deine Augen. Geh nun in Gedanken zu deiner Gruppe oder Clique. ... Lass die Bilder der Leute vor dir entstehen, mit denen du oft zusammen bist, Bilder von Leuten aus deiner Clique. Sieh dir die Personen genau an (ca. 30 Sek.)!
Lass auch Bilder von Situationen entstehen, in denen ihr zusammen wart (ca. 3 Min.).

Beantworte die **folgenden Fragen** still für dich:

- Wie ist meine Rolle in der Gruppe?
- Wie sind die Beziehungen der einzelnen Leute in der Clique zueinander (z. B. zwischen Mädchen und Jungen)?
- Gibt es Konkurrenz und Rivalitäten? Worum geht es dabei?
- Welche Konflikte gibt es? Wie gehen wir damit um?
- Was ist in der Clique „in", d. h., wie muss man sich verhalten – was muss man haben (Kleidung, Statussymbole, Musik) – was muss man tun – wie muss man denken, um dazuzugehören? Lass dir in Ruhe einige Merkmale einfallen, die wichtig sind.
- Welche Rolle spielt Musik?
- Von wem grenzen wir uns ab?
- In welchen Bereichen bzw. bei welchen Entscheidungen werde ich durch die Clique beeinflusst?
- Welche Einflüsse der Clique gefallen mir bzw. gefallen mir nicht? Behältst du diese Gedanken für dich?
- Wie sind meine Eltern meiner Clique, den einzelnen Leuten der Clique gegenüber eingestellt?
- Welche Wünsche habe ich an die Clique? Wie wichtig sind mir diese Wünsche?"

(Herbert Gudjons/M. Pieper/B. Wagener, Auf meinen Spuren, rororo sachbuch Nr. 8304, Rowohlt Taschenbuch Verlag, Reinbek 1986, S. 155 – 156 [Text leicht ergänzt bzw. umformuliert])

Überlege dir, ob deine Eindrücke privat bleiben sollen. Falls du über einige Ergebnisse reden möchtest, suche dir eine Partnerin/einen Partner.

5. Besuch bei einer Schiedsfrau/einem Schiedsmann in eurer Stadt

Schiedsleute arbeiten ehrenamtlich mit den Konfliktparteien daran, eine gerichtliche Auseinandersetzung durch gütliche Einigung zu vermeiden.

6. Weitere Anregungen

- **Sorgentelefon: Schüler beraten Schüler**

  Informationen dazu gibt es in der Zeitschrift PZ, Heft Juni 96, Nr. 86, S. 30; herausgegeben durch:
  Bundeszentrale f. polit. Bildung, Bonn. Adresse: Universum Verlagsanstalt, Postfach 300, 65175 Wiesbaden

- **Netzwerk Konflikt- und Problemlösung**

  Die Gesamtschule Velbert-Mitte gestaltet das Konzept mit außerschulischen Partnern; Adresse: Gesamtschule Velbert-Mitte, Poststr. 117–119; Tel.: 02051/2990

- **Suche im Internet**

- **Training „Körpersprache statt Schläge" mitmachen**

  Solche Kurse laufen in vielen Städten, z. B. in Neuss (1997).
  Ansprechpartner: Sozialdienst Kath. Männer e.V. Neuss, Tel.: 02131/9248-0

Beurteilung

1. Brief an dich selber

Du könntest jetzt den eigenen Brief an dich selber öffnen. Prüfe die Erkenntnisse, Erwartungen und Hoffnungen aus der Erarbeitungsphase.
Wo bist du schon einige Schritte weiter gekommen?
Woran musst du noch arbeiten?
Wer könnte dir helfen?

2. Arbeit und Situation in der Kursgruppe

1. Welche sinnvollen Vereinbarungen habt ihr getroffen? Was hat sich in eurer Arbeit bewährt?
2. Wie gut habt ihr die Vereinbarungen eingehalten?
3. Die Entscheidungen über euren Lernweg: Wie wurden sie getroffen? Wie gut waren sie?
4. Wie zufrieden seid ihr mit euren Arbeitsresultaten?
5. Zeichnet die „Landschaft“ eures Kurses! Welche Landschaftstypen gibt es?
   Finden sich Landschaftstypen aus der folgenden Abbildung bei eurem Kurs wieder?

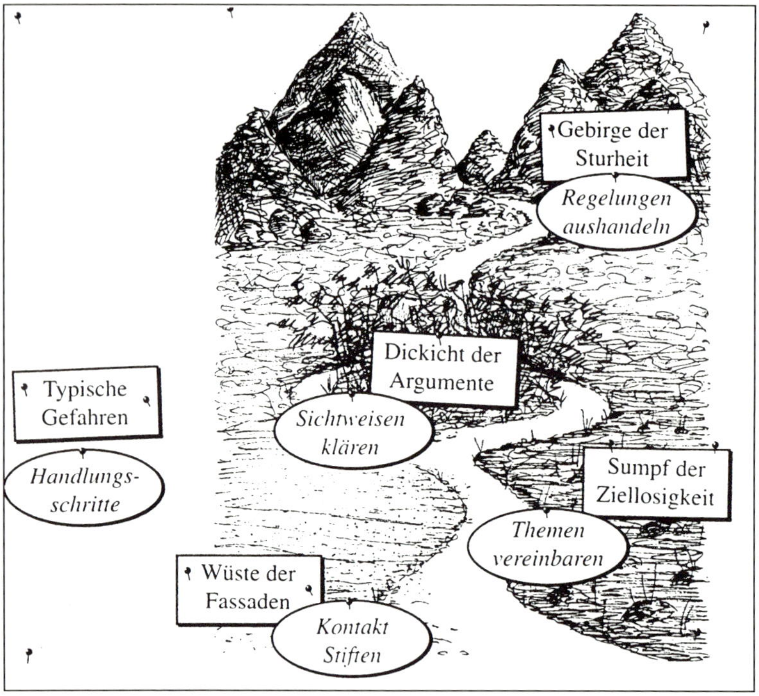

In Konflikten vermitteln: Führung durch schwieriges Gelände

Ihr habt das Schlusswort:

Welche Chancen räumt ihr dem Versuch ein, Konflikte lösbar zu machen? Vergleicht eure Einschätzung aus der Anfangsphase eurer Arbeit am Thema (Einleitung) mit eurer jetzigen Haltung!

9/2

1. Hilfe, helft uns! – Kinder als Opfer, Kinder als Täter – was tun?

Was siehst du?

Was fühlst du?

- in deiner näheren Umgebung
- in der Stadt, in der du lebst
- in den Medien

Was könntest du geben?

Einführung

Der Krieg der Kinder

Kinder rauben Kinder aus, Teenies töten Teenies – die kleinen Gewalttäter lösen Entsetzen aus. Pädagogen, Polizisten und Jugendhelfer suchen nach Wegen, die Schreckenskinder von einer kriminellen Karriere abzubringen.

Es muss Zeiten gegeben haben, da hat Pierre seine Oma geliebt. Schließlich ist er bei ihr aufgewachsen. Sie war der erste Mensch, dem er vertraute, sie hatte ihn zu sich genommen, als die Ehe der Mutter nach seiner Geburt zerbrach. Am vorvergangenen Donnerstag besuchte Pierre seine Großmutter Erika Geisler im Hamburger Vorort Harburg. Der adrette 14-Jährige mit den blonden, kurz geschnittenen Haaren klingelte und wartete, bis die gehbehinderte 69-jährige Frau zur Tür geschlurft war und öffnete. Im Flur warf er die Oma zu Boden und drückte ihr ein Kissen auf den Kopf, um sie zu ersticken. Die alte Frau wehrte sich und zappelte unter dem Kissen in Todesangst. Der Enkel bat darum seinen Freund Arthur, den er mitgebracht hatte, ihm zu helfen, das Kissen fest auf den Kopf zu drücken. Sosehr die beiden Kinder sich auch mühten, die Frau gab noch immer Lebenszeichen von sich. Da lief Pierre auf den Balkon der Wohnung und alarmierte seinen Onkel, von dem er sich hatte fahren lassen und der unten im Auto wartete. Der Onkel kam herauf und griff sich ein Stromkabel. Das Kabel legte er der Frau um den Hals und zog es zusammen. Bis Erika Geisler sich nicht mehr rührte. Entmenschlichte Kinder? Gar nicht.

Pierre war ehrgeizig und freundlich, kandidierte vor Jahresfrist in der Gesamtschule Süderelbe sogar für den Posten des Schulsprechers, wurde allerdings nicht gewählt. Am Tag nach der Tat zeigte er, wie wohl alle anderen Kinder es auch getan hätten, was er vom Besuch bei der Oma mitgebracht hatte: 8000 Mark in bar. Die „Oma-Mörder" (Hamburger Morgenpost) beschäftigen seit Tagen die Hansestadt. Schließlich ist es erst ein paar Tage her, dass, in den USA, im weltweit unbekannten Jonesboro (Arkansas), der elfjährige Andrew Golden und der dreizehnjährige Mitchell Johnson um sich schossen und ein Blutbad an ihrer Schule anrichteten. Und wie um zu beweisen, dass Jonesboro überall ist, ballerten gleich darauf vier zwölfjährige Schüler in Garching bei München auf ihre Lehrerin, glücklicherweise nur mit einer Soft-Air-Pistole vom Flohmarkt. Die Lehrerin erlitt einen Nervenzusammenbruch […].

(DER SPIEGEL Nr. 15 v. 6.4.1998, S. 126; Verf.: Barbara Supp)

Fasst die konkreten Fakten des Berichtes kurz zusammen.

Stellt in eurem Kurs Vermutungen darüber an, welche Intentionen die Autorin des Berichtes hat, und beurteilt den Bericht unter Berücksichtigung von Inhalt und Darstellung der Titelseite und der Headline sowie des journalistischen Stils.

Aktuelle Schlagzeilen und Kommentare:

Viele Kinder „Armutsrisiko Nr. 1"
Frankfurt/Main (dpa) – Kinderreichtum ist nach Darstellung des Paritätischen Wohlfahrtsverbandes in Deutschland weiter „Armutsrisiko Nummer eins".
(Ruhr Nachrichten, 7.3.1998)

Armut: Kinder leiden besonders
Kommission führt wachsende Armut auf steigende Arbeitslosigkeit zurück
(Recklinghauser Zeitung, 3.2.1998)

Anzahl der Strafverfahren nimmt im Amtsgerichtsbezirk RE um hundert ab
Weniger Prozesse vor Jugendgerichten
(Ruhr Nachrichten, 5.5.1998)

60 Prozent der Eltern halten die Ohrfeige für ein geeignetes Erziehungsmittel
Forscher: Der Prügelstock löst keine Konflikte
(Ruhr Nachrichten, 8.12.1997)

Experten der Regierung nennen Kinderarmut „gravierend"
Bei verspäteter Vorlage des Jugendberichts widerspricht Familienministerin Nolte den alarmierenden Zahlen und Analysen

Bundesministerin Claudia Nolte (CDU) bestreitet, dass es in deutschen Familien nennenswerte Armut gibt. Damit widerspricht sie Sachverständigen, die „in Teilgruppen der Bevölkerung" erhebliche Armut ausgemacht haben und „Kinderarmut als gravierendes Problem" sehen.
(Frankfurter Rundschau, 26.8.1998)

Hilfswerk: Politiker tatenlos
Kriminalität von Kindern auf Höchststand

Osnabrück (dpa) – Die Kinderkriminalität hat nach einer Umfrage des Kinderhilfswerks 1997 mit mehr als 143 000 Tatverdächtigen einen neuen Höchststand erreicht.
(Ruhr Nachrichten, 19.3.1998)

Freitag, 20. März 1998
„Schließt sie weg, die kriminellen Kids"

In einem Kommentar der Dortmunder Ruhr Nachrichten spricht die Autorin Doris Jahr von „Verdeckter Armut in Deutschland“ und bezieht sich in ihrer Schlagzeile *„Alarmierende Ergebnisse“* auf eine Frankfurter Studie:

„Armut und Reichtum – zwei Seiten einer Medaille, wie sie auch in einem hoch entwickelten Industrieland wie Deutschland zu finden sind. Einem Obdachlosen auf der Straße sieht man die Armut an. Dort hat sie ein Gesicht. Aber was ist mit den anderen, bei denen man nicht unbedingt auf Anhieb vermutet, dass sie knapp über oder unter dem Existenzminimum leben? Die Frankfurter Forscher, die gestern ihre Studie vorlegten, kommen zu dem Ergebnis, dass 1995 knapp 2,8 Millionen Menschen bei uns in ‚verdeckter‘ Armut lebten. [...] [Sie verstecken] ihre Armut, leben nahezu ein von keiner Statistik erfasstes Schattendasein, oftmals sozial ausgegrenzt, denn finanzielle Armut geht auch zwangsläufig einher mit Armut an sozialen Kontakten. Und das muss zu denken geben. Was aber wirklich alarmieren muss an dieser Studie, ist einmal die Tatsache, dass zu den Hauptbetroffenen von Armut Kinder und Jugendliche zählen, und zwar in einem Maße, dass die Forscher für Ostdeutschland schon von einer ‚Infantilisierung der Armut‘ sprechen. Und das ist erschreckend. Zu weiteren Hauptbetroffenen zählen zudem Großfamilien und allein Erziehende. Hier werden Kinder, auf die wir angeblich ja alle für unsere Zukunft bauen, zu einem ‚Risikofaktor‘. [...]

(Dortmunder Ruhr Nachrichten v. 22.4.1998)

Wer macht Jugendkriminalität zum Thema?

Die Diskussion um Art und Ausmaß der Jugendkriminalität wird in Politik und Medien seit über einem Jahr geführt. Kriminalitätsfurcht und Sorgen um die Lage der inneren Sicherheit haben in der Bevölkerung deutlich zugenommen. Tatsächlich ist aber die Bedrohung, die von Jugendlichen ausgeht, nicht so alarmierend, wie immer wieder behauptet wird. Nur 2,1 % der Kinder zwischen 8 und 14 und 6,9 % aller Jugendlichen zwischen 14 und 18 Jahren sind 1996 als Tatverdächtige registriert worden. Das heißt, dass 98 % bzw. 93 % aller Kinder und Jugendlichen in Deutschland keine Straftaten begangen haben. In Berlin liegen Ende Januar neue Zahlen vor. In der Millionenstadt, die neben Hamburg und Frankfurt/M. gern als Brennpunkt der Kinder- und Jugendkriminalität gesehen wird, sind von 249 498 Kindern bis 8 Jahren 0,2 % (das sind 611) als tatverdächtig registriert. Bei den bis 14-Jährigen sind es 4,4 %. Fachleute schätzen die Anzahl der Kinder bis 14 Jahre, die als „problematisch“ gelten, auf etwa 100 ein.
Auch werden die meisten Jugendlichen, die eine Straftat begehen, nach der ersten Tat nicht erneut auffällig. Jugenddelinquenz wird auch von der Bundesregierung „als Probierverhalten mit episodischem Charakter“ bewertet, „dass sich nach der Adoleszenzphase meist nicht in Erwachsenenkriminalität fortsetzt, wie die mit höherem Alter stark sinkenden Tatverdächtigenbelastungsziffern zeigen.“ (Antwort der Bundesregierung auf die Große Anfrage der SPD-Fraktion im Bundestag „Jugendstrafrecht und Präventionsstrategien“, Drucksache 13/8284, 23.7.1997, S. 2).

(Frankfurter Rundschau v. 20.03.1998, S. 7)

1. Welches Bild vom Opfer- und Tätersein wird in der Berichterstattung deutlich?

2. Welche Fragen und Thesen ergeben sich daraus für die Arbeit im Kurs?

Missbrauchte Täter

Interview mit Klaus Voigt (48), Heilpädagoge im Erziehungsheim Neunkirchen-Vluyn, Leiter des Jugenddorfes, in dem der mutmaßliche Solingen-Attentäter Christian R. lebte

DIE WOCHE: Sie haben vier Jahre lang als Pädagoge die Entwicklung von Christian R. verfolgt. War mit einer solchen Tat zu rechnen?
KLAUS VOIGT: Kinder, die unter schwierigen Bedingungen aufwachsen, sind grundsätzlich gefährdet. Christian ist Einzelkind, seine Mutter ist allein erziehend. Schon als Baby hat er Gewalt erlebt.
DIE WOCHE: Wie sah das denn genau aus?
VOIGT: Zur konkreten Situation von Christian darf ich nichts sagen, das verbietet die Schweigepflicht. Aber Kinder wie er lernen eine Dimension der Gewalt kennen, die sich ein Normalbürger nicht vorstellen kann. Sie werden schon im Babyalter missbraucht. Ich kenne Mädchen, bei denen mit zwei Jahren Scheidenrisse und Hüftbrüche behandelt wurden, und auch Jungen werden in großer Zahl sexuell misshandelt. Auch die Mütter werden von wechselnden Partnern geschlagen und vergewaltigt. Sie können ihrem Kind keine Sicherheit und Geborgenheit vermitteln. Eigentlich wollen sie es nicht haben, weil sie selbst noch auf der Suche nach Wärme und Geborgenheit sind. Das löst eine totale Unruhe und Desorientierung in den Kindern aus.
DIE WOCHE: Andere Kinder haben Ähnliches erlebt, ohne auf ausländische Mitbürger Anschläge zu verüben.
VOIGT: Vielleicht war es bei ihm schlimmer als bei anderen. Und dass er sich nach rechts hin orientiert hat, ist bei diesen Jugendlichen ein Zufall. In den 60er-Jahren hat es Heimrevolten gegeben. Da sind die Jugendlichen in die linke Szene gewandert. Jetzt ist die rechte Szene *in* und so grauenhafte Parolen wie „Türken abfackeln". Was Christian gesucht hat, sind klare Strukturen, die Sicherheit geben. Die Skinheads sagen: Wir haben das gleiche Hemd und die gleiche Gesinnung – das bindet.

(DIE WOCHE v. 17.06.1993)

1. Untersucht, welche Informationen des Interviews die Schlagzeile „Missbrauchte Täter" konkretisieren.
2. Welche „Defekte" könnten durch Vernachlässigung von Kindern entstehen?
3. Wie könnten andere Schilder beschriftet sein, die auf die Situation von Kindern aufmerksam machen wollen? Kopiert euch das Bild und ersetzt das Schild durch (von euch formulierte) eigene.

„Armutskarriere“

Ich war gerade 22 Jahre alt und lebte in Scheidung, weil ich von meinem ersten Mann weg wollte, der mich und meinen Sohn dauernd geprügelt hat. Mein Sohn fing dann ebenfalls an, mich zu treten und zu schlagen. Dabei war der erst sechs. Deshalb habe ich ihn dann in eine Pflegefamilie gegeben. Außerdem war ich mit Tom von meinem jetzigen Mann Kai schwanger.
Ich musste dann aus der ehelichen Wohnung ausziehen, doch es gab keine billige Wohnung. Kai hatte außerdem kaum Geld, denn sein Arbeitgeber zahlte ihm nie den ganzen Lohn aus.

Die erste gemeinsame Wohnung hatten Sie also im Obdachlosenheim. Welche Konsequenzen hatte das?

Das Heim selbst war furchtbar, wir hatten nur ein kleines Zimmer für uns drei. Viele im Haus waren oft betrunken. Gearbeitet hat keiner, nur rumgehangen. Es war oft so laut, dass Tom nachts aufwachte oder nur schlecht einschlafen konnte.

Konnten Jugendamt und Sozialamt nichts für Sie tun?

Vom Jugendamt ist natürlich regelmäßig einer gekommen zum Schauen. Aber getan hat keine Behörde etwas. Wir haben uns schon abgestrampelt, hatten sogar zwischendurch eine Wohnung von der AWO – eigentlich nur, weil jemand von außerhalb das Obdachlosenheim in Brand gesteckt hat. Doch konnten wir schon nach ziemlich kurzer Zeit die Miete nicht mehr aufbringen, so dass wir wieder geräumt wurden – ab in die nächste Notunterkunft.

War es dort besser?

Schlimmer. In der Zeit ist 1994 Annika zur Welt gekommen. Jetzt hatten wir zu viert ein Zimmer. Und das Schlimmste war, dass Tom von einigen erwachsenen Hausbewohnern gelegentlich geschlagen wurde. Einfach so. Zwei Jahre später hatten wir das Glück, dass mein Bruder uns eine kleine Wohnung vermitteln konnte.

Können Sie die Miete diesmal bezahlen?

Es geht, aber nach Abzug von Miete, Strom usw. bleiben nur rund 600 Mark monatlich zum Leben. Da kann man natürlich keine großen Sprünge machen. Wir machen Großeinkäufe in Billigläden einmal monatlich für rund 300 Mark.

Das hört sich nicht nach vielen frischen Lebensmitteln an.

Stimmt. Aber Obst und Gemüse essen meine Kinder sowieso nicht gern. Sie bekommen Fruchtzwerge und Milchschnitten. Da ist ja auch alles drin.

(Mieterverein Bonn, Arbeiterwohlfahrt Kreisverband Rhein-Sieg e.V. [Hg.], Armut von Kindern und Jugendlichen dokumentiert in einer Fotoausstellung, Siegburg 1997, Prolog)

1. Stellt Vermutungen darüber an, was Tom erzählen würde, wenn er nach seiner Kindheit befragt werden würde.
2. Setzt den Bericht der jungen Mutter in Beziehung zu den Auszügen aus Zeitungsberichten und Zeitungskommentaren (S. 92 ff.). Welche Folgen könnten sich für die drei Kinder aufgrund der dargestellten materiellen und sozialen Situation der Familie ergeben?

Orientierung und Planung

Hier geben wir euch Arbeitsanregungen, die über das Schulbuch hinausgehen. Die Daten und Texte zur Kinderarmut, zur Gewalt gegenüber Kindern und Gewalt, die von Kindern ausgeht, sowie zu den daraus resultierenden pädagogischen Konsequenzen bilden den Hintergrund für die eigene Untersuchung vor Ort.

Wie geht es mir und uns im Kurs?

Analyse der eigenen sozialen Lage, der materiellen und nicht-materiellen Lebensqualität.

Eigene Normverstöße – warum/warum nicht?

Welche Konsequenzen hat unsere soziale Lage für unseren weiteren Lebensweg?

Wie geht es unseren Mitschülerinnen und Mitschülern an unserer Schule?

Anonyme Umfrage zu Taschengeld, Konsum, Wohnsituation, Image und Markenkleidung, sozialer Situation und Schulerfolg (z. B. Nutzung kommerzieller Nachhilfe)

Wie geht es Kindern und Jugendlichen in unserer Stadt?

Erkundung im Sozialamt und Jugendamt;

Erstellen eines Sozialatlas;

Befragung von Experten: Sozialarbeiter, Kinderschutzbund usw.

Wie viele Kinder und Jugendliche werden in unserer Stadt Straftäter und Opfer von Straftaten?

Wer hilft ihnen und wie?

Erkundung bei der Jugendgerichtshilfe, der Kriminalpolizei usw.

Auf den Methodenseiten zum „Interview“ (S. 181 ff.) und zum „Umgang mit statistischen Daten“ (S. 98 ff.) geben wir Hilfestellung für die eigene Recherche. Wenn ihr eine computergestützte Befragung vornehmen wollt, empfehlen wir das Programm „graph stat“ (auf der CD-ROM *Wahlanalyse und Wahlprognose im Unterricht*), welches bei der Bundeszentrale für politische Bildung (Berliner Freiheit 7, 53111 Bonn, Internet: http://www.bpb.de) kostenfrei bezogen werden kann.

Methode

UMGANG MIT STATISTISCHEN DATEN

In diesem Kapitel haben wir es mit zwei unterschiedlichen Typen von statistischen Daten zu tun:

1. Ergebnisse von repräsentativen Befragungen

Hier geht es um die Erforschung des Meinungsspektrums in der Bevölkerung zu bestimmten Fragen. Da man schlecht alle Einwohnerinnen und Einwohner eines Landes befragen kann, wählt man nach festgelegten, kontrollierten Verfahren eine repräsentative Gruppe von oft ca. eintausend Personen, die in allen wichtigen Bereichen (Alter, Geschlecht, Bildung, Einkommen usw.) ein möglichst genaues Abbild der Gesamtbevölkerung sein muss, und befragt diese Gruppe dann. Das Ergebnis soll dann repräsentativ/stellvertretend für die Meinung der Gesamtbevölkerung sein. Dabei darf man nicht vergessen, dass die Meinung eines Menschen nicht mit seinem real gezeigten Verhalten übereinstimmen muss oder dass dies wirklich seine Meinung ist. Zum Beispiel werden viele Befragte nicht zugeben, dass sie Schläge für ein Erziehungsmittel halten oder dass sie ihre Kinder schlagen. Darüber hinaus ist es wichtig, auf die genaue Formulierung der gestellten Frage zu achten, da sie das Antwortverhalten stark beeinflussen kann.

2. Daten zur Kriminalitätsbelastung von Kindern und Jugendlichen und zur sozialen Lage von Kindern und Jugendlichen

Hier geht es um harte Fakten und nicht um Meinungen über Fakten. Doch die Fakten sind nicht so „hart", wie man glaubt. So ist es zunächst wichtig, wie bestimmte Faktoren wie Armut oder Kriminalität definiert werden. Wer gilt als „arm", welches Verhalten gilt als „kriminell", welches als zwar „unerwünscht", aber nicht „kriminell"?
Auch hier ist darauf zu achten, wonach überhaupt gefragt bzw. geforscht wird und wie Ausgangsfragen gestellt werden.
Beim Thema Jugendkriminalität geht man davon aus, dass wir es neben der erfassten Kriminalität mit einem großen Dunkelfeld zu tun haben, dass also ein großer Teil der begangenen Straftaten weder in Akten noch in Statistiken auftaucht. Die Gesamtzahl der begangenen Straftaten durchläuft eine Reihe von Filtern:

- Straftaten müssen bekannt werden;
- Straftaten müssen angezeigt werden;
- Straftaten müssen aufgeklärt, Tatverdächtige ermittelt werden;
- Staatsanwaltschaften und/oder Jugendämter bzw. Jugendrichter entscheiden darüber, ob Anklage erhoben wird;
- Richter entscheiden über die Eröffnung oder die Einstellung eines Verfahrens;
- Angeklagte werden verurteilt (Geld-, Haftstrafen, Auflagen) oder freigesprochen;
- Strafgefangene sitzen ein.

Bei den Daten, aus denen in der Presse Schlagzeilen gemacht werden, muss man also genau unterscheiden, ob von der Summe bekannt gewordener Straftaten, von Verdächtigten oder von Verurteilten die Rede ist.
Da hier viele Filter zwischen den tatsächlichen Gesetzesverstößen und den gesellschaftlichen Konsequenzen eingebaut sind, kann eine erhöhte Wachsamkeit oder eine erhöhte Anzeigebereitschaft auch zur Erhöhung der gesellschaftlich wahrgenommenen Kriminalität

führen, ohne dass sich an der Summe der Straftaten zwangsläufig etwas geändert haben muss.

Lesen von statistischen Tabellen

In einer Tabelle werden unterschiedliche Aspekte eines Sachverhalts (a/b) in Beziehung gesetzt, z. B. die zahlenmäßige Entwicklung der Verurteilung nach dem Jugendstrafrecht (a) in ausgewählten Zeiträumen (b) (s. Tabelle S. 112).
In der **Kopfzeile** werden dann unterschiedliche Ausprägungen des Merkmals (a), z. B. die Art der Strafe: Jugendstrafe, Zuchtmittel, Erziehungsmaßregeln, aufgelistet, in der **Seitenspalte** die unterschiedlichen Ausprägungen des Merkmals (b): 1980, 1985, 1990 … , zusätzlich differenziert in Jugendliche und Heranwachsende.
Die Zeilen und Spalten werden dann mit den ermittelten Werten gefüllt. So kann man genau sagen, wie viele Jugendliche 1985 zu einer Jugendstrafe im Vergleich zu 1990 verurteilt wurden.

Auswerten von statistischen Tabellen

• Beschreibung

Zunächst ist es wichtig, festzustellen, wer mit welchen Methoden Daten erhoben hat, über welchen Bereich eine Aussage gemacht werden soll und für welchen Zeitraum sie gelten sollen. Weiterhin muss geklärt werden, ob die Angaben in absoluten Zahlen, Prozentzahlen oder Relationszahlen (z. B. Tatverdächtige pro 100.000 Einwohner) gemacht werden und was die Grundgesamtheit ausmacht (was gilt als 100%?).

• Interpretation

Bei diesem Arbeitsschritt geht es darum zu klären, welche Aussagen sich aus den Daten ableiten lassen und wie man sie mit Worten eindeutig und belegbar beschreiben kann.
Besonderheiten wie z. B. gleichmäßige oder ungleichmäßige Entwicklung oder Extremwerte müssen herausgearbeitet werden.

• Bewertung, Kritik und Schlussfolgerung

Zunächst sollte in der Bewertung geklärt werden, ob man mit den interpretierten Daten die Ausgangsfrage beantworten kann. Die kritische Auseinandersetzung kann z. B. so aussehen, dass man überprüft, zu welchen wichtigen Bereichen keine Aussagen gemacht wurden, ob die Daten lückenhaft oder verfälscht sind. Außerdem kann von Bedeutung sein, ob die Auswahl und Veröffentlichung der Daten mit einem bestimmten Interesse verbunden ist. Schließlich geht es darum, welche Schlussfolgerung man aus den Daten für den eigenen Arbeitszusammenhang – hier den Diff.-Kurs EW – ziehen kann und ob sich weitere Fragen dadurch ergeben.

Grafische Darstellung von Daten

Wenn Erziehungswissenschaftler Daten erhoben haben oder auch wenn ihr im Kurs eine quantitative Befragung durchgeführt habt, geht es darum, die Ergebnisse möglichst genau, unverfälscht und übersichtlich darzustellen.
Neben der tabellarischen Darstellung der Daten wird es im Computerzeitalter immer üblicher und leichter, grafische Darstellungsformen zu wählen.
Je nach Funktion bieten sich unterschiedliche Grundtypen der Darstellung an (siehe Schaubild auf S. 100):

- Den prozentualen Anteil an einer Grundgesamtheit (Struktur-Vergleich) zeigt man am besten mit einem Kreisdiagramm an.
- Für die Rangfolge in einer Bewertung wählt man ein Balkendiagramm.

- Zeitliche Veränderungen (z. B. Zunahme der Kriminalität in den letzten Jahren) stellt man mit einer Kurve oder im Säulendiagramm am besten dar.
- Die Häufigkeit eines Merkmals wird mit Säulen oder Kurven dargestellt.

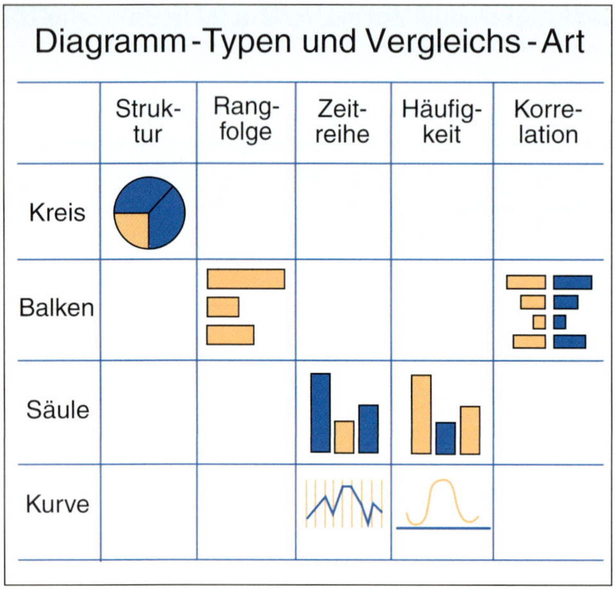

- Den Zusammenhang zweier Größen (Korrelation) kann man mit einem Doppel-Balken-Diagramm darstellen.

Vorsicht!!!

Bei der grafischen Darstellung von Daten kann manipuliert werden. So kann mit grafischen Mitteln ein Größenverhältnis vorgetäuscht werden, welches nicht den Zahlenverhältnissen entspricht. So kann durch die Dehnung oder Straffung der x- und y-Achse verharmlost oder dramatisiert werden. Ihr könnt dies selbst versuchen, indem ihr die Daten aus der Strafverdächtigenstatistik auf unterschiedliche Weise visualisiert.

Erarbeitung

„Ärmer als gedacht“ – Hintergrundinformationen zum Thema

Seit Anfang der Achtzigerjahre ist die Arbeitslosigkeit in Deutschland drastisch angestiegen. Das bisherige soziale Leistungssystem ist jedoch immer weniger in der Lage, die sozialen Folgen dieser Massenarbeitslosigkeit aufzufangen. Die Folge von Erwerbslosigkeit, Einschnitten ins soziale Netz und auch der wachsenden Zahl von allein Erziehenden: Immer mehr Menschen rutschen unter die von der Sozialhilfe-Schwelle markierte Armutsgrenze.
Wann ist jemand arm? Der Deutsche Kinderschutzbund zieht die Armutsgrenze bei einem verfügbaren Monatseinkommen, das 50 Prozent unter dem Durchschnitt liegt. Für eine allein erziehende Mutter mit einem Kind sind das 1.249 Mark, für ein Ehepaar mit zwei Kindern 2.376 Mark. Betroffen von der so definierten Armut sind in der Bundesrepublik 2,2 Millionen Kinder. In den alten Ländern sind dies fast 12 Prozent, in Ostdeutschland rund 22 Prozent aller Kinder, allerdings mit großen regionalen Unterschieden. Drastisch verschärft hat sich die Situation vor allem in den größeren Städten. So mussten in Frankfurt am Main 1980 nur 6,6 Prozent der

Kinder bis zu sieben Jahren von Sozialhilfe leben. Bereits 1991 waren es 16,2 Prozent. Nicht nur diese so genannte *relative* Armut, auch die *absolute* Armut, bei der das physische Existenzminimum nicht mehr gesichert ist, gilt in Deutschland immer seltener als Ausnahmeerscheinung. Nach Schätzungen der Bundesarbeitsgemeinschaft Wohnungslosenhilfe kämpfen 30.000 bis 35.000 Menschen auf der Straße um die bloße Existenz. Schätzungen über die Zahl der „Straßenkids" liegen zwischen 4.000 und 7.000 Kindern.
Ob relative oder absolute Armut, das Risiko der Verarmung trifft nicht alle sozialen Gruppen gleichermaßen. Ein erhöhtes Risiko besteht für Personen aus den unteren sozialen Schichten, Arbeitslose, kinderreiche Familien, Alleinerziehende, ältere Menschen und Migranten/Migrantinnen. So werden Ehepaare ohne Kinder weitaus seltener aufgrund von Arbeitslosigkeit zu Sozialhilfeempfängern als Ehepaare mit Kindern.
Mit anderen Worten: Kinder zu haben wird in Deutschland zunehmend zum Armutsrisiko.

(Deutscher Kinderschutzbund, Armut von Kindern und Jugendlichen, Hannover 1997, S. 5)

1. Von welchem Verständnis von Armut geht der Deutsche Kinderschutzbund aus?
2. Setzt die Daten aus der Quelle grafisch um.
3. Informiert euch beim Sozialamt eurer Stadt über Vergleichsdaten für eure Region.

Was ist Armut?

Wer sich mit der deutschen Sprache beschäftigt, kommt immer wieder ins Staunen. Nur vergleichsweise wenige Wörter sind nämlich richtiggehend „deutsch"; im Laufe der Jahrhunderte haben wir aus vielen Sprachen Wörter übernommen. „Armut" aber ist ein ursprünglich germanisches Wort, das in vielen indoeuropäischen Sprachen vorkommt. Das heißt, dass es „Armut" in unserer Geschichte immer gegeben hat.
Wahrigs deutsches Wörterbuch erklärt die Herkunft von „arm sein" so: „arm" kommt vom althochdeutschen *aram*, dieses von germanisch *armaz*, aus dem indogermanischen *orbhmo* gebildet. Interessant ist die ursprüngliche Bedeutung des Adjektivs: „vereinsamt sein, verlassen sein". „Arm sein" bezog sich also auf gesellschaftliche Beziehungen. Heute dagegen fassen wir „Armut" vor allem materiell auf.

(Friedhelm Wolski-Prenger, Verschämte Armut. Kinder leiden an der Konsumgesellschaft, in: kindergarten heute 11–12/1995, S. 6)

1. Welche Bedeutung hatte der Begriff „Armut" ursprünglich?
2. Hat diese ursprüngliche Bedeutung auch heute noch Gültigkeit?

Formen der Armut:

„[...] Es geht nicht nur um die materielle Absicherung. Armut ist für mich ein provokativer Begriff. Und jetzt werde ich provozierend in anderen Lebenssituationen von Kindern; ich kenne auch andere Formen der Armut, die genauso provozierend sind:

- Bewegungsarmut = körperliche Trägheit;
- Ernährungsarmut = ungesunde Ernährung;
- geistige Armut = mangelnde Kreativität;
- emotionale Armut = fehlende Nestwärme;
- Kontaktarmut = soziale Isolation;
- seelische Armut = Beziehungsunfähigkeit."

(Peter Motsch, Statement, in: Kinderkommission des Deutschen Bundestages [Hrsg.], Anhörung und Schlussfolgerungen der Kinderkommission des Deutschen Bundestages zum Thema Existenzsicherung von Kindern, Bonn 1998, S. 13)

1. Zeigt mögliche Zusammenhänge zwischen unterschiedlichen Formen der Armut auf.
2. Wie hängen diese weiteren Formen der Armut mit der materiellen Form der Armut zusammen?
3. Welche Zusammenhänge zwischen den verschiedenen Formen von „Armut zum Opfer fallen" und dem Begehen von strafbaren Handlungen als „Täter" könnt ihr euch vorstellen?
4. Welche Konsequenzen kann man aus erzieherischer Sicht ziehen?

„Aber wir sind doch nicht asozial!" – Armut trifft Kinder und grenzt sie aus

Peter ist acht, sein Vater arbeitslos. Die Familie lebt zu fünft in einer kleinen Drei-Zimmer-Wohnung in einem Hochhaus. Das Geld ist knapp. Merken soll das aber keiner. Peter hat kapiert, dass man nicht einfach hinstehen und sagen kann: „Ich bin arm", wenn man dabei sein will. Arm sind die Verlierer, die Underdogs, sind die, die draußen sind. Bestätigt wird er durch seinen Freund. Der findet: „Arme, das sind die, die vom Staat ausgestoßen sind und trotz Arbeit nichts haben."

In seinem Stadtteil gibt es nicht nur die Blocks, sondern auch eine Siedlung von Einfamilienhäusern. Im Jugendzentrum treffen sich alle Kinder. Ruth Schill, Erzieherin im Jugendhaus, berichtet: „Für uns ist es ganz schwer herauszufinden, ob ein Kind arm ist oder nicht. Wir entdecken das höchstens dann, wenn es öfter mal an den Tagen fehlt, an denen es etwas mitbringen müsste oder wenn es häufiger bei einem Ausflug nicht mit kann. Nur ganz selten sagt jemand von sich aus, das ist zu teuer, das können wir nicht bezahlen. Manchmal sehen wir es auch an den Kleidern, dass ein Kind arm ist." Tragen die Kleinen verschlissene, schmuddelige oder immer die gleichen Sachen, deutet dies darauf hin, dass die Eltern nicht viel haben.

Klamotten wie die In-Jeans und die Markenturnschuhe jedoch sind Statussymbole. Um nicht aufzufallen, kaufen häufig gerade Familien mit Geldproblemen den teuren Fummel nach dem Motto: „Wenn wir das haben, fällt es nicht auf, dass wir's nicht so dicke haben." Das jedoch strapaziert die Kasse und gegebenenfalls den Haussegen. Für Stefan, der seit dem Tod seines Vaters zusammen mit seiner Mutter und zwei Brüdern in einem sozialen Brennpunkt lebt, ist klar, dass das Etwas-Besseres-Sein mit dem zu tun hat, was man anhat. „Die da drüben, die sind arm, wir aber nicht" , er deutet auf die Nachbarwohnung. „Schau doch nur, wie die rumlaufen, total abgerissen und verdreckt." Stefan ist von Kopf bis Fuß in teure Sportswear gekleidet. Wo er das Zeug her hat? „Meinem Freund Christian abgekauft und aus dem Geschäft", sagt er. Stefans Familie lebt an der Armutsgrenze, von der Waisen-

rente. „Zum Sozialamt gehen – wir? – nie im Leben!", entrüstet er sich. Er ist zwölf.

Armut trifft. Und sie trifft immer häufiger Kinder. Die Lebenschancen armer Kinder sind eingeschränkt, ihre Entwicklungsmöglichkeiten beschnitten. Viele Kinder aus Brennpunkten gehen auf die Sonderschule, haben also wegen mangelnder Bildung auch kaum Gelegenheit, später aus dem Teufelskreis der Armut auszubrechen. „Das liegt zum Teil auch an den Texten, die in der Schule besprochen werden. Die haben oft wenig mit der Lebenswirklichkeit dieser Kinder zu tun. Bis ein Kind aus einem Brennpunkt einen Meeresstrand zu sehen bekommt, da kann man ihm auch etwas aus dem Weltall erzählen", meint Alfred Schleimer, Referent für Besondere Soziale Hilfen beim Deutschen Caritasverband.

Auch Stefan und sein Freund Christian besuchen die Sonderschule. Was es heißt, arm und damit ausgegrenzt zu sein, haben sie erst heute erfahren: „ Die Lehrerin hat zu uns gesagt, ihr seid doch alle asozial", schimpft Christian. Er ist sichtlich gekränkt. „Das Fehlen von Geld bringt die Familien in Stress-Situationen. Die Erziehungsleistung nimmt ab, die Familien ziehen sich zurück", erklärt Alfred Schleimer. Eltern, besonders allein erziehende Mütter, sind oft überfordert: Die Kinder brauchen Spielzeug und Klamotten, Banken treiben Schulden ein, Wohnung und Heizung wollen bezahlt sein, und die täglichen Mahlzeiten gibt es auch nicht umsonst. Allein erziehende Caritas-Klienten sind zu 60 Prozent auf Sozialhilfe angewiesen, weitere 20 Prozent leben unter der Armutsgrenze, so die Caritas-Armutsuntersuchung. „Mütter kriegen das Leben mit den Kindern dann einfach nicht mehr geregelt. Die Körperpflege der Kleinen lässt nach. Oft beobachten wir auch, dass die Kinder in ihrer Sprachentwicklung zurück sind, weil sich die Mütter nicht mehr so intensiv mit ihnen beschäftigen", erzählt Erzieherin Ruth Schill. Auffälliges Verhalten wie Aggressionen oder Depressionen sind bei armen Kindern keine Seltenheit. Einfach um Ruhe zu haben, werden die Bedürfnisse sofort befriedigt, ohne vorher einen Kassensturz gemacht zu haben. Nervt der/die Kleine, weil er ein Eis will, bekommt er es, notfalls auch mehrmals am Tag. Das schafft kurzfristig Entspannung, langfristig wird der Stress jedoch immer größer. „Armut vererbt sich auch in Verhaltensmustern", meint Alfred Schleimer. „Sobald kurzfristig Geld da ist, muss es ausgegeben werden, denn wer weiß, ob man es morgen noch hat."

Das Stillen von Konsumbedürfnissen hat viele Familien in den Ruin getrieben. Kundenkredite, heute bis 10 000 Mark ohne Sicherung zu haben, sind häufig Ursache für die Überschuldung von Haushalten und vom Beginn der Armut auch der Kinder. Jeder dritte Hilfesuchende der Caritas hat mehr als 5000 Mark Schulden. Katja, sie ist neun, kennt das: „Wir sind arm, weil wir Schulden haben", weiß sie. Ein besseres Leben, das bringen Werbung und Feierabendserien ins Haus. „Einen Porsche, rot, eine Burg und eine Fußballmannschaft", das wünscht sich Peter, wenn er einmal viel Geld hat. Und Stefan: „Eine Yacht und ein Haus mit allem drum und dran, am besten eine Villa."

(Esther Baron, Aber wir sind doch nicht asozial!, in: Welt des Kindes 8/1994, S. 7)

1. Welche Folgen der Armut beschreibt die Autorin?

2. Welche weiteren Folgen könnt ihr euch vorstellen?

3. Erlebt ihr soziale Ausgrenzung aufgrund von Armut auch in eurem Umfeld?

„Die Menschheit schuldet den Kindern das Beste, das sie zu geben hat."
(Präambel „Charta des Kindes" der UN, 1959)

„Die Würde des Menschen ist unantastbar. Sie zu achten und zu schützen ist Verpflichtung aller staatlichen Gewalt."
(Artikel 1 (1) Grundgesetz)

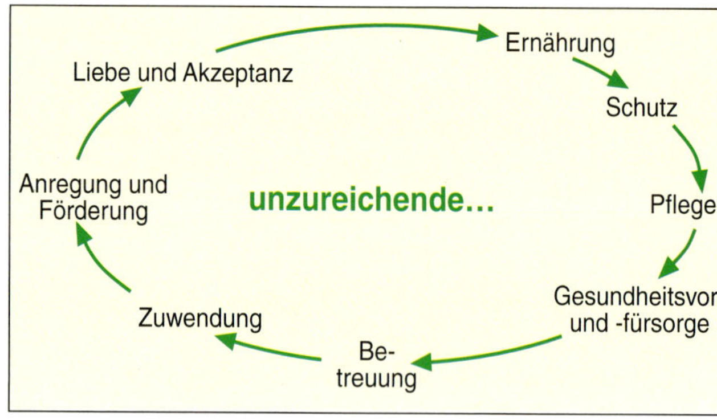

Vernachlässigung ist die andauernde oder wiederholte Unterlassung fürsorglichen Handelns sorgeverantwortlicher Personen (Eltern oder andere von ihnen autorisierte Betreuungspersonen), welches zur Sicherstellung der physischen und psychischen Versorgung des Kindes notwendig wäre. Diese Unterlassung kann aktiv oder passiv (unbewusst), aufgrund unzureichender Einsicht oder unzureichenden Wissens erfolgen. Die durch Vernachlässigung bewirkte chronische Unterversorgung des Kindes durch die nachhaltige Nichtberücksichtigung, Missachtung oder Versagung seiner Lebensbedürfnisse hemmt, beeinträchtigt oder schädigt seine körperliche, geistige und seelische Entwicklung und kann zu gravierenden bleibenden Schäden oder gar zum Tode des Kindes führen.

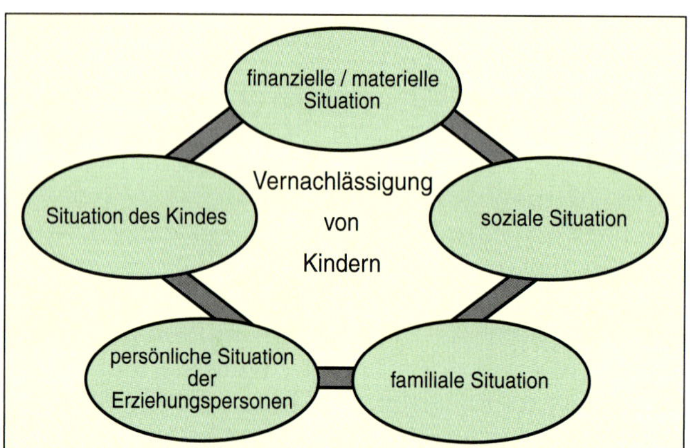

(Reinhold Schone u.a., Kinder in Not, Votum, Münster 1997, S. 20, 24, 32)

Grundbedürfnisse einer gesunden seelisch-körperlichen Entwicklung:

- Bedürfnis nach Selbstverwirklichung
- Bedürfnis nach Anregung, Spiel und Leistung
- Bedürfnis nach seelischer und körperlicher Wertschätzung
- Bedürfnis nach Verständnis und sozialer Bindung
- Bedürfnis nach Schutz und Sicherheit
- physiologische Bedürfnisse

(Nach: Schmidtchen 1989, S. 106 ff.)

1. Wie wird Vernachlässigung von Kindern definiert?
2. Welche Rechte von Kindern werden verletzt? Informiert euch über weitere Grundrechte, die unser Grundgesetz vorsieht und die selbstverständlich auch für Kinder Gültigkeit haben sollten.
3. Welchen Zusammenhang zur Armut kann man herstellen?
4. Wie eng ist der Zusammenhang zwischen Vernachlässigung und Armut?

Statistiken

Tabelle 1: Opfer von sexuellem Missbrauch und körperlicher Misshandlung/ Kindesvernachlässigung – Kinder unter 14 Jahre –

	1980	1989	1990	1991	1992	1993	1994	1995	1996
Sexueller Missbrauch an Kindern (§ 176 StGB)	15871	15278	15936	16622	18275	18485	18423	19652	19526
Kindesmisshandlung (§ 223 b StGB)	1507	1218	1345	1506	1575	1951	2165	2094	2237
Kindesvernachlässigung (§ 170 d StGB)	824	764	752	774	827	942	1084	1020	1193

1980–1990 alte Bundesländer und Berlin-West; 1991–1992 alte Bundesländer und Gesamtberlin; ab 1993 Bundesgebiet insgesamt (Quelle: Bundeskriminalamt 1997a)

Die Anzahl der erfassten Opfer von sexueller Misshandlung von Kindern ist wesentlich höher als die der Opfer von körperlicher Kindesmisshandlung und Kindesvernachlässigung. Dabei ist zu berücksichtigen, dass in Fällen von körperlicher Kindesmisshandlung vermutlich überwiegend sehr schwere Fälle mit erheblichen Verletzungen und bei sexueller Misshandlung auch Delikte ohne physischen Kontakt erfasst sind. Sowohl bei innerfamiliärer sexueller Misshandlung als auch bei körperlicher Kindesmisshandlung müssen wir mit erheblichen Dunkelziffern rechnen. Psychische Kindesmisshandlung und Kindesvernachlässigung sind bis auf wenige Extremfälle nicht polizeistatistisch erfasst, weil es sich hier nicht um eine Tat, sondern um eine Unterlassung handelt.

Tabelle 2: Opfer von sexuellem Missbrauch von Kindern, körperlicher Kindesmisshandlung und Kindesvernachlässigung

Jahr	Kinder bis unter 14 Jahren*	Opfer von sexuellem Missbrauch, körperlicher Kindesmisshandlung und Vernachlässigung**
1980	9953000	18202
1989	8838100	17260
1990	9167400	18033
1991	9674200	18902
1992	9925900	20677
1993	12448600	21378
1994	12381400	21672
1995	12324200	22766
1996	12440100	22956

* Bevölkerungsstand jeweils 31.12.;
** Quelle: Bundeskriminalamt 1997a
1980–1990 alte Bundesländer und Berlin-West; 1991–1992 alte Bundesländer und Gesamtberlin; ab 1993 Bundesgebiet insgesamt.

Tabelle 3: Opfer von sexuellem Missbrauch von Kindern, körperlicher Kindesmisshandlung und Kindesvernachlässigung pro 1000 – Kinder unter 14 Jahre –

1980	1989	1990	1991	1992	1993	1994	1995	1996
1,83	1,95	1,97	1,95	2,08	1,72	1,75	1,85	1,85

(Quelle: Eigene Berechnungen aufgrund der Polizeilichen Kriminalstatistik des Bundeskriminalamtes 1997a)

(Bundesministerium für Familie, Senioren, Frauen und Jugend [Hrsg.], Zehnter Kinder- und Jugendbericht, Bonn 1998, S. 110f.)

1. Welche Aussagen zum Opfersein von Kindern kann man den Daten entnehmen?

2. Warum ist es wichtig, für eine richtige Einschätzung die Tabellen 2 und 3 hinzuzuziehen?

Umfrage: Häusliche Gewalt

Befragte: 1714 Personen in Deutschland in Zwei- oder Mehrpersonenhaushalten, 14–60 Jahre, Durchführung: Sample-Institut

1. Gewalt bei Streitigkeiten

Frage: Ist es in den letzten fünf Jahren zwischen Ihnen und anderen Haushaltsmitgliedern zu folgenden Handlungen gekommen?

	Westdeutschland		Ostdeutschland	
	Männer	Frauen	Männer	Frauen
Drohung mit Schlägen				
Ich gegen andere	13,2%	8,6%	8,1%	3,3%
Andere gegen mich	10,6%	9,9%	5,6%	8,4%
Anpacken, Schütteln				
Ich gegen andere	14,8%	9,5%	9,3%	5,2%
Andere gegen mich	8,1%	10,0%	6,9%	6,3%
Ohrfeigen				
Ich gegen andere	10,1%	9,0%	7,5%	7,3%
Andere gegen mich	8,5%	8,2%	5,4%	7,2%
Tritte				
Ich gegen andere	2,3%	2,3%	1,4%	0,9%
Andere gegen mich	2,5%	3,3%	0,6%	1,8%
Faustschläge				
Ich gegen andere	2,9%	1,3%	1,0%	0,5%
Andere gegen mich	3,4%	3,0%	2,4%	2,3%
Bedrohung mit einer Waffe				
Ich gegen andere	1,5%	0,7%	0,0%	0,3%
Andere gegen mich	2,4%	1,3%	0,4%	0,5%
Körperverletzung mit Prellungen oder Blutungen				
Ich gegen andere	1,7%	1,4%	0,4%	0,5%
Andere gegen mich	2,3%	2,2%	0,5%	2,1%
Körperverletzungen, die ärztliche Hilfe erforderten				
Ich gegen andere	1,5%	1,1%	0,3%	0,5%
Andere gegen mich	1,5%	1,5%	0,8%	0,8%

[…]

2. Häusliche Gewalt nach Einkommensschichten

(Männer und Frauen, West- und Ostdeutschland, in den letzten 5 Jahren)

Haushaltsnettoeinkommen	Opfer minderschwerer Gewalt	Opfer schwerer Gewalt
bis 2500 DM	13,8%	6,5%
2500 – 3500 DM	11,7%	3,8%
3500 – 5000 DM	12,0%	3,6%
über 5000 DM	11,1%	4,4%

Umfrage: Häusliche Gewalt

Befragte: 1714 Personen in Deutschland in Zwei- oder Mehrpersonenhaushalten, 14–60 Jahre, Durchführung: Sample-Institut

3. Häusliche Gewalt nach Bildungsschichten

(Männer und Frauen, West- und Ostdeutschland, in den letzten 5 Jahren)

Schulbildung	Opfer minder-schwerer Gewalt	Opfer schwerer Gewalt
Hauptschule	13,2%	4,3%
Mittel-/Realschule	10,7%	4,4%
Gymnasium	16,0%	6,5%
Hochschule/Universität	1,7%	0,5%

4. Reaktionen auf einen tätlichen Angriff

(West- und Ostdeutschland)

	Anteil unter den Angegriffenen Männer	Frauen
„Es hat mir nicht viel ausgemacht“	43,0%	28,3%
„Ich habe mich zu Hause unsicher gefühlt“	14,0%	33,0%
„Ich hatte Angst“	17,3%	41,3%
„Ich bin ausgezogen“	2,7%	10,9%
„Ich wollte ausziehen, habe es dann doch nicht getan“	7,9%	24,4%
„Ich habe mich vorübergehend von meinen Partner getrennt“	2,1%	6,5%
„Ich habe mich von meinem (Ehe-)Partner getrennt“	3,8%	16,7%
„Ich habe mich an eine Beratungsstelle gewandt“	3,2%	5,9%
„Ich habe die Polizei eingeschaltet“	3,5%	3,1%

(Frank Gerbert, Tatort Familie, in: FOCUS, Nr. 47/1994, S. 251f.)

1. Welche Aussagen über Gewalt in der Familie lassen die gewonnenen Daten zu? Berücksichtigt dabei die in der Untersuchung vorgenommenen Differenzierungen.
2. Was kann man den Daten zum Zusammenhang zwischen Armut und Gewalt entnehmen?
3. Wie interpretiert ihr die Aussagen zu den Reaktionen auf die erlebte Gewalt?
4. Vergleicht die Zahlen der repräsentativen Befragung mit der Fallstatistik auf der Seite 105. Welche Feststellung und welche Vermutungen kann man treffen?
5. Welche Vermutungen über den Zusammenhang von Opfer-Sein und Täter-Sein lassen sich anstellen?

Was ist Kindesmisshandlung?

Artikel 1 des Gesetzes zur Neuordnung des Kinder- und Jugendhilferechts [Kinder- und Jugendhilfegesetz – KJHG] vom 26.6.1990 (BGBl. 1 S. 1163), geändert durch Gesetze vom 27.7.1992 (BGBl. 1 S. 1398/1400), vom 16. 2. 1993 (BGBl. I S. 239)

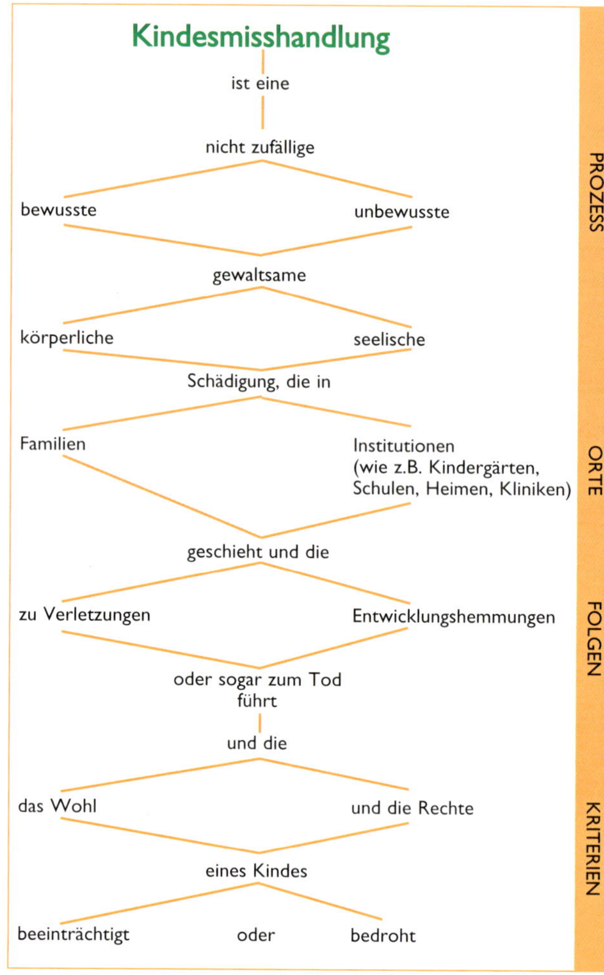

Auszug:

§ 1 Recht auf Erziehung, Elternverantwortung, Jugendhilfe

(1) Jeder junge Mensch hat ein Recht auf Förderung seiner Entwicklung und auf Erziehung zu einer eigenverantwortlichen und gemeinschaftsfähigen Persönlichkeit.

(2) Pflege und Erziehung der Kinder sind das natürliche Recht der Eltern und die zuvörderst ihnen obliegende Pflicht. Über ihre Betätigung wacht die Gemeinschaft.

(3) Jugendhilfe soll zur Verwirklichung des Rechts nach Absatz 1 insbesondere:

1. junge Menschen in ihrer individuellen und sozialen Entwicklung fördern und dazu beitragen, Benachteiligungen zu vermeiden oder abzubauen,
2. Eltern und andere Erziehungsberechtigte bei der Erziehung beraten und unterstützen,
3. Kinder und Jugendliche vor Gefahren für ihr Wohl schützen,
4. dazu beitragen, positive Lebensbedingungen für junge Menschen und ihre Familien sowie eine kinder- und familienfreundliche Umwelt zu erhalten oder zu schaffen.

(Marianne Hasebrink, Gewalt gegen Kinder – Kindesmisshandlung, in: Georg Bienemann u.a. [Hrsg.], Handbuch des Kinder- und Jugendschutzes, Votum, Münster 1995, S. 226)

1. Wie wird Misshandlung von Kindern definiert?

2. Welche Rechte von Kindern werden verletzt? Informiert euch über weitere Grundrechte, die unser Grundgesetz vorsieht und die selbstverständlich auch für Kinder Gültigkeit haben sollten.

3. Welchen Zusammenhang zur Armut kann man herstellen?

4. Wie eng ist der Zusammenhang zwischen Misshandlung und Armut?

Gesetzesverstöße strafunmündiger Kinder

Von Kinderkriminalität zu sprechen, ist juristisch nicht korrekt. Kinder sind nach dem Strafgesetzbuch nicht schuldfähig, daher strafrechtlich nicht verantwortlich. Somit gibt es im strafrechtlichen Sinne keine Kriminalität der Kinder. Von Kinderkriminalität wird jedoch deshalb gesprochen, weil Kinder durch ihre Handlungen objektiv Tatbestände des Strafgesetzbuches erfüllen können.
Die Zahl der tatverdächtigen Kinder lag im Jahre 1996 mit 28.344 um 66,9 % über dem Niveau des Jahres 1987 (16.984). Die starke Zunahme kann nicht auf einen entsprechenden Bevölkerungsanstieg dieser Altersgruppe zurückgeführt werden, der für diesen Zeitraum ca. 20 % betrug.
Kinder treten als Tatverdächtige überwiegend in den Bereichen Laden- und Fahrraddiebstahl sowie Sachbeschädigung auf. Im Bereich der Gewaltdelikte ist ein Ansteigen festzustellen.
Eine besondere Rolle spielt bei der Betrachtung der Entwicklung der Kinderkriminalität das Dunkelfeld. Die Anzeigebereitschaft der Bevölkerung ist umso geringer, je jünger ein Kind ist. Es kann davon ausgegangen werden, dass Delinquenz vor dem 8. Lebensjahr selten und in der Regel von der Qualtität her unerheblich ist, wobei im Übrigen oft Neugier, Spieltrieb und Abenteuerlust eine Rolle spielen. Aufgrund des Standes der Persönlichkeitsentwicklung ist die moralische Urteilsfähigkeit (Norm- und Unrechtsbewusstsein) noch nicht ausgebildet. Dieser Erkenntnis Rechnung tragend, bleiben die unter 8-jährigen Tatverdächtigen bei den Tatverdächtigenbelastungszahlen in der Polizeilichen Kriminalstatistik unberücksichtigt.

(Landeskriminalamt NRW/Arbeitsgemeinschaft Kinder- und Jugendschutz NRW, Jugendkriminalität in Nordrhein-Westfalen, Düsseldorf 1997, S.9f.)

1. Warum ist es nicht richtig, von Kinderkriminalität zu sprechen?

2. Warum wird vor allem in den Medien der Begriff Kinderkriminalität trotzdem immer wieder benutzt?

3. Erkundigt euch beim Jugendamt nach der unterschiedlichen rechtlichen Stellung von Jugendlichen, Heranwachsenden und Erwachsenen.

Alters- und Geschlechtsstruktur der Tatverdächtigen insgesamt 1997
Bereich: Bundesgebiet insgesamt

	Tatverdächtige						
Altersgruppe	insgesamt	Veränderung z. Vorjahr in %	Verteilung in %	männlich Anzahl	männlich in %	weiblich Anzahl	weiblich in%
Kinder	**144260**	**10,1**	**6,3**	**102572**	**71,1**	**41688**	**28,9**
bis unter 6	1599	4,3	0,1	1208	75,5	391	24,5
6 bis unter 8	5498	7,3	0,2	4373	79,5	1 125	20,5
8 bis unter 10	16661	14,6	0,7	13114	78,7	3547	21,3
10 bis unter 12	36397	13,5	1,6	27149	74,6	9248	25,4
12 bis unter 14	84105	8,2	3,7	56728	67,4	27377	32,6
Jugendliche	**292518**	**5,4**	**12,9**	**218600**	**74,7**	**73918**	**25,3**
14 bis unter 16	140870	4,9	6,2	99610	70,7	41260	29,3
16 bis unter 18	151648	5,9	6,7	118990	78,5	32658	21,5
Heranwachsende (18 bis unter 21) **[...]**	**226279**	**2,9**	**10,0**	**185639**	**82,0**	**40640**	**18,0**
Tatverdächtige insgesamt	**2273560**	**2,7**	**100,0**	**1754939**	**77,2**	**518621**	**22,8**

(Polizeiliche Kriminalstatistik 1997)

Entwicklung tatverdächtiger Kinder in einzelnen Deliktsbereichen
Bereich: Bundesgebiet insgesamt

Straftaten(gruppe)	deutsche Kinder 1997	1996	Veränderung absolut	in%
Straftaten insgesamt	117243	107085	10158	9,5
Ladendiebstahl insges.	65608	60213	5395	9,0
Sachbeschädigung	19699	17416	2283	13,1
Körperverletzung	9621	8310	1311	15,8
„schwerer" Diebstahl	10645	10240	405	4,0
Raubdelikte	2330	1943	387	19,9
Brandstiftung	2717	2936	–219	–7,5

Entwicklung tatverdächtiger Jugendlicher in einzelnen Deliktsbereichen
Bereich: Bundesgebiet insgesamt

Straftaten(gruppe)	deutsche Jugendliche 1997	1996	Veränderung absolut	in %
Straftaten insgesamt	230469	218350	12119	5,6
Körperverletzung	34836	30931	3905	12,6
Rauschgiftdelikte	18488	15042	3446	22,9
– Cannabis und Zubereitungen	14634	11695	2939	25,1
Ladendiebstahl insges.	85204	82553	2651	3,2
Sachbeschädigung	36961	34595	2366	6,8
Betrug	13846	12326	1520	12,3
– Leistungserschleichung	8464	7482	982	13,1
Raubdelikte	9434	8731	703	8,1
– auf Straßen, Wegen oder Plätzen	5684	5252	432	8,2
„schwerer" Diebstahl	36395	37736	–1341	–3,6

Entwicklung tatverdächtiger Kinder (bis unter 14 Jahre) **und Jugendlicher** (14 bis unter 18 Jahre)
Bereich: 84–90 alte Länder; ab 93 Bundesgebiet insgesamt

	Kinder			Jugendliche		
Jahr	insgesamt	Veränderung in %*	Anteil an allen TV in %	insgesamt	Veränderung in %*	Anteil an allen TV in %
1	2	3	4	2	3	4
1985	58811	–11,3	4,6	147173	–6,5	11,4
1990	62500	11,4	4,3	141244	13,3	9,8
1995	116619	16,5	5,5	254329	13,8	12,0
1996	131010	12,3	5,9	277479	9,1	12,5
1997	144260	10,1	6,3	292518	5,4	12,9

(Polizeiliche Kriminalstatistik 1997; *bezogen auf das Vorjahr)

Weitere Informationen im Internet unter: http://www.bka.de

1. Informiert euch über die Problematik der Gewinnung und Interpretation von Daten im Bereich der Kriminalität auf den Seiten 98–100 und überlegt dann, welche Informationen man den Statistiken entnehmen kann und welche nicht.

2. Formuliert die wichtigsten Ergebnisse in knappen Sätzen.

3. Setzt die tabellarisch dargestellten Ergebnisse in Grafiken um.

4. Wie interpretiert und bewertet ihr die Ergebnisse für den Bereich „Gesetzesverstöße strafunmündiger Kinder"?

Mögliche Maßnahmen bei einem Straftäter unter 14 Jahren:

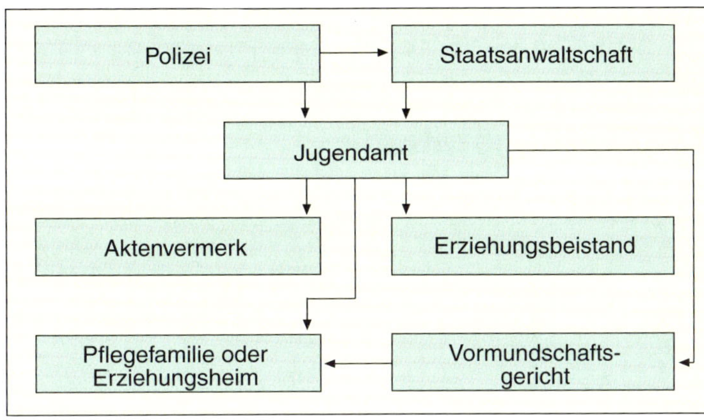

(Ministerium für Arbeit, Gesundheit und Soziales des Landes NRW [Hrsg.], Jugendkriminalität. Wir diskutieren, 7. aktualisierte Auflage, Köln 1997, S. 180; © AJS – Arbeitsgemeinschaft Kinder- und Jugendschutz, Landesstelle NRW e. V.)

Informiert euch beim örtlichen Jugendamt über die Vorgehensweise und die Erfahrungen mit den Maßnahmen bei Straftätern unter 14 Jahren. Ermittelt bei dieser Gelegenheit auch Vergleichszahlen für eure Region.

Mögliche Maßnahmen bei einem jugendlichen Straftäter:

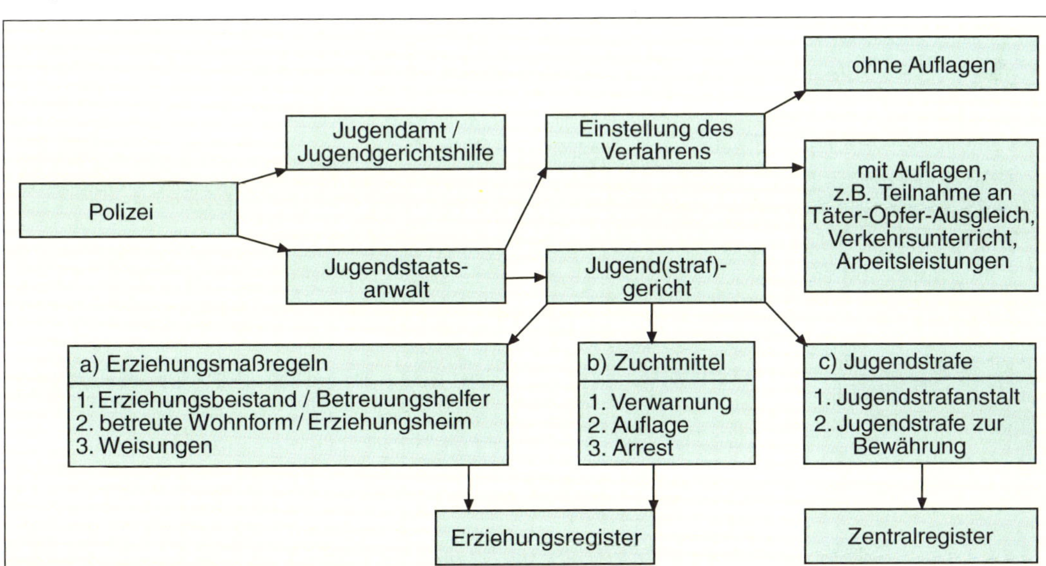

(Ministerium für Arbeit, Gesundheit und Soziales des Landes NRW [Hrsg.], Jugendkriminalität. Wir diskutieren, 7. aktualisierte Auflage, Köln 1997, S. 180; © AJS – Arbeitsgemeinschaft Kinder- und Jugendschutz, Landesstelle NRW e.V.)

1. Informiert euch beim örtlichen Jugendamt über die unterschiedliche Verfahrensweise bei strafmündigen Jugendlichen und Heranwachsenden und beschafft euch auch hier Vergleichszahlen für eure Region.
2. Die Präventionsdezernate der Kriminalpolizei verfügen über speziell ausgebildete Beamte, die für die vorbeugende Arbeit u.a. mit Schulen zuständig sind. Diese sind sicher gerne bereit, euch bei den Recherchen zu helfen.
3. Jugendrichter, Jugendgerichtshilfe und Bewährungshelfer wären weitere Ansprechpartner. Vielleicht ist es auch möglich, eine Jugendgerichtsverhandlung zu besuchen.
4. Ist es sinnvoll, Kinder und Jugendliche bei Straftaten anders zu behandeln als Erwachsene? Was meint ihr? Vergleicht eure Einschätzungen mit den offiziellen Begründungen für die unterschiedliche Behandlung, diese könnt ihr bei den o.g. Ansprechpartnern einholen.

Verurteiltenstatistik

Nach Jugendstrafrecht Verurteilte in NRW (J: Jugendliche, H: Heranwachsende)

Jahr		insgesamt	Jugendstrafe		Zuchtmittel		Erziehungsmaßregeln	
			Anzahl	%	Anzahl	%	Anzahl	%
1980	J	26154	1558	6,0	20428	78,1	4168	17,8
	H	14524	2736	18,8	11107	76,5	681	4,7
1985	J	17064	1458	8,5	12048	70,6	3556	20,9
	H	14251	2828	19,8	9907	69,5	1516	10,7
1990	J	9925	873	8,8	6616	66,7	2436	24,5
	H	10750	2026	18,8	7496	69,7	1228	11,4
1993	J	9946	1247	12,5	8038	80,8	661	4,2
	H	10762	3011	28,0	7299	67,8	452	4,2
1996	J	11755	1382	11,8	9597	81,6	776	6,6
	H	10783	2802	26,0	7507	69,6	474	4,4

(Zusammengestellt nach: Justiz in Zahlen NRW 1997, Tabelle 2.2.4.11)
Anm.: Bundestrend: Tatverdächtige: 1984 – 1996 plus 70,5% / Verurteilte: 1984 – 1996 minus 19,1%

1. Stellt die wichtigsten Ergebnisse mit eigenen Worten dar.
2. Vergleicht diese Daten mit den Daten der Tatverdächtigenstatistik. Beschreibt die Unterschiede und versucht sie zu erklären.
3. Diskutiert im Kurs, warum in der Öffentlichkeit die Tatverdächtigenzahlen im Mittelpunkt des Interesses stehen.

Interview mit Prof. Dr. Franz Josef Krafeld

Prof. Dr. Franz Josef Krafeld ist als Hochschullehrer an der Hochschule Bremen in der Ausbildung von Sozialarbeitern und Sozialarbeiterinnen tätig, mit dem Schwerpunkt Jugendarbeit.

Der kleine Phoenix: Herr Professor Krafeld, in den letzten Wochen kann man in den Zeitungen immer wieder Überschriften lesen, die in die Richtung gehen, dass einerseits eine wachsende Armut im Bereich

von Kindern und Jugendlichen zu verzeichnen ist und dass andererseits der Höhepunkt der so genannten Kinderkriminalität erreicht ist. Wie sehen Sie solche Schlagzeilen?

Erstmal sind das Schlagzeilen, die Probleme in der Gesellschaft beleuchten. Ich finde, es ist problematisch, diese beiden Themen immer wieder zusammen zu diskutieren. Aber es zeigt gleichzeitig Wichtiges auf in einer Zeit, in der es die Gesellschaft immer weniger schafft, für Kinder ausreichende Lebensbedingungen zur Verfügung zu stellen. [...] Die Ohnmacht der Erwachsenen, geeignete Lebensbedingungen für Kinder und Jugendliche zu schaffen, findet hier eine Kehrseite, indem plötzlich das Übel den Kindern und Jugendlichen zugeschoben wird.

Der kleine Phoenix: Aber man könnte doch sagen, dass Kinder, die stehlen, oder Kinder, die morden, durchaus ein Übel darstellen?

Pauschal vielleicht, obwohl ich große Schwierigkeiten habe, beides nebeneinander zu nennen, denn es liegen Welten zwischen stehlen und morden. Auch bei dem Begriff Mord im Zusammenhang mit Kindern wäre ich äußerst skeptisch. Mord unterstellt nach dem Strafrecht niedere Motive und besondere Grausamkeit. Kindern diese besonders erschwerenden Faktoren zuzuschreiben, finde ich sehr problematisch. Aber es gibt sicher Fälle, die uns ganz massiv erschrecken und die ganz schlimm sind. Aber wir laufen Gefahr, dabei immer wieder die Zusammenhänge und die Verhältnisse aus den Augen zu verlieren. [...] Dadurch, dass die Medien häufiger von Taten, die Kinder begehen, berichten, wird scheinbar im Moment erst einmal von Fragestellungen abgelenkt wie: Was haben die Erwachsenen, was haben die gesellschaftlichen Lebenszusammenhänge damit zu tun, dass das passiert? Viel wichtiger finde ich aber letztlich noch, dass in der Gesellschaft und unter Erwachsenen immer wieder Traumbilder von Kindern gepflegt werden. Es besteht die Vision, Kinder würden in einer heilen Welt leben, Kinder würden das Gute in einer schlechten Welt repräsentieren. Und wenn da ein Kind ist, das mal nicht dieses Gute in der schlechten Welt repräsentiert, dann ist das Erschrecken groß, dann ist die Vision von der heilen Welt der Kinder ein Stück zerstört. [...] Deswegen ist das Thema die Lebenswelt der Kinder, in der Einzelne in schlimmer Weise auffallen. Denn es sind ja einzelne, wenige Kinder, die fataler- und erschreckenderweise über solche Wege versuchen, aus ihrem Leben etwas zu machen.

Der kleine Phoenix: Das macht ja auch deutlich, dass die Kinder, die dann als Täter auffallen, möglicherweise oder sehr oft früher Opfer waren. Sehen Sie das genauso?

Alle Untersuchungen, die es bisher gibt, sprechen dafür, dass diejenigen, die mit extremen Taten auffallen, fast alle massive Erfahrungen als Opfer in ihrem Leben gemacht haben und unter vielem ganz besonders leiden mussten. Das heißt keinesfalls, dass jedes Opfer, jeder Mensch, der unter vielem leiden musste, zwangsläufig zu einem (kriminellen) Täter wird. Aber umgekehrt kann man sicher sagen, dass die, die durch beängstigende Taten auffallen, häufig selbst sehr Schlimmes erlitten haben und durch diese Erfahrungen dazu gekommen sind, nach Wegen und Möglichkeiten zu suchen, mit ihrem Leben zurechtzukommen, die uns wiederum erschrecken. Die Konsequenz daraus ist: Wenn wir bestimmte Taten nicht wollen, dann müssen wir uns stärker darum kümmern, wie gerade junge Menschen, gerade Kinder und Jugendliche in ihrer Umwelt immer wieder Leiden erfahren. Wir müssen dazu beitragen, dass diese Situationen seltener werden und dass Kinder, wenn sie Leid erfahren, besser damit klar kommen, damit sie weniger abweichende Wege suchen. [...]

Der kleine Phoenix: Welche Rolle spielen in dem Zusammenhang die materiellen Lebensbedingungen? Im Moment wird ja immer wieder gesagt, dass starke Verarmungsprozesse auch Kinder und Jugendliche betreffen. Spielt das eine große Rolle?

Ich sehe darin eine ganz zentrale Rolle – aus zweierlei Gründen. Der eine: Wir haben heute in der Bundesrepublik ungefähr zwanzig Mal so viele Kinder und Jugendliche, die arm sind, arm aufwachsen müssen, wie noch in den Sechzigerjahren. Der zweite Grund ist mindestens so wichtig: Wir haben heute Lebensverhältnisse, in denen die Teilhabe an sozialem Leben, an sozialen Kontakten und am Vergnügen immer mehr davon abhängig ist, ob man Geld hat. Wenn man sich etwas nicht kaufen kann, steht man außen vor. Das gilt heute in viel stärkerem Maße als noch vor zwanzig, dreißig, fünfzig oder vor hundert Jahren, wo vieles noch in der Familie, in der Nachbarschaft, in der Verwandtschaft im sozialen Umfeld möglich war, wenn man arm war. Vieles, was da Leben ausmachte, ist heute vor allem oder nur durch Geld zu erreichen. Insofern wird also der Besitz von Geld immer wichtiger, bedeutet Armut in immer stärkerem Maße auch Ausgegrenztsein von gesellschaftlicher Teilhabe. Demzufolge ist auch die Frage, was Armut ausmacht, immer stärker daran gebunden, ob gesellschaftliche Teilhabe möglich ist, und nicht nur daran, ob genug Geld zur Verfügung steht, damit man genug zu essen hat und nicht stirbt. […]

Der kleine Phoenix: In der Jugendarbeit gibt es das Motto, man solle sich nicht in erster Linie um Probleme kümmern, die Jugendliche machen, sondern um die Probleme, die Jugendliche haben. Gilt das auch für Kinder?

Für Kinder gilt das auf alle Fälle genauso, ohne jede Einschränkung. Probleme, die Menschen anderen Menschen machen, haben durchweg entscheidend damit zu tun, welche Erfahrungen sie haben, wie sie diese Erfahrungen verarbeitet haben und dass sie aufgrund dieser meinen, dann am besten klar zu kommen, wenn sie einen bestimmten Weg beschreiten.

Wenn wir wollen, dass Kinder und Jugendliche weniger Probleme machen, dann nutzt es nichts, das zum Hauptthema zu machen. Stattdessen müssen wir uns darin einmischen, wie diese Kinder und Jugendlichen versuchen, mit den Problemen, die sie haben, zurechtzukommen. Das bedeutet nicht, nur über Probleme zu reden. Sondern das heißt, ernst zu nehmen, dass jedes Kind will, dass es möglichst zufrieden ist, möglichst glücklich ist, sich möglichst häufig wohl fühlt. Erwachsene müssen nach Wegen und Möglichkeiten suchen, wie jedes Kind diese Zielsetzungen erreichen kann. Zudem müssen Erwachsene nach Wegen suchen, um Situationen, in denen Kinder leiden, abzubauen. Das ist das Zentrale, um dazu zu kommen, auch andersartige Wege des Umgangs mit anderen Menschen zu finden. […]

Der kleine Phoenix: Es ergibt sich daraus logischerweise die Frage, was man tun kann, um hier vorbeugende Arbeit zu leisten?

Es mag sich banal anhören, aber in der heutigen Zeit, finde ich, ist das Wichtigste, sich dafür einzusetzen, dass Kinder und Jugendliche in ihrer Umwelt – nicht nur zu Hause – sondern in ihrer Lebensumwelt verschiedene Möglichkeiten haben, sich mit anderen Gleichaltrigen zu treffen und etwas zu unternehmen, ohne dass sich Erwachsene immer gleich einschalten und sagen: Hier geht das aber nicht. Wir leben heute in einer Welt, in der praktisch die ganze Umwelt bestimmten Aufgaben verpflichtet ist: Es gibt Verkehrsräume, die sind für den Verkehr da, es gibt Betriebsgrundstücke, die sind für den Wirtschaftsbetrieb da, es gibt das Abstandsgrün zwischen Wohnblöcken, das ist für das Abstandhalten da. Es gibt Parks, die schön

gehalten werden sollen, aber wo Kinder, die sich nicht den Eintritt zu irgendwelchen Freizeitstädten kaufen können oder nur ganz gelegentlich, sich nicht einfach am Nachmittag aufhalten können. Es fehlen aber Orte, an denen Kinder sich mit anderen treffen, wo sie lernen können, miteinander Spaß zu haben, Streit auszutragen, wo sie dafür Ruhe finden können, solche Räume gibt es für Kinder und Jugendliche immer weniger. Das heißt, es fehlen Erwachsene, die sich in ihrer Nachbarschaft, in ihrem Umfeld dafür einsetzen, dass Kinder Räume haben ohne Lernzwang, ohne Kontrollzwang, ohne Konsumzwang, ohne Mitmachzwang. Die Erfüllung dieser Zielsetzungen ist heute zu einer der zentralen Aufgaben im Umgang mit Kindern und Jugendlichen – nicht nur der Pädagogik – geworden. […]

(Interview durchgeführt vom „Kleinen Phoenix“ am 26. 3. 1998)

1. Erarbeitet, welche Ursachen Prof. Dr. Krafeld nennt, die (mit-)verantwortlich dafür sind, dass Kinder und Jugendliche zu „Tätern“ werden.

2. Fasst stichpunktartig die im Interview angesprochenen Veränderungen zusammen, die notwendig wären, um die Situation von Kindern und Jugendlichen in unserer Gesellschaft zu verbessern.

3. Stellt euch vor, ihr wäret Journalisten bei einer bekannten Tageszeitung. Eure Aufgabe ist es, die Inhalte des Interviews in einem kurzen Zeitungsartikel (mit einer prägnanten Schlagzeile) zu veröffentlichen.

Anwendung

Was können wir tun ?

Die soziale Wirklichkeit mit dem Medium Fotografie dokumentieren

Seit der Erfindung der Fotografie nutzt man dieses Medium zur sozialen Dokumentation und damit auch zur Aufdeckung von sozialen Missständen und deren Bekämpfung.

Ihr könnt versuchen die sozialen Lebensbedingungen von Kindern und Jugendlichen in eurer Region mit dem Medium Fotografie zu dokumentieren und mit den Ergebnissen eine Ausstellung in eurer Schule zu gestalten. Dafür wollen wir hier noch einige wichtige Hinweise geben:

1. Die Fotografie ist immer ein technisch hergestellter, räumlich-zeitlicher Ausschnitt aus der Wirklichkeit. Daher kann sie nie ein völlig objektives Bild der Wirklichkeit herstellen, sondern immer „nur“ den Blickwinkel des Fotografen vermitteln.

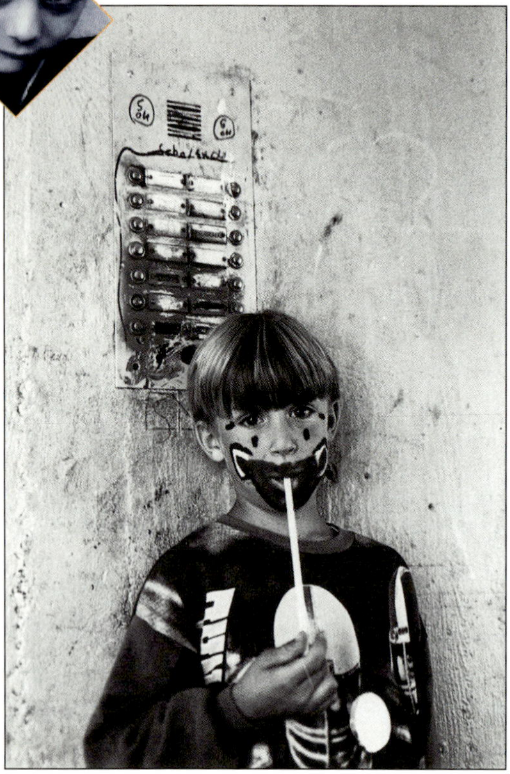

2. Die technischen Möglichkeiten der Fotografie (z. B. Farbe/Schwarz-Weiß, Ausschnitt, Brennweite, Perspektive usw.) können gezielt zur Gestaltung von Bildaussagen benutzt werden.

3. Für unser Thema bietet sich an, Fotos kontrastiv gegenüberzustellen. So kann z.B. das Bildpaar: „Klingelanlage eines Hochhauses" (s. Abb. S. 115) und „elegante Einzelklingel eines Bungalows" zum Nachdenken über ungleiche soziale Lebensbedingungen anregen.

4. Menschen zu fotografieren setzt Einverständnis und Vertrauen voraus. So berichten die Fotografinnen Rühmkorf und Zillmer, dass es ihnen erst nach langen Gesprächen gelungen ist, dieses Einverständnis zu erhalten. Hier solltet ihr sehr zurückhaltend und diskret sein.

Projektideen des Projektbüros Nürnberg

A Praktikum in der Bahnhofsmission

Für eine Woche tauschen die Schülerinnen ihr Klassenzimmer gegen einen Praktikumsplatz: Sie helfen in der Küche der Heilsarmee aus, unterhalten sich mit den Gästen der Bahnhofsmission oder betätigen sich im Kleiderladen des Kinderschutzbundes. Ziel dieses Projektes ist es nicht, aus Schülern und Schülerinnen Voyeure zu machen, sondern sie für ein Engagement zu sensibilisieren, das weitgehend im Verborgenen geschieht.

B Der etwas andere Stadtplan

Die Schülerinnen und Schüler erstellen einen Stadtplan, der zeigt, wie sich die Lebensqualität im Stadtgebiet verteilt. Wo gibt es die wenigsten Grünflächen, wo ist die Luft am schlechtesten, wo sind die Bewegungsmöglichkeiten am meisten eingeschränkt?

C Filmprojekt „Das Erbe der Schuldenburgs"

Die Welt der Fernsehserien ist die Welt der Reichen. Sie können sich Eifersuchtsdramen und Erbschleichereien leisten, weil ihnen die Sorge ums Überleben erspart bleibt. Wie wäre es aber, wenn Menschen aus den unteren Lohngruppen zu den Hauptpersonen einer solchen Serie würden? – Die Schülerinnen und Schüler drehen dazu eine fiktive Folge einer solchen Serie. Und sie lernen dabei, die Schicksale ihrer Protagonisten ernst zu nehmen.

(Deutscher Kinderschutzbund – Bundesarbeitsgemeinschaft Kinder- und Jugendtelefon [Hg.], Armut von Kindern und Jugendlichen. Informationen und Tipps für Lehrerinnen und Lehrer, Hannover 1997, S. 14f.)

Kriminelle Kinder ohne Zustimmung der Eltern ins Heim?

Edzard Schmidt-Jortzig: Ja

Der 56-jährige ehemalige Bundesjustizminister gehört seit 1994 der FDP-Fraktion des Bundestags an. Der Juraprofessor, der an der Universität Kiel lehrte, ist auch Mitglied der Synode der Evangelischen Kirche.

Wenn Kinder ernsthaft in Kriminalität verstrickt sind – damit meine ich nicht einzelne Ladendiebstähle, sondern intensive Gewaltkriminalität oder Einbruchserien –, dann ist das ein Alarmsignal für uns alle. Es zeigt, dass die traditionellen Erziehungsinstanzen wie Familie, aber auch Schule und Verein, in diesen Fällen versagt haben. Es zeigt außerdem, dass die unterstützenden Erziehungshilfen der Gesellschaft nicht immer ausreichen. Wir müssen diesen Kindern eine bessere, ihnen gerechter werdende Umgebung bieten und ihnen Zukunftsperspektiven eröffnen, gerade wenn überforderte Eltem ihrer Aufgabe nicht mehr gerecht werden können. Das ist die beste Kriminalprävention, die nicht nur den Kindern selbst, sondern letztlich uns allen zugute kommt. Erstaunlicherweise machen jedoch diejenigen, die sich ganz besonders auf das Wohl der Kinder berufen, an dieser Stelle Halt. Sie ignorieren die besonderen Probleme gerade der Kinder, um die es hier geht, die unser bestehendes Instrumentarium an Erziehungshilfen eben nicht mehr erreicht. Wenn nichts anderes mehr ausreicht, möchte ich für diese Kinder auch die zwangsweise Einweisung in eine Heimerziehung vorsehen, die unser Recht bislang nur bei komplettem Entzug der elterlichen Sorge erlaubt. So könnte möglichst früh auf schwerste Erziehungsdefizite reagiert werden. Gerade bei Kindern kommt es ja auf eine rechtzeitige Reaktion an. Tatsächlich gilt aber: Bis zur Strafmündigkeitsgrenze von 14 Jahren passiert staatlicherseits ohne Zustimmung der Eltern praktisch nichts, und danach droht sofort das Jugendgefängnis. Mir sind auch diese Kinder so wichtig, dass ich jenen letzten Erziehungsversuch noch wagen möchte.

Volker Beck: Nein

Der 37-jährige Politiker von Bündnis 90/Die Grünen ist rechtspolitischer Sprecher seiner Fraktion. Beck gehört seit 1994 dem Deutschen Bundestag an und ist Mitglied im Rechtsausschuss des Bundestages.

Kinder- und Jugendkriminalität ist auch eine Folge sozialpolitischen Nichthandelns. Wer frühzeitig erzieherisch auf Kinder einwirken will, muss sie von der Straße holen und für sie sinnvolle Angebote organisieren. Gerade in der heutigen Zeit müsste die Jugendhilfe ausgebaut werden. Statt dessen wurden ausgerechnet dort in den vergangenen Jahren drastische Einsparungen vorgenommen. Hier muss umgesteuert werden. Die Forderung nach geschlossener Heimunterbringung für straffällig gewordene Kinder setzt dagegen viele Schritte zu spät an. Bereits durch eine funktionierende Kooperation zwischen

Jugendhilfe, Schule, Polizei und freien Trägern ließe sich eine Menge erreichen. Darüber hinaus müssen die bestehenden Einwirkungsmöglichkeiten des Kinder- und Jugendhilferechts auch tatsächlich zur Anwendung gebracht werden. Die Reaktionsmöglichkeiten auf auffällige Kinder sowie auf die Erwachsenen, die sie unter Missbrauch ihres Erziehungsauftrags negativ beeinflussen, sind schon vielfältig. Die Heimeinweisung kann, falls notwendig, auch heute schon im Einzelfall von Vormundschaftsgerichten gegen den Willen der Eltern angeordnet werden. Aus guten Gründen fristet die geschlossene Heimunterbringung allerdings seit den 70er-Jahren ein Schattendasein: Die Entweichungsquote ist in geschlossenen Heimen nicht geringer als in offenen. Die Rückfallgefährdung hat sich hier als außerordentlich hoch erwiesen. Nicht zuletzt hat sich aber auch die Einsicht durchgesetzt, dass sich Werte und Normen mit Zwangsmaßnahmen nur schwer durchsetzen lassen. Hinter diese Erkenntnisse sollten wir nicht zurückfallen.

(FOCUS Nr. 19/1998, S. 58)

1. Stelle die Argumente stichpunktartig in einer Ja-Nein-Tabelle gegenüber.
2. Kreuze die Argumente an, die dich überzeugen.
3. Fasse deine eigene Position in einer Stellungnahme zusammen.

Weitere Anregungen

1. Marion Gräfin Dönhoff gab ihrem Leitartikel zum Thema Gewalt in der Wochenzeitung DIE ZEIT (8. 4. 1998, S. 1) den Titel:

„Es sind unsere Kinder“

Schreibt einen Artikel zu dieser Überschrift.

2. In derselben Ausgabe der ZEIT berichtet der Journalist Martin Klingst über Erfahrungen im Ausland mit Strategien gegen wachsende Jugendkriminalität. In England, Frankreich, Dänemark, Schweden und Holland stieß er auf eine gemeinsame Leitlinie: „Redefining Responsibility!“ = Neudefinierung von Verantwortung.

Überlegt: **Wer trägt für was Verantwortung?**

- Kinder und Jugendliche: Auch Opfer-Sein befreit nicht von Verantwortung.
- Eltern: Welchen Anteil haben sie? Wie können auch sie mehr Verantwortung übernehmen?
- Die Gesellschaft, also: das Umfeld, die Nachbarschaft, die Medien usw.
- Der Staat und seine Einrichtungen (Kindergarten, Schule, Ämter, Parlamente…):

Welche Konsequenzen sollte die Neudefinition von Verantwortung haben?

Welche Hilfen zum Tragen der Verantwortung können gegeben werden?

Im Kapitel „Erziehung zur Verantwortung“ findet ihr weitere Informationen.

3. „Jedes Kind, das Gewalt ausübt, hat zuvor unglaubliche Gewaltmengen wahr- und aufgenommen. Nicht nur jene strukturelle Gewalt, die bei der Organisation von Gesellschaften unvermeidbar ist, nicht nur pädagogisch begründbare Züchtigung oder Erniedrigung durch hilflos schlagende Eltern, nicht nur Prügel in der

Clique und auf dem Schulhof, sondern die Gewalt des gesamten Planeten..."

(DER SPIEGEL, Kinder, die töten – Titelgeschichte Nr. 9/1993, S. 234)

Setzt euch mit den Einzelaussagen dieses Zitates kritisch auseinander und setzt es in Beziehung zu der Diskussion um die Neudefinition von Verantwortung.

4. Welches Symbol würdet ihr zwischen die Begriffe **Opfer** und **Täter** setzen?

– = ≠ → ← ↔ ...

Schreibt eine Begründung für die Wahl des Symbols.

Straßenkinder – Kinder der Ausweglosigkeit in Deutschland

„Meine Aufgabe als Bildermacherin ist es, Realitäten in Bilder zu fassen. Ich sage bewusst Realitäten, weil ich die Menschen und ihre Lebensumstände als äußerst vielfältig und höchst unterschiedlich erfahre: eine Unzahl verschiedenster Lebenswelten, Mikrokosmen. Ich erhalte – als Fotografin – Zugang und Einblick in Lebenswelten, die Außenstehenden weithin oder gänzlich verschlossen bleiben. Ich wechsle von einer Realität in die nächste. Da öffnen sich mir Türen und damit neue Aspekte des Lebens, die bislang unbedacht geblieben waren. Ich staune über die Vielfalt von Lebensweisen. Vermitteln lässt sich davon aber immer nur ein kleiner, bruchstückhafter Teil.
Mein Interesse gilt zuallererst den Menschen – jedweden, weil sie mich faszinieren: ihre ganz individuelle Art, das Leben zu meistern, ihre Eigenarten, ihre Schicksale. Dahinter liegt der Wunsch, die Welt zu verstehen. Erst dann kommen die Bilder."

(Kerstin Zillmer, Kinder der Ausweglosigkeit, Votum, Münster 1997, S. 7)

Andreas Wagner schreibt über die Fotografien von Kerstin Zillmer: „Wir werden von Kerstin Zillmer zur Wahrnehmung der Straßenkinder als einzelne Personen, als junge Persönlichkeiten geführt. In den fotografischen Portraits wird der Dialog des Betrachters erstrebt, eine letztlich reflexive Sehbegegnung, die ihren Mittelpunkt in der *„existenzialen Gleichheit"* des Du zu Du hat. Die Individualisierung in den Portraits zielt auf das Verstehen der Straßenkinder, ihrer Gründe der Flucht aus dem

Elternhaus und der Gründe ihrer Rebellion gegen die „Kultur der Armut". [...] Die Erfahrungen der Straßenkinder müssen mitgeteilt werden und zu solidarischen Veränderungen in unserer Gesellschaft führen. Das ist die Absicht dieses Buchs."

(Kerstin Zillmer, a. a. O., S. 18)

1. Wie begegnen euch Straßenkinder in eurem Alltag? Wie nehmt ihr sie und ihre Lebenswelten wahr? Was geht in euch vor, wenn ihr ihnen begegnet?
2. Was meint Andreas Wagner mit der Formulierung „existenziale Gleichheit"?
3. Welche „solidarischen Veränderungen" haltet ihr für notwendig ?

„Müssen Minderbemittelte mehr morden?"

[...] Ob es einen direkten Zusammenhang von Armut und Gewalt gibt, ist eine schwierige Frage. Rein statistisch lässt sich sagen: Die Menschen in Deutschland werden immer ärmer und zugleich immer gewalttätiger. Ob aber das eine aus dem anderen zwingend logisch hervorgeht, wissen wir nicht so genau. Vermutlich sind sowohl Armut wie Gewalt Symptome für das Verschwinden einer relativ stabilen Ordnung, die wenigstens äußerlich eine Zeit lang gehalten hatte.
Folgt also Gewalt unmittelbar aus Armut? Dagegen spricht, dass es auch andere Möglichkeiten gibt: Gewalt kann durch besondere Bedingungen gefördert werden, die mit Armut nur indirekt zu tun haben: Gewalt wird nicht nur aus eigenem Entschluss angewendet, sondern durch die Medien ‚empfohlen'; nicht nur Arme gebrauchen Gewalt, sondern auch Reiche; Gewalt ist nicht nur Zeichen von materiellem Mangel, sondern auch von gesellschaftlichem Frust schlechthin. [...] Natürlich wollen wir Gewalt von Kindern fern halten. Wir erfahren, dass die Gesellschaft immer ärmer wird, und befürchten neue Gewalt aus neuer Armut. Die nahe liegende Forderung scheint dann zu lauten: Gebt sozial schwachen Familien mit Kindern mehr Geld, damit sie nicht gewalttätig werden. Doch das ist zu wenig. Sicherlich brauchen die Betroffenen jede nur mögliche Unterstützung. Aber die Gewaltbereitschaft wird nicht automatisch durch einschlägige Maßnahmen gebannt, denn sie kommt aus dem Kopf – oder, genauer gesagt – aus der schwindenden Bereitschaft, seinen Kopf zu gebrauchen. Dass Gewalt nicht sein soll, ist eine Errungenschaft unserer Zivilisation. Wir haben uns in der gesellschaftlichen Entwicklung schließlich zur Gewaltfreiheit durchgerungen. Dass Gewaltlosigkeit besser ist als Gewalt, kann man jemandem, der das nicht glauben will, nicht schlüssig beweisen.
Man kann nur sagen: Wir wollen das so, denn darin zeigt sich unser Begriff von Menschenwürde und Freiheit. Hilfe ist daher nicht allein auf finanzieller, sondern ebenso auf mentaler Ebene wichtig. Wir dürfen Kinder weder materiell noch geistig verarmen lassen.

(Heinrich Kupffer, Müssen Minderbemittelte mehr morden?, in: Kinderschutz aktuell 2/1993, S. 15ff. [Auszüge])

1. Tragt aus dem Datenmaterial dieses Kapitels sowie aus selbst erhobenen Daten Belege zusammen, die einerseits für einen engen Zusammenhang von Armut und Gewalt und andererseits gegen einen solchen Zusammenhang sprechen.
2. Zu welcher Einschätzung kommt ihr nach der Interpretation der Daten?
3. Zu welchen Schlussfolgerungen kommt Heinrich Kupffer?
4. Welche konkreten Maßnahmen zur Vorbeugung sind vorstellbar?

Kinder schreiben an die Kinderkommission

Kinder schreiben an die Kinderkommission

An die
Kinderkommission
des Deutschen Bundestages
z.H. Frau Dorle Marx
53113 Bonn

Betr.: Verbot der Ohrfeige

Sehr geehrte Frau Marx,

in unserer Zeitung vom 17. 9. 1996 stand, daß die Kinderkommission die Ohrfeige verbieten lassen will. Daraufhin haben wir in unserer Schule eine Umfrage zu diesem Thema gestartet. 100% der Schülerinnen und Schüler und auch ein paar Lehrer waren für das Verbot der Ohrfeige.
Wir finden nämlich auch, daß Ohrfeigen für uns Kinder nicht gerade gut sind, weil man davon seelischen und körperlichen Schaden (Gehör!) davontragen kann.

Könnten Sie auch den Erwachsen sagen lassen, daß sie nicht immer schimpfen sollen, wenn wir laut spielen. Auch mehr Bolz- oder Spielplätze könnten gebaut werden. Natürlich wissen wir auch etwas über Kinderarbeit, vielleicht könnten Sie auch hier etwas tun.

Wir, die 6. Realschulklasse der Sehbehindertenschule, freuen uns darüber, daß Sie sich für uns Kinder einsetzen und wünschen Ihnen ganz viel Erfolg bei Ihrer Arbeit.

Schön wäre es, wenn Sie uns über ihre Arbeit informieren könnten. Vielleicht haben Sie ja ein Heft, in dem wir das nachlesen können.

Wir grüßen Sie recht herzlich

Ihre Klasse 6R

8

Wir bitten die Kinderkommission des Deutschen Bundestages die Bedürfnisse der Kinder und Jugendlichen bei der Entscheidung der Sommer- und Winterzeitregelung zu berücksichtigen. Die folgenden Möglichkeiten scheinen uns durchführbar zu sein
a) Umfrage unter Kindern (z.B. in Kindergärten, Grundschulen, weiterführende Schulen)
b) Briefaktion
c) öffentl. Diskussion
d) Kinderbeiträge im Parlament

An die Kinderkommission des deutschen Bundestages!
Wir sind zwei Schulerinnen von der Realschule Kempen und heißen Nicole und Maike.
Wir wohnen in einem kleinen Ort, der heißt Wankum. Mitten durch den Ort fürt die B 60 sie sollte vor zwei Jahren schon Verkehrsberuhigend gemacht werden. Viele Kinder müssen Morgens die B 60 überqueren, um zur Busshaltestelle zu gelangen. Aber nicht nur die Autofahrer stören uns, sondern auch die Motoradfahrer. Wenn sie mit ihrer großen Geschwindigkeit die Kurven nehmen dann kriegen wir immer einen großen Schock. Darum bitten wir sie etwas gegen die Schnelligkeit der Autos und Motorräder zu tun.

9

Der Deutsche Bundestag beschloss 1988, dass jede Fraktion ein Mitglied als Kinderbeauftragte/n benennen sollte. Diese Mitglieder wurden gemeinsam eingesetzt als Kommission zur Wahrnehmung der Belange der Kinder – Kinderkommission. Die Abkürzung KIKO steht für: **K**inderfreundlichkeit
KInderpolitik
Kinderrechte
L**O**bby für Kinder

Die wichtigste Aufgabe der Kommission ist es, in Bereichen der Politik (z. B.: Verkehrspolitik, Gesundheitspolitik, Medienpolitik, Bauwesen…) zu prüfen, welche Auswirkungen politische Entscheidungen für Kinder haben können und sollen. Die Kommission setzt sich insbesondere für die Stärkung der Rechte von Kindern ein, sie will Erwachsenen bewusst machen, dass „Kinder als eigenständige Persönlichkeiten zu respektieren sind".

(In: Kinderkommission im Deutschen Bundestag. Hrsg. vom Deutschen Bundestag, Referat Öffentlichkeitsarbeit, Sankt Augustin 1998)

1. Schreibt in eurem Kurs, auf der Grundlage eurer Erarbeitung zum Thema „Kinder als Opfer – Kinder als Täter", einen Brief an die Kinderkommission.

Anschrift: Kinderkommission im Deutschen Bundestag, Bundeshaus, 53113 Bonn
Tel.: (02 28)16 – 229 48, Fax: (02 28)16 – 260 55

2. Was könnte in einem Brief an die Kinderkommission stehen, den ein Kind schreiben würde, das sich in der gleichen Situation befindet wie eines der Kinder, die in diesem Kapitel angesprochen werden? Formuliere mit deinem Nachbarn einen solchen Brief.

9/2

2. Fremd – beziehungsweise – anders: Erziehung zwischen den Kulturen

United Colors

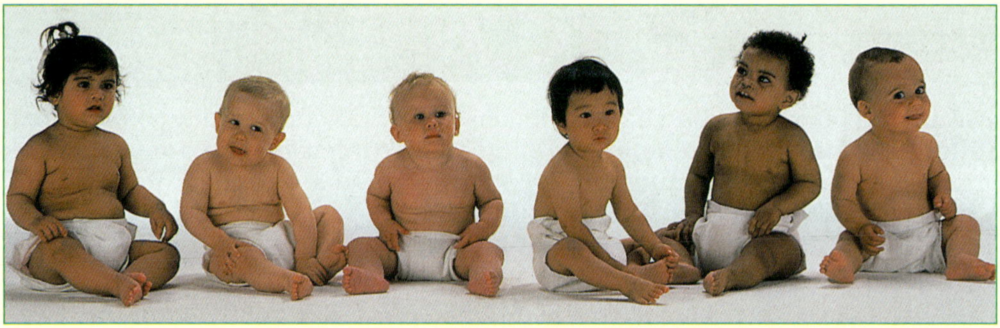

„Alle Menschen sind vor dem Gesetz gleich."

(Grundgesetz der Bundesrepublik Deutschland, Artikel 3, Absatz 1)

„Kinder aus aller Welt. Jungen und Mädchen. Jedes Kind ist anders. Bei allen Unterschieden haben sie etwas gemeinsam: die gleiche Würde und das gleiche Recht auf Leben."

(Bundesministerium des Inneren [Hrsg.], Demokratie live, Bonn 1995, S.14–15)

Wie drücken sich Gleichheit und Verschiedenheit in diesem Alter aus?

Wie in eurem Alter?

Prominente über Deutschland

Was ist Deutschland?

Ich lebe ganz gern hier, Deutschland ist ganz kuschelig.

Guildo Horn, Schlagersänger

Deutschland? In die Karibik fahren!

Till Lindemann, Sänger von Rammstein

Ich habe viel Zeit im Ausland verbracht und festgestellt, dass Deutschland eines der emanzipiertesten Länder ist. Das Leben hier ist fast grenzenlos, was das Thema Gleichberechtigung angeht.

Verona Feldbusch, TV-Moderatorin und Sängerin

Das ist meine Heimat, obwohl ich Halbgriechin bin.

Marusha, Techno-Queen

Meine Heimat

Nana, Musiker

Mein halbes Herz gehört Deutschland, die andere Hälfte Amerika.

Sabrina Setlur, Sängerin

Nichts geht über eine Currywurst in Berlin

Kimsy, MTV-Vj

Ein gigantischer, aus vielen Einzelnen zusammengesetzter Bedenkenträger

Dieter Gorny, Viva-Chef

(Zit. nach: Max Nr. 10/1997, S. 75)

Die Deutschen sind auf jeden Fall nicht so verbohrt wie ihr Ruf. Ich habe von Diskriminierung selbst eigentlich nie was bemerkt. Ich denke, man bekommt einfach nur das zurück, was man ausstrahlt.

Daisy Dee, Sängerin und Serienstar

Bratwurst, Leberwurst, Sülze, Kochwurst, Rotwurst, Brühwurst – ich fühle mich sehr wohl hier und möchte nicht woanders leben.

Stefan Raab, Viva-Vj

Das Paradies aus dem Quelle-Katalog, die Nation des Reihenhauses, das Mekka des Jägerzauns und der Popeligkeit. Das Land, in dem Dosenmilch und Kunsthonig fließen, es draußen nur Kännchen gibt und die Fröhlichkeit Lederhosen trägt. Und wenn man nach 22 Uhr den Hund verprügelt, dann tut man dies ganz leise.

Oliver Kalkofe, Komiker

Wie sagte Francis Picabia so schön: „Der Kopf ist rund, damit unsere Gedanken die Richtung ändern können.“ In Deutschland gibt es zwar noch zahlreiche Quadratschädel, aber viele Köpfe werden zum Glück immer runder…

Susan Atwell, TV-Moderatorin

Ein Märchenland: Man will die Prinzessin knutschen, und die Kröte lächelt zurück.

Wolfgang Joop, Modedesigner

Wenn ich hier bin, mecker' ich drüber, und wenn ich weg bin, vermisse ich es.

Jasmin Gerat, TV-Moderatorin

1. Mit welchen Aussagen könnt ihr euch identifizieren?
2. Welche befremden euch? Wenn dies so ist, warum befremden sie euch?

A, B oder C

A Nomen est Omen!

Erzähle eine kleine Geschichte zu deinem Namen (Vor- und/oder Nachnamen)

- Wie bin ich zu dem Namen gekommen?
- Bin ich mit meinem Namen zufrieden?
- Gibt es typische Reaktionen auf den Namen?
- Ist mir ein Spitzname lieber?

oder

B Mein Vater-Mutter-Heimat-Land?!

Ablauf: Zuerst alleine überlegen und im Heft beantworten; dann mit einem selbst gewählten Partner austauschen und zum Schluss im Plenum über die Dinge berichten, die euch wichtig erscheinen.
Da es wichtig ist, dass ihr offen und ehrlich gegenüber euch selbst seid, kann jede/jeder zu jeder Zeit selbst entscheiden, was er den anderen berichten möchte!!!

- Das Land, in dem ich geboren bin, heißt:
- Welche Begriffe fallen mir spontan zu meinem Geburtsland ein?
- Bin ich stolz auf dieses Land? Wenn ja, warum? Wenn nein, warum nicht?
- Schäme ich mich für dieses Land? Wenn ja, warum? Wenn nein, warum nicht?
- Ist das Land, in dem ich geboren bin, mein Traumland oder möchte ich lieber woanders leben?
- Eine Erziehungssituation, die mir typisch für mein Geburtsland erscheint:

oder

C Deutschland positiv – Deutschland negativ

Klebe auf die Umrisse einer Deutschlandkarte Bildsymbole (aus Illustrierten ausgeschnitten), die für dich im positiven bzw. negativen Sinne Deutschland repräsentieren.

Erziehung zwischen den Kulturen

ANITA TARAS, 15, *lebte acht Jahre in Deutschland und wurde vor sechs Wochen gemeinsam mit ihren Eltern nach Temesvar in Rumänien abgeschoben.*

Heute wäre eigentlich mein erster Schultag gewesen. Eigentlich. Aber am Freitag sagte die Rektorin zu meinem Vater und mir, dass ich erst am Dienstag kommen soll. Heute sei nur „Eröffnungstag", an dem Reden gehalten, Klassenzimmer und Lehrer verteilt werden. All das sei für mich unwichtig, weil ich ja nur eine Art Gastschülerin bin, die keine Noten kriegt. Zumindest so lange, bis endlich alle Unterlagen und Zeugnisübersetzungen da sind. Ich habe jetzt also einen Tag länger frei, aber ich musste den ganzen Tag an die Schule denken. Werde ich jemals wieder so eine Freundin wie Tanja finden? Werde ich im Unterricht mithalten können, zum Beispiel in Englisch? Die anderen lernen das schon seit der zweiten Klasse, ich erst seit der sechsten. Werden sie mich mögen? Meine Kleider für morgen habe ich schon herausgesucht: eine weiße Jeans und ein nabelfreies schwarzes T-Shirt. Hoffentlich ziehe ich mich nicht völlig falsch an, und die anderen denken, ich bin eine eingebil-

dete reiche Kuh aus Deutschland. Auf jeden Fall werde ich heute Abend noch duschen, damit morgen früh alles schnell geht. Und dann nichts wie ins Bett. Fernsehen ist nicht drin, denn wir haben zwar eine Schüssel, mit der wir RTL, SAT 1 und Pro Sieben kriegen, aber hier ist es eine Stunde später. Viel zu spät für mich, wenn ich einen Spielfilm angucke.

Das einzig Schöne hier ist mein Schulweg. Ich muss nämlich mitten durch die Innenstadt, und da gibt es tolle alte Häuser und viele Geschäfte. Mein Vater sagt, es sieht aus wie der Münchner Marienplatz. In einem Schaufenster habe ich Kleider von Armani und Dior gesehen, und dann habe ich mir zusammen mit meinem Bruder Pommes bei McDonald's gekauft. Wir fühlten uns kurz wie zu Hause, aber danach war mein Heimweh noch schlimmer. Obwohl Heimweh natürlich ein ganz falsches Wort ist: Ich bin ja Rumänin. Aber ich fühle mich nicht so.

Ich bin seit drei Uhr auf den Beinen – drei Uhr morgens versteht sich. Denn irgendjemand muss Papa ja schließlich auf den Flohmarkt begleiten und den Stand bewachen, falls er mal aufs Klo muss. Es war so kalt, dass ich den ganzen Tag im Auto hinter dem Stand vor mich hingebibbert habe. Da hätte ich gut ein langweiliges Schulbuch lesen können, das hätte mich wenigstens abgelenkt. 150 Mark haben wir eingenommen, für Wecker, Radios, Taschen, Porzellan und so Zeugs. Kleider gingen überhaupt nicht. Jetzt ist wenigstens die Miete für einen Monat sicher. Denn Papa hat ja sonst keine Arbeit. Ich habe mir auf dem Flohmarkt fast neue Graceland-Stiefel gekauft – nur einmal getragen, hat der Verkäufer gesagt. Für 25 Mark. Gut oder? Die ziehe ich gleich morgen in die Schule an. Damit ich mich wenigstens über etwas freuen kann.

Ich bin völlig kaputt. Ich glaube, ich schaffe das alles nicht. Und den Test, den ich in ein paar Wochen schreiben muss, um an dieser Schule als richtige Schülerin aufgenommen zu werden, bestehe ich nie und nimmer. Heute hatten wir in der ersten Stunde Rumänisch. Der Lehrer, ein kleiner ekliger Fettklops mit zwei Brillen, kam rein und diktierte uns eine Liste von sechzehn rumänischen Schriftstellern und nannte zu jedem mehrere Bücher. Bis Jahresende müssen wir alle gelesen und schlaue Aufsätze über jedes einzelne Buch geschrieben haben. Keine Ahnung, wie ich das machen soll. Heute habe ich erfahren, dass die Schule ein „Lyzeum" ist, irgendjemand hat mir gesagt, dass das ein anderes Wort für Gymnasium ist. Kein Wunder, dass ich solche Probleme habe: Ich bin von der neunten Klasse Hauptschule auf die neunte Klasse Gymnasium gewechselt. Eigentlich wäre ich sogar in die Zehnte gekommen, aber da war kein Platz mehr frei. Und dann diese Lehrer. Der Fettklops schreit dauernd rum, „Haltet die Klappe" und so. Er sagt, dass wir schuld seien, dass er zwei Brillen tragen muss – eine gegen Weit- und eine gegen Kurzsichtigkeit. Weil wir nämlich alle so schrecklich schmieren würden. Morgen werde ich die anderen bitten, mir zu helfen. Ich verstehe so viele Dinge einfach nicht. Wie soll ich das nur schaffen …

Ich habe heute den ganzen Tag im Bett verbracht – mit einem superspannenden Krimi. Am Morgen bin ich nur einmal kurz aufgestanden, um aufs Klo zu gehen. Ab dann hab ich gelesen. Den Krimi habe ich von meinem Vater, er handelt von einem sterbenden Pianisten, dessen Geist in allen möglichen Leuten weiterlebt. Am Ende sterben alle.

Eigentlich hatte ich mir ja vorgenommen, mit einem der sechzehn rumänischen Bücher anzufangen, die unsere Klasse bis Jahresende geschafft haben muss. Aber dann war am Freitag die Schulbibliothek einfach geschlossen, als ich mit Sigrid ein Buch ausleihen wollte. Macht nix. Der Krimi war eh besser. Und für ein rumänisches Buch würde ich wahrscheinlich Jahre brauchen.

[…] Ich kann den Tag nicht mehr abwarten, an dem ich endlich zurück darf. Jeden Abend, wenn meine Eltern mit Oma und Opa telefonieren, miaut Tiger ganz laut, ich kann es durchs Telefon hören. Opa sagt, dass Tiger dauernd abhauen will – wahrscheinlich, um uns zu suchen. Tiger, ich vermiss' dich so!

(Jetzt – Montagsmagazin der Süddeutschen Zeitung v. 6.10.1997 [die Redaktion hatte unterschiedliche junge Leute gebeten, für die Veröffentlichung im Magazin Tagebuch zu führen])

Wie erlebte Anita Taras die Situation zwischen den Kulturen ?

Selbstbild

selbstbild:

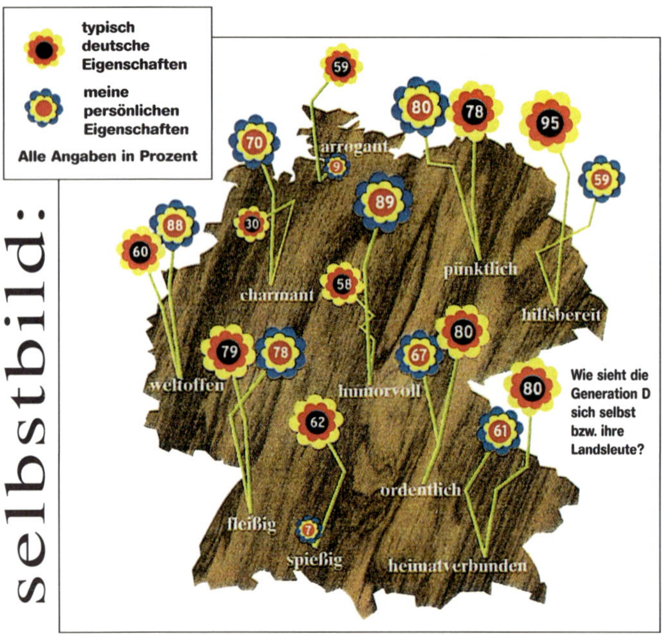

Änderungen dringend erwünscht

Das hat man nun davon. Durchkreuzt die kargsten Landschaften in Pakistan, findet schließlich den Weg über den Korakorum-Pass und dann: du meine Güte, auch hier – Deutsche. Das mag der Deutsche gar nicht, denn da draußen, in der Welt, will er nicht an seine Heimat erinnert werden. Er denkt: „Oh Gott, ein Deutscher“, und der andere sagt sich: „Mist, nirgendwo kann man ihnen entkommen.“
Der junge Deutsche, so das Ergebnis der MAX-Workshops, mag den Deutschen nicht. Weil er ihm all die Eigenschaften unterstellt, von denen er sich selbst distanziert. Denn typisch deutsch, das sind die anderen. Sie dressieren ausländische Kellner dazu, deutsch zu sprechen, müssen jedem erstmal erklären, was Sache ist, zeigen regelwidriges Verhalten sofort bei der Polizei an, lieben bierselige Runden, haben keinen Geschmack und sind vom Reinlichkeitswahn geplagt. „Hinterm Schrank ist's sauber und das Katzenfutter hat Niveau“, pointiert Workshop-Teilnehmerin, Ines, 28, aus Ostberlin.
Im Bewusstsein der jungen Deutschen sind die Klischees vom typischen Deutschen lebendig geblieben. Der Deutsche ist „pünktlich“, „ordentlich“, „fleißig“ (s. Grafik), liebt Regeln und Normen; er verkörpert gutes Ingenieurwesen und Qualitätsarbeit, doch ebenso gnadenloses Spießertum und vor allem: bad taste.
Das Bild vom hässlichen Deutschen ist auch den jungen Deutschen stets präsent und trifft insbesondere auf den deutschen Mann zu. Er trägt Vokuhila (vorne kurz, hinten lang), läuft am liebsten in Sandalen mit Tennissocken herum und schiebt den verschwitzen Bierbauch im Feinripp-Unterhemd vor sich her. „Der Deutsche“, findet Studentin Ulrike, 25, aus Hamburg, „ist ein ferkelfarbener Unglücksfall der

Natur." Ästhetisch ein Neandertaler, der im öffentlichen Auftritt durch vollendete Geschmacklosigkeit glänzt. Einhelliges Urteil: Dem Deutschen fehlt das Geschmacks-Gen.

Das Bild vom hässlichen Deutschen, darin sind sich junge Westler und Ostler einig, schließt zahlreiche negative Charaktereigenschaften mit ein: von überkorrekt und großkotzig bis gehemmt und miesepetrig: „Er meckert, nörgelt und wimmert ständig, schimpft am liebsten über andere, denn irgendwer muss ja schuld sein." (Olli, 25)

Für den Westler ist der hässliche Deutsche der großkotzige Proll, der kleinbürgerliche Pedant und ängstliche Biedermann. Im Gegensatz dazu gibt es für den Ostdeutschen zwei Typen des hässlichen Deutschen. Zum einen ist es der DDR-Kleinbürger mit seiner spießigen Schrebergarten-Gemütlichkeit. Der wirklich hässliche Deutsche aber ist für ihn der Klischee-Wessi – ein ausgemachter Großkotz, der mit seinem BMW Trabis jagt, nur ans Geld denkt und mit seinem Besitz prahlt.

Für die neue Generation D gilt: **„Typisch deutsch ist, nicht typisch deutsch sein zu wollen."** Darin sind sich Ossis und Wessis einig. In Abgrenzung zu den negativen Klischees und Eigenschaften sehen sich die jungen Deutschen heute als hilfsbereit (95 %), freundlich (94 %), humorvoll (89 %) und weltoffen (88 %). Sie verneinen das Law-and-order-Denken ihrer Eltern, legen Wert auf Toleranz gegenüber Minderheiten und suchen nach Wegen, typisch deutsche Eigenschaften für neue Ziele zu nutzen, zum Beispiel für den Umweltschutz.

Konsequenz der Schimpf-Orgie auf die Landsleute: Die Generation D will sich und damit das Image der Deutschen bessern. Denn: „Die Deutschen sind gar nicht solche Idioten", sagt die Ostberlinerin Jana, 24, „sie haben sich geändert."

(Max Nr. 10/1997, S. 76)

Orientierung und Planung

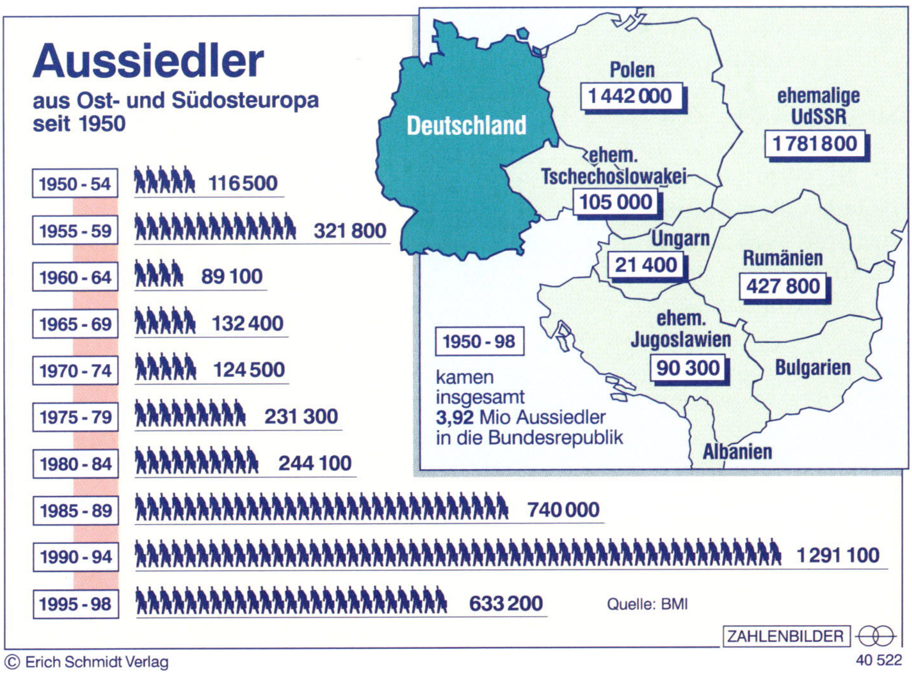

Niemand sucht aus

Man sucht sich das Land
seiner Geburt nicht aus,
und liebt doch das Land,
wo man geboren wurde.

Man sucht sich die Zeit
nicht aus, in der man die
Welt betritt, aber man
muss Spuren in seiner
Zeit hinterlassen.

Seiner Verantwortung
kann sich niemand
entziehen.

Niemand kann seine
Augen verschließen,
nicht seine Ohren,
stumm werden und sich
die Hände abschneiden.

Es ist die Pflicht von
allen, zu lieben, ein
Leben zu leben, ein
Ziel zu erreichen.

Wir suchen den Zeit-
punkt nicht aus, zu dem
wir die Welt betreten,
aber gestalten können
wir diese Welt, worin
das Samenkorn wächst,
das wir in uns tragen.

(Gioconda Belli, Wenn du mich lieben willst, übers. von Dieter Masuhr/Dagmar Ploetz/Anneliese Schwarzer, Hammer, Wuppertal 1985, S. 21)

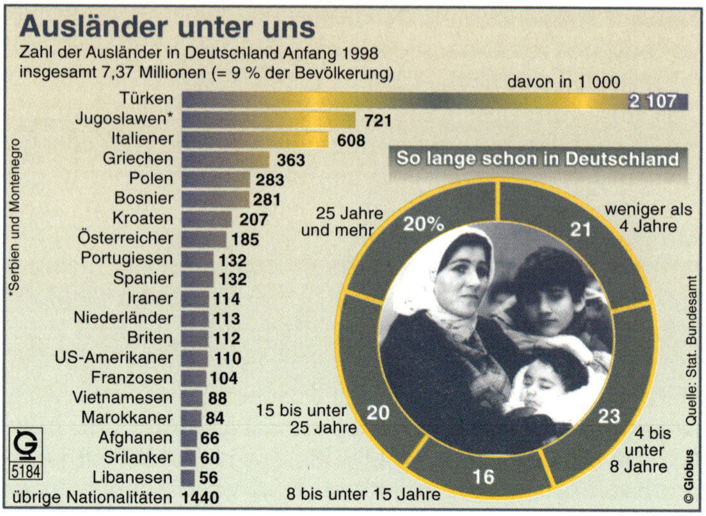

„Jeder Freund war ein Fremder, bevor wir ihn richtig kennen gelernt haben“

(Motto einer Antirassismus-Anzeige)

„Fremdsein“ hat viele Seiten:

- Viele Völker dieser Erde litten unter der „Fremdherrschaft“ der Kolonialmächte.
- Der acht Monate alte Tim klammerte sich an seine Mutter, als ein Besucher das Wohnzimmer betrat – er „fremdelte“.
- Bei einem Guildo-Horn-Konzert entdeckte ich „fremde Seiten“ an mir. So kannte ich mich gar nicht.
- Allein in der fremden Stadt fühlte ich mich einsam und verlassen.
- Viele Aussteiger ziehen in die „Fremde“, weil sie sich in der Heimat nicht mehr wohl fühlen.
- Herr Müller „geht fremd“, und das ausgerechnet mit der besten Freundin seiner Frau.
- Die Müllers sind sich fremd geworden und lassen sich scheiden.
- „Ich mag keinen Jazz. Dieses Gedudel ist mir fremd.“
- „Fremdarbeiter“ nannte man früher ausländische Arbeitnehmer.
- „Dieses Proll-Verhalten befremdet mich“, sagte der Yuppie.
- Zum Examen der Referendarin kommt ein „Fremdprüfer“, weil man sich davon eine unvoreingenommene, objektive Benotung verspricht.
- Soziologen unterscheiden zwischen „Eigengruppen“, denen man selbst angehört, und „Fremdgruppen“, denen man nicht angehört. Eigen- und Fremdgruppe grenzen sich oft voneinander ab.

1. Worin unterscheiden sich die unterschiedlichen Formen des Fremdseins?
Kann Fremdheit abgebaut werden? Wenn ja, wie?
Kann sie völlig abgebaut werden? Ist dies erstrebenswert?
2. Nutzt die Beispiele für die vielen Seiten von Fremdheit für biografisches Schreiben, indem ihr eigene Erfahrungen mit „Fremdheit" aufschreibt.
3. An dieser Stelle lohnt sich auch ein Blick in andere Schulfächer. Wie wird dort „Fremdheit" aufgegriffen? (z. B. Musik, Kunst, Deutsch, Geschichte, Sozialkunde usw.)

Anregungen für die Weiterarbeit:

„Nichtdeutsche" an unserer Schule und in unserer Stadt – Was wollen wir über sie und über unser Verhältnis zu ihnen herausfinden?
Wie und warum sind sie zu uns gekommen? Konnten sie es sich aussuchen?
Welche Erfahrungen mit Erziehung bringen sie mit? Welche machen sie hier?
Wer will warum (nicht) bleiben?
Verändern sie unsere Schule/Stadt? Verändern sie uns? Verändern wir sie?
Sind sie uns fremd? Sind wir ihnen fremd?
Versucht hier eure Diskussionsergebnisse über unterschiedliche Formen des Fremdseins mit einzubeziehen. (Zur Methode Interview siehe S. 181 ff.)
Mit wem können wir Kontakt aufnehmen? Welche Medien setzen wir ein?
Was wollen wir hinterher mit unseren Erkenntnissen machen?
In einem Planungsgespräch könnt ihr mit eurer Lehrerin/eurem Lehrer Schwerpunkte setzen und entscheiden, welche Informationen ihr über das Schulbuch hinaus selbst einholen wollt. Im *Erarbeitungsteil* stellen wir euch sechs Jugendliche in eurem Alter vor, die in unterschiedlicher Weise „fremd" sind (S. 131 ff.). Im *Anwendungsteil* geht es um praktische Handlungsmöglichkeiten, z.B. um die Arbeit mit Asylbewerberkindern, wie sie Schülerinnen und Schüler aus Herten beispielhaft machen.
Im *Beurteilungsteil* werden die auf diesen beiden Seiten vorgestellten Aspekte des Fremdseins und Vertrautwerdens bzw. des Umschwungs vom Fremdsein zur Feindschaft aufgegriffen und Material für eure Meinungsbildung zur Verfügung gestellt.

Methode

BIOGRAFISCHES LERNEN

Dem „Fremden" auf der Spur

Wenn wir versuchen dem Fremden in uns selbst auf die Spur zu kommen – also uns selbst besser kennen zu lernen und uns selbst zu akzeptieren – oder das Fremde bei anderen besser nachzuvollziehen – also andere besser zu verstehen und vielleicht auch zu akzeptieren –, dann können wir auf Methoden des biografischen Lernens zurückgreifen.

Anne Frank begann ihr **Tagebuch** mit dem Satz: „Ich hoffe, dass ich dir alles anvertrauen kann, wie ich es bisher noch niemals konnte, und ich hoffe, dass du mir eine große Stütze sein wirst." (Das Tagebuch der Anne Frank, Fischer Taschenbuch Verlag 1985, S. 7) Tagebuchschreiben ist ein häufig genutztes Mittel, um im Gespräch mit sich selbst Klarheit und Kraft zu gewinnen.

Auch das **biografische Schreiben,** z. B. über euer Verhältnis zu eurem Vater-, Mutter-, Heimatland, ist eine Methode biografischen Lernens. In allen Kapiteln des „Kleinen Phoenix" findet ihr solche Arbeitsanregungen, die euch helfen sollen, der eigenen „Fremdheit" auf die Schliche zu kommen. Sehr persönliche Gedanken könnt ihr in einem Extra-Heft festhalten. Dann könnt ihr selbst entscheiden, wer es lesen oder wer dort Kommentare hineinschreiben darf.

Der **Rückblick auf die eigene Lebensgeschichte** kann für jeden Aufschluss darüber bringen, wie er geworden ist, wie er ist, und kann dazu führen, sich selbst mit allen „Macken" und Stärken besser wahr- und anzunehmen. Dies eröffnet zugleich Perspektiven für die Zukunft.

Für Pädagoginnen und Pädagogen sowie alle, die es werden wollen, ist die Auseinandersetzung mit der eigenen Biografie noch aus einem anderen Grund wichtig. Wir alle sind erzogen worden und diese Erziehung hat einen großen Einfluss auf unser Denken und Handeln. Wenn wir uns diese Einflüsse bewusst machen, schützen wir uns davor, unser eigenes Erzogen-Sein, ohne es zu merken, auf die, die wir erziehen, zu übertragen. So neigt vielleicht jemand, der in seiner Kindheit sehr streng erzogen wurde, eventuell dazu, seine Kinder zu verwöhnen oder aber genauso streng zu erziehen, nach dem Motto: Mir hat das auch nicht geschadet. In beiden Fällen merkt der Erzieher es aber oft nicht, dass seine Auffassung von Erziehung die Reaktion auf eigene Erziehungserfahrungen ist.
Ein berühmter Pädagoge, Janusz Korczak, hat einmal geschrieben: „Habe Mut zu dir selbst und suche deinen eigenen Weg. Erkenne dich selbst, bevor du Kinder zu erkennen trachtest. Leg dir Rechenschaft darüber ab, wo deine Fähigkeiten liegen, bevor du damit beginnst, Kindern den Bereich ihrer Rechte und Pflichten abzustecken. Unter ihnen allen bist du selbst ein Kind, das du zunächst einmal erkennen, erziehen und ausbilden musst."
Biografisches Lernen kann sich aber auch auf die Betrachtung von fremden Lebensgeschichten beziehen.
Bei dem Versuch, die Einzigartigkeit individuellen menschlichen Lebens zu verstehen, bedient sich die Erziehungswissenschaft immer häufiger biografischer Methoden. Lebensläufe werden nachgezeichnet, Menschen nach ihren ganz persönlichen Sichtweisen, Problemen, Erfahrungen, Ängsten und Wünschen befragt. So erhalten Wissenschaftler detaillierte Einblicke in das konkrete Leben des Einzelnen, etwas, was ihnen mit repräsentativen Befragungen oder allgemein theoretischen Erklärungen nicht gelingt.
Der Einzelne, der so in den Mittelpunkt des wissenschaftlichen Interesses rückt, ist aber immer auch Spiegel der ihn umgebenden Kultur und Gesellschaft. Bei biografischen Forschungen ist es also immer auch wichtig, den Einzelnen im historischen und gesellschaftlichen Kontext zu sehen und Hintergrundinformationen hinzuzuziehen, um zu prüfen, was das Typische oder Untypische am einzelnen Fall ist.
Typische Quellen, auf die man zurückgreifen kann, sind z. B. **Tagebücher, Interviews, Bildmaterial, literarische Quellen, Geschichtsbücher, Zeitungen u.a.**
Die Anne-Frank-Stiftung hat in ihrem preisgekrönten Jugendbuch solches Material zum Schicksal der Anne

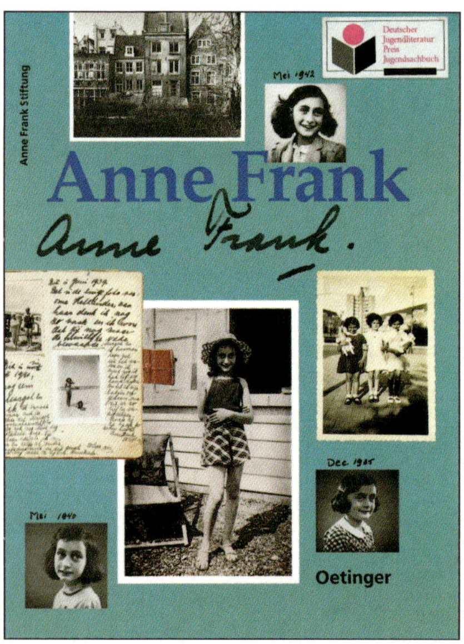

Frank zusammengestellt. Die Leserin/der Leser können auf diese Weise einen Einblick in einen einmaligen Lebensweg und gleichzeitig in die gesellschaftlichen Rahmenbedingungen des Nationalsozialismus erhalten.

Die Beschäftigung mit Fremdbiografien kann dabei helfen, durch einen Wechsel der Perspektive andere mit ihren Lebensgeschichten, Einstellungen und Handlungen besser zu verstehen und so auch andere in ihrem Anderssein besser zu akzeptieren.

Das biografische Material im folgenden Erarbeitungsteil soll euch einen Einblick in die Sichtweise von sechs Münchener Jugendlichen geben, die alle auf ihre eigene Art „fremd“ sind. Gleichzeitig eröffnen sie euch Möglichkeiten, durch die Auseinandersetzung mit ihrer“ Fremdheit“ etwas über euch selbst zu lernen.

Erarbeitung

Jugendliche über sich

Im Auftrag und mit Unterstützung des Automobilkonzerns BMW führte das Münchner Stadtjugendamt ein Projekt „Bilder von Jugend“ durch, in dem hundert repräsentativ ausgewählten Münchener Jugendlichen im Alter von 16 Jahren die Möglichkeit gegeben wurde, sich selbst darzustellen. Die Ergebnisse sind in einer Ausstellung, in Katalogen und auf einer CD ROM veröffentlicht worden (Bezugsadresse: BMW AG, Petuelring 130, 80788 München, Fax: 089/382-28017).

Zu Beginn des Katalogtextes steht ein „Satz an die Welt“ von jedem Jugendlichen. Das kleine Foto zu Beginn wurde in der gleichen Weise von allen Jugendlichen gemacht. Auf dem zweiten Foto konnten die Jugendlichen sich so inszenieren, wie sie es wollten. Für den „Kleinen Phoenix“ haben wir sechs Portraits von Jugendlichen aus diesen hundert ausgewählt. Wir haben solche Jugendliche ausgewählt, die nicht die deutsche Staatsbürgerschaft bzw. nicht deutsche Eltern haben oder die in einer anderen Weise zwischen den Kulturen stehen.

Zu diesen Portraits möchten wir euch folgende Arbeitsanregungen geben:

1. Wie beschreiben die Jugendlichen sich selbst?
2. Wie kommt darin das Anderssein und das Gleichsein zum Ausdruck?
3. Mit welchen Aussagen könnt ihr euch identifizieren, was befremdet euch? Wenn euch an den Aussagen etwas befremdet, überlegt, warum es euch befremdet.
4. Welche Rolle spielt die Erziehung?
5. Was ist anders, was ist gleich in ihrer Erziehung?
6. Welche Erfahrungen machen sie in Deutschland?
7. Wie würde es uns in ihrem Land gehen?
8. Ihr könnt auch von euch in der gleichen Weise Fotos machen und einen „Satz an die Welt“ richten. Überlegt dann, wo ihr Unterschiede und Gemeinsamkeiten feststellt.

Evren Aydemir

Ich will, dass jeder Mensch gleich behandelt wird und jeder seine Meinung sagen kann, dass halt jeder seine Rechte hat.

Zum Beispiel?

Zum Beispiel, die Ausländer werden halt beschimpft von den Nazis – „Scheiß Ausländer" und so. Und ich mein' halt, dass die Ausländer auch normale Menschen sind, wie die Deutschen oder wie die anderen Menschen.

Wo merkst du das am deutlichsten, dass du Ausländer bist?

Ich bin halt Moslem und wenn ich zum Beispiel frage, ob das Schweinefleisch ist oder was anderes, dann wissen die anderen schon, dass ich Ausländer bin. Und ich hab' auch Schwestern und die tragen Kopftuch und wenn ich mit denen rumgeh', schaut mich jeder so an und die schauen so komisch, lachen, reden unter sich alleine leise, alles Mögliche.

Hat dich denn schon mal so jemand so richtig beschimpft?

Ja, schon. Das war sogar unser Nachbar – im Untergeschoss. Und wir waren mal ein bisschen zu laut, da geb' ich ihm sogar Recht, und dann ist er auf den Balkon rausgekommen und hat rumgeschrien „Scheiß Türken, Scheiß Ausländer – verpisst euch!", und so.

Was sagst du, wenn du so was hörst?

Ich schimpf' das Gleiche, halt „Scheiß Deutscher, halt dein Maul", und so. Ich sag' das Gleiche, was er zu mir gesagt hat.

Gibt's in der Schule manchmal Ärger?

Nur manchmal. Wenn irgendjemand sagt, Scheiß-Kurden und so, das lass ich mir nicht gefallen.

Du bist Kurde?

Halb Kurde, halb Türke. Meine Eltern sind Kurden, aber ich bin in der Türkei aufgewachsen, das ist halt meine Heimat. Und es gibt halt auch mal Ärger zwischen Kurden und Türken und da bin ich dann sozusagen dazwischen. Mal bei den Türken und mal bei den Kurden. Und es gibt halt auch Kurden, die PKK sind, und gegen die bin ich halt. Ich bin nicht von der PKK, sondern ich bin Kurde. Immer wenn die PKK irgendwas macht, heißt es halt, Scheiß-Kurden, und so. Und das will ich halt nicht. Ich hab' auch mehr türkische Freunde, mit denen ich weggehe, heute Abend zum Beispiel.

Wohin geht ihr da?

Heute geh' ich zum Cartell-Konzert. Die machen türkisch Pop, türkisch Rap.

Was hörst du sonst für Musik?

Im Türkischen hör' ich halt so Lieder, ich weiß nicht wie das heißt, so schöne halt, langsame, aber schöne – auf türkisch heißt das Arabeske, auf deutsch weiß ich nicht. Und dann ein bisschen Techno, Hip Hop. Aber meistens türkische.

Tuyen Tran

Es ist wichtig, dass jeder seine eigene Freiheit hat, dass er seine eigenen Grenzen setzt und weiß, wo er sie zu setzen hat, das heißt, dass er zwar für sich lebt, machen kann, was er will, aber er sollte auf jeden Fall an all die anderen denken.

Ich war früher ein sehr aufgewecktes Kind, war sehr lebhaft. Das war, bevor wir umgezogen sind. Weil die vielen Umzüge von so'nem Dorf bei Schweinfurt aus nach München – Großstadt und so, und dann musste ich in der Grundschule jedes Jahr die Schule wechseln, das war für mich sehr hart. Zuerst hatte ich keine Probleme, Freunde zu finden, aber danach, in der Großstadt und durch die Schulwechsel und so, dadurch hatte ich sehr große Probleme, Freunde zu finden.

Welche Zeit war das, wie alt warst du da?

Mit sieben musste ich das erste Mal die Schule wechseln, und das ging dann bis ich zwölf war. Ich habe jedes Jahr die Grundschule wechseln müssen.

Also, in München seid ihr dann noch viermal umgezogen? Warum denn?

Dreimal insgesamt, drei- oder viermal. Weil, wir sind von Vietnam nach Deutschland geflüchtet. Mein Vater hatte Jura studiert, und meine Mutter war halt – meine Oma hat ein Krankenhaus geleitet, als Oberärztin, und meine Mutter wollte das halt übernehmen. Sie hatte schon fertig studiert, mein Vater hat sein Jurastudium abgebrochen, und dann sind wir halt nach Deutschland gekommen. Hier hatten wir keine Basis, da mussten wir halt irgendwie arbeiten, von Sozialhilfe leben und sonst was alles. Mit den Wohnungen war es schwierig, wir sind ein Fünf-Personen-Haushalt. Meistens haben wir ziemlich kleine Wohnungen bekommen, aber jetzt passt es.

Und wie fühlst du dich jetzt in München?

In München könnte ich nicht sagen, dass mir etwas nicht gefällt, aber wenn ich so Deutschland anschaue oder auch anhöre, von den Nachrichten her, von wegen Ausländerhass und so, da denke ich schon darüber nach: Was ist, wenn's mir passieren würde und so. Aber in München fühl' ich mich eigentlich sicher.

Ist dir denn mal irgendwas passiert oder bist du mal blöd angeredet worden?

Das waren eigentlich nur so Kleinigkeiten.

Dass du spürst, dass du nicht akzeptiert wirst?

Das hab ich alles schon gespürt, aber solche Sachen kann ich eigentlich leicht wegstecken.

Wie machst du das?

Ich probier' es einfach, ich hör' irgendwie gar nicht hin.

Du nimmst es auch nicht persönlich?

Nee, ich nehm's auf keinen Fall persönlich, weil wenn ich's persönlich nehme, dann würde es mir weh tun, denke ich mal.

Und wie geht es deinen Eltern damit, weißt du das?

Nee, darüber haben wir eigentlich noch nie geredet. Ich weiß nicht, meine Eltern sind ziemlich komisch. Ich mein', wir leben zwar in Deutschland, sie wissen, dass sie selbst auch Ausländer sind. Aber sie würden es nie akzeptieren, wenn ich beispielsweise 'nen türkischen Freund hätte oder 'nen jugoslawischen. Und diese Einstellung hass' ich, das find' ich überhaupt nicht okay. Das habe ich ihnen auch schon öfters gesagt, und wir haben auch öfters deswegen gestritten, aber die ändern sich halt in solchen Sachen nicht.

Und wenn du einen deutschen Freund hättest, würden sie das akzeptieren?

Das würden sie akzeptieren, aber sie hätten am liebsten einen vietnamesischen. Einen Jurastudenten, der nicht raucht und nicht trinkt.[...]

Bist du ein nachdenklicher Mensch?

Ja, auf jeden Fall.

Fühlst du dich heute noch oft alleine?

Doch, eigentlich schon. Eigentlich, ich hab' eigentlich nicht mehr so oft die Zeit um so richtig nachzudenken, bin ich jetzt alleine oder nicht. Aber manchmal merke ich doch, dass es nicht sein muss, dass ich allein zu Hause sitze. Manchmal bin ich auch mit Freunden zusammen, die mir eigentlich wichtig sind, von denen ich auch sagen könnte, es sind meine besten Freunde. Trotzdem könnte ich irgendwie vom Gefühl her sagen, ich bin alleine.

Woran liegt das? Weißt du das?

Nee, da muss ich noch nachdenken. Irgendwann werd ich's wissen.

Und bist du dann traurig?

Doch, ja. Deprimiert, traurig.

Was machst du dann?

Da schreibe ich Gedichte, meistens.

Zeigst du die auch jemandem?

Ganz selten, ganz selten. Die Gedichte sind für mich schon was Wichtiges. Das waren mal meine Geheimnisse, aber jetzt hab' ich irgendwie das Gefühl, dass ich der ganzen Welt zeigen möchte, wie ich wirklich bin, und was ich wirklich fühle. Ich habe ein Bedürfnis danach. Dass alle es erfahren, weil meine besten Freunde wissen auch erst seit einem halben Jahr, dass mein Freund damals vor zwei Jahren umgekommen ist. Und erzählt habe ich es vor ihnen niemandem. Ich musste selber damit fertig werden. Er stand mir sehr nahe. Als er damals gestorben ist, war das für mich ein Schock. Ich wollte es nicht wahrhaben, ich glaubte nicht, dass ich gerade wirklich lebe. Ich glaubte immer, das wär' eine Traumwelt.

Wie ist er gestorben?

Bei einem Autounfall.

Warst du dabei?

Nein.

Wie alt war er?

Er war neunzehn. Ich war fünfzehn.

Wart ihr schon lange zusammen?

Damals waren wir ein halbes Jahr zusammen.

War er sehr wichtig für dich?

Ja, sehr wichtig.

Und du hast auch nie mit deinen Eltern darüber gesprochen?

Nein, mit denen könnte ich irgendwie gar nicht darüber reden.

Auch bis heute nicht?

Nee.

Weil die gar nicht wussten, dass du einen Freund hattest?

Nee.

Bist du mal geschlagen worden?

Von den Eltern, aber sonst – von anderen Menschen nicht.

Und von deinen Eltern richtig doll?

Doll, ja. Würde ich schon sagen.

Von beiden?

Ja. Wenn ich gesagt hätte, 5 + 5 = 9, das hat schon gereicht. Vielleicht kennst du's, da mussten die Kinder immer so die Hand herzeigen, und die Lehrer haben mit dem Lineal draufgeschlagen. Das war wirklich brutal.

Das war in der Schule?

Nein, in Vietnam war es in der Schule so, und meine Eltern haben mich nach derselben Methode erzogen. Und wenn ich mal falsch gerechnet habe, dann gab es schon Schläge.

Sie haben dich also mit dem Lineal geschlagen. Auch mit anderen Sachen?

(zögert) So mit Stäben, mit so dünnen Stäben, das war eigentlich auch ziemlich hart.

Deine Schwestern auch?

Ja.

Wie war das für dich?

(zögert) Irgendwie, wenn ich es ehrlich zugeben soll, dann würde ich sagen, dass ich sie jetzt noch dafür hasse, dass sie uns ziemlich falsch erzogen haben. Dass sie mich mit Schlägen erziehen mussten. Für mich gehört das Schlagen eben nicht zur Erziehung.

Und kommt das jetzt auch noch vor?

(zögert) Seit ungefähr vier Jahren nicht mehr, weil seitdem hab' ich angefangen, mit ihnen zu streiten und ihnen auch jedes Mal meine Meinung zu sagen. Damals hätte ich mich nicht getraut, meine Meinung zu sagen, weil vor Schlägen hab' ich immer Angst gehabt. Und irgendwann war es mir dann egal, ob ich jetzt Schläge bekomme. Das war mir echt egal, ich wollte ihnen halt die Meinung sagen …

Und dann haben sie auch aufgehört damit?

Ja.

Hast du ihnen mal gesagt, dass du sie dafür hasst, dass sie dich schlagen?

Nein. Es ist doch noch ein gewisser Respekt vor denen da, dass ich's ihnen doch nicht sage. Aber so den wahren Respekt habe ich weniger. Habe ich inzwischen irgendwie verlernt, vor meinen Eltern Respekt zu haben.

Schlagen sie deine kleine Schwester noch?

Meine kleine Schwester haben sie eigentlich ziemlich selten geschlagen. Meine große Schwester und mich haben sie immer geschlagen.

Und war das so schlimm, dass du wirklich manchmal blaue Flecken oder Schürfwunden oder sowas hattest?

Blaue Flecken, doch.

Hast du irgendwann mal zurückgeschlagen?

Das habe ich mich niemals getraut.

Und wie ist es denn zwischen deinen Eltern?

(zögert) Ja, eigentlich nicht so gut. Ich weiß eigentlich gar nicht, weshalb wir früher gestritten haben, aber jetzt wegen der Schule, und weil ich in ihren Augen so oft weggehe. Sie erpressen mich dadurch, dass sie sagen, wenn du nicht zwei Komma nochwas im Zeugnis hast, dann darfst du auch nicht mehr weg.

Und das können die dir auch noch verbieten?

Leider schon.

Hast du vor, dort auszuziehen?

Ich hatte schon öfters vor auszuziehen, aber irgendwie hatte ich bisher nicht die Kraft. Ich konnte meine Schwester nicht zu Hause sitzen lassen, weil ich weiß, dass sie irgendwann dieselben Probleme haben wird wie ich. […]

Alicia Banffy

Keine Ahnung, es müssen sich halt alle einfach viel mehr umarmen.

Was hast du so für Ziele? In letzter Zeit?
Ach, am liebsten – also erstmal mich so zu verändern, wie ich mich halt verändern will und dann einfach, dass ich gern mal hier weg würde, woanders hin, in irgend'n anderes Land.
Warst du schon mal weg?
Ja, sicher. Halt in' Ferien war ich. Und ja, weil mein Vater ist auch aus Argentinien.
Warst du schon mal in Argentinien?
Ja. In Buenos Aires.
Und wie fandst'es?
Ja, also, ich mein', die sind zwar auch alle ausgewandert, also irgendwo sind's nicht richtige Argentinier, aber es ist total geil, weil es irgendwie total anders ist. Also, es ist schon ziemlich lange her, ich war nur zwei, nee – vier Wochen war ich da – ich weiß es gar nicht mehr. Ich war 12, als ich das letzte Mal dort war. Da waren wir auf so 'ner Estancia von meiner Tante.
Und kannst du Spanisch?
Ich hab' mal drei oder vier Jahre lang gelernt, also – und ich konnte auch eigentlich ziemlich gut sprechen – aber dann hab' ich aufgehört zu lernen.

Und als du da warst, also mit 12, wie hast du dann mit denen geredet? Konnten die alle Deutsch?
Ja, zum Teil schon. Aber ich hab's halt voll im Ohr, weil – also mein Vater wohnt zwar nicht mehr bei mir, aber irgendwie, der hat halt auch viele spanische Freunde oder südamerikanische Freunde hier in München, und dann wird halt viel Spanisch geredet.
Und willst du jetzt speziell nochmal nach Argentinien oder -?
Nö, nicht unbedingt. Also nach Afrika möchte ich gerne mal, dann nach Südamerika auch. Also Nordamerika auf keinen Fall, also so USA überhaupt nicht.
Warum nicht?
Ja, weil – alle wollen in die USA und irgendwie ist das, glaub' ich, auch nicht so großartig unterschiedlich zu hier. Vielleicht schon, aber irgendwie das interessiert mich überhaupt nicht.
Und was interessiert dich an Afrika?
Ja, erstens, weil's halt was total anderes ist als Europa und dann – ich tanz' afrikanisch und ich trommel' gerne – also es interessiert mich einfach total.
Du nimmst auch Unterricht in afrikanisch Tanzen?
Ja.
Und hast du jetzt schon Freunde oder so aus Afrika?

Nee, nee überhaupt nicht. Ich mach' das auch noch nicht so lange alles, aber es interessiert mich einfach total.

Und mit wem wohnst du zusammen?

Mit meiner Mutter, meinem Bruder und dann ist noch so 'ne Freundin. Also, was heißt Freundin, aber die ist zur Untermiete bei uns.

'N Mädchen?

Ja.

Wie alt ist die?

Zwanzig.

Ich freu' mich eigentlich schon total auf die Zukunft, also ich hab' nicht das Gefühl, so, dass das eh alles schief läuft. Hab' ich irgendwie überhaupt nicht. Also ich kenn' viele Leute, die irgendwie total die schwarzseherische Einstellung ham, das hab' ich überhaupt nicht. Also, Zukunft – hab' ich überhaupt keine Angst davor. Also, ich bin eher total gespannt drauf, das kann man aber nicht Angst nennen.

Gibt's irgendwas, worauf du dich gerade sehr freust vielleicht?

Also ich freu' mich, dass mein Trommelkurs bald anfängt, ich freu' mich, dass ich heut' Abend tanzen gehe.

Wo gehst'n du tanzen?

Ich geh' in die Muffathalle. Dann freu' ich mich, dass ich zur Zeit so das Gefühl hab', dass irgendwas Neues passieren muss, also dass ich in so 'ner Aufbruchsstimmung bin. Und ich weiß nicht, dass ich so viele Pläne hab' und irgendwie das auch teilweise verwirkliche.

Was sind das für Pläne? Also welche verwirklichst du?

Ja, also, dass ich ganz viele Kurse mache, die ich mir vorgenommen hab', und dass ich halt jetzt im Moment noch das Geld dafür erarbeite. Also, hab' ich mir halt ausgeliehen von meiner Mutter. Und dass ich im Sommer auch Interrail machen will und dass das wahrscheinlich auch klappt. Also, dass ich halt auch nur noch 'ne Arbeit finden muss und dass ich in' Kibbuz fahr', wahrscheinlich mit 'ner Freundin von mir. [...]

Quian Zhu

Ich grüße alle Leute, die ich kenne.

Wo gehst du zur Schule?

St. Anna-Gymnasium, neunte Klasse.

Gehst du da gerne hin?

(Zögernd) Ja.

Nicht so, oder?

Also nicht so richtig.

Sag, was du meinst.

Also, ich mein', also wenn man nicht in die Schule geht, hat man auch nichts zu tun die ganze Zeit, aber so richtig gern, würd' ich auch nicht sagen.

Was gefällt dir denn in der Schule, wenn's was gibt?

Ja, da kann man auch trainieren, wie mit den anderen Leuten umgehen, und Teamarbeit und diese Fähigkeiten. Das kann man in der Schule sehr gut lernen, find' ich. Also, wie man mit Menschen umgeht.

Gibt's auch Sachen, die dir gar nicht gefallen?

Mmh – ich find' es ist ein bisschen zu lang, also die Schuljahre bis zur 13. Ich find', es ist besser, dass man mit der Schule fertig ist, wenn man schon erwachsen ist.

Ab wann ist man denn erwachsen?

Ähm, 18. Also, das ist …

Das ist nach dem Gesetz. Meinst du das?

Also ich finde, wenn man schon 18 ist, soll man auch mit der Schule fertig sein. Mein Vater ist Lehrer. Chinesisch-Lehrer. Er unterrichtet Chinesisch hier an der Universität, an irgend so einem Institut. Sprachen- und Dolmetscherinstitut. Und meine Mutter hat ihre Doktorarbeit geschrieben und ist jetzt fertig. Und zur Zeit hat sie keine Arbeit gefunden, obwohl sie schon Doktor ist. Und manchmal, wenn so eine Reisegruppe aus China kommt, dann wird sie Reiseführerin, also für zwei Wochen oder so.

Über was hat deine Mutter ihre Doktorarbeit geschrieben?

Germanistik, glaub' ich.

Und warum, meinst du, findet sie keine Arbeit?

Ja, das ist so: Wenn sie zum Arbeitsamt geht, haben die Leute immer gemeint, wenn es mal eine Arbeit gibt, dann kommen zuerst die Deutschen dran und dann die europäischen Ausländer, dann kommen die Amerikaner oder so, und am Ende kommen die Asiaten. Das ist das Gesetz.

Also, du meinst auch, es liegt an ihrer Herkunft??

Ja, sicher. Ja, weil es in Deutschland schon so hohe Arbeitslosigkeit gibt. Und wenn es mal eine Arbeit gibt, dann werden sie die zuerst den Deutschen geben, das ist schon klar.

Und wie lange lebst du schon in Deutschland?

Zwei Jahre.

Seit zwei Jahren? Hast du vorher schon Deutsch gesprochen?

Nein.

Das ging aber schnell!

Ja (lacht).

Vorher hast du in China gelebt?

Ja. In Peking. Hauptstadt.

Und dort bist du auch zur Schule gegangen?

Ja.

Was waren denn so die wichtigsten Unterschiede zwischen der Schule dort und hier?

Ich würde sagen, dass es hier frei ist, also ziemlich locker. Und in China ist alles ganz streng und da wird immer von den Lehrern bestimmt, was man da machen soll, und man hat kaum Freizeit. Man muss also von 7 Uhr oder so bis 6 Uhr abends lernen, dazwischen kann man nach Hause gehen und Mittag essen und danach kommen lauter Hausaufgaben, also viel mehr, fünfmal mehr als hier, ziemlich viel. Und dann, wenn du schon die ganze Zeit so in der Schule sitzt und danach Hausaufgaben machen musst, dann wird man schon gut in der Schule. Also nicht so alle gut, aber schon trainiert halt, durch die Hausaufgaben. Aber hier, die Lehrer haben nur unterrichtet und die Übungen musst du selber machen. Und wenn du sie nicht machst, dann wirst du schlecht. Also in China, da muss man das machen.

Fällt dir denn die Schule schwer hier?

Am Anfang ja, weil ich kein Deutsch konnte, Deutsch war das Problem.

Wie hast du denn Deutsch gelernt?

Zu Hause gelernt, also …

Mit deinen Eltern?

Ja, sie haben es mir am Anfang beigebracht, und danach hab' ich auch selber gelernt und so. Sie haben auch nicht so viel Zeit.

Mit Büchern und Kassetten?

Ja, Bücher, und im Sprachkurs war ich auch.

Hast du jetzt viele Freunde mittlerweile hier?

Ich mein', ich hab' keine großen Probleme mit meinen Mitschülerinnen und so. Also, richtige gute Freunde habe ich, also relativ.

Hattest du in China viele Freunde?

Ja, doch. Die Sprache ist auch irgendwie wichtig.

Gibt's auch irgendwas, was dir hier gar nicht gefällt?

Mmh – das die Leute so kalt sind. Obwohl die eigentlich nicht kalt sind, das weiß ich, aber z.B. in der Öffentlichkeit oder in der U-Bahn oder so, wenn sie dich nicht kennen, dann sind sie schon ganz kalt und so. Das finde ich auch nicht gut. Also, sie werden dir schon helfen, wenn du ein Problem hast, aber so normal, wenn man sie gar nicht kennt, dann sind sie ganz kalt.

Und das ist in China anders?

Ja.

Was heißt das? Reden die Leute da mehr miteinander, wenn die sich nicht kennen, oder wie äußert sich das?

Von der Mimik, das merkt man irgendwie, in China lächelt man sich manchmal gegenseitig an, wenn's nötig ist oder so. Manchmal im Zug, oder wenn es lange dauert die Reise, dann wird sich auch gegenseitig angesprochen. Hier merkt man schon, dass man im Ausland ist, also, dass man selber Ausländer ist. Das merkt man. Also nicht, dass man angeglotzt wird oder den ganzen Tag angeschaut, aber irgendwie ist das ein Gefühl, das man hat, wie man behandelt wird. Also vielleicht gar nicht schlecht behandelt, aber trotzdem.

Nelly Alfandari

Warum?

Kennst du das, dass manchmal den Leuten die Klappe 'runterfällt, wenn du sagst, ich bin Jüdin? Oder das Gefühl, dass ab dem Moment ein Gespräch irgendwie anders verläuft?

Nein, also, das ist mir noch nicht passiert. Ich weiß genau, was du jetzt meinst, aber mir ist es noch nicht passiert.

Wie reagieren denn Menschen, wenn du sagst, dass du Jüdin bist?

Also, bis jetzt hatte ich überhaupt keine schlechten Erfahrungen. Ganz normal meistens. Ich weiß nicht, ich sag' auch nicht immer sofort „Halt stop, bevor wir weiterreden, ich bin jüdisch". Die meisten sind einfach ganz neugierig, viele wissen gar nicht so viel darüber.

Ich auch nicht. Erzähl' mal.

Ja also, ich kann dir jetzt ganz viele Sachen erzählen, was man alles einhalten muss, wenn man religiös ist. Aber in meiner Familie spielt das eigentlich keine große Rolle. Es ist da nicht viel anders als bei anderen Leuten. Nur, dass halt keine Kreuze im Haus hängen oder so, aber das ist eigentlich nichts Besonderes. Am Freitagabend feiern wir manchmal Sabbat, aber auch nicht immer.

Wie feiert man Sabbat?
Ja, das ist am Freitagabend, eigentlich am Samstag, aber am Freitag beginnt's. Das soll der Ruhetag sein in der Woche. Genau wie der Sonntag auch. Und am Freitag gibt's dann eben ein größeres Essen und Kerzen halt. Aber wir feiern das auch gar nicht so oft. Nur Kerzen zünden wir eigentlich jeden Freitagabend an, aber das ist, glaub' ich, eher symbolisch oder so, weil Sabbat richtig einhalten tut eigentlich keiner aus unserer Familie. Da darf man auch kein Licht anmachen und so'n Zeug, keinen Schalter drücken und lauter solche Sachen.
Keinen Schalter drücken?
Ja, man darf kein Licht anmachen, nicht klingeln und lauter solche Sachen. Ich versteh' das nicht so ganz.
Wie ist das mit koscher essen?
Also nee, das ist bei uns gar nicht so. Ich weiß nicht, wir essen, glaub' ich, normalerweise kein Schwein. Wir haben alle schon mal Schwein gegessen, also so isses nicht. Aber wir schauen halt 'n bisschen drauf. Also, Schweinshax'n oder so, das hab' ich zum Beispiel noch nie gegessen, das ekelt mich auch irgendwie an. Und bei meiner Familie ist das wie bei mir: Wir sind halt gläubig, aber nicht religiös.

Wo ist der Unterschied?
Ja, also für mich ist gläubig zu sein, dass man an Gott glaubt und – ich fühl' mich ziemlich jüdisch. Aber ich bin trotzdem nicht religiös, dass ich diese ganzen 613 Gebote einhalte.
613?
Ja. Ich lern' das jedes Jahr, schon seit dem Kindergarten (lacht). Und ich glaub' halt, dass es da Unterschiede gibt. Jüdisch zu sein ist für mich nicht unbedingt Gebote einhalten.
Kennst du denn alle 613?
Nee, eben nicht. Ich kenn' die 10 Gebote und dann vielleicht noch ein paar andere.
Du hast gerade gesagt, ich fühl' mich jüdisch. Was heißt das?
Ich weiß nicht, das ist eher ein Gefühl, und es ist sehr schwer, ein Gefühl zu erklären. So eine Art Zusammenhalt. Aber es ist irgendwie die ganze Zeit in mir drin.
Wann spürst du das besonders stark?
Auf jeden Fall immer, wenn es irgendwie um Israel geht, ich fühl' mich da ziemlich hingezogen. Irgendwie verwandt. Es ist seltsam, ich hab' keine direkten Verwandten dort, keine super Freunde, und so oft war ich auch noch nicht da, vier Mal vielleicht. Aber irgendwie, ich weiß nicht warum, ist das genau wie ein Familienteil. Wenn ich zum Beispiel höre – also Fußball interessiert mich sonst absolut überhaupt nicht – aber wenn ich höre, dass Makkabi Tel Aviv gespielt hat…
Wer?
Makkabi Tel Aviv, das ist'n Fußballverein dort. Und dann fühl' ich mich irgendwie voll angesprochen. Ich weiß nicht, warum. Oder wenn ich zum Beispiel Leute hebräisch reden höre, irgendwo in der Stadt, dann will ich immer sagen „Ja, hallo".

Du sprichst hebräisch?

Nee. Ich kann vielleicht 20 Wörter oder so. Ich weiß nicht, wann ich mich warum jüdisch fühl'. Das kommt immer so. Und in der Zionistischen Jugend Deutschlands zum Beispiel, da diskutiert man immer über diese Sachen: fühlt man sich jetzt als deutscher Jude oder als jüdischer Deutscher oder so was – also mir ist es noch nicht gelungen, das zu erklären (lacht).

Was sagst du denn, wenn dich jemand danach fragt?

Ja, also deutsch fühl' ich mich nicht. Ich wohn' in Deutschland, ja, und es gefällt mir hier in München. Aber ich fühl' mich mit Deutschland eigentlich nicht so verbunden. Deutsch sein ist kein Teil von mir, das ist nur 'ne Erkennungsmarke, praktisch. Ich weiß nicht, als Erstes fühl' ich mich mal als Mensch (lacht).

Nach Israel gehen, ist das 'n Thema für dich?

Ja, eigentlich schon. Im Moment würd' ich schon gerne nach Israel gehen, aber das kann sich auch wieder ändern. Davor wollt' ich eigentlich nach England, also, ich weiß es noch nicht. Aber ich will nicht hier bleiben, glaub' ich.

Hast du viele jüdische Freundinnen und Freunde?

Nicht mehr so wie früher. Da gab's so 'ne richtig jüdische Clique an der Schule. Obwohl – im St. Anna Gymnasium, wo ich bin, sind es gar nicht so viele. Im Luitpold, da sind viel mehr jüdische Leute als bei uns, und da ist es ziemlich krass – so dass die dann immer zusammenstehen alle, aber das widert mich irgendwie an, ich weiß nicht, warum. Das find' ich voll eklig.

Die Juden in München, das klingt jetzt wie eine große Familie.

Ja, ob man will oder nicht.

Es ist wie bei Verwandtschaft ...

Ja.

... kann man sich nicht aussuchen.

Und, ich kapsel' mich auch immer mehr von denen ab. Mit den meisten hab' ich fast gar nichts mehr zu tun. Die ganzen jüdischen Jugendlichen, die sich immer treffen und so – wenn da 'ne Party ist, dann sitz ich nur noch da und denk' mir, was mach ich hier eigentlich?

Warum kannst du mit denen nichts mehr anfangen?

Ich weiß nicht, ich find' die meisten einfach voll schrecklich. Das hat aber nichts mit ihrem jüdisch sein zu tun. Die tun alle so ziemlich arrogant und überlegen, lästern rum... Ich find' die teilweise ziemlich intolerant. Und denen sind so Sachen wichtig, mit denen kann ich überhaupt nichts anfangen.

Gazmen Dzemajili

Ich find's Scheiße, dass die Stadt München keinen Platz für Rollerbladesfahrer hat.

Wie lang' fährst du schon Rollerblades?

Also, ich hab' letztes Jahr angefangen. Ja, sind schon neun, zehn Monate.

Was ist gut am Bladen?

Ja, macht einfach Spaß. Das Einzige, was Spaß macht. In der Halfpipe hoch zu fliegen und so. Und jetzt, also dieses Jahr, möchte ich halt irgendwo in einem Team mitmachen.

In einem Team mitmachen?

Na ja, das sind so Leute von K2 zum Beispiel, also die, die die Schuhe machen. Und die suchen Leute für ein Team, die gut fahren können. Und dann machen sie halt

Fotos, wie du springst oder Treppen runterfährst und so für den neuen Katalog. Und dann kommt der Katalog raus und die Leute schauen die Bilder an und dann kaufen die alle (lacht).

Ist es schwer, in so'n Team reinzukommen?

Ja, man muss halt gut Street fahren können und Halfpipe.

Und? Bist du gut?

Manche sagen, dass ich gut bin. Aber ich denk' nicht. Weil, wenn ich mir so Kassetten anschau', wo die besten Rollerbladefahrer drauf sind wie die fahren, also das ist schon ganz schön hart und ich weiß nicht, ob ich so gut bin. Aber dieses Jahr möchte ich es mal probieren. Ich denk' schon, dass ich so weit bin. […]

Holt man sich da nicht oft blutige Knie?

Ja, schon, aber „no risk no fun". Sagen die Raver immer.

Was ist'n Raver?

Ja, der zieht sich halt Sachen an, die glänzen, und färbt sich die Haare ganz verrückt (lacht).

Bist du auch so ein bisschen ein Raver?

Na ja, würd' ich nicht sagen. Weil die Raver, die tragen Piercing und was weiß ich noch alles. Und, na ja, das kann ich nicht, weil ich ein Moslem bin und mein Vater das nicht erlaubt, deshalb. Aber die Musik ist schön.

Wärst du gerne mehr Raver als im Moment?

Ja, schon.

Was würdest du gerne alles mit dir machen?

Na ja, anders anziehen, zum Flughafen Riem hingehen, Ravecity oder so, und vielleicht auch piercen.

Und wo?

Ja, entweder hier an der Augenbraue oder in die Zunge (lacht).

Aber das geht nicht wegen dem Koran? Steht da drin: Piercen verboten?

Ja, schon. Halt, einen Ohrring kann man nur als Kleinkind tragen. Und wenn ich jetzt zum Beispiel nach Mazedonien geh', da würden die Leute blöd gucken. Oder, wenn ich eine breite Hose anziehe oder so was, werden sie sagen, was ist das denn für'n Typ, weil der zieht sich Pyjamas an. Und ich möchte mir auch die Haare färben, aber zur Zeit geht das nicht wegen meinem Vater.

Was geht noch alles nicht wegen deinem Vater?

Ja, er gibt mir halt keine Freiheit. Draußen zu bleiben, oder er lässt mich nicht mal bei meinen Freunden eine Nacht übernachten. Das lässt er nicht zu. Da hat er ganz andere Gedanken als ich, da denkt er, dass ich Ärger mit der Polizei kriege oder irgendwo Drogen kauf' oder irgendwas. Der hat andere Gedanken.

Was darfst du denn so?

Was darf ich? Na ja, fast gar nichts. Ich muss halt auf meinen Vater hören. Das ist das Einzige. Wann ich zu Hause sein muss, was ich machen soll, was ich wie machen soll. Na ja, ganz schön viele Sachen.

Und deine Mutter, hat die da irgendwas mitzureden, oder hält sich die da raus?
Ja, sie hält sich da raus, weil der Einzige, der was zu sagen hat, ist mein Vater.
Was sagen denn deine Freunde dazu?
Ja, wenn ich sage, nein, ich kann nicht bis um elf bleiben, weil mein Vater das nicht erlaubt, oder wenn mich einer fragt, kommst du zu meiner Party, und ich sag' dann, nein, weil mein Vater das nicht erlaubt, da sagt er, ach komm, scheiß' auf deinen Vater, du bist jetzt 17, du kannst für dich selbst sorgen. Und manche sagen, ich soll einfach ausziehen oder so was, aber das würde ich nie machen, weil ich weiß, dass mein Vater mich immer noch liebt und dass er es halt gut meint und so. Aber das regt mich trotzdem auf.
Schlägt dich dein Vater manchmal?
Der hat mich noch nie geschlagen.
Wie ist das mit Mädchen?
Meine Eltern wollen halt unbedingt, dass ich eine Frau heirate, die auch moslemisch ist. Wenn ich eine Deutsche nehme und die geht dann in die Kirche und ich in die Moschee – also, das lassen sie nicht zu.
Jetzt sagst du, deine Eltern wollen das so. Willst du das denn auch so?
Ich denk' schon, ich weiß nicht. Ja, ich würd' mal ja sagen. Ja, was meine Eltern sagen, das find' ich auch. Ich find' das schon okay, was die da sagen, dass ich eine moslemische Frau heirate.
Warum?
Ja, weil es da sonst Probleme gibt. Weil ich muss halt manchmal auf meine Frau hören, und wenn sie sagt, später mal, ich soll mal in die Kirche kommen, dann werde ich halt meinen Glauben brechen. Das will ich auch nicht.
Bist du denn so richtig gläubig?
(Zögernd) Also, ja ich glaub' an Allah, aber ich mach' nicht alles, was im Koran steht halt. Früher bin ich immer in die Moschee gegangen, als ich in Mazedonien war, aber jetzt irgendwie nicht mehr. Wenn man hierher kommt, dann ist es anders. Man hat irgendwie fast keine Zeit mehr, wenn man Rollerblades fährt, sich mit Jungs und Mädchen trifft und so. Ich weiß nicht. Keine Zeit mehr für Allah.

(BMW AG und Stadtjugendamt München [Hg.], Bilder von Jugend – Katalog, München 1996, S. 36–39, 66–69 [Auszug], 212f., 232–234, 243–245 [Auszug], 266–268)

Hinweis: Das Thema Erziehung stand in den Interviews nicht im Vordergrund, da dies von den Interviewern nicht angestrebt war. Daher ist es sinnvoll, Hintergrundinformationen über die Erziehung in den Heimatländern der Befragten einzuholen, so weit dies möglich ist. Wichtig ist auch zu betonen, dass es sich um die Ansichten Einzelner handelt, die nicht zwangsläufig repräsentativ für die Meinungen ihrer Landsleute sind [vgl. hierzu auch die Methode „Biografisches Lernen“, S. 129ff.]

Anwendung

Ein großes Haus am Stadtrand. Gänge, Gänge, enge Gänge, graue Farbe, dünne Wände. Die Fußmatten vor den kahlen Zimmertüren sind schwarzrotgolden durchwirkt. Die Zimmer selbst: vollgestopft mit Menschen, Möbeln und Matratzen. Alle drei Monate wird amtsseits zum großen Kakerlaken-Vernichtungsschlag ausgeholt, man liest die Ankündigung am Schwarzen Brett. Den Zaun zum Grundstück nebenan begrenzt ganz oben und ganz unten je eine scharfe Linie aus Stacheldraht.

Hinter dem Haus steht ein Müllcontainer, aus dem ein Junge herauskrabbelt. Daneben streitet ein Mädchen mit großen, dunklen Augen, drei Jahre mag es alt sein, mit einem kleinen Buben. Es schreit ihn an: „Geh und fick deine Mutter!"

Früher, aber das ist über zwölf Jahre her, war hier die Firma Bertram, welche Messgeräte herstellt. Doch sie ist umgezogen, und nun befindet sich im Haus eine „Gemeinschaftsunterkunft für Asylbewerber" oder, wie es in den Briefen und Mitteilungen der Regierung von Oberbayern heißt, eine GU oder, so sagen die Bewohner, das „Haus Bertram". Es ist, ausweislich eines amtlichen Verzeichnisses, ausgestattet mit 25 Kochplatten, 17 Duschen, 31 Waschbecken, 14 Toiletten sowie sechs Urinalen, und es gab Zeiten, aber das steht nicht im Verzeichnis, da funktionierte im ganzen Gebäude nur eine einzige Waschmaschine und von den Kochplatten waren auch nur drei oder vier intakt. 158 Personen leben hier, davon 32 Frauen und 83 Männer. Der Rest sind Kinder, 43 Kinder, gut ein Viertel der Bewohner. Der Rest?! Kinder?!

Es ist kein öffentliches Thema, dass in den Flüchtlingslagern Deutschlands Kinder leben, oft nicht nur ein Viertel, sondern ein Drittel oder sogar die Hälfte der Bewohner einer Unterkunft. Hier und da gibt es mal einen Artikel oder ein Buch über Jugendliche, die ganz allein ihre Heimat verlassen müssen und durch die Welt fliehen, ohne Eltern. Dass aber sehr viele Menschen sehr viele Jahre ihrer Kindheit mit den Familien in der Asylkaserne verbringen – wer weiß schon etwas davon? Wer redet darüber? Wer regt sich auf?

Kindheit im Asyl: Es gibt im Haus Bertram ein Ehepaar, das mit fünf Töchtern und einem Sohn einen einzigen Raum bewohnt. Ein anderes teilt sich den seinen mit vier Kindern, deren ältestes 15 ist; dies, ohne dass man ein eigenes Bad hätte oder eine Küche. Es gibt kein Alleinsein, kein Sichzurückziehen, keine Intimität. Immer ist den Kindern das Erwachsenenleben präsent, die Sorgen der Großen, die Angst der Großen, die Konflikte der Großen. Und, andererseits: Fast nie können die Eltern ohne Kinder sein.

Wie aber sollen Kinder, die morgens zur Schule müssen, nachts schlafen, wenn die Erwachsenen noch bis nach Mitternacht wach sind, Besuch haben, fernsehen (für viele die einzige Kontaktmöglichkeit zum Leben außerhalb des Gettos, auch wenn man die Sprache nicht versteht)? Wie sollen Erwachsene, die – manchmal legal, manchmal illegal – Jobs in der Nachtschicht von Putzfirmen haben, tagsüber Ruhe finden, wenn die Kinder bei schlechtem Wetter auf den Gängen oder im Zimmer spielen, weil es sonst keinen Platz für sie gibt? Schon für die ganz Kleinen, sagt Katharina Küpper, die sich an drei Vormittagen pro Woche im Auftrag der Caritas um die Kinder im Haus Bertram kümmert, „ist der Geschlechtsverkehr etwas, über das sie genau Bescheid wissen".

Ein Kind soll, nach unseren Begriffen, einen Schonraum bewohnen, um seine Persönlichkeit, seine Gefühle, sein Wissen um die Welt entwickeln zu können. Einen solchen Bezirk gibt es aber im Asyl nicht – hier wird niemand geschont, auch Kinder nicht. Es sind die Eltern, die ihnen diesen Raum verschaffen müssten. Aber die Eltern sind machtlos. Sie leben in einer Situation „erzwungener Hilflosigkeit", wie es in einer Broschüre des Münchner Stadtjugendamtes heißt, einem der wenigen fundierten Texte zu diesem Thema. Sie sind arm, arbeitslos, unerwünscht, entwurzelt, ohne Sprachkenntnisse, oft krank, nicht selten voller Angst vor der Zukunft.

Wir treffen Hafiz aus Syrien, 17 Jahre alt, Ältester von sechs Geschwistern. Seine Mutter leidet an den Folgen eines Hörsturzes, sein Vater, 43 Jahre alt, ist im Gesicht nach zwei Schlaganfällen halbseitig gelähmt. „Er denkt zu viel", sagt Hafiz, fürchte sich vor der Abschiebung nach vier Jahren in Deutschland. Hafiz ist der Einzige in der Familie, der arbeiten kann, als Möbelschlepper in einer Spedition.

(Axel Hacke, Der Rest sind Kinder. Der Rest?, in: Süddeutsche Zeitung, Magazin v. 23.9.1994, S. 15f)

1. Wie beschreibt der Autor die Lebensbedingungen der Kinder?

2. Was bedeutet dies für ihr weiteres Leben?

3. Was müsste getan werden, um ihnen zu helfen?

Patenschaft – Hausaufgabenhilfe durch Schülerinnen und Schüler des Städt. Gymnasiums Herten in der Flüchtlingsunterkunft Gartenstraße

Ansprechpartner:
Jürgen Schepp
Migrationsberatung der AWO Herten
Tel.: 02366/1091–0

Seit 1994 unterstützt das Städt. Gymnasium finanziell und personell die Hausaufgabenhilfe für Flüchtlingskinder der Unterkunft Gartenstraße. In der Unterkunft leben 14 Kinder in schulpflichtigem Alter. Alle Kinder sind Kurden aus der Türkei.

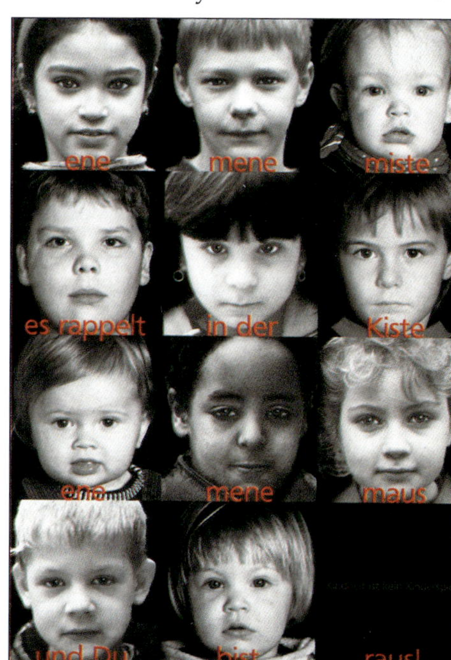

Pro Woche helfen Oberstufenschülerinnen und -schüler des Gymnasiums 2 x wöchentlich nachmittags bei der Bewältigung der Hausaufgaben. Im Jahr 1997 leisteten die Schülerinnen und Schüler ca. 200 Stunden Betreuung der Kinder.

Diese Hausaufgabenhilfe erreichte folgende Ziele im vergangenen Jahr:

- Die durch ihre Zuflucht nach Deutschland benachteiligten Kinder hatten die Möglichkeit, in einem für sie geschaffenen Raum ungestört Hausaufgaben zu erledigen.

- Die Kinder erhielten Hilfen, die ihre Eltern aufgrund keiner oder mangelnder Schul- und Sprachkenntnisse ihnen nicht geben konnten, durch gute Schülerinnen und Schüler des Gymnasiums.
- Die Kinder konnten Defizite aufgrund mangelnder Sprach- und Kulturkenntnisse in der Schule gegenüber den anderen Mitschülern abbauen.

- Schülerinnen und Schüler des Gymnasiums erhielten eine verantwortungsvolle Aufgabe, die sie mit Hingabe, Eigenengagement, viel Zeitaufwand und sozialer Verantwortung erfüllten.

Diese Verbindung zwischen dem Gymnasium mit seinen Schülerinnen und Schülern und Lehrerinnen und Lehrern und den Flüchtlingskindern nennen wir eine sinnvolle

Patenschaft

(FRAG! Die Freiwilligen-Agentur Herten [Hrsg.]; Ausstellungskatalog: Eine Frage der Zeit, Herten 1998, o. S.; Verf.: Monika Kullik)

---

1. Könnt ihr euch vorstellen, auch solch ein Projekt mit eurem Kurs durchzuführen?

2. Recherchiert in eurer Stadt, wie pädagogische Einrichtungen (Kindergärten, Schulen, Jugendzentren…) mit ausländischen Kindern und Jugendlichen arbeiten.

„Guck mal übern Tellerrand! Lies mal, wie die andern leben!"

Dies ist das Motto einer Initiative, die Kinder- und Jugendbücher aus der Einen Welt sichtet, vorstellt und Ausstellungen und Autorenlesungen organisiert, um deutschen Kindern und Jugendlichen einen echten Einblick in die Lebenssituationen von Kindern und Jugendlichen in allen Teilen der Erde zu ermöglichen. Bevorzugt wird solche Literatur, die von Vertretern anderer Kulturen selbst, aus ihrem jeweiligen Blickwinkel, geschrieben wurde. Kontaktadresse für Bücherlisten und Aktionen: Aktion „Guck mal übern Tellerrand", Dorotheenstr. 45, 53111 Bonn, Tel. 0228/696916, Fax: 0228/696914.
Auf ein lesenswertes Buch soll an dieser Stelle hingewiesen werden (zur Analyse von Kinder- und Jugendbüchern könnt ihr auf das Kapitel „Und die Moral von der Geschicht" zurückgreifen, S. 227 f.):

Mein Lieblingsbuch:
Kindheitshunger von Axel Gauvin

Der fünfzehnjährige Soubaya, Sohn eines indischen Einwanderers auf der Insel Réunion, kommt in eine fremde Schule, in der die Kinder alle weiß und bettelarm sind. Dort wird er gleich vom ersten Tag an von seinen Klassenkameraden wegen seiner Hautfarbe gedemütigt. Er kämpft jedoch gegen die Diskriminierung durch seine Mitschüler und die Schule an und erringt durch sein mutiges und freundliches Verhalten den Respekt und die Zuneigung der anderen. Und: Er verliebt sich in Lina, auch sie eine Außenseiterin wegen ihrer feuerroten Haare. Soubaya hungert nach Liebe und isst und isst. Hunger haben alle diese Kinder. Sie sehnen sich nach Nahrung für den Körper und die Seele, sie wollen angenommen werden, so wie sie sind: als Epileptiker, als kör-

perlich oder geistig behindert, als Tönnchen oder als Farbiger. Sie lernen, dass sie, wenn sie zusammenhalten, gegen Unterdrückung stark sind.

Ich finde die Geschichte von Soubaya lesenswert, weil sie am Beispiel dieser armen, immer hungrigen Jugendlichen beschreibt, wie Toleranz, Hilfsbereitschaft und Zuneigung sie selbst und auch ihr Verhalten gegenüber Fremden verändern. Und zugleich ist sie eine wunderschön erzählte Liebesgeschichte eines Fünfzehnjährigen.

(Peter Hammer Verlag, 1995, DM 19,80)

(Ingeborg Schäuble, Vorsitzende der Deutschen Welthungerhilfe, in: Guck mal übern Tellerrand! Magazin 1997/1998, Bonn 1997, S. 2)

Über eine Klassenfahrt von deutschen und türkischen Jugendlichen in die Türkei berichtet die Erzählung von Monika Springer: Fremd wie der Fisch dem Vogel?, rororo rotfuchs 578, Rowohlt Taschenbuch Verlag, Reinbek 1990. Basis für diese Erzählung war die reale Klassenfahrt einer neunten Hauptschulklasse aus Duisburg.

Beurteilung

Ausländer – gefährlich fremd?

So begann der Artikel:

Zeitbomben in den Vorstädten

Die Ausländerintegration ist gescheitert. Überall im Land entsteht eine explosive Spannung. Bei jungen Türken und Aussiedlern, Randgruppen ohne Perspektive, wächst die Bereitschaft, sich mit Gewalt zu holen, was die Gesellschaft ihnen verweigert.

Der SPIEGEL wählte für seine Ausgabe 16/1997 dieses Titelbild:

In der Ausgabe 13/1998 des SPIEGEL wurden folgende Umfrageergebnisse abgedruckt: (Zur Problematik von Umfrageergebnissen könnt ihr euch auf den Seiten 98 ff. informieren.)

„Leben in Deutschland zu viele Ausländer?“

	WEST-DEUTSCHE	OST-DEUTSCHE
ja	53	65
nein	37	29
nein, könnten noch mehr sein	6	3

„Nehmen Ausländer uns die Arbeitsplätze weg?“

	WEST-DEUTSCHE	OST-DEUTSCHE
ja	28	48
nein	69	46

„Liegen Ausländer den Deutschen auf der Tasche?“

	WEST-DEUTSCHE	OST-DEUTSCHE
ja	38	55
nein	55	37

(DER SPIEGEL Nr. 13/1998, S. 52, 69, 60; Emnid-Umfrage für den SPIEGEL, 922 Befragte, 20. und 25. 2. 1998; an 100 fehlende Prozent: keine Angabe)

1. Sind Ausländer für euch „gefährlich fremd“? Schreibt einen Leserbrief über eure Erfahrungen und eure Meinung zu dieser Frage.
2. Wie interpretiert ihr die Ergebnisse der Meinungsumfragen?
3. Wie kommen solche Meinungsbilder zustande?

Fremdenangst – natürlich vorprogrammiert? Ein Streitgespräch

SPIEGEL: Herr Eibl-Eibesfeldt, Sie warnen, zu viele Einwanderer gefährdeten den sozialen Frieden. Herr Geißler plädiert für eine multikulturelle Gesellschaft. Gefährdet er den inneren Frieden in diesem Land?

EIBL-EIBESFELDT: Ich möchte es freundlicher formulieren. Wenn man sich dafür engagiert, dass größere Gruppen von Einwanderern ihre eigene Kultur behalten und damit eigene Solidargesellschaften bilden, wie das bei Teilen der türkischen Bevölkerung der Fall ist, die ganze Stadtviertel einheitlich bewohnen, kommt es in Krisenzeiten zu Spannungen. Denken wir etwa an die Konkurrenz um begrenzte Ressourcen wie Wohnungen, Sozialleistungen, Arbeitsplätze. Daher befürworte ich Immigration nur, wenn sie mit Assimilation einhergeht. Wir sind mit 230 Einwohnern pro Quadratkilometer ein übervölkertes Land.

GEIßLER: Überbevölkerung ist ein falsches Argument. Es leben heute nur zweieinhalb Millionen Menschen mehr in Deutschland als zu Beginn der Neunzigerjahre. Antisemitismus und Fremdenhass haben vor allem etwas mit der geistigen Einstellung zu tun. Die Juden wurden im Dritten Reich verfolgt, ohne dass damals jedes Jahr 100 000 oder 200 000 Einwanderer ins Land kamen. Die Pogrome gegen die

Indianer in den USA fanden in einem fast menschenleeren Kontinent statt. Ob wir in Frieden leben, entscheidet sich dadurch, ob wir bereit sind, ein Konzept zu entwickeln, das die Zuwanderung reguliert, die Ursachen für die Migration beseitigt und dafür sorgt, dass die Menschen, die bei uns wohnen, friedlich und gleichberechtigt miteinander leben. Diese Gesamtkonzeption ist eine Aufgabe für die nächste Legislaturperiode. Unfrieden bekommen wir dann, wenn wir ein modernes Sparta akzeptieren, mit einer Dreiklassengesellschaft. Das haben wir zur Zeit.

Spiegel: Halten Sie die Position von Eibl-Eibesfeldt für ausländerfeindlich?

Geißler: Ich scheue mich zu sagen, dass er selbst ausländerfeindlich ist, aber seine falsche These von der Überbevölkerung gibt den Rechtsradikalen Futter. Sie können sich auf ihn berufen, wenn sie Leute mit anderer Hautfarbe abfackeln.

Eibl-Eibesfeldt: Meine Argumente werden auch von Demokraten gehört, auch in ihrer Partei, Herr Geißler. Es gibt ja viele gescheite Politiker. Es wird gern so getan, als propagierte ich den Kampf ums Dasein, den Kampf aller gegen alle. Das ist nicht meine Position.

Spiegel: Aber Sie schreiben, Xenophobie (Fremdenangst) sei angeboren. Deshalb komme es, wenn größere ethnische Gruppen in andere Länder einwandern, zu Kämpfen ums Territorium. Das unterschreibt jeder Rechtsradikale.

Eibl-Eibesfeldt: Fremdenangst ist in allen Kulturen nachzuweisen. Es geht um die Wahrnehmung von Andersheit, eine Voraussetzung für die Ausbildung von Vielfalt, nach der alles Leben drängt. In der kindlichen Fremdenscheu ist dieses Verhalten angelegt.

Geißler: Aber deshalb muss man sich ja nicht gegenseitig auffressen.

Eibl-Eibesfeldt: Das behaupte ich auch nicht. Ich sage nur, dass es zur Konkurrenz kommt. Wer die Wirklichkeit nicht wahrnimmt, ist schon an ihr gescheitert, hat der Verhaltensbiologie Hubert Markl einmal gesagt.

Geißler: Sie sagen, es gilt das Territorialprinzip. Ich sage, es gilt der kategorische Imperativ. Der Mensch ist in der Regel weder eine Graugans noch ein Waschbär. Er kann lernen, ist kreativ, hat Fantasie und Bewusstsein. Die Xenophobie des Säuglings muss doch nicht dazu führen, dass er als Erwachsener unfähig wird, mit Menschen anderer Hautfarbe zusammenzuleben.

(DER SPIEGEL Nr. 14/1998, S.48ff. [Auszüge]; Irenäus Eibl-Eibesfeldt ist Zoologe und Verhaltensforscher, Heiner Geißler ist stellvertretender Vorsitzender der CDU/CSU im Bundestag)

1. Welchen Argumenten könnt ihr euch anschließen?
2. Schreibt einen Leserbrief, in dem ihr zu den Positionen Stellung nehmt und eure eigene Position begründet.
3. Welche Schlussfolgerungen pädagogischer und politischer Art lassen sich aus den Positionen ziehen?

„Papa, was ist Rassismus?"

„Rassismus ist ein ziemlich verbreitetes Verhalten, das es in jedem Land gibt und das in manchen Ländern leider so alltäglich geworden ist, dass es vielen gar nicht mehr auffällt. Rassistisches Verhalten besteht darin, anderen Menschen zu misstrauen, sie ungerecht zu behandeln, und zwar nicht, weil sie uns etwas Schlimmes

angetan hätten, sondern einzig und allein, weil sie anders aussehen oder aus einer anderen Kultur stammen als wir." [...]

„Glaubst du, ich könnte so werden?"

„Das hängt von deiner Erziehung ab. Von Natur aus ist kein Kind fremdenfeindlich, denn niemand wird als Rassist geboren. Und wenn deine Eltern, deine Familie oder deine Lehrer dir keine fremdenfeindlichen Ideen in den Kopf setzen, wirst du auch nicht fremdenfeindlich werden."

(Tahar Ben Jelloun, Papa, was ist ein Fremder?, zit. in: Süddeutsche Zeitung – Magazin vom 26. 3. 1999, S. 24)

Identität I

Woher ich komme?
Meine Mutter kam aus dem Schwarzwald nach Schaumburg,
nach Hamburg, nach Tübingen.
Mein Vater kam aus Schanghai nach Taiwan, nach Hong-
kong, nach Tübingen.
Dort kamen beide zu mir.
Ich kam nach Köln – und dort zur Welt,
kam nach Berlin und in die Schule,
kam aus der Schule – und bin noch hier.
Und nun kommst du und fragst, woher ich komme.

Identität II

Was ich bin?
Mein Vater ist Asiat, seine Wurzeln in Korea.
Seine Sprache – hat er eine? Er hat viele.
Meine Mutter ist deutsch, deutsch ihre Ahnen,
Deutsch ihre Sprache.
Deutsch ist mein Pass, Deutsch meine Sprache.
Deutsch ist mein Wesen – doch ist es nur deutsch?
Deutsch empfinde ich mich – doch wie empfinden
mich die Deutschen?
Nie wirklich diskriminiert – aber nicht doch ein biss-
chen Bastard, Rassenschande?
„Ich bin ein Berliner", – sagte ein Präsident der USA.
Ich sage es auch, und ich lebe hier.

(Carl Chung, Identität I und II, in: Norbert Ney [Hg.], Sie haben mich zu einem Ausländer gemacht... Ich bin einer geworden. Ausländer schreiben vom Leben bei uns, rororo rotfuchs, Rowohlt Taschenbuch Verlag, Reinbek 1984, S. 40; Carl Chung, geboren 1963, ist in West-Berlin aufgewachsen und hat dort Abitur gemacht; sein Vater ist Koreaner.)

1. Wie sollen Erzieherinnen und Erzieher, Lehrerinnen und Lehrer auf Kinder und Jugendliche wie Carl Chung eingehen? Welche Ziele sollte die Erziehung eurer Ansicht nach haben?

2. Sollte sich auch für die deutschen Kinder etwas in ihrer Erziehung und Bildung ändern? Wie könnten solche Änderungen aussehen?

3. Johann Wolfgang von Goethe schrieb in seinen „Maximen und Reflexionen" (1832–42 aus dem Nachlass herausgegeben): „Toleranz sollte eigentlich nur eine vorübergehende Gesinnung sein, sie muss zur Anerkennung führen."
Welchen Unterschied gibt es zwischen Toleranz und Anerkennung?
Was heißt das für unsere Zeit und für die Erziehung von Kindern und Jugendlichen?

9/2

3. Typisch Mädchen? Typisch Jungen?

1. Schaue dir das Bild genau an und überlege dir eine Geschichte zu dem Foto!

2. Begründe, welches Kind du am liebsten in der Geschichte darstellen würdest, und beschreibe den möglichen weiteren Lebenslauf dieses Mädchens/Jungen.

3. Nimm dir zu Hause Zeit, deine Fotoalben auf Mädchen- und Jungenbilder durchzustöbern. Notiere deine Beobachtungen!

Einführung

1. Das „Geschlechterpuzzle“

Viele „Puzzleteile“ lassen ein ganzes Bild entstehen. Wenn es um die Geschlechter geht, hörst du häufig: „typisch“  oder „typisch“ 

häuslich	geduldig	modebewusst	resolut	energisch
entschlossen	gelassen	fleißig	klug	clever
nachdenklich	beherrscht	sozial	selbstbewusst	intelligent
schwatzhaft	neugierig	ängstlich	emotional	ehrgeizig
hart	hilfsbereit	lustig	freundlich	attraktiv
zurückhaltend	gutmütig	zärtlich	selbstsicher	hysterisch
dumm	überlegen	sachlich	kühl	mutig
cool	sportlich	aggressiv	aktiv	positiv
kinderlieb	musisch	computersüchtig	sorgend	blöd

1. Ordnet möglichst alle oben genannten Eigenschaften zu:

Mädchen/Frauen

Jungen/Männer

2. Vergleicht die Ergebnisse der Mädchen mit den Ergebnissen der Jungen.
3. Legt eine große Männer- und Frauenrolle (am besten auf einer Tapetenrolle) mit der gesamten Jungen-/Mädchengruppe des Kurses an. Einigt euch in der Mädchen- und Jungengruppe auf eine gemeinsame Rolle für Jungen und Mädchen.
4. Bildet eine Jungen- und eine Mädchengruppe und verfasst auf der Grundlage der „Mädchen-“ bzw. „Jungenrolle“ eine Lebensgeschichte (Biografie) von einem fiktiven Mädchen „Anna“ bzw. einem fiktiven Jungen „Jan“.
5. Stellt diese beiden Geschichten jeweils als Rollenspiel dar. (Vgl. Methode Rollenspiel, S. 158f.)

6. Tauscht in den beiden Biografien von Anna und Jan die beiden Namen und „sie/er“ aus.

Spielt euch diese Geschichten jeweils vor.

7. Was ist euch aufgefallen? Stellt eure positiven/negativen Reaktionen/Verhaltensweisen zusammen.

8. Welche Version hat dir als Junge/als Mädchen besser gefallen, die typische oder die mit vertauschtem Namen/Geschlecht?

9. Notiere, welche Fragen du im weiteren Verlauf der Unterrichtsreihe bearbeiten willst.

Tipp: Ihr könnt auch eine „Mädchen-" und eine „Jungen-Rolle" anfertigen, auf der jede/jeder von euch ihre/seine Frage aufschreibt.

2. Lauter dumme Sprüche, Meinungen und Bilder

Sportstudentinnen der Hochschule für Leibesübungen Spandau beim Boxtraining, Winter 1928

Männer …
Männer führen Kriege
Männer sind schon als Baby blau
Männer rauchen Pfeife
Männer sind furchtbar schlau
Männer bauen Raketen
Männer machen alles ganz genau
Männer kriegen keine Kinder
Männer kriegen dünnes Haar
Männer sind auch Menschen
Männer sind etwas sonderbar
Männer sind so verletzlich
Männer sind auf dieser Welt einfach unersetzlich
Männer…

Herbert Grönemeyer

(Melodie und Text: Herbert Grönemeyer, Verlag: Grönland 50% / EMI Kick 50%)

„Don't take a boy and bury his feelings. Buried feelings will not make a man."

Jay Leonhart

Es gibt Männer …

„Es gibt Männer, die erziehen Kinder. Aber ich weiß nicht, ob das gut ist."
Nicole (13)

Ich stelle mir vor …

„Ich stelle mir vor, Frauen die haben irgendwie mehr Fingerspitzengefühl und Männer sind irgendwie so robust."
Tanja (14)

Mit Menschen umgehen

„Man muss immer mit Menschen umgehen. Nicht nur im Beruf, sondern auch in der Freizeit, in der Familie und in der Schule. Im Beruf kann man sie pflegen, beraten, bedienen und man kann mit ihnen zusammenarbeiten. Man kann freundlich zu ihnen sein, man kann die einen besser behandeln als andere – aber man muss mit ihnen umgehen. In dem einen Beruf mehr, im anderen weniger. Ich möchte meine Ausbildung in einem Beruf machen, wo man möglichst viel mit Menschen zu tun hat, nur nicht im sozialen Bereich, da ich der Meinung bin, dass das nur etwas für Mädchen ist."
Patrick (15)

(Zitate aus: Was wir werden wollen?, hrsg. vom Ministerium für Gleichstellung von Mann und Frau, Düsseldorf 1994, S. 87)

1. Schaue dir alle Materialien genau an und begründe, welche Aussagen du als richtig bzw. falsch ansiehst.
2. Teilt den Kurs in eine Jungen- und eine Mädchengruppe und diskutiert dort die Aussagen.
3. Sammle weitere Sprüche/Materialien aus der Werbung oder aus der Zeitung und fertige daraus eine Collage über typische und untypische Männer- und Frauenbilder an.

3. Wer bin ich?

Wie sehe ich mich, als  oder  ?

1. Was sind deine persönlichen Eigenschaften und deine Wünsche für die Zukunft?
   Klug? Aktiv? Mutig? Nett?
   Beruf? Partner/Partnerin? Kind/Kinder?
2. Fertige ein Selbstportrait an, das deine Eigenschaften und deine Wünsche für die Zukunft aufzeigt.
3. Vergleiche deine Vorstellungen mit den als typisch festgestellten Merkmalen auf den beiden großen Rollen. Bist du ein typisches Mädchen/ein typischer Junge?
4. Erstellt von euren Portraits eine gemeinsame Portrait-Wand aller Jungen und Mädchen und diskutiert eure individuellen Vorstellungen im Kurs.

Orientierung und Planung

1. Beschreibe die Karikatur möglichst genau.
2. Welche Botschaft enthält sie zu Rollenerwartungen und zum Rollenhandeln?
3. Verfasst Sprechblasen für die anderen Personen und spielt die Szene.
4. Schaut euch einmal in Spielzeug-Geschäften um und überprüft die Aussagekraft / den Realitätsgehalt der Karikatur.

Was „typisch Mann“ bzw. „typisch Frau“ ist, lässt sich nicht immer so leicht sagen, wie du vielleicht auf Anhieb gemeint hast. Die Vorstellungen über Mann- und Frausein und über Jungen- und Mädchenerziehung sind nicht für alle Zeiten starr festgelegt, sondern dem gesellschaftlichen, geschichtlichen und kulturellen Wandel unterworfen. Rollen sollen für dich nicht zu „Leidbildern“ werden, vielmehr sollst du befähigt werden, dir selbst deine persönliche Mädchen-/Jungenbiografie zu basteln, um deine Lebens- und Zukunftspläne bewusst und verantwortlich gestalten zu können. Der *Erarbeitungsteil* soll dir dazu wichtige Informationen und Handlungsstrategien vermitteln. Im *Anwendungsteil* werden dir konkrete Möglichkeiten von Jungen- und Mädchenarbeit aufgezeigt, die du aber sicherlich noch durch deine eigenen Ideen ergänzen kannst.
Ein ungewöhnliches männliches Berufsportrait, eine spektakuläre Aktion eines Mädchens sowie eine Karikatur sollen dir im *Beurteilungsteil* nochmals Anregungen für die wesentlichen Puzzleteile deiner eigenen Geschlechterbiografie, d.h. deiner Geschlechtsidentität als Mädchen bzw. Junge geben und dir Handlungsimpulse für deine Lebens- und Berufsplanung zu Verfügung stellen.

„Trennung auf Zeit“ – ein besonderer Lernweg

Oft wird dir in diesem Kapitel vorgeschlagen, in geschlechtsgetrennten (homogenen) Gruppen zu arbeiten, da du nur dadurch besondere Möglichkeiten erhältst, über die unterschiedlichen Eigenschaften und über das Verhältnis der Geschlechter nachzudenken. So wird dir (Schon-)Raum gegeben, zunächst mit anderen Mädchen bzw. Jungen über deine Gefühle, Erfahrungen, Probleme zu sprechen und spezielle Mädchen- bzw. Jungenfragen zu erarbeiten. Anschließend hast du Gelegenheit, dich in der geschlechtsgemischten (heterogenen) Gruppe über die verschiedenen Sichtweisen und Bedürfnisse der Geschlechter auszutauschen. Du kannst dann gemeinsam mit deinen Mitschülerinnen und Mitschülern überlegen, was Mädchen von Jungen bzw. Jungen von Mädchen lernen können. Dabei hat jedes Mädchen/jeder Junge selbst zu entscheiden, was aus der Mädchen- bzw. Jungengruppe in die gemeinsame Besprechung hineingetragen werden darf/soll, da nur so eine vertrauensvolle Gruppenarbeit möglich ist.

Wissenswertes zum Thema „Rollen“

Wie schon die obige Karikatur von Marie Marcks zeigt, haben Begriffe wie „Rolle“ und „Rollenerwartungen“ eine ganz zentrale Bedeutung in der Mädchen- und Jungenerziehung. Die folgenden Ausführungen sollen dich deshalb mit den wichtigsten Bausteinen aus der Rollentheorie vertraut machen, damit du so das Handwerkszeug erhältst, dir deine eigene „Rolle“ zusammenzubasteln.

Rolle:

Der Begriff „Rolle" stammt aus der Theaterwelt. So wie jeder Schauspieler/jede Schauspielerin auf der Bühne in jedem Stück eine Rolle mit ganz bestimmten, festgelegten Erwartungen spielen muss, so hat auch jeder Mensch im Laufe seines Lebens zahlreiche Rollen zu spielen und auszufüllen. Der Begriff „Rolle" beschreibt somit, dass sich Menschen so zu verhalten haben, wie es die Werte und Normen der jeweiligen Gesellschaft von ihnen erwarten. Jeder Mensch lernt diese verschiedenen Rollen durch die Erziehung, d.h. durch Eltern, Geschwister, Freunde, im Kindergarten, in der Schule...
Dieser Lernprozess wird auch als **‚Sozialisation'** bezeichnet. Die verschiedenen Sozialisationsorte nennt man **‚Sozialisationsinstanzen'.**

Rollenlernen

Erfüllt der Mensch die Rollenerwartungen, so wird er von der Erzieherin/von dem Erzieher belohnt, d.h. positiv sanktioniert.
Beispiel: Die Mutter lobt ihre Tochter, wenn diese in der Küche hilft.
Zeigt der/die zu Erziehende abweichendes Verhalten, d.h. ‚fällt er/sie aus der Rolle', wird er/sie bestraft, d.h. negativ sanktioniert.
Beispiel: Der Vater sagt zum Sohn: „Ein Junge weint nicht!"
Somit üben die Erzieherinnen und Erzieher durch Anerkennung und Missbilligung des Rollenverhaltens eine starke soziale Kontrolle aus. Sie sagen: „Das tut/sagt ‚man' nicht!" Es kommt so zum ‚Rollenspiel' zwischen verschiedenen Partnerinnen und Partnern, die sich durch Sprache, Mimik und Gestik miteinander verständigen. Auf der Grundlage dieses ‚Rollenspiels' funktioniert das Zusammenleben in der Gesellschaft. Es gibt wie im Theater Haupt- und Nebenrollen, leichte und schwere Rollen, Traumrollen, Doppelrollen usw.
Die Rollen werden tradiert, d.h. von einer Generation an die nächste weitergegeben. Dabei entstehen **‚Rollenklischees'** oder **‚Rollenstereotype'.**

Rollenkonflikte

Solange jeder Mensch so handelt, wie es die anderen von ihm erwarten, d.h. wenn er sich den Rollen anpasst, funktioniert dieses Spiel reibungslos. Wenn aber einer/eine aus der ‚Rolle fällt', dann nimmt dieses Spiel einen veränderten Verlauf oder es ist sogar ‚aus' – es sei denn, die anderen Mitspieler und Mitspielerinnen verändern sich ebenfalls. Dabei verändern sich dann die traditionellen oder ‚typischen' Rollen zu neuen Rollen. Es entsteht ein neues/anderes Rollenspiel/Theaterstück. Die **Rollen-‚Automatik'** ist dann aufgehoben und das ganze Rollengeschehen kommt ‚ins Rollen'. Es entstehen so möglicherweise Konfliktsituationen zwischen einzelnen Rollen oder in einer Rolle. Diese Konfliktsituationen bezeichnet man als **‚Rollenkonflikte'.**

Rolle und Persönlichkeit

Viele Gesellschaftswissenschaftler (z.B. Soziologen) meinen, dass es für den Menschen in einer demokratischen und pluralistischen Gesellschaft wichtig ist, das Rollenhandeln selbst mitbestimmen zu können und den Anpassungsvorgängen der Gesellschaft auch zu widerstehen. So geht der Soziologe Krappmann davon aus, dass der Mensch die an ihn gestellten Rollenerwartungen kritisch bezüglich seiner individuellen Bedürfnisse überprüfen soll. Rollenhandeln bedeutet dann, eine Balance zu finden zwischen der ‚Rolle' (Anpassung) und dem ‚Ich' (Freiheit), um auf dieser Grundlage die eigene Persönlichkeit **(‚Ich-Identität')** zu entwickeln. Bildlich gesprochen soll also jeder Mensch auf der Grundlage der gesellschaftlichen Erwartungen und seiner Bedürfnisse sein persönlichen Profil ‚zusammenbasteln' können.

1. Wende die im Text genannten zentralen Begrifflichkeiten wie Rolle, Rollenlernen, Rollenstereotype, Rollenautomatik, Rollenkonflikte und Ich-Identität auf die Karikatur „Rollenerwartungen“ von Marie Marcks (S. 154) an.
2. Überlegt, wie der in der Karikatur dargestellte Konflikt gelöst werden kann. Teilt dazu den Kurs möglichst in 6-er Gruppen und verfasst dazu Rollenspiele.

Methode

KARI KATUR

Karikaturen sind in der heutigen Medienwelt weit verbreitet, kaum eine Zeitung/Zeitschrift verzichtet auf sie und sicherlich hast du schon festgestellt, dass sie dort oft an hervorragender und immer gleicher Stelle auftauchen. Wahrscheinlich hast du auch schon einige Karikaturen im Geschichts- und Politikunterricht kennen gelernt oder auch selbst schon Karikaturen angefertigt.
Auch für den Pädagogikunterricht können Karikaturen ein gutes Arbeitsmittel sein. Vor allem die bekannte Karikaturistin Marie Marcks hat sich in ihren Karikaturen immer wieder mit verschiedenen Aspekten der Erziehung wie z.B. Schule, Familie, Mädchen- und Jungenrolle usw. kritisch auseinander gesetzt und Bildergeschichten sowie Karikaturensammlungen dazu verfasst. Ihr findet viele ihrer Zeichnungen in diesem Buch, da sie oft mehr über Erziehung aussagen als „dickleibige Bände“ von Wissenschaftlern.

Folgenden Aspekt solltest du beim Umgang mit Karikaturen beachten:
Karikaturen verzerren bzw. verfremden absichtlich die Wirklichkeit, um auf bestimmte Aspekte eines Sachverhaltes besonders hinzuweisen. Sie vermitteln immer eine ganz bestimmte Sichtweise über Personen, Vorgänge oder Situationen, wie du das auch an dem obigen Beispiel erkennen kannst.

Leitfragen:

1. Was wird wie und warum dargestellt?
   - Beschreibe genau, was du siehst: Personen/Ereignisse/Situationen.
   - Berücksichtige, welche Mittel (Bilder/Mythen/Symbole/...) verwendet werden.
   - Achte auch auf das, was zusätzlich zu lesen ist (Wortwahl/Sprachform/...).
2. Was will die Karikatur aussagen?
   - Untersuche, auf welchen Sachverhalt/auf welche Situation die Karikatur Bezug nimmt.
   - Stelle die Sichtweise der Karikaturistin/des Karikaturisten fest.
   - Erläutere, wen/was die Karikatur angreift, und beschreibe, was die Verfasserin/der Verfasser erreichen/bewirken will (vgl. Zielgruppe).
3. Wie ist die Karikatur zu beurteilen?
   - Begründe, inwieweit du der „verzerrten Darstellung“ der Realität zustimmen kannst. Hier ist deine eigene Meinung zur Darstellung und zur Absicht der Karikatur gefragt. Wenn du besonders kreativ bist, kannst du auch mit einer eigenen Karikatur antworten!

Methode

ROLLEN SPIEL

Viele Expertinnen und Experten stellen immer wieder heraus, dass sich Rollenspiele besonders gut eignen, um geschlechtsrollentypisches Verhalten zu verdeutlichen. Deshalb wurde als methodischer Schwerpunkt dieses Kapitels das Rollenspiel gewählt. Weiteres Wissenswertes zum Thema „Rollen" findest du auf S. 155 ff.

Sicherlich haben einige von euch schon Erfahrungen als Theaterspielerin oder Theaterspieler gesammelt, andere kennen vielleicht schon Rollenspiele aus dem Geschichts- oder Politikunterricht. Einigen von euch erscheinen vielleicht Rollenspiele nur als ‚Spielerei' oder ‚Kinderkram', weil sie an das Nachspielen von Märchenszenen, Kindersendungen usw. denken. Manchen gehen vielleicht auch die folgenden Gedanken durch den Kopf:
- Ich mach mich doch nicht lächerlich!
- Ich will im Unterricht lernen/arbeiten und nicht spielen!
- ...

Was können Rollenspiele leisten? Kann man ‚spielend' lernen?

Das Rollenspiel soll dazu beitragen, durch die szenische Darstellung die Interessen/Haltungen der verschiedenen Personen/Personengruppen in einem Konflikt zu verdeutlichen und den beteiligten Rollenspielerinnen und -spielern erfahrbar zu machen. Wenn du z. B. als Mädchen in die Rolle des Jungen oder als Junge in die Rolle des Mädchens ‚schlüpfst', siehst du eine Situation mit ‚neuen Augen' oder – wie manche sogar sagen – durch eine andere ‚Brille'. Rollenspiele ermöglichen dir so, von eigenen und fremden Erfahrungen zu lernen. Du erwirbst so die Fähigkeit, Beziehungen z. B. zwischen Mädchen und Jungen aus verschiedenen Sichtweisen (**Perspektiven**) zu betrachten und entwickelst Einfühlungsvermögen (**Empathie**) für dir ansonsten fremde Sichtweisen.
Das Spielen mit Rollen – sich selbst in verschiedenen Rollen spielen, andere Rollen ausprobieren, Rollen wechseln und tauschen – kann dir helfen, dich mit gegebenen Rollenerwartungen (**Rollennormen**) kritisch auseinander zu setzen und verändertes Rollenverhalten einzuüben. Somit können Rollenspiele dazu beitragen ‚spielend und reflektierend' eingefahrene stereotype Verhaltensmuster zu verlassen und die eigenen ‚Spielräume' z. B. in der Mädchen- und Jungenrolle zu erweitern und so auch die Beziehungen zwischen ‚Rollenträgern' neu zu gestalten.
Durch Rollenspiele geraten also – bildlich gesprochen – ‚Rollen ins Rollen'.

Zur Vorbereitung eines Rollenspiels

Ganz wichtig ist, dass ihr vor Beginn des Spiels in eurem Kurs die Situation und die Aufgabenstellung genau umreißt. Dazu ist es sinnvoll, sich zu den vorgeplanten Rollen Notizen (Rollenkarten) zu machen und auch über die entsprechende Mimik, Gestik, Sprache, ... nachzudenken. Anschließend wählt ihr die Spieler und Spielerinnen und die Beobachter und Beobachterinnen aus. Dabei solltet ihr selbstverständlich niemanden zur Übernahme einer Rolle zwingen, da es dann kein wirkliches Rollenspiel werden kann. Wenn ihr bereits im Rollenspiel geübt seid, wisst ihr, dass es wichtig ist, im Kursraum eine ‚kleine Bühne' für die

einzelnen ‚Szenen' vorzubereiten und einzurichten und dem beobachtenden Publikum entsprechend Plätze zuzuweisen. So könnt ihr durch Betreten bzw. Verlassen der ‚Bühne' Anfang und Ende der Spielszenen genau markieren.
Die Beobachterinnen und Beobachter sollen das Verhalten der Spielerinnen und Spieler genau betrachten, deshalb ist es wichtig, Beobachtungspunkte festzulegen, wie:

1. Verhalten sich die Spielerinnen und Spieler entsprechend den Rollenbeschreibungen (Mimik, Gestik, Sprache)?
2. Welche Konfliktbewältigungsstrategien werden von den Beteiligten eingesetzt:
   – Lösung im Gespräch?
   – Nachgeben einer Seite?
   – Verweigerung einer Seite?

Manchmal kann es sinnvoll sein, auch einen Kassettenrekorder oder eine Videokamera einzusetzen, um den Spielerinnen und Spielern ihre eigenen Äußerungen und den Verlauf des Spiels genau vorstellen zu können und sie es ‚live' erleben zu lassen.

Tipps zur Durchführung

Ein Rollenspiel funktioniert nur, wenn ihr euch mit der jeweiligen Rolle identifiziert, aus dieser Rollenperspektive die Situation betrachtet und entsprechend reagiert. Deshalb ist es wichtig, dass ihr die bestimmenden Verhaltensmuster eurer Rollen auch in die Handlung aktiv und überzeugend einbringt. Das kann manchmal sicherlich schwer fallen, wenn es eine euch fremde Rolle ist, wie z. B. beim Rollentausch der Geschlechter. Je mehr ihr aber euer Einfühlungsvermögen durch Rollenspiele trainiert, desto größer wird auch eure Spielfähigkeit und Spielbegeisterung werden.

Anregungen zur Auswertung

Die Spielkritik solltet ihr nach Möglichkeit im Sitzkreis durchführen. Die Beobachterinnen und Beobachter können zunächst über ihre Wahrnehmungen berichten und den Spielerinnen und Spielern so eine Rückmeldung geben. Danach sollten die Akteure ihre Erlebnisse und Eindrücke zu folgenden Fragen/Themen mitteilen:
– Warum habe ich die Rolle gern/ungern gespielt?
– Konnte ich mich mit dem Rollenmuster identifizieren?
– Wie habe ich mich in der Rolle gefühlt?
– Was möchte ich an der Rolle verändern?
– Wie habe ich die anderen Rollen erlebt?

Zum Abschluss solltet ihr alle gemeinsam die eigenen und fremden Erfahrungen nochmals kritisch vergleichen und überlegen, welche neuen Einstellungen/Sichtweisen ihr durch das Rollenspiel hinsichtlich des bearbeiteten Problems/Konfliktfeldes gewonnen habt. Welche alternativen Perspektiven/Problemlösungsmöglichkeiten könnt ihr euch z.B. für Rollenkonflikte zwischen Jungen und Mädchen vorstellen? So habt ihr möglicherweise schon wieder eine neue ‚Szene' für das nächste ‚Rollenspiel' oder für den ‚Ernstfall Leben' zusammengestellt.

Und nun viel Spaß beim Rollenspiel und viel Kreativität beim Erweitern der Spielräume von Rollen.

Wie entstehen „Geschlechterrollen“?

Werden wir als  geboren oder dazu gemacht?

Ihr habt wahrscheinlich im Biologieunterricht schon über biologisch bedingte Unterschiede zwischen Männern und Frauen gesprochen. Ansonsten könnt ihr eure Biologielehrerin/ euren Biologielehrer über seine Geschlechterrollensicht befragen oder selbst im Biologiebuch noch einmal die entsprechenden Kapitel durcharbeiten, um euch über biologisch begründete Verhaltensunterschiede zwischen Mann und Frau zu informieren.
Erstellt nun im Kurs ein Meinungsbild, ob die unterschiedlichen Verhaltensweisen, d. h. die Geschlechterrollen *angeboren* oder *anerzogen* sind.

Eine erziehungswissenschaftliche Sichtweise:

Entscheidend für das ‚soziale‘ Geschlecht, d. h. für die Geschlechterrollen und die geschlechtsspezifischen Verhaltensweisen ist, wie besonders ethnologische (völkerkundliche) Untersuchungen zeigen, die unterschiedliche Erziehung der Geschlechter, auch ‚geschlechtsspezifische Sozialisation’ genannt. Für Jungen und Mädchen sind die sozialen und kulturellen Bedingungen für die Persönlichkeitsentwicklung in unserer Gesellschaft seit Jahrtausenden sehr verschieden. Mit der Geburt – manche Forscher sagen: schon vor der Geburt – beginnt die „Sie-“ und „Er“ziehung. So werden Jungen/Mädchen gleich mit unterschiedlichen Farben (blau/rosa) bedacht, die Reaktionen der Eltern/Verwandten usw. auf die Geburt eines Jungen oder Mädchens sind oft sehr unterschiedlich. Der Junge wird oft als ‚Stammhalter‘, das Mädchen als ‚Süßer Engel‘ usw. bezeichnet. Damit schafft die Zugehörigkeit zu einem der beiden Geschlechter schon beim Start ins Leben unterschiedlichen Voraussetzungen, aus denen sich dann über die ganze Lebensspanne geschlechtsspezifische Persönlichkeitsmerkmale entwickeln. Der bekannte Erziehungswissenschaftler Klaus Hurrelmann stellt dazu Folgendes fest:
„Bis in die Gegenwart hinein sind in breiten Schichten der Bevölkerung feste Vorstellungen darüber vorhanden, welche Verhaltensweisen und Persönlichkeitsmerkmale als typisch ‚männlich‘ und typisch ‚weiblich‘ gelten können. So wird männlichen Kindern, Jugendlichen und Erwachsenen ein großes Ausmaß von aktivem und durchsetzungsbezogenem Verhalten zugestanden, zugleich wird von ihnen wie selbstverständlich die Aufnahme einer Berufstätigkeit und das Durchlaufen einer Berufskarriere erwartet. Demgegenüber werden weiblichen Kindern, Jugendlichen und Erwachsenen stärker gefühlsbetonte und auf Unterstützung anderer ausgerichtete Verhaltensmerkmale zugeschrieben, zugleich verbunden mit der Erwartung, dass sie sich intensiv um Belange der Familie und vor allem auch der Kindererziehung zu kümmern haben. […]
Die Rollenmuster werden auch schon früh in der familialen und schulischen Erziehung zugrunde gelegt. Die Konsequenz ist, dass Männer mehrheitlich aggressive und auf Vorherrschaft ausgerichtete Verhaltensweisen zeigen, Frauen dagegen mehrheitlich gefühlsbezogene und zurückgezogene. […]

Der Prozess der Identifizierung mit der eigenen Geschlechtsrolle lässt sich vermutlich nicht in genetische, biologische und psychische Komponenten zerlegen, sondern diese beiden Komponenten bauen aufeinander auf und beziehen sich aufeinander. Die biologisch angelegten Unterschiede werden sozial interpretiert und überformt, so dass es für einen jungen Mann oder eine junge Frau gar nicht möglich ist, zwischen den eigenen Anlagen und Merkmalen und den oft sehr fest gefügten, stereotypen Erwartungen der Umwelt an die eigenen Merkmale und Verhaltensweisen zu unterscheiden."

(Klaus Hurrelmann, Einführung in die Sozialisationstheorie, Beltz Verlag, Weinheim/Basel 1995, S. 30f., S. 258)

Und so sieht es die Karikaturistin Marie Marcks:

Mutter und Sohn

Vater und Tochter

1. Stelle in einer Tabelle zusammen, welche geschlechtsspezifischen Verhaltensmerkmale Klaus Hurrelmann für Mädchen und Jungen herausstellt.
2. Erläutere, wie Hurrelmann das Entstehen der unterschiedlichen „geschlechtsstereotypen" Verhaltensweisen erklärt.
3. Bringe Beispiele für die Richtigkeit der Aussagen des Autors/der Karikaturistin. Denke dabei an deine Familie, deine Kindergartenzeit, dein Spielzeug, deine Kinderbücher. (Vergleiche dazu auch das Kapitel „Kinderbücher", S. 223 ff.)
4. **Erkundungsauftrag:**
Stelle Informationen zu Ländern/Kulturen zusammen, in denen die Erziehung von Jungen und Mädchen anders gestaltet wird.

Männliche und weibliche Lebenswelten?

Die männliche Lebenswelt	Die weibliche Lebenswelt
Jungen … – wachsen in dem Bewusstsein auf, dass Männer die technische Welt beherrschen. – erleben, dass staatliche Kontrollorgane, z.B. die Polizei, vorwiegend männlich sind. – erfahren, dass ihre Väter meist außer Haus arbeiten. – lernen, dass die Hausarbeit vor allem von Frauen erledigt wird. – kennen häufig ihre Väter gar nicht oder leben von ihnen räumlich getrennt. – sehen im Lebensmittelgeschäft fast ausnahmslos Frauen beim Einkauf. – sehen auf der Straße, wenn ein Auto repariert wird, dass fast immer ein Mann daran arbeitet. – werden im Kindergarten fast nur von Frauen erzogen. – beobachten, dass größere Autos meist von Männern gefahren werden. – bemerken, dass im Sportfernsehen überwiegend Männersport gezeigt wird. – machen die Erfahrung, dass sie den Mädchen kräftemäßig fast immer überlegen sind. – sehen in der Werbung oft nackte Frauen, aber fast nie nackte Männer. – erleben selten, dass ihnen Mädchen hinterherschauen oder ihnen nachpfeifen. – bestimmen in der Schule das Unterrichtsgeschehen. – lernen, dass Männer sich prügeln, erschießen und als Mannschaften auftreten. – dürfen im Sportunterricht vor allem um Punkte spielen und Höchstleistungen erbringen. – sehen fast niemals weinende Männer. – machen die Erfahrung, dass ihre Nachnamen die ihrer Väter sind und ihre Mütter einmal anders geheißen haben. – kennen meistens pornografische Filme und lernen, dass Männer über Frauen verfügen.	Mädchen … – wachsen in dem Bewusstsein auf, dass sie beherrscht werden. – …

- werden meistens von Müttern getröstet und von Vätern ermutigt.
- werden als ‚schwul' diskriminiert, wenn sie sich vom Imponiergehabe ihrer Kumpel distanzieren (vgl. Exkurs „Aus der Rolle fallen").
- lesen in den Antworten der Jugendzeitschriften auf ihre anonymen Fragen, dass sie („glücklicherweise") ziemlich sicher nicht homosexuell sind, wenn sie sich zu einem anderen Jungen hingezogen fühlen.
- erleben immer männliche Helden in den Jugendfilmen im Kino.
- lernen, dass der Weg in eine berufliche Karriere für sie leichter ist als für Mädchen.

(Aus: Sexualpädagogische Jungenarbeit, Bd. 1, hrsg. von der Bundeszentrale für gesundheitliche Aufklärung, Köln 1995, S. 24 f.)

1. Vervollständigt in eurem Kurs die entsprechenden Aussagen für die ‚weibliche Lebenswelt' auf einem Plakat oder einer Folie.

2. Bildet eine Mädchen- und eine Jungengruppe und überprüft dort die aufgezeigten Besonderheiten der Mädchen- und Jungenwelt anhand eurer Erfahrungen im Elternhaus, im Kindergarten, in der Schule und mit den Medien.

Wie kann man die verschiedenen Lebenswelten durchbrechen?

Mädchenarbeit

In vielen Schulen und Bildungseinrichtungen haben sich Kolleginnen auf den Weg gemacht, Erfahrungsräume zu öffnen und Lernsituationen zu schaffen, die Mädchen ermutigen, größeres Vertrauen in ihre eigenen Fähigkeiten zu entwickeln. Mädchen wagen es, ihre Unkenntnis und ihre Hemmnisse zu benennen, und sie erhalten somit eine Chance, diese zu überwinden. Im Folgenden werden Aktionen und Projekte aufgelistet, die an Schulen in NRW regelmäßig laufen.

„Frauen machen Mädchen stark"

Es gibt Mädchen-AGs, Mädchen-Cafés, Mädchen-Infobretter, Mädchen-Infoordner, Mädchenräume, Mädchen-Projekte, Mädchentage in der Schule, Mädchenversammlungen der SV zu bestimmten Themen und Mädchen-Wochenenden.

Maßnahmenfelder und Gebiete

- Trennung im Biologieunterricht zur Sexualerziehung, Trennung im Sportunterricht, NW- und Informatikkurse für Mädchen, Computer-AGs für Mädchen.

- Entspannung und Körperwahrnehmung – Mädchen-AG, Liebe-Sex-Projekte, Rhetorik für Mädchen, Selbstsicherheitstraining für Mädchen, WenDo für Mädchen.
- Berufswahlorientierung für Mädchen, Schnuppertage mit Müttern im Betrieb (Angebot nach Absprache mit Mädchen, Müttern, Betrieb), Berufswahlvorbereitung, Bewerbungstraining/Rollenspiele

(Barbara Sendlak-Brandt, Mitglied im Landesfrauenausschuss, in: Neue deutsche Schule, 2/1998, S. 20)

Verfasse zu der Zeichnung auf S. 163 eine Sprechblase!

Starke Mädchen sagen „Nein"

Landesregierung fördert Kurse zur Selbstbehauptung an Schulen in NRW

Mit landesweiten Programm fördert die nordrhein-westfälische Landesregierung erstmals Kurse zur Selbstbehauptung für Mädchen an Schulen. Dafür stellt das Gleichstellungsministerium in diesem Jahr 300 000 Mark zur Verfügung.
Nach einem Runderlass können Grundschulen und Schulen der Sekundarstufe I bis zum 10. Juli 1997 jeweils 1500 Mark bei der zuständigen Bezirksregierung beantragen. Gleichstellungsministerin Ilse Ridder-Melchers (SPD) sagte am Montag in Düsseldorf: „Mädchen sollen keine Kampfsportarten trainieren, sondern Selbstsicherheit und Selbstvertrauen lernen. Sie sollen ihre eigenen Stärken erfahren. Starke Mädchen können Nein sagen, können sich zur Wehr setzen."
„Die Kurse werden von speziell geschulten Trainerinnen in den Schulen durchgeführt werden", ergänzte Schulministerin Gabriele Behler (SPD).

(Thomas Bartel, in: Recklinghäuser Zeitung v. 15.4.1997)

1. Welche Aufgaben hat die Mädchenarbeit an den Schulen in NRW?
2. An welchen Projekten würdest du gerne teilnehmen bzw. an welchen nimmst du bereits teil?
3. Befürwortest du die Geschlechtertrennung in den genannten Fächern? Begründe deine Meinung!

Jungenarbeit

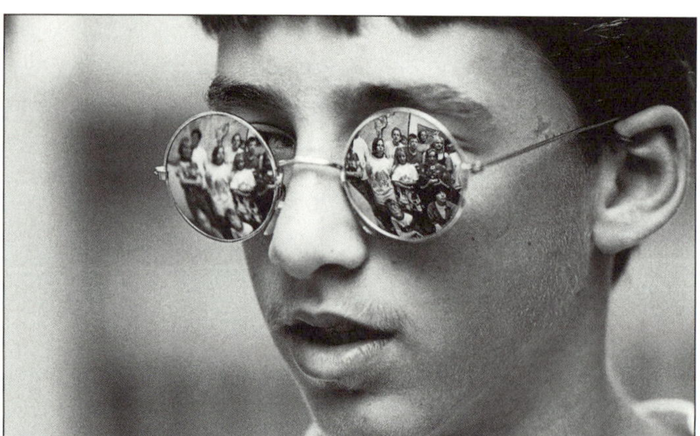

Verfasse zu dem Bild eine Sprechblase!

Dieter Schnack, der einige Bücher zur Jungenerziehung geschrieben hat, stellt in einem Gespräch folgende Forderungen an eine ‚gute Jungenarbeit':

[…] Inzwischen gibt es viele Bestrebungen in der Schule, Jungen und Mädchen in bestimmten Bereichen zu trennen, so z. B. in Mathematik, in den Naturwissenschaften, beim Arbeiten mit Computern und auch im Sport. Ist das auf Jungen bezogen Ihres Erachtens der richtige Ansatz?

Schnack: Ich glaube nicht, dass den Mädchen damit geholfen ist, ihnen besondere Schonräume zu geben, sondern die Frage wäre: „Was kann Schule tun, um Mädchen in bestimmten Bereichen durchsetzungsfähiger zu machen? Und was tut Schule, um das traditionelle Geschlechterverhältnis nicht immer wieder mit zu reproduzieren?" Das heißt nicht, dass es nicht sinnvoll wäre, die Geschlechter in der Schule auch einmal zu trennen. Eine Jungengruppe kann zum Beispiel eine Möglichkeit eines vertrauensvollen Kreises sein, wo man vielleicht manches Männlichkeitsgehabe nicht so nötig hat. Ein wichtiger Punkt der Konstruktion von Männlichkeit in unserer Gesellschaft ist die Abgrenzung vom Weiblichen, um deutlich zu machen, dass man da unverletzlich ist, dass niemand so gut ist wie man selbst, erst recht niemand von den Mädchen, dass man besser, stärker und kräftiger ist und auch in der Hierarchie der Jungengruppe etwas darstellt. Das kann in einer Gruppe von Jungen wegfallen. […]

Welche Forderungen und Folgerungen würden sich denn für männliche Erzieher und Lehrer daraus ableiten?

Schnack: Eine gute Jungenarbeit setzt voraus, dass Männer, die in der Pädagogik tätig sind, untereinander ins Gespräch kommen. Solange Hierarchie, Konkurrenz oder das Bild des Einzelkämpfers vorherrschen, ist Jungenarbeit schwierig. Und sie müssen sich mit dem Gewaltphänomen auseinander setzen. Ich habe oft das Gefühl, dass gewaltbereite Jugendliche angesehen werden, als könnten sie gut ihre Interessen vertreten und gut mit ihren Konflikten umgehen. Man kritisiert an ihnen, dass sie egoistisch, gemein oder gewalttätig sind. Oft können solche Jungen mit ihren seelischen und körperlichen Impulsen überhaupt nicht gut umgehen, sie stolpern von einen ungelösten Konflikt in den nächsten, sind sehr verletzlich und leicht zu kränken. Wenn jemand viele Gewalterfahrungen gemacht hat, dann sagt er sich: „Bevor ich überhaupt noch einmal Unsicherheit, Angst und Schmerz fühle, haue ich auf den anderen drauf." Gewaltfreiheit ist nicht unbedingt das Idealziel. Ich meine, diese Jungen können das Thema Gewaltfreiheit nicht mehr hören, weil die ganze Welt ja immer gewalttätiger wird und man sich dieser Gewalt stellen muss, gerade als Mann. Ich finde, dass viele Menschen in der Pädagogik bezüglich eigener Aggressionen eher gehemmt sind. Und dann wäre das Thema der Aggressionshemmung oder der Aggressionsumleitung in der Ausbildung von Lehrern oder die Auseinandersetzung damit einmal ganz wichtig. Ich glaube, in der Sportdidaktik wäre eine Auseinandersetzung mit Kampfsport gar nicht so verkehrt. Ich finde es auch fragwürdig, dass man Selbstverteidigung für die Mädchen anbietet und die Jungen in einen Sozialkurs schickt. Man muss für alle Kinder Selbstverteidigung machen, denn für die Jungen spielt es eine ungeheuer große Rolle, weil der Alltag der Jungen in aller Regel viel gewalttätiger ist als der der Mädchen. […]

(Dieter Schnack, Die Welt ist nicht mehr zu erobern, In: Sportpädagogik 6/1997, S. 24)

1. Erläutere, was Schnack als ‚gute Jungenarbeit' bezeichnet. Beachte insbesondere die Rolle der Männer.
2. Wie beurteilst du Schnacks Vorschläge, in der Schule speziell Kampfsportarten wie Boxen zu fördern?
3. Begründe, ob du die Einrichtung einer Jungengruppe an deiner Schule befürwortest.

Geschlechtsbewusste Erziehung konkret

So setzt die Laborschule Bielefeld, eine wissenschaftliche Versuchsschule des Landes NRW, Mädchen- und Jungenarbeit um:

I. Unterrichtsprojekte

1. Haushalts(s)pass für alle Jungen und Mädchen der Jahrgangsstufe 4:

Haushalts(s)pass

Name..............

Alter................

Schule............

I. Waschen, Nähen, Bügeln...

- Wäsche sortieren ☐
- mit der Hand waschen ☐
- bügeln ☐
- zusammenlegen ☐
- kleine Nähte nähen ☐
- Knöpfe annähen ☐

II. Kochen, Backen

- für ein kleines Gericht ☐
  - Rezept suchen
  - planen
  - einkaufen
- kochen ☐
- Tisch decken ☐
- abwaschen ☐

III.Saubermachen

- Tisch abwischen ☐
- Fenster putzen ☐
- Staub saugen ☐
- fegen und wischen ☐
- Toilette, Waschbecken, Badewanne, Dusche reinigen ☐
- Betten ab- und beziehen ☐

IV. Fahrrad

- Schlauch flicken ☐
- Schlauch und Mantel wechseln ☐
- putzen und ölen ☐
- Kette aufspannen und lösen ☐
- Schrauben nachziehen ☐

V. Werkstattarbeiten

- Nagel gerade einschlagen ☐
- Schrauben eindrehen ☐
- sägen ☐

(Christine Biermann [Hrsg.], Kritische Koedukation: Mädchen und Jungen in der Laborschule, Bielefeld 1997, Werkstatthefte Nr. 10, S. 29)

2. Kindertagesstättenpraktikum für alle Jungen und Mädchen der Jahrgangsstufe 7

3. Getrenntgeschlechtlicher Sportunterricht in den Jahrgangsstufen 8 und 9 in Klettern, Yoga, Basketball und Tanz. (Die Laborschule geht davon aus, dass Mädchen und Jungen in diesen Sportarten aufgrund ihrer Erziehung unterschiedliche Fähigkeiten und Vorlieben entwickelt haben.)

4. Meinen Beruf finden – mein Leben gestalten: Berufswahlorientierung für Jungen und Mädchen abseits der einseitigen Orientierung an der männlichen ‚Erwerbsbiografie'.

II. Jungen- und Mädchenkonferenzen

Jungen und Mädchen treffen sich regelmäßig monatlich zu Gesprächsrunden. Sie besprechen ihre speziellen Probleme des Schulalltags (Benachteiligungen im Unterricht, Konflikte zwischen Jungen und Mädchen usw.) und überlegen sich gemeinsame Aktionen zwecks Verbesserung der Kommunikation und Beziehung zwischen Jungen und Mädchen.

III. Spezielle Selbstverteidigungs- und Selbstbehauptungsprojekte für Mädchen

Die Mädchen setzen sich mit Unterschieden in der Körpersprache von Jungen und Mädchen auseinander und lernen, sich zu öffnen und für sich „Raum zu erobern". So können sie sich dann besser gegen körperliche Attacken von Jungen wehren und selbstbewusster auftreten.

1. Verdeutliche, welche Fähigkeiten Mädchen und Jungen durch die Projekte und durch die Mädchen- und Jungenkonferenzen erwerben.

2. Wie könnte eine dritte Szene der Zeichnung oben aussehen? (Beschreibe oder zeichne sie!)

3. Würdest du gerne diese Schule besuchen? Begründe deine Meinung!

Ein wichtiger Exkurs: Aus der Rolle fallen

Keine „typischen" Mädchen, keine „typischen" Jungen – lesbische und schwule Menschen

1. Nimm ein Blatt und notiere, welche Gedanken dir bei den Bildern auf Seite 167 unten durch den Kopf gehen.
2. Fertige ein Cluster oder Wortspiel zu den Begriffen ‚schwul' und ‚lesbisch' an!
3. Was fällt dir auf?

1. Was bedeutet eigentlich „sexuelle Orientierung"?

Mit „sexueller Orientierung" ist gemeint, zu welchem Geschlecht sich jemand mit seinem Fühlen und Begehren hingezogen fühlt. Verschiedene Menschen haben verschiedene sexuelle Orientierungen. Das ist ganz normal. Kein Mensch kann sich seine Orientierung aussuchen. Grob eingeteilt kennen wir drei Grundorientierungen:

Heterosexualität: Das bedeutet, dass sich jemand von einer Person des anderen Geschlechts angezogen fühlt. Für die meisten Menschen erscheint nur dies als „normal", weil es besonders häufig ist und weil sie es so gewohnt sind.

Homosexualität: Jemand fühlt sich von einer Person des eigenen Geschlechts angezogen. Bei Männern hat sich der Ausdruck „schwul sein" durchgesetzt, bei Frauen der Begriff „lesbisch sein". Beide Begriffe wurden früher abwertend als Schimpfwort gebraucht. Sie haben sich aber heute im allgemeinen Sprachgebrauch durchgesetzt, um männliche bzw. weibliche Homosexualität zu kennzeichnen.

Über die Bedingungen, durch die eine hetero- oder homosexuelle Orientierung geformt wird, weiß man heute hauptsächlich zweierlei, nämlich, dass die Orientierung bereits in den ersten Lebensjahren dauerhaft geprägt wird und dass bisher praktisch alle Versuche, eine vermutete Ursache wissenschaftlich zu beweisen, gescheitert sind. Man ist heute der Auffassung, dass höchstwahrscheinlich sehr viele Faktoren gemeinsam wirken (müssen), um eine Richtung zu bevorzugen, ohne dass ein einzelner dieser Faktoren ursächlich ist oder gar gezielt beeinflussbar wäre. Die sexuelle Orientierung selbst ist also keine Frage der Erziehung, wohl aber das Ausmaß, in dem sich körperliches, seelisches, soziales und damit auch sexuelles Wohlbefinden entwickelt. Sicher ist auch: Niemand kann zu einer tief greifenden und dauerhaften homosexuellen Orientierung erzogen oder gar verführt werden. In der gesamten wissenschaftlich fundierten Literatur wird kein einziger Fall einer homosexuellen Prägung durch Verführung berichtet.

2. Coming Out – ein wichtiger Prozess!

„Ich fühlte mich allein und anders als die anderen. So verschieden wie ein Kreis in einer Welt von Quadraten! Ich passe einfach nirgendwo hinein. Keiner schien derartige Gefühle zu haben wie ich. Erst dachte ich, die Gefühle würden weggehen, wenn ich sie ignoriere. Aber sie wurden nur immer stärker."
(Biggi D., 18 Jahre)

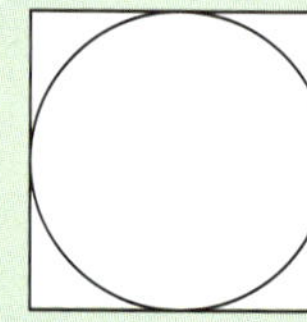

Coming Out bezeichnet den gesamten Prozess der Selbstwahrnehmung der sexuellen Orientierung und das „Herauskommen" oder „Heraustreten" aus dem (unfreiwilligen) Schweigen, der Isolation und dem nur „inneren Geschehen".

Als „inneres" Coming Out wird oft die erste Phase bezeichnet, in der jemand die eigenen Gefühle und Wünsche realistisch wahrnimmt und vor sich selbst anerkennt. Das „äußere" Coming Out ist die folgende Phase, in der das Schwul- oder

Lesbischsein zunächst vertrauten Personen und später vielleicht auch einem weiteren Kreis von Menschen bekannt wird. Der „Coming Out"-Prozess beginnt häufig in der Pubertät und kann viele Jahre dauern, bei manchen auch ein ganzes Leben lang. Manche Jugendliche, sogar Erwachsene, erleben nie ein Coming Out in diesem Sinne; in jedem Fall sind der Prozess der Selbstannahme und der mutige Schritt nach außen stark von den erschwerenden oder unterstützenden Reaktionen der Umgebung abhängig. „Coming Out" ist etwas ganz anderes als der neuerdings oft gehörte Begriff des „Outing". Damit ist gemeint, dass jemand die sexuelle Orientierung eines anderen Menschen „veröffentlicht". Besonders Prominente sollen dadurch genötigt werden, öffentlich zu ihrer Homosexualität zu stehen, damit es auch anderen Menschen leichter fällt, zu ihrer sexuellen Orientierung zu stehen. Dies ist aber ein schwerwiegender Eingriff in die Privatsphäre anderer Menschen und wird fast immer als Diffamierung erlebt.

3. Wie Homosexualität das Verhältnis zu den Eltern beeinflussen kann

Erfahrungen eines betroffenen Sohnes

„Im Alter von 18 Jahren habe ich mein Elternhaus grußlos verlassen, um es in den folgenden 7 Jahren so gut wie nicht mehr zu betreten. Das Verhältnis zwischen meinen Eltern und mir hatte sich aufgrund ihrer Einstellung zu Homosexualität und unser aller Unfähigkeit, miteinander zu reden, zu einer solchen Folter entwickelt, dass ich es nicht mehr ertragen konnte. Im Laufe der Zeit habe ich mir ein gewisses Selbstwertgefühl und Verständnis für die Situation meiner Eltern erarbeitet. Erst jetzt bin ich in der Lage, einen Brief zu schreiben, den ich vor acht Jahren hätte schreiben sollen, aber damals fehlten mir das nötige Wissen, ein gesundes Selbstbewusstsein und der Mut und die Kraft, mit meinen Eltern achtungsvoll zu streiten. Ich möchte, dass nicht nur meine Eltern über ihr Verständnis von Elternliebe nachdenken. Aus meinem Bekanntenkreis weiß ich, dass unsere Familie nicht die einzige ist, die Gefahr läuft, am Thema Homosexualität zu zerbrechen. Deshalb bitte ich mit dem folgenden Brief im Namen aller ‚sprachlosen' Kinder um Gehör."

Liebe Eltern!

Ihr wisst, ich streite nicht gern mit euch, und Meinungsverschiedenheiten zwischen uns sind auch für mich anstrengend und oft schmerzlich. Ich weiß, wie schwer es mir fällt, ruhig und vernünftig mit euch über mich zu reden. Deswegen schreibe ich. Ich möchte, dass wir uns besser verstehen lernen, denn ich bin euer Kind und wir sind miteinander verbunden, auch wenn ihr es jetzt schwer habt, weil ich homosexuell bin.

Ich weiß, ihr wünscht euch eine eigene Familie für mich und Enkelkinder und dass ich ein anständiger, geachteter Mensch werde. Es wäre vieles einfacher für uns alle, wenn ich nicht homosexuell wäre, aber ich bin es nun mal. Es wäre nicht gut für mich, und ich würde bedrückt und krank, wenn ich anders leben sollte, als ich es möchte. Versucht bitte nicht, mir Gefühle einzureden, die ich nicht habe. Versucht auch nicht, mir Gefühle auszureden, die ich habe und die schön und aufrichtig sind.

Ich kann euch keine Enkelkinder versprechen (auch heterosexuelle Menschen wollen zuweilen keine Kinder haben oder können keine bekommen). Aber ich kann einen Menschen finden, der so liebenswert, achtenswert, ehrlich, vertrauenswürdig und liebevoll ist, dass wir zusammen leben können in einer Partnerschaft, die auch ihr respektieren könnt, weil sie menschlich und ehrenhaft ist. Ihr werdet mich nicht verlieren, ihr könnt ein neues Familienmitglied gewinnen, das ihr vielleicht mögen werdet. Vertraut darauf, dass ich die Werte hochhalte, die ihr mir vermittelt habt.

Ich bin homosexuell. Nehmt es hin, nehmt mich hin, wie ich bin. Lasst mir meine Sexualität, meine Gefühle, meine Liebe. Ich fürchte, ihr könntet mich weniger lieben, euch von mir abwenden, mich verstoßen, weil ich ausleben möchte, was ich fühle. Versteht mich nicht falsch, denn ich will euch nicht drängen, etwas gutzuheißen, was ihr noch nicht gutheißen könnt. Ich bitte euch nur, nicht die Augen zu verschließen und mir zuzuhören. Wir haben Zeit, uns einander zu nähern. Ich möchte, dass wir uns besser verstehen lernen und uns nicht unnötig weh tun. [...]
Es gibt so viel für uns aneinander zu entdecken, voneinander zu lernen, miteinander zu erleben und miteinander zu teilen. Ich freue mich auf ein Leben in eurer Nähe.

Euer Kind

(Kein ‚typisches Mädchen', kein ‚typischer Junge'? Unser Kind fällt aus der Rolle. Über Geschlechtsrollen und sexuelle Orientierungen, hrsg. von der Bundeszentrale für gesundheitliche Aufklärung, Köln 1994, S. 20ff., 32, 62f., 67)

1. Was erfährst du über die Ursachen von Homosexualität?
2. Erläutere, was man unter ‚Coming out' versteht.
3. Begründe, warum es homosexuelle Frauen und Männer in unserer Gesellschaft besonders schwer haben (siehe Brief).
4. Überlege dir, wie die Eltern auf den Brief antworten könnten. Verfasse einen fiktiven Brief.

4. Ist Homosexualität (k)ein Thema für die Schule?

Untersuchungen zeigen, dass sich bis zum Alter von 15 Jahren 30 % teilweise und 10 % ausschließlich homosexuell verhalten. Bis zum 25. Lebensjahr halbiert sich die Zahl etwa auf 17 %, die sich gelegentlich, und etwa 3 %, die sich ausschließlich homosexuell verhalten. Immerhin haben von den 12 Millionen Deutschen (Ost und West, Männer und Frauen) zwischen 14 und 25 Jahren etwa 3 bzw. 5 Millionen homosexuelle Erlebnisse, 0,5 bis 1 Million sogar ausschließlich.

„Ich könnte mir vorstellen, dass das Thema Homosexualität einfach mal mehr thematisiert wird – dass es eben auch Thema ist. Leute, die evtl. lesbisch oder schwul sind, dass sie auch wissen, dass es o. k. ist."

(Dora, 18 Jahre)

„Eigentlich wusste ich schon immer, dass ich schwul bin. So richtig klar hatte ich es mit fünfzehn. Ich habe mich in der Schule geoutet. Obwohl besonders die Mädchen zu mir gehalten haben, ist es manchmal ganz schön fies in der Schule ..."

(Thomas, 17 Jahre)

„Ich meine, ich kann nicht die einzige Lesbe sein auf meiner Schule. Ich wünsche mir, dass man irgendwie so einen Zusammenhalt in der Schule kriegt, und dass man weiß, ich bin nicht alleine. Und dass Lehrer/-innen auf jeden Fall auch irgendwie unterstützen und das auch fördern, dass Leute sich über Homosexualität aufklären ..."

(Bea, 16 Jahre)

„Ich hatte echt die Vorstellung, ich sei der Einzige auf der ganzen Weit, obwohl ich natürlich wusste, dass das nicht stimmt – ich war nicht unwissend auf diesem Gebiet, aber das war so merkwürdig, wenn ich auch mal irgendwo unter Menschen war, dann hatte ich andauernd das Gefühl ‚ich bin schwul, und der Rest ist anders'. Das gab mir so ein schrecklich einsames Gefühl. Auf einmal sah ich mich sogar in der Familie, wo ich mich immer sehr wohl gefühlt habe, sehr, sehr einsam. Und dann war es echt komplett. Traurigkeit und Tod." *(Schüler, 18)*

(Lela Lähnemann, Lesben und Schwule – (k)ein Thema in der Schule?, in: DVPB aktuell, Heft 3/97, S. 15f.)

1. Bilde dir auf der Grundlage der Materialien auf S. 170 deine eigene Meinung.
2. Welche Unterrichtsfächer würden sich deiner Meinung nach besonders für die Behandlung dieses Themas eignen?

Anregungen:

- *Lesbisch-schwule Aufklärungsprojekte:*
  Eine sehr gute Möglichkeit, Vorurteile durch Kontakt abzubauen, bieten in einigen Städten die lesbisch-schwulen Aufklärungsprojekte. Deren Vertreter/Vertreterinnen können als Fachreferenten/-referentinnen in den Unterricht eingeladen werden. Örtliche Gruppen findet ihr über die lokalen Lesben- und Schwulenprojekte oder über: Jugendnetzwerk Lambada, Bundesverband Rittergut, 99955 Lützensömmern, Tel. und Fax 036041/44983.
- *Kostenloses Informationsmaterial der Bundeszentrale für gesundheitliche Aufklärung:*
  „Über den Umgang mit Liebe, Sexualität, Verhütung und Schwangerschaft" – eine Broschüre für Jugendliche (Bestellnummer: 13020000);
  „Über Sexualität reden" – eine Broschüre für Eltern (Bestellnummer: 13070000);
  „Nanu?" – Von Liebe, Sex und Freundschaft – eine Broschüre für Jugendliche (Bestellnummer: 70190000);
  „Beziehungsweise(n)" für junge Erwachsene (Bestellnummer: 70440000);
  Bestell-Adresse: BZgA, 51101 Köln
- „Verliebte Jungs" – eine kleine Broschüre für Jungen, die sich ihrer homosexuellen Gefühle bereits etwas sicherer sind, mit Tipps zur Vermeidung von HIV-Infektionen, (kostenlos) bei: **Deutsche Aids Hilfe (DAH), Dieffenbachstr. 33, 10967 Berlin**

Anwendung

Hier bietet sich euch ein großer Markt der Möglichkeiten.

So könnt ihr…

1. **Theaterszenen oder -stücke** zu ausgewählten Aspekten entwickeln, wie z.B.: Mädchen- und Jungenerziehung früher und heute, mein Traum-Mann/meine Traum-Frau, Jungen-Mädchen-Beziehungen, Nein-Sagen, Rollentausch – verkehrte Welt, Homosexualität, Mädchen- und Jungenerziehung in anderen Kulturen, Prinzessinnen und Märchenprinzen einmal anders, usw.
   Die Inszenierungen könnt ihr sowohl in getrennten Mädchen- und Jungengruppen als auch zusammen erstellen. Das Schulfest oder andere Ereignisse geben euch Gelegenheit, euer Werk auch der Öffentlichkeit zu präsentieren.
2. eine **Podiumsdiskussion** veranstalten mit dem Thema: Ungewöhnliche Biografien und Lebensformen von Männern und Frauen in unserer Stadt/in unserem Land.
3. die Gleichstellungsbeauftragte der Stadt zu einer **Expertenbefragung** einladen über die Perspektiven der Jungen- und Mädchenarbeit in der Stadt.
4. eine **Informationsbörse** anlegen, in der Veranstaltungen, Hilfen, Kontaktstellen für Jungen und Mädchenarbeit benannt werden. Die Ergebnisse könnt ihr dann in der Schülerzeitung veröffentlichen.

5. die **SV** ansprechen und gemeinsam überlegen, ob ihr Jungen- und Mädchenkonferenzen oder spezielle Jungen- und Mädchenräume sowie Mädchen- und Jungenprojekttage an eurer Schule einrichten wollt.
6. eine **Bücherausstellung** zum Themenbereich ‚ungewöhnliche männliche und weibliche Biografien' in eurer Schulbibliothek organisieren. Die Lehrpersonen für die Fächer Deutsch und Geschichte können euch bei der Auswahl sicher unterstützen. Nicht fehlen dürften dabei: das Tagebuch der Anne Frank, Bücher über die Nobelpreis-Trägerinnen Liese Meitner und Marie Curie, Bücher über Mahatma Ghandi, Martin Luther King usw.
7. zusammen mit den örtlichen Polizeidienststellen **Selbstbehauptungskurse** für Mädchen an der Schule durchführen. Diese Projekte werden auch von der Landesregierung gefördert (vgl. S. 164).
8. einen **Erziehungsratgeber** für Eltern und andere Ratsuchende zusammenstellen, in dem ihr die wesentlichen Bausteine einer bewussten Geschlechtererziehung festhaltet. Ihr könnt ihn in Form von Geboten als Führerschein, als Vater-Mutter-Pass usw. verfassen. Sicherlich ist die Schülerzeitung oder die lokale Zeitung auch zur Veröffentlichung geeignet.
9. ein **Rollenspiel** mit Damen- und Buben-Karten selbst erstellen. Das folgende Beispiel kann euch als Anregung dienen:

Ich bin ICH! Du bist DU!

Ein Rollenspiel

zur Reflexion geschlechtsspezifischer Verhaltensmuster im Bereich von Liebe, Freundschaft, Sexualität – zur Prävention von sexueller Ausbeutung von Jungen und Mädchen.

Geeignet für Mädchen und Jungen ab 11 Jahren. 2 x 24 Spielkarten (zweifarbig), Postkartenformat

23 *

Du bist Ida.

Du gehst zu Gert nach Hause, weil du Englischaufgaben von ihm brauchst. Du klingelst.
Er macht die Tür auf und steht in Schürze und mit einem Kochlöffel in der Hand vor dir.

Das gäbe einen Spaß, wenn du das morgen in der Schule seinen Freunden erzählen würdest, die Hausarbeit für "Weiberkram" halten.

Wie verhältst du dich?

23

Du bist Gert.

Deine Mutter ist berufstätig.
Du erledigst viele Aufgaben im Haushalt, um deine Mutter zu entlasten.
Deine Freunde nennen Hausarbeit "Weiberkram", deshalb soll in der Schule niemand davon erfahren.

Es klingelt an der Tür, du hast den Kochlöffel noch in der Hand und öffnest.

Vor der Tür steht Ida.

10. **Gedichte** zum Thema Jungen/Mädchen verfassen und als Gedichtband eures Kurses herausgeben bzw. am Elternabend oder zu anderen Anlässen vortragen.
11. **Video-Clips** erstellen und diese vorführen. Vielleicht habt ihr einen Differenzierungskurs Mediengestaltung an eurer Schule. Er kann euch bei der Arbeit gut unterstützen und ihr könnt das Projekt gemeinsam im regionalen Bürgerfernsehen veröffentlichen.
12. …

Erfahrungen eines männlichen Erziehers

Obwohl sie selten sind, es gibt sie wirklich: die männlichen Erzieher im deutschen Kindertagesstättenalltag. Christian Beuchling arbeitet schon seit mehreren Jahren als Erzieher und berichtet darüber, wie es ihm als Mann in einem typischen Frauenberuf ergeht.

[...] Trotz allem sei gesagt: [...] Ich stoße auch durchaus auf positive Überraschungen, Zustimmung und Freude, dass durch meine Person endlich einmal das männliche Element in die Pädagogik einfließen kann. Aber, da fällt mir ein: Auch das könnte „man“ schon wieder als Diskriminierung auffassen: Gesehen wird nicht der Mensch, sondern das Geschlecht!

Mit all den Einschätzungen haben die Kinder keinerlei Probleme: In meiner langen Tätigkeit als Erzieher unter Erzieherinnen im Erzieherberuf und in verschiedenen Einrichtungen hat noch kein Kind irgendwelche Vorurteile gezeigt. Unbefangen und offen begegnen sie mir, verwechseln mich weder mit Mama noch Papa, behandeln mich wie alle anderen Bezugspersonen auch: Ich bin ich und darf es auch sein. Einfach der Christian, der mit ihnen redet und lacht, der manche tolle Idee aufgreift und auch schon mal ernsthafte Gespräche mit ihnen führt. Auf der Welt gibt es Jungen und Mädchen, im Kindergarten auch. Warum soll es unter den Betreuern anders sein?

Die Zeiten, in denen Mädchen in typischen Männerberufen als exotisch galten: die KFZ-Mechanikerin oder die Schornsteinfegerin, sind sie nicht langsam vorbei? Nun, zumindest haben es die Frauen geschafft, dass sich niemand laut darüber wundert oder gar getraut, dem weiblichen Geschlecht gewisse Eigenschaften abzuerkennen. Wir Männer haben es da schwerer, wir werden nach wie vor belächelt und bestenfalls im Freundeskreis, weniger in der Öffentlichkeit, für „voll funktionsfähig“ eingestuft, wenn wir einen Beruf wählen, der 1. schlecht bezahlt ist („Mit dem Gehalt kannst du aber keine Familie ernähren...“) und der 2. mit etwas so Unprofessionellem (als Gegenstand seiner erzieherischen Bemühungen) wie Kindern umgeht. Dass sich dabei Frauen wie Männer von solchen Vorurteilen leiten lassen, lässt darauf schließen, dass wir noch viel gemeinsame Arbeit vor uns haben.

Ich für meinen Teil sehe in der Vielfalt der Verschiedenheit, sei sie bedingt durch unterschiedliche Herkunft, Vergangenheit oder einfach im Geschlecht, zunächst immer eine Bereicherung, die das Zusammenleben spannend macht. So werde ich als Mensch unter Menschen weiterhin kleine und junge Menschen auf ihrem Weg in eine bunte Welt begleiten und meinerseits alle weiblichen und männlichen Kollegen unter diesem Aspekt zu akzeptieren suchen.

(Kindergarten heute, Nr. 7/8 1996, S. 15 ff.; Christian Beuchling arbeitet als ausgebildeter Erzieher in einer Kindertagesstätte in Hessen.)

1. Stelle dar, welche besonderen Erfahrungen Christian Beuchling als männlicher Erzieher gemacht hat.
2. Begründe, ob du dir in deiner Kindergartenzeit einen Erzieher gewünscht hättest. (Vergleiche auch das Kapitel „Erzieherische Berufe“, S. 245 ff.)
3. a) Speziell für Jungen: Könntest du dir vorstellen, dich für den Beruf des Erziehers zu entscheiden? Begründe deine Meinung!
   b) Speziell für Mädchen: Stelle begründend dar, ob Männer, die in typischen Frauenberufen arbeiten wollen, mit mehr Schwierigkeiten rechnen müssen als Frauen, die in typischen Männerberufen arbeiten wollen.

Claudia – die sich die Freiheit nahm

„...Es begann mit dem Staatsbürgerkundeunterricht und mit Glenda French, der Rechtsanwältin, die eingeladen war, über die Rolle von Frauen in der Gesellschaft zu reden.
Claudia ergriff Position und wurde während einer Schwimmveranstaltung von den Jungen provoziert. Sie hatten in der Hitze das Hemd ausgezogen; ob Claudia dies auch könne? Sie konnte und setzte damit Ereignisse in Gang, die ihr Leben, das ihrer Eltern und Lehrer veränderte...“

(Sonia Levitin, Der Tag, an dem sie sich die Freiheit nahm, Alibaba Verlag, Frankfurt a. M. 1995, hinterer Einband)

1. Schau dir Bild und Text genau an!
2. Stelle dar, ob sich deiner Meinung nach Claudia diese „Freiheit“ nehmen durfte. Führt dazu eine Abstimmung getrennt nach Mädchen/Jungen durch.
3. Verfasst zu der Szene ein Rollenspiel und überlegt unterschiedliche Reaktionen auf die Provokation.

   Tipp: Das Buch eignet sich auch hervorragend als zusätzliche Lektüre für den Unterricht und ist als Schulausgabe beim Alibaba Verlag zu bestellen.

Karrieren ...

Beantworte die Botschaft dieser Karikatur mit einer Gegenkarikatur oder einer Sprechblase!

Ausblick

> **„Auch die gesellschaftliche Zukunft wird eine Zukunft mit Männern und Frauen sein."**
>
> (Lothar Bönisch/Reinhard Winter, Männliche Sozialisation, München 1997, S. 219)

1. Wie möchtest du diese Zukunft gestalten?
   Spiele Architekt/Architektin und entwickle die wesentlichen Bausteine dieser Zukunft.
2. Schreibe einen Wunschzettel für deinen weiteren Lebensplan.
   Bewahre ihn gut auf und öffne ihn zu einem von dir zu bestimmenden Zeitpunkt wie Volljährigkeit, Berufsabschluss usw.

Anregungen

Buchtipps:

Bücher über mutige Mädchen:

- Allfrey, Katherine: Taube unter Falken, Würzburg 1991
- Bieniek, Christian: Svenja hat's erwischt, Würzburg 1994
- Das Tagebuch der Anne Frank, Frankfurt/M. 1995
- Fülscher, Susanne: Schöne Karriere? Schöne Mädchen fallen nicht vom Himmel, Freiburg 1998
- Pausewang, Gudrun: Der Schlund, Ravensburg 1995
- Roodt, Darrell James: Sarafina, Südafrika 1992 (Film)
- Sachs, Marilyn: Fast Fünfzehn, Weinheim 1988

Jungenbücher – einmal anders:

Der Verein „Zartbitter“ e.V. Köln hat eine neue Broschüre herausgegeben mit dem Titel: „Leid- und Leitbilder“, Kinder- und Jugendbücher für Jungen. Hier findet ihr Kinder- und Jugendbücher, in denen nicht nur das traditionelle „männliche Leitbild“ vorherrscht wie z. B.:

- Tock, Annelies: Tapfer sein, wie macht man das?, Weinheim 1997
- Holm, Anika: Wehr dich, Mathilda, Wien 1993
- Pohl, Peter: Jan mein Freund, Ravensburg 1990
- Bieniek, Christian: Immer cool bleiben, Würzburg 1995
- Edelfeld, Inger: Jim im Spiegel, Fellbach 1989
- Clarke, Roddy: HaHaHa, Frankfurt 1996

Vielleicht kennt ihr ja schon einige dieser Bücher. Da die Broschüre eine Inhaltsangabe über alle Bücher enthält, lohnt es sich, sie unter folgender Adresse zu bestellen:
Förderverein Zartbitter e.V., Sachsenring 2–4, 50677 Köln

Ungewöhnliche Biografien:

- Gudrun Büscher u.a. (Hrsg.): Zeitgenossinnen, 1946–1996, Frauengeschichte(n) aus Nordrhein-Westfalen, Düsseldorf 1996
- Mahatma Ghandi: Wer den Weg der Wahrheit geht, stolpert nicht, Augsburg 1996
- Susanne Härtel/Magdalene Köster (Hrsg.): Die Reisen der Frauen. Lebensgeschichten aus drei Jahrhunderten, Weinheim u.a. 1994
- Charlotte Kerner (Hrsg.): Nicht nur Madame Curie..., Weinheim 1995
- Tisa Schulenburg: Ich hab's gewagt. Bildhauerin und Ordensfrau – ein unkonventionelles Leben, Freiburg/Wien/Basel 1995

Wichtige Beratungs- und Fortbildungseinrichtungen:

- Zentralstelle zur Förderung der Mädchenarbeit e. V., Studtstr. 20, 48149 Münster, Tel. 0251/25725
- Zentralstelle für Jungenarbeit (ZfJ), Boßbrauck 6, 45739 Erkenschwick, Tel. 02368/ 80134
- Forschungsgruppe Jungenarbeit, Groner-Tor-Str.16, 37073 Göttingen, Tel. 0551/45143
  Diese Forschungsgruppe bietet Seminare, Fachtagungen, Vorträge und Projekte für Jungen/Mädchen/Männer/Frauen sowie für Eltern an. Die Mitarbeiterinnen und Mitarbeiter der Forschungsgruppe arbeiten auf Anfrage spezielle Programme/Themen für euren Kurs oder eure Schule aus.
- Bundesvereinigung Kulturelle Jugendbildung e. V., Küppelstein 34, 42857 Remscheid, Tel. 02191/794291
  Bei ihr existiert eine Projektbank zur Jugendkulturarbeit, die euch Anregungen für eure Arbeit geben kann. Auch könnt ihr dort Ausstellungen, Filme, Videos, usw. zum Themenbereich Mädchen/Jungen ausleihen.

10/1

1. Generationen-konflikte

Punks mit „bürgerlichem“ Nachwuchs, Dublin ’89

Tauscht eure spontanen Reaktionen zu dem Foto in eurem Kurs aus.

Übung

Meine Meinung – deine Meinung

1. Teilt die Gesamtgruppe in Kleingruppen auf.
2. Jede Gruppe erhält die 10 Meinungskarten (Kopien anfertigen); in der Gruppe nimmt ein Teilnehmer/eine Teilnehmerin nach der anderen eine Meinungskarte auf und liest sie laut vor. Er/sie macht einen Vorschlag, ob sie auf den Stapel „richtig" oder „falsch" gelegt wird. Darüber diskutiert die Gruppe, bis mindestens zwei Drittel der Teilnehmer(innen) einer Meinung zustimmen.

· Meinungskarten ·

Jugendliche nehmen nur von der Gesellschaft, aber sie sind nicht bereit, etwas für die Gemeinschaft zu tun.	Es ist für Kinder und Jugendliche wichtig zu erkennen, dass es im Leben immer Probleme gibt und dass auch sie eine Verantwortung haben, etwas zur Lösung dieser Probleme beizutragen.	Jugendliche haben sowieso die Meinung, es sei verlorene Zeit, mit Erwachsenen zu reden.	Du musst erst lernen, dich selber zu lieben, bevor du andere lieben kannst.

· Meinungskarten ·

Du kannst nicht erwarten, dass sich alle nach dir richten.	Es ist das Beste so zu leben, wie die Freunde/Freundinnen das tun.	Irgendjemand wird dir immer helfen, wenn du in Schwierigkeiten bist.	Wenn Jugendliche zusammen sind, machen sie nur Unsinn.

· Meinungskarten ·

Jugendliche sollten so leben, wie es ihrer individuellen Persönlichkeit entspricht, und sich nicht ständig nach andern richten.	Jugendliche sollten sich um Schule und Ausbildung kümmern und nicht um Politik. Das ist Sache der Erwachsenen.

3. Der Stapel „richtig" wird weggelegt und die Gruppe beschäftigt sich mit den Meinungskarten, die auf dem Stapel „falsch" liegen.
   Diese Karten werden in einem gewissen Abstand auf ein großes Blatt Papier geklebt. Die Gruppe diskutiert nun der Reihe nach über die „falschen" Meinungen und sammelt Gegenargumente. Für jede „falsche" Meinung sollen mindestens zwei Gegenargumente gefunden werden. Diese Gegenargumente werden nun neben die aufgeklebte Meinungskarte geschrieben.
4. In der Gesamtgruppe werden die Ergebnisse vorgestellt und besprochen.

Feed-back und Auswertung:

Warum war es so schwer, manche Meinung als richtig oder falsch einzuordnen?
Ist es euch leicht gefallen, Gegenargumente zu finden ?

Anregung:

Die Diskussion über eine Meinungskarte kann Anlass sein, durch ein Rollenspiel unterschiedliche Positionen zu verdeutlichen (vgl. 4.), vielleicht sind dazu auch eigene Erfahrungen ein geeigneter Ausgangspunkt.

(Nach: Kurt Faller/Wilfried Kerntke/Maria Wackermann, Konflikte selber lösen, Verlag an der Ruhr, Mülheim 1996, S. 161, 162)

Wie lassen sich Generationenkonflikte beschreiben und in welcher Phase der Entwicklung gibt es sie?

Und dann war es so weit. Anna ließ die Hand ihrer Mutter los, warf ihre Arme jauchzend in die Höhe und lief allein dem Kindergetümmel entgegen. Wenn sie nach ein paar Schritten hinfiel, spreizte sie die Beine, kippte leicht nach vorne auf die Knie und stemmte sich wieder hoch. Und jedes Mal, wenn sie wieder sicher stand, stieß sie Laute des Triumphes aus.

Kleine Schritte, kurze Strecken. Anna konnte laufen.

Am letzten Abend meiner Ferien sah ich Anna zwischen den Eltern hin und her laufen, unermüdlich ihr Gehen ausprobierend. Es war schon Nacht. Die anderen Kinder waren nach Hause gerufen worden. Anna hielt plötzlich in ihrem Laufspiel inne, machte eine unvermutete Kehrtwendung und lief die Dorfstraße hinab und zwischen den granitenen Häusern entlang, bis sie sich als Menschenpünktchen, dessen rote Hosen in der Dunkelheit kaum noch auszumachen waren, zu verlieren schien. Die Eltern standen verdutzt da, schauten ihrem Kind nach. Die Mutter klammerte sich an den Arm ihres Mannes und stammelte, in ihren Heimatdialekt zurückfallend: Det is ja nicht zu fassen, wa!

Dann erwachte sie aus ihrer Starre, die sie wie eine Schrecklähmung ergriffen hatte, und rannte ihrem Kind nach. Sie riss es an sich und kam lange nicht zurück. Noch einmal wollte sie ihr Kind für sich allein haben, die gelebte Intimität noch einmal unversehrt spüren. Aber in ihrem Herzen wusste sie sicher schon jetzt, dass sie einer Erinnerung nachrannte. Schließlich ging der Vater sie beide holen.

Was war geschehen? Das Alltäglichste der Welt: Ein Kind hat laufen gelernt. [...]

Laufen lernen dient dem Weglaufen, eigenen Abenteuern entgegen. Und zu diesem Abenteuer gehören wesentlich andere Menschen, Freunde, Lebenspartner. [...]

Die dazugewonnenen Begegnungen erleichtern das Laufenlernen, das Laufen in das eigene Leben und in die Selbstverantwortung hinein, und das Laufenkönnen seinerseits eröffnet neue Lebensräume, in denen künftige Beziehungspartner, Freunde, Liebespartner warten. [...]

Als Anna weglief, mischten sich in dem Gesicht der Mutter Stolz und Schmerz, Entzücken und Angst. Eine aufblitzende Ahnung, das Recht auf den Besitz ihres Kindes ein für alle Mal aufgeben zu müssen, der damit verbundene Trennungsschmerz, der Stolz gleichzeitig, einem so vitalen Kind das Leben geschenkt zu haben, die Rührung über den naiven Mut des winzigen Persönchens angesichts der zu erobernden Welt und die Angst vor den Verletzungen, die diese Welt für ihr Kind bereithält, das alles muss sie bewegt haben in diesem Augenblick. Das mag ihr auch die Kontrolle über ihre Sprache geraubt haben, jedenfalls war vorher nicht zu hören gewesen, dass sie aus Berlin stammt.

Ihre innere Bewegung mündete in die reale Bewegung. Sie rannte los, um ihr Kind schützend an sich zu pressen. [...]

Die Mutter hat ihrem Kind gezeigt, dass sie trotz allem zu seiner Sicherheit da ist. Anna hat noch Zeit, anderen Abschieden entgegenzureifen.

Das Geschehen fordert die Eltern auf, über das richtige Maß an Gewähren und Zurückhalten, Loslassen und Schützen nachzudenken.

(Helen I. Bachmann, Erste Schritte, in: Karin Walter [Hg.], Kinderglück, Herder Verlag, Freiburg/Basel/Wien 1996, S. 16ff.)

1. Diskutiere die Reaktion der Eltern auf Annas Entdeckungsreise – wurde hier „das richtige Maß an Gewähren und Zurückhalten, Loslassen und Schützen" gezeigt? Diskutiere andere Reaktionsmöglichkeiten der Eltern und die entsprechenden Folgen für das Erleben und die weitere Entwicklung von Anna.
2. Anna geht ihre eigenen Wege, löst sich aus der vertrauten Umgebung heraus – im Laufe der Entwicklung wird es immer wieder solche Situationen geben. Die Wünsche/Vorstellungen von Eltern auf der einen Seite und Heranwachsenden auf der anderen können dabei u. U. sehr unterschiedlich sein Schaue dir die ‚Entwicklungstabelle' im Babysitterführerschein (S. 25 f.) an und suche Phasen heraus, wo es leicht zu solchen Konflikten kommen kann.
3. Am Ende der Geschichte schreibt die Autorin: „Wenn wir es wagen, einen Schritt über das Vertraute hinaus zu tun, uns in einen anderen Zusammenhang stellen, entdecken wir neue Seiten an uns. Wir werden uns so zunehmend unserer selbst bewusst." Welche Folgerungen ergeben sich hieraus für den Umgang von Eltern mit Heranwachsenden?

Orientierung und Planung

Um sich das Thema durch eigene Fragestellungen zu erschließen, werden nachfolgend zwei Alternativen A und B angeboten. In dem Abschnitt *Anwendung* findet ihr darüber hinaus einen Hinweis über eine Fotodokumentation, ein Projekt, welches auch für den Einstieg geeignet ist bzw. begleitend zu den in diesem Kapitel angebotenen Arbeitsanregungen verfolgt werden kann.

A Generationenbefragung: Konfliktfelder

Konflikte zwischen den Generationen scheint es immer – mehr oder weniger ausgeprägt – gegeben zu haben. Um sich einen genaueren Einblick und ersten Zugang zu verschaffen, kann ein Interview mit Angehörigen verschiedener Generationen helfen.
Ihr könnt euch selbst bzgl. eurer Konflikte mit euren Eltern, eure Eltern bzgl. ihrer Konflikte mit ihren Eltern befragen. Falls ihr noch eine Generation weiter gehen wollt, findet ihr möglicherweise Gesprächspartner im Seniorenheim.
Um nicht nur einseitig die Konflikte zu betrachten, könnt ihr auch nach den Gemeinsamkeiten fragen – so erhaltet ihr ein etwas vollständigeres Bild über die Beziehung zwischen den befragten Generationen.
Hier nun ein Vorschlag für ein Raster, welches euch bei den Vorbereitungen für die Interviews helfen soll. Bevor ihr anfangt, solltet ihr in jedem Fall die Seiten „Methode: Interview" lesen.

Konfliktfelder	Beteiligte Personen	‚Umgangs'-Strategien	In welchem Alter erlebt	*Gemeinsamkeiten*	In welchem Alter erlebt	…
– *Schule* – *Freizeit* – *Politik* – *Familienverband* – …						

„Ich fand meine Eltern in dieser Situation …"
„Im nachhinein betrachtet meine ich jetzt dazu, dass …"

Auswertungsgesichtspunkte:

Sind die Konfliktfelder heute noch genauso ausgeprägt wie früher?
Waren die Konflikte erklärbar?
Gab es bei den Konflikten Verlierer?
Was unterscheidet die Konflikte zwischen den Generationen von Konflikten zwischen Gleichaltrigen?
...

1. Versuche eine inhaltliche Begriffsbeschreibung des Wortes ‚Generationenkonflikte'.
2. Formuliere weiterführende Fragestellungen zu diesem Thema und entwirf einen Plan zur Bearbeitung. Dazu kann es hilfreich sein, sich bereits jetzt durch die Anregungen in der Anwendung (s. Seite 193 ff.) leiten zu lassen.

Methode

INTERVIEW

- Beschreibe die Karikatur!
- Was würdest du anders machen?

Wissenswertes zur Methode „Interview“

Zum Begriff ‚Interview':

Interviews sind gezielte Gespräche mit ausgewählten Personen. Sie dienen dazu, Informationen zu beschaffen und Meinungsbilder zu einem bestimmten Themenbereich zu erstellen.

Zur Vorbereitung eines Interviews:

Es ist sehr wichtig, sich als Erstes zu überlegen, was ihr fragen bzw. wissen wollt. Wenn ihr den Problemkreis dann für euch genau abgesteckt habt, fällt es leichter, die entscheidenden Fragen präzise zu formulieren und zusammenzustellen. Ihr könnt dabei zwischen zwei verschiedenen Arten von Fragen wählen: zwischen geschlossenen und offenen Fragen (s. den folgenden Fragebogen).

??? Fragebogen ???

Geschlossene Fragen

Es handelt sich um Fragen mit Antwortvorgaben zum Ankreuzen.

1. Tatsachenfragen

z. B. Geschlecht: ☐ männlich ☐ weiblich
Alter: ☐ 0–10 J. ☐ 11–20 J.
Familienstand: ☐ ledig ☐ verheiratet ☐ geschieden ☐ verwitwet

2. Alternativfragen

Es kann nur eine Antwort gewählt werden.
z. B.: Stimmen Sie der Aussage zu, dass der Generationenkonflikt notwendig ist?
☐ ja ☐ nein

3. Multiple-Choice-Fragen

Aus einer Reihe von Antwortmöglichkeiten können alle zutreffenden angekreuzt werden.
z. B.: Was sind die größten Konfliktfelder im Generationenkonflikt?
☐ Elternhaus ☐ Schule ☐ Verein ☐ …

4. Mehrfachwahlfragen

Aus einigen Antwortmöglichkeiten soll eine richtige ausgewählt werden.
z. B.: ☐ Haben Eltern immer Recht?
☐ Haben Eltern manchmal Recht?
☐ Haben Eltern nie Recht?

5. Skalierungen

Die eigene Meinung zu einer vorgegebenen Aussage kann über verschiedene Stationen von ‚völlige Übereinstimmung' über ‚teilweise Übereinstimmung' bis ‚völlige Ablehnung' angegeben werden.

Offene Fragen

Sie lassen den Interviewpartnerinnen und -partnern Raum, ihre Haltung/Meinung mit eigenen Worten auszudrücken. Beispiel:
„Stellen Sie dar, wie Sie sich den Generationenkonflikt in 20 Jahren vorstellen."

Bei der Erstellung des Fragebogens solltet ihr auf eine sinnvolle Reihenfolge der Fragen achten. Ebenfalls ist es wichtig, schon jetzt an die Auswertung zu denken und deshalb nicht
a) manipulative Fragen
b) zu viele schwer auswertbare Fragen (vgl. offene Frage!) zu stellen.

Tipps zur Durchführung

- Wählt die Interviewpartnerinnen und -partner bezogen auf die Themenstellung möglichst gut aus (Alter, Geschlecht, Beruf, ...).
- Bevor ihr mit dem eigentlichen Interview beginnt, solltet ihr euch und eure Arbeit kurz vorstellen.
- Für ein längeres Gespräch ist eine feste Terminvereinbarung notwendig.
- Begleitende Tonband- und Videoaufnahmen (natürlich nur mit Einverständnis der Interviewpartner und -partnerinnen) können die Darstellung der Ergebnisse erleichtern.
- Zum Schluss solltet ihr euch selbstverständlich bedanken.

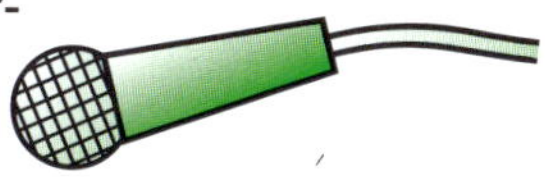

Anregungen zur Dokumentation

Um die Umfrageergebnisse interessant darzustellen, ist es sinnvoll, dass ihr euch verschiedener statistischer Mittel/Methoden bedient. Vergleicht dazu auch die Methode: Umgang mit statistischen Daten (S. 98 ff.).

Beispiele für solche Mittel und Methoden sind: Tabelle, Säulendiagramm, Kreisdiagramm, Streckendiagramm, Kurven

Hier könnt ihr das erarbeitete Wissen aus dem Mathematik- bzw. Informatikunterricht gut einbringen. Eventuell könnt ihr auch den Differenzierungskurs Informatik bitten, euch bei dieser Arbeit zu unterstützen.

Die unterschiedlichen Meinungen/Vorstellungen z. B. zum Generationenverhältnis etc. könnt ihr auf einer Wandzeitung oder in einem Video zusammenstellen. Auch Fotos können zur Veranschaulichung der Umfrageergebnisse beitragen.

B Begriffsbestimmung

Aus einem Lexikon: **Generationskonflikt**

Das Verhältnis zwischen den beiden in der Familie, Schule, Berufsausbildung zusammenlebenden und aufeinander angewiesenen Generationen ist oft reich an Spannungen und Konflikten. Einerseits leistet die ältere Generation Widerstand gegen die Ablösung und Unabhängigkeit der jüngeren, andererseits wächst die jüngere Generation meist in einer gewandelten ökonomischen und kulturellen Umwelt auf und leistet daher Widerstand gegen die ihrer Auffassung nach überkommenen

Werte und Normen. In diesem Konflikt sollte die ältere Generation ihr Wissen und ihre Erfahrungen nicht verleugnen und Wertvorstellungen nicht resignierend aufgeben; sie sollte aber beachten, dass sich die Methoden der Verständigung, der Kommunikation und Auseinandersetzung mit der Jugend geändert haben. Es kommt heute auf Argumentation und Einsichtsvermittlung an. Die Anwendung von Zwang, Gewalt und autoritärem Gebaren ist dagegen wenig sinnvoll und wird in der Regel auch nicht mehr praktiziert. Daher spricht man neuerdings nicht mehr vom Generationskonflikt, sondern von einer *Generationenkluft*, weil die Generationen der Älteren und der Jugendlichen unterschiedliche Lebensstile bevorzugen. Häufig wird das Verhältnis zwischen den Generationen mit dem Begriff ‚Wahrnehmungskluft' charakterisiert, weil eine unterschiedliche Sichtweise der Probleme zu tief greifenden Verständigungsschwierigkeiten und zu Beziehungskrisen führt, ohne dass diese konflikthaft ausgetragen werden.

(Josef A. Keller/Felix Novak; Kleines Pädagogisches Wörterbuch, Herder Spektrum Verlag, Freiburg 1993, S. 160f.)

1. Visualisiere deine Vorstellung der ‚Generationenkluft' (eigene Zeichnung, Collage, ...) anhand der obigen Definition.
2. Leite aus diesem Bild Fragestellungen ab, die du weiterverfolgen möchtest. Dazu kann es hilfreich sein, sich bereits jetzt durch die Anregungen in der Anwendung (s. Seite 193ff.) leiten zu lassen.

Den Konflikt zwischen den Generationen kann man aus vielen Blickwinkeln betrachten.
Je nach den von euch in dem Abschnitt *Orientierung* entwickelten Fragestellungen werdet ihr möglicherweise Antworten in den Teilabschnitten A, B oder C finden, die sich in der behandelten Thematik zum Teil überschneiden.
Zu Beginn des Abschnitts *Beurteilung* habt ihr die Möglichkeit, den bisher erarbeiteten Stoff systematisierend zu wiederholen.

Erarbeitung

A Der Generationenkonflikt gehört zum Entwicklungsprozess. (→ entwicklungspsychologische Dimension)

Pubertät – eine besonders konfliktreiche Phase

Pubertät ist der Abschied von der Kindheit. Wörtlich übersetzt bedeutet das Wort jedoch, dass Schamhaare wachsen und die Geschlechtsreife eintritt (pubes = Schamhaare, pubertas = Geschlechtsreife). Während der Körper erwachsen wird – und das in höchst unterschiedlichem Tempo – , ist die Seele hin- und hergerissen: Einerseits sehnt sie sich nach Freiheit und Unabhängigkeit, andererseits hat sie Angst davor und verklärt die schönen Tage geborgenen Kindseins. Zu dieser Zerrissenheit

kommt eine große Verletzlichkeit. Der Heranwachsende muss sich immer wieder fragen:
Wer bin ich? Was soll ich? Und wozu bin ich da?
Dieses Erwachsenwerden ist mit 18 Jahren keineswegs abgeschlossen. Ich möchte sogar behaupten, dass viele Erwachsene überhaupt nicht erwachsen sind. Wer jedoch eine Antwort auf die drei Fragen gefunden hat, wird sich im Leben zurechtfinden.
Wenn Kinder Abschied nehmen müssen, stehen auch Eltern vor neuen Aufgaben. Sie müssen Abschied nehmen von dem Allmachts-Traum, ihrem Kind alle Schwierigkeiten aus dem Weg räumen und sein Schicksal in bestimmte Bahnen lenken zu können. Sie müssen sich allmählich von ihrer Elternrolle verabschieden. […]

In der Pubertät richtet das heranwachsende Kind seine Gedanken auch auf sich selbst. Es sieht sich von außen und muss dabei abschätzen lernen, was es kann und in Zukunft können wird. Neben gedanklichen Höhenflügen und Selbstüberschätzung kann es auch zu vernichtenden Urteilen über sich selbst kommen. Obwohl vielleicht ein Jugendlicher viel über sich nachdenkt, versteht er sich selbst noch lange nicht und ist seinen eigenen heftigen Gefühlen oft hilflos ausgesetzt. Sich selbst mit all diesen verwirrenden, fremdartigen und vielleicht auch beängstigenden Gefühlen zu verstehen und zu akzeptieren, ist vielleicht das Schwierigste am Erwachsenwerden.
Jugendliche müssen sich allmählich von ihrer Kindheit und den Eltern lösen, um den eigenen Weg zu finden. Den eigenen Weg kann ihnen niemand abnehmen; das heißt, die eigene Identität zu finden ist die Aufgabe, die jedes Kind irgendwann lösen muss. Hierzu gehört:
– den eigenen Körper mit seiner Geschlechtsrolle so anzunehmen, wie er ist, zu seinem Aussehen zu stehen und das Frausein oder Mannsein anzunehmen, aber auch, Rollenklischees zu hinterfragen und sich damit auseinander zu setzen,
– Beziehungen zu Gleichaltrigen zu pflegen und neu herzustellen, mit anderen zusammenzuarbeiten, aber auch zu wetteifern, zusammenzuhalten und sich abzugrenzen,
– Liebesbeziehungen einzugehen, Partner zu finden, das Verhältnis von Nähe und Distanz regeln zu lernen, Beziehungen abzubrechen, wenn sie sich als nicht tragfähig oder unbefriedigend erweisen,
– auf Ziele hinzuarbeiten und berufliche Pläne zu schmieden.
Gesamtgesellschaftlich gesehen ist es die Rolle der Jugend, Wandel zu provozieren, Überliefertes zu bezweifeln und nach neuen Perspektiven zu suchen. Provokation des Etablierten und Bildung einer Subkultur gehören zwangsläufig dazu. Ohne sie würde jede Gesellschaft erstarren. Dass sich bei der Lösung dieser Aufgaben vielfältige Schwierigkeiten und Konflikte ergeben, versteht sich wohl von selbst. Letztendlich sind diese nichts anderes als Chancen für neue, fruchtbare Entwicklungen. Natürlich sind diese Aufgaben auch keinesfalls im Alter von 12 bis 16 Jahren zu lösen. Sie geben nur Tendenzen an; Entwicklungsschritte benötigen immer individuelle Zeit.

(Gisela Preuschoff, Von 12 bis 16: Abenteuer Pubertät, PapyRossa Verlag, Köln 1995, S. 15ff., 28ff.)

1. Abschied nehmen heißt weggehen, entfernen, sich von Vertrautem distanzieren mit der Möglichkeit, dadurch Raum zu gewinnen für neue Erfahrungen und Begegnungen.
Übertrage diese Vorstellung des Abschiednehmens auf die Phase der Pubertät und suche nach entsprechenden Beispielen.

2. In dem Buch von Cornelia Nitsch u.a. mit dem Titel: *Pubertät? Kein Grund zur Panik* (vgl. Hinweise) unterscheiden die Autorinnen drei Phasen der Pubertät:
- 1. Phase: Die Ablösung bahnt sich an
- 2. Phase: Auf der Suche nach der eigenen Identität
- 3. Phase: Selbstfindung und Versöhnung mit den Eltern

Suche nach kennzeichnenden Merkmalen für diese Phasen. Sind diese Phasen deiner Meinung und Erfahrung nach vollständig oder möchtest du Ergänzungen vornehmen?

3. Untersuche das Kinderlied „Hänschen klein,..." auf einen Zusammenhang zu diesem Thema. Wie könnte ein Lied „Hänschen groß,..." lauten?

4. Beantworte die in der Zeichnung gestellten Fragen aus der Sicht eines Heranwachsenden (vor der Pubertät) und eines Erwachsenen (nach der Pubertät). Welche Bedeutung kann dabei der Spiegel haben?

Ein entwicklungspsychologisches Modell

Der Entwicklungspsychologe A. Maslow hat in den 70er-Jahren ein Modell entwickelt, bei dem er versucht, die grundlegenden menschlichen Bedürfnisse darzustellen.
In Maslows System formen die menschlichen Bedürfnisse eine Hierachie, die von den physiologischen Grundbedürfnissen bis hinauf zu den Selbstverwirklichungsbedürfnissen reicht. Von oben nach unten ergeben sich fünf Bereiche:

1. Bedürfnis nach Selbstverwirklichung, d.h. das tun, wofür jeder individuell geschaffen ist: „Was ein Mensch sein *kann, muss* er sein."
2. Bedürfnis nach Achtung, d.h. nach Wertschätzung der eigenen Person, nach Selbstachtung und Achtung seitens der anderen.
3. Bedürfnis nach Zugehörigkeit und Liebe, d.h. nach Familie, Freunden, Geliebten; nach Zuneigung, Verwurzelung, Intimität.
4. Sicherheitsbedürfnisse, das sind Bedürfnisse nach Geborgenheit und Stabilität, Angstfreiheit und Ordnung, einschließlich Struktur, Gesetz und Grenzen.
5. Physiologische Bedürfnisse, das sind Bedürfnisse nach Sauerstoff, Nahrung, Flüssigkeit, Ruhe, Appetitbefriedigung und Homöostase.

(R. Murray Thomas/Birgitt Feldmann, Die Entwicklung des Kindes, übers. von Birgitt Feldmann, Beltz, Weinheim, 1994 , S. 234)

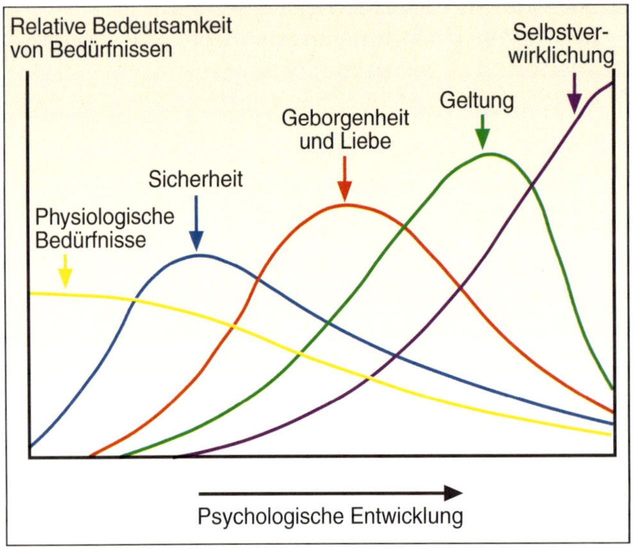

Maslow nimmt nun an, dass erst die tiefer liegenden Bedürfnisse gestillt sein müssen, bevor ‚höhere Bedürfnisse' auftauchen. So entsteht nach seiner Meinung beim Kind nur dann Liebe und Zuneigung, wenn die dringlichsten Nahrungssorgen beseitigt sind. […] Wer nie Geborgenheit, Liebe und soziale Anerkennung erfahren hat, zeigt kein Bedürfnis, das eigene Geschick in die Hand zu nehmen und aus sich das Beste zu machen.

(Rolf Oerter, Moderne Entwicklungspsychologie, Auer, Donauwörth, 21. Aufl. 1987, S. 101,102)

1. Welche Hilfen können gegeben werden, damit diese Bedürfnisse entfaltet werden können?
2. Welche Folgeerscheinungen können auftreten, wenn Bedürfnisse nicht befriedigt werden?
3. An welche Stelle würdest du die Phase der Pubertät setzen?
   Erläutere die nach diesem Modell dort vorhandenen Bedürfnisse der Jugendlichen.
4. Diese Bedürfnisse sind nach A. Maslow aus der Sicht des Heranwachsenden gesehen.
   Verdeutliche anhand einer Alltagssituation, welche Konflikte zwischen Heranwachsenden und Erwachsenen aufgrund unterschiedlicher Bedürfnisse entstehen können. Veranschauliche deine Überlegungen, indem du diesem Wellenbild einige ‚Wellenbrecher' entgegensetzt.
   Diskutiere Möglichkeiten der Konfliktlösung, wie sie in dem Kapitel 9/1,3.: ‚Konflikte lösbar machen' angeboten werden.

B Der Generationenkonflikt steht im Spannungsverhältnis von ‚Abhängigkeit' und ‚Selbstständigkeit' bzw. ‚emotionaler Bindung' und ‚Unabhängigkeit'. (→ Beziehungsdimension)

In den Ausführungen zur Pubertät wurde besonders auf die Herausforderungen hingewiesen, die sich in diesem Entwicklungsabschnitt für die Heranwachsenden ergeben.
Eine Besonderheit von Konflikten zwischen den Generationen ist bei allen Auseinandersetzungen und Abgrenzungsversuchen die emotionale Eingebundenheit der Konfliktpartner. Vertrautes aufzugeben und Unsicherheiten zuzulassen stellt eine große Herausforderung an alle Beteiligten dar.

Loslassen können

Die Pubertät ist nicht bloß ein Klecks auf der Landkarte der Entwicklung. Es ist die Vorbereitung aufs Erwachsenwerden. Bei den Jugendlichen finden viele Veränderungen statt, im intimen Bereich, im Kopf und im Herzen, und sie wollen dies nicht unbedingt im Detail mit ihren Eltern teilen. Eines ihrer größten Bedürfnisse ist, in Ruhe gelassen zu werden. In dieser Zeit sollte das ‚Bitte nicht stören'-Schild mehr denn je zuvor respektiert werden. Jugendliche brauchen Raum und Zeit, sie müssen mehr Dinge für sich allein tun, Dinge ausprobieren und scheitern dürfen. Sie müssen ihren Platz und ihre Rolle in der Welt finden.
Je mehr Eltern sich zurückhalten können, desto leichter werden die Veränderungen zu ertragen sein, […] zum Loslassen ist es nie zu spät. […]

Loslassen heißt, ich höre nicht auf, dich zu lieben, aber ich kann nicht dein Leben für dich führen.

Loslassen heißt, ich lasse dich selber die Konsequenzen ziehen, statt dir alles abzunehmen.

Loslassen heißt, ich nagele dich nicht fest, sondern ich unterstütze dich.

Loslassen heißt, ich verurteile dich nicht, sondern ich lass dich Mensch sein.

Loslassen heißt, nicht ich stehe im Zentrum und organisiere alles, sondern ich erlaube dir, dein Schicksal zu bestimmen.

Loslassen heißt, ich beschütze dich nicht, sondern ich überlasse es dir, dich mit der Realität auseinander zu setzen.

Loslassen heißt, ich lehne dich nicht ab, sondern ich akzeptiere dich.

Loslassen heißt, ich meckere, schimpfe oder streite nicht, sondern ich suche stattdessen nach meinen eigenen Fehlern und versuche sie zu verbessern.

Es ist nicht leicht, die beschützende, allumfassende, beurteilende, organisierende Haltung aufzugeben, um endlich das Kind freizulassen. Selbst wenn wir zurücktreten, um unseren Jugendlichen Freiheit zu geben, werden wir nur damit belohnt, dass sie uns verlassen. Die Eltern bleiben mit ihrem Schmerz zurück. [...]

Loslassen heißt, Machtlosigkeit zuzugeben, was bedeutet, das Ergebnis liegt nicht in meinen Händen.

Loslassen heißt, nicht jemand anderen ändern zu wollen oder zu beschuldigen, es kommt auf mich an.

Loslassen heißt, nicht die Vergangenheit zu bedauern, sondern sich zu entwickeln und für die Zukunft zu leben.

Loslassen heißt, weniger zu fürchten und mehr zu lieben.

(Deborah Jackson, übers. von Heike Brandt, Das respektierte Kind, Beltz Quadriga Verlag, Weinheim/Berlin 1996, S. 312ff., 323)

1. Gestalte ein Schild:

2. Lies dir das folgende Zitat genau durch und erkläre es anhand des Textes: „Fast alle Eltern haben Wünsche und Ansprüche für ihre Kinder. Wenn daraus Ansprüche werden, die das Kind als eigenständiges Wesen mit besonderen Fähigkeiten und Unfähigkeiten nicht ausreichend würdigen, kann das für seine Entwicklung eine schwere Belastung sein.“ (Barbara Dobrick, Immer Probleme mit den Eltern – Erwachsene Kinder zwischen Anpassung und Rebellion, Kreuz Verlag, Stuttgart 1991, S. 269)

3. Lassen sich entsprechend den elterlichen Eigenschaften zu ‚Loslassen heißt ...‘ auch aus der Sicht der Jugendlichen Aspekte formulieren? Überlegt zunächst, ob ihr auch mit den einleitenden Wörtern ‚Loslassen heißt...‘ beginnen wollt.

Beziehungen neu gestalten

Die Phase der Pubertät fordert von den Heranwachsenden ein Infrage-Stellen bisheriger Orientierung; als Folge entsteht oft Verunsicherung, möglicherweise entwickeln sich Ängste und im aktiven Fall Suchbewegungen und ein Sich-Einlassen auf sich selbst. Die Bindung zu den Eltern ist dabei zu hinterfragen, eine neue Beziehung muss gestaltet werden.

In der Kindheit war die Familie für das Kind der wichtigste Lernort: Dort lernte es, nach kleineren auch größere Aufgaben zu erfüllen, Konflikte mit Eltern und Geschwistern auszutragen und vieles andere. Spätestens im Jugendalter ändert sich die Funktion der Familie. Jetzt nämlich werden die Erfahrungen draußen, sozusagen im richtigen Leben, viel wichtiger. Das, was Kinder im alltäglichen Zusammenleben von und mit Eltern gelernt haben, kann sich nun bewähren: In der Schulklasse, im Ausbildungsbetrieb, in der Clique müssen Jugendliche nun ihren Platz finden.

Die Aufgabe der Familie ändert sich in dieser Zeit. Auch wenn sie Eltern oft das gegenteilige Gefühl geben: Jugendliche brauchen ein Zuhause, nicht nur als Lernort, sondern auch als „Heimathafen". Dieser dient ihnen jetzt allerdings kaum noch als „Schutzhafen" wie in der Kindheit, sondern vor allem als Hafen für Proviant und Treibstoff. Sie „tanken" dort Kraft und Trost, vor allem wenn die Erfahrungen „draußen" zu Enttäuschungen führten oder einfach schwer allein zu „verkraften" sind. Etwa wenn der Freund, die Freundin „Schluss gemacht" haben oder die Ausbildung doch ganz anders ist als erhofft. Der emotionale Rückhalt in der Familie ermutigt sie dann, trotzdem wieder zu neuen „Fahrten" aufzubrechen.

Die Erfahrungen, die Jugendliche auf ihren Fahrten machen, kann ihnen niemand ersetzen. Trotzdem brauchen sie Weggefährten, die Verständnis für ihre Irrungen und Wirrungen haben und auch Orientierung und Halt bieten können.

Sich gemeinsam über Neues und Überraschendes zu freuen gehört ebenso dazu wie Mit-Leiden und Trösten, wenn mal was daneben geht. Es tut gut zu spüren, dass die Eltern sich über die erste große Liebe freuen und sie unterstützen – selbst wenn sie befürchten, dass dabei die Schulleistungen der Tochter oder des Sohnes leiden könnten.

(Ich will mein Kind vor Drogen schützen, Bundeszentrale für gesundheitliche Aufklärung [Hg.], Köln)

1. Welche Bausteine hältst du für die Gestaltung einer neuen Beziehung für unbedingt notwendig? Welche Bedeutung haben deiner Meinung nach dabei Konflikte und Krisen? Fertige entsprechend deiner Überlegungen einen weiteren/ergänzenden Comic an.

2. Nimm Stellung zu dem folgenden Zitat:
„Je selbstverständlicher das Kind erleben kann, dass es trotz seiner Schwäche von Bedeutung ist und selbst etwas bewirken kann, dass es trotz seiner Angewiesenheit auf die Großen als Wesen mit eigenen Rechten anerkannt wird, umso weniger bedrohlich wirkt die Macht der Eltern. Kann das Kind aber nur wenig oder nichts erreichen mit seinen Wünschen, so wird die notwendige Unterordnung als vernichtend für den Eigensinn, das Selbstsein erfahren."
(Barbara Dobrick, Immer Probleme mit den Eltern – Erwachsene Kinder zwischen Anpassung und Rebellion, Kreuz Verlag, Stuttgart 1991, S. 26)

C Im Generationenkonflikt werden unterschiedliche Wertvorstellungen ausgetragen und neue entwickelt. (→ Wertewandel/historische Dimension)

Heute und früher – früher und heute

Die dritte Besonderheit von Konfliktfeldern zwischen den Generationen ist die historische Dimension. Aussagen wie
„Das hätte es früher nie gegeben!"
„Früher mussten wir in deinem Alter immer um 22.00 Uhr zu Hause sein!"
„Das hätte ich zu meiner Mutter/meinem Vater sagen sollen!"
„Ich erwarte von meinen Kindern Gehorsam!"
„......".
sind dir wahrscheinlich schon oft begegnet und sicherlich hast du genauso oft gedacht oder gesagt: „Nicht schon wieder diese Tour!"

All diese „Ohrwürmer" belegen ganz deutlich, dass Generationenkonflikte immer vor dem jeweiligen historischen Hintergrund zu betrachten sind und in ihnen unterschiedliche Werte aufeinander treffen. Anpassung an die Normen der Erwachsenengesellschaft oder Entwicklung/Durchsetzung eigener Werte sind die beiden Verhaltensmöglichkeiten.

1. Überprüfe die These: „Der Wertewandel hat Folgen für die Auseinandersetzung zwischen den Generationen."

2. Verdeutlicht eure Überlegungen anhand eines Rollenspiels (vgl. dazu auch die Methode: „Rollenspiel", S. 158 f.).

Früher … – Jugend im Dritten Reich: „… und sie werden nicht mehr frei“ (Hitler)

Ein besonders eindringliches Beispiel für die Bedeutung der historischen Dimension und des politischen Systems stellt die Zeit des Nationalsozialismus dar.

Diese Jugend, die lernt ja nichts anderes als deutsch denken, deutsch handeln und wenn nun dieser Knabe, dieses Mädchen mit ihren zehn Jahren in unsere Organisationen hineinkommen und dort nun so oft zum ersten Mal überhaupt eine frische Luft bekommen und fühlen, dann kommen sie vier Jahre später vom Jungvolk in die Hitlerjugend, und dort behalten wir sie wieder vier Jahre und dann geben wir sie erst recht nicht zurück in die Hände unserer alten Klassen- und Standeserzeuger, sondern dann nehmen wir sie sofort in die Partei oder in die Arbeitsfront, in die SA oder SS, in das NSKK (Nationalsozialistisches Kraftfahr-Korps) und so weiter. Und wenn sie dort zwei Jahre und anderthalb Jahre sind und noch nicht ganze Nationalsozialisten geworden sein sollten, dann kommen sie in den Arbeitsdienst und werden dort wieder sechs und sieben Monate geschliffen, alle mit einem Symbol: dem deutschen Spaten.
Und was dann nach sechs oder sieben Monaten noch an Klassenbewusstsein oder Standesdünkel da oder da noch vorhanden sein sollte, das übernimmt dann die Wehrmacht zur weiteren Behandlung auf zwei Jahre, und wenn sie dann nach zwei oder vier Jahren zurückkehren, dann nehmen wir sie, damit sie auf keinen Fall rückfällig werden, sofort in die SA, SS und so weiter und sie werden nicht mehr frei ihr ganzes Leben und sie sind glücklich dabei. Langsam verschwinden aus ihrem ganzen Gesichtsfeld alle diese lächerlichen Vorurteile, unter denen vielleicht ihre Väter noch leiden mögen. Sie sehen sich ganz anders an, sie haben allmählich den Menschen kennen gelernt, und wenn mir einer sagt: Ja, aber da werden noch welche überbleiben. Der Nationalsozialismus steht nicht am Ende seiner Tage, sondern erst am Anfang.

(Aus einer Rede Adolf Hitlers in Reichenberg [Sudetenland], Dezember 1938 – Tondokument Nr. C1326 des Deutschen Rundfunkarchivs, Frankfurt a.M.)

1. Beschreibe die Plakate und stelle dar, wie Hitler sich das Verhältnis zwischen der Jugend und dem politischen System wünschte.
2. Zeige anhand der Rede die Erziehungsziele Hitlers auf und kennzeichne die Stationen, die die Jugendlichen auf dem Weg zum Erwachsenen durchlaufen sollten.
3. Welche Vorstellungen von dem Verhältnis zwischen den Generationen werden aus der Sicht der Hitlerrede deutlich?
4. Waren in dieser Zeit Konflikte zwischen den Generationen aus der Sicht des politischen Systems gewollt?
5. Hat es in dieser Zeit Konflikte zwischen den Generationen gegeben?
6. **Anregung:**
Befragt Zeitzeugen nach ihren Erfahrungen mit den NS-Jugendorganisationen (vgl. Methode: ‚Oral History', S. 205 f.) oder ladet einen Zeitzeugen in den Unterricht ein, um euch gemeinsam über diesen Zeitraum und das damalige Generationenverhältnis auszutauschen.

Ein ehemaliger ‚Pimpf' berichtet über seine Zeit im „Deutschen Jungvolk":

„An manchen Samstagen gehen wir auf Wochenendfahrt. Am Kopfteil hängt der prall mit Stullen gefüllte Brotbeutel, auf dem Brotbeutel die Feldflasche. Über der Schulter tragen wir, zusammengerollt, Decke und Zeltplane. Wir lernen, was feldmarschmäßig ist. […] Aus der Stadt heraus und bis zum Wald marschieren wir. Vor dem Wald löst sich die Einheit auf. Wir durchstreifen ihn schleichend, stets darauf bedacht, uns vor einem fiktiven Feind zu verbergen. Kein Wort fällt. Die Feldflasche darf nicht klappern. Kein Ast darf knacken. Kurz vor dem Lagerplatz, der als „vom Feind besetzt" gilt, brechen wir mit Gebrüll zum Sturmangriff aus dem Gebüsch. Natürlich besiegen wir den Feind und schlagen da, wo er gelegen hat, unsere Zelte auf. […] Später schlafen wir in den Zelten ein. Wir schlafen ruhig: Draußen liegen zwei Kameraden beim klein gehaltenen Feuer und schieben Wache. Alle zwei Stunden ist Ablösung. Das Kameradschaftsgefühl gibt Sicherheit. Am Sonntag das obligate Geländespiel. Das Training im unerbittlichen Freund-Feind-Gefühl. […] Abends kommen wir nach Hause, müde aber glücklich. Mancher trägt stolz am Kopf eine Beule in die Wohnküche. Vater war kein Kamerad, höchstens ein Vorgesetzter ohne Kompetenz, Mutter hatte ohnehin nicht viel zu sagen."

(Zit. nach: Fritz Langour, Anschleichen, Tarnen, Melden. Ein Pimpf erinnert sich, in: Ein Volk, ein Reich, ein Führer, Band 2, bearb. von Christian Zentner, Piper, München, S. 186 ff.)

Eine Jungmädelführerin:

„Wir machten eine Fahrt, wir wanderten, wir machten eine Schnitzeljagd, wir veranstalteten eine Fuchsjagd. Das waren so Wald- und Feldspiele, wie man sie vielleicht heute gar nicht mehr so spielt, aber die massig Spaß machten. Und hinterher wurde dann auch irgendwo ein Lagerfeuer entfacht und ein ordentlicher Kessel Erbsensuppe aufgesetzt. Und dies alles, dieses Neue, dieses frei In-der-Natur-sich-bewegen-dürfen, ohne Zwang, ohne den strengen Blick des Vaters oder die Sorge der Mutter hinter sich zu spüren, dieses freie Selbstgestalten. Das war es eigentlich, was sehr glücklich machte."

(Zit. nach: Erika Martin, in: „Glauben und rein sein…, – Mädchen im BDM, WDR-Schulfernsehen, Oktober 1994)

1. Beschreibe anhand der beiden Berichte, was viele Jugendliche am Leben in der HJ und im BDM faszinierte.
2. Begründe, ob und inwiefern du die Begeisterung der Jugendlichen verstehen kannst. (Denke dabei insbesondere an das Generationenverhältnis!)

Es gab in der Jugend auch Widerstand gegen den Nationalsozialismus. Eine der bekanntesten Gruppen ist die „Weiße Rose", mit der die Namen Hans und Sophie Scholl untrennbar verbunden sind.

Buchtipps zum Thema:

Breyvogel, Wilfried (Hrsg.): Piraten, Swings und Junge Garde. Jugendwiderstand im Nationalsozialismus, Bonn 1991
Scholl, Inge: Die weiße Rose, Fischer Verlag, Frankfurt a. M. 1994

Anwendung

- **Rollenspiel eines Generationenkonfliktes**
  Sucht euch zunächst in eurer Gruppe ein Thema, welches ihr darstellen wollt. Dieses könnte z. B. lauten:
  – Unter welchen Voraussetzungen können Eltern loslassen und haben Kinder/Jugendliche keine Angst vor dem Ablösen (Alleinsein)?
  – Sind denn die Kinder nur für die Eltern da?
  – Muss es denn bei Konflikten immer einen Verlierer geben?
  Überlegt euch dann genau, was ihr mit dem Rollenspiel bei den Zuschauern erreichen wollt. Denkt euch eine Situation aus und legt die beteiligten Personen fest. Schreibt zu den Personen ausführliche Rollenkarten.
  Probiert die Szene in eurer Gruppe aus.
  Rollenspiele ermöglichen ‚Probehandeln', vielleicht wollt ihr ja auch zu einer Grundproblematik mehrere Alternativen vorspielen.
  Zur Methode des Rollenspiels findet ihr weitere Hinweise im Kapitel 9/2,3.: Typisch Mädchen? – Typisch Jungen?
- Entwerft ein **Brettspiel** zum Thema Generationenkonflikte. Ereigniskarten geben einem Spiel oft den besonderen Reiz!
- **Fotoprojekt**
  Wenn ihr genügend fotografische Fertigkeiten besitzt, dann erstellt eine Fotodokumentation mit Bewohnern und Bewohnerinnen eines Seniorenheimes in eurer Stadt zum Thema Generationen.

Der folgende Zeitungsartikel zeigt euch, wie lohnenswert ein solcher gemeinsamer Rückblick für Jung und Alt sein kann:

Fotoprojekt von Alt und Jung wird zur Ausstellung gestaltet

Sie sind Schaffende und Dargestellte zugleich in dem Fotoprojekt „Zeit festhalten", das Gesamtschüler aus Barkenberg in den vergangenen Wochen unter der Anleitung von Fotokünstler Karlheinz Strötzel gemeinsam gestaltet haben. [...]

Porträtfotos zieren die Stellwand, während Änne Wieck (84) und Stefanie Furchert (14) sorgfältig weitere Bilder sichten.

Der Kontakt war nicht immer einfach, räumen die Jüngeren unumwunden ein. „Aber es macht schließlich doch großen Spaß, wenn man dabeigeblieben ist.“ Einige sprangen ab, aber der bleibende Kern von Jungen und Alten gewann neben dem Kontakt überraschende Erkenntnisse hinzu über sich selbst und die anderen. Etwa über den Umgang mit der Eitelkeit. „Kann ich mich so akzeptieren, wie ich auf dem Bild aussehe?“ Ein Feld, auf dem die Älteren oft mehr Gelassenheit zeigen. Porträts in Schwarz-Weiß und Farbe, Silhouetten, Rollenspiele – zum Beispiel „Wie wirke ich mit Zylinder – oder mit Sportkappe?“ – gehören zu den Motiven der fleißigen Generationen-Fotografen.

Aber auch Hände oder lieb gewonnene Erinnerungsstücke dokumentieren die Geschichte der verschiedenen Menschenleben.

„Je weiter wir fortgeschritten sind, desto motivierter sind unsere Bewohner an die Sache herangegangen“, freut sich Dieter Wienecke vom Seniorenhaus. „Die Alten und die Jungen haben diskutiert: Wie war das, Party früher und heute? Es ist gut, dass es diese Kontakte in unserer Einrichtung gibt. Mit solchen Begegnungen sind wir endgültig keine Insel mehr.“

(Ursel Beier, Mit 84 wird man noch populär, in: WAZ v. 21.11. 1997, Ausgabe Dorsten)

Eine Begegnung zwischen den Generationen kann zu einem Erfahrungsaustausch führen, der für beide Seiten sehr gewinnbringend ist, etwa nach dem Motto: ‚Miteinander reden, voneinander lernen.‘ In einem konkreten Fall haben Senioren einen Pädagogikkurs besucht und sich über ihre Schulerfahrungen mit der jetzigen Schülergeneration ausgetauscht.

Senioren besuchten Schule … und die Schüler schauten sich im Seniorenheim um

„Das ist Okö“, stellten die Besucher im Schulgarten des ASG/GSG fest: Neun Senior(inn)en des AWo-Heims am Lipper Weg statteten dem Doppelgymnasium am Mittwoch eine Visite ab.

Die Einladung hatte der Pädagogik-Leistungskurs der Jahrgangsstufe 12 der beiden Gymnasien ausgesprochen. Mitte Februar waren die Schüler(innen) im Seniorenheim zu Gast und hatten dort unter anderem die Apartments der Bewohner besichtigt.

Spontan hatten sie daraufhin ihre Gastgeber zu einem Gegenbesuch eingeladen. „Alter Mensch, was nun?“ lautete das Thema der Schüler(innen) im Kurs von Chris-

tel Schrieverhoff. Die Idee zum Besuch im Seniorenheim war während des Unterrichts entstanden, als es um das Thema Pflege ging.

Karla Reinbacher-Richter, stellvertretende Schulleiterin des ASG, begrüßte die Gäste in der Pausenhalle. Nach einem Rundgang durch den Schulgarten und die Bertolt-Brecht-Ausstellung nahmen die Senior(inn)en in verschiedenen Klassen am Unterricht teil. Hilde Stevermüer wunderte sich über die weiten Wege auf dem Schulgelände: Vor rund 70 Jahren war die heute 83-Jährige zuletzt in einer Schule: „Mit 13 kam ich damals aus der Aloysiusschule". Im Englischunterricht bei Carola Meyer, Sozialwissenschaft bei Max Udo Schubert, in Religion oder Philosophie drückten die Senioren dann noch einmal die Schulbank.

Senioren aus dem Awo-Seniorenheim schauten sich gestern im ASG/GSG um und unterhielten sich mit Schülern.

„Sehr interessant" fanden Anna Dudek und Heinz Danileczyk den Unterricht. „Aber es läuft anders ab als zu unserer Zeit." Vor allem ein weitaus autoritärerer Unterrichtsstil prägt die Erinnerungen an ihre eigene Schulzeit.

Anschließend trafen sich alle Teilnehmer zum gemeinsamen Frühstück, um über ihre Erfahrungen zu berichten. Die Schüler(innen) hatten Brötchen und Getränke besorgt.

Vielleicht, so hoffen beide Seiten, kann der Kontakt fortgesetzt werden. Karla Reinbacher-Richter kann sich regelmäßige Treffen zwischen junger und älterer Generation jedenfalls gut vorstellen.

(Jürgen Wolter, Senioren besuchen Schule, in: WAZ v. 12. 3. 1998, Ausgabe Marl)

Beurteilung

Zusammenfassende Rückschau:

Das nachfolgende Diagramm soll dir helfen, die vielfältigen Aspekte des Themas Generationenkonflikte in einer systematischen Zusammenschau zu ordnen, um anschließend eine Stellungnahme anhand der Auseinandersetzung mit Thesen entwickeln zu können.

Auf der linken Seite des Diagramms wird die notwendig enge Beziehung zwischen Eltern (Mutter) und Kind dargestellt (Symbiose), die sich im Laufe der Zeit deutlich verändern wird. Dieser notwendige Loslöseprozess macht deutlich, dass sich keiner/keine dem Gene-

rationenkonflikt entziehen kann (vgl. auch 9/1,3.: Konflikte in der Erziehung); im gelungenen Fall wird er zur Selbstständigkeit und Eigenverantwortung (vgl. auch 10/2,3.: Erziehung zu Verantwortung) führen.

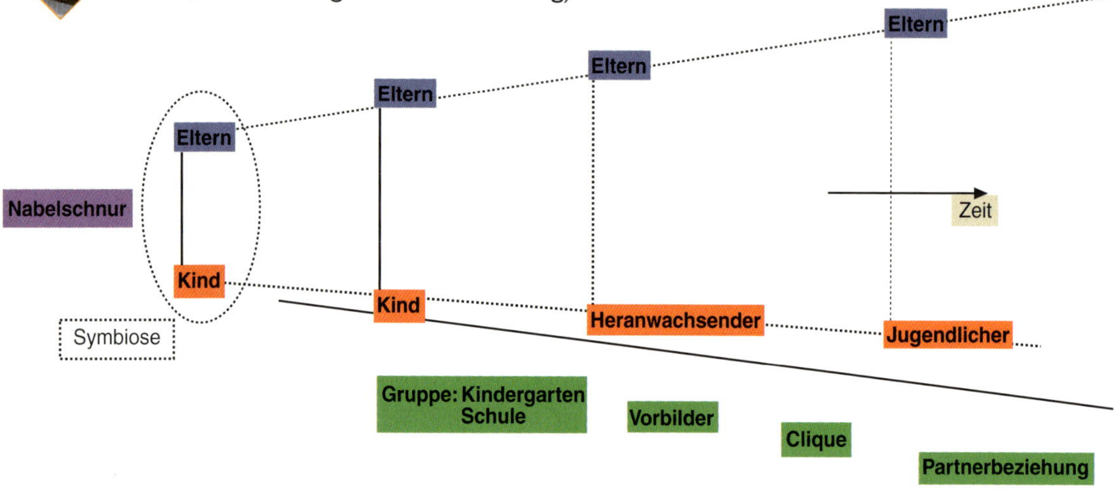

1. Welche Entwicklung nimmt die zunächst symbiotische Beziehung zwischen Eltern und Kind im Laufe der Zeit? Gestalte dieses Diagramm entsprechend deiner in diesem Abschnitt gewonnenen Erkenntnisse weiter aus.
2. Welche Formen nehmen die nachfolgenden Aspekte im Laufe der Entwicklung der Beziehung zwischen Eltern und Kindern an?

Bindung	Offenheit	Toleranz	...

Diskussion von Thesen

1. Ohne Generationenkonflikte wäre ich so wie meine Eltern.
(Konflikte sind eine Chance zur persönlichen Veränderung, insbesondere Generationenkonflikte bieten die Chance zur Selbstfindung und Identitätsbildung – vgl. 9/1,3.: Konflikte lösbar machen.)

2. Ohne Generationenkonflikte bleibt alles, wie es war, Überzeugungen und politische Einstellungen würden sich nicht verändern.
(Nur durch Auseinandersetzung können sich Werte und Normen [Rollenmuster] verändern, kann eine konforme Gesellschaftsstruktur vermieden werden.)

3. Die Chance zur Auseinandersetzung zwischen den Generationen ist in der heutigen Zeit schwieriger wahrzunehmen, Konflikte müssen oft herausgefordert werden. Die Erwachsenen wollen ‚jugendlich sein', die Kinder möglichst schnell Jugendliche (kleine Erwachsene) werden. Die Generationen treffen sich in einer ‚großen Mitte', wo viele Unterschiede verschwinden.

Diskutiere die Thesen in einem Streitgespräch.

Dies kann etwa nach dem Muster der ‚amerikanischen Debatte' erfolgen:

In der Vorbereitungsphase werden zwei Gruppen eingeteilt. Die eine Gruppe sucht Pro-Argumente, die andere Kontra-Argumente. Die Gruppen sollen sich mit der jeweiligen Argumentation vertraut machen.

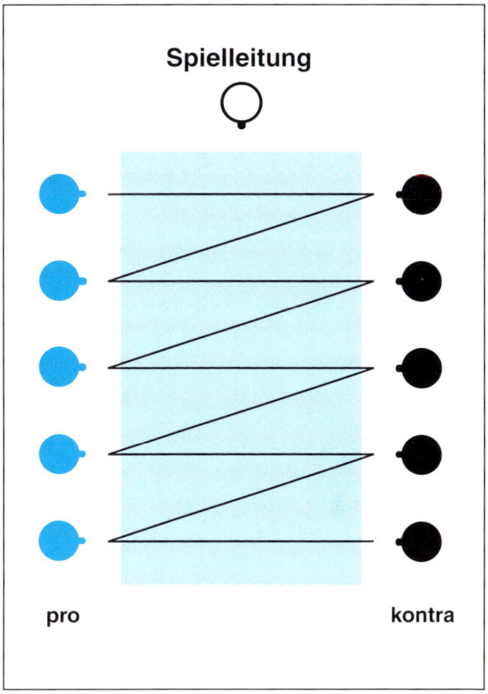

Die eigentliche Debatte läuft nach folgenden Regeln ab:

- Jede Seite bestimmt mehrere Diskutantinnen und Diskutanten, die sich an einem Tisch gegenübersitzen.
- Die Diskussionsleiterin bzw. der Diskussionsleiter eröffnet die Debatte, indem sie bzw. er einer Seite das Wort erteilt.
- Beginnt z.B. die Pro-Seite, kommt nach einer vorgegebenen Zeit (z.B. 1 Minute) die Kontra-Seite (wieder für eine Minute) an die Reihe, dann wieder die Pro-Seite usw.
- Die Diskussionszeit der Teilnehmerinnen und Teilnehmer ist vom Diskussionsleiter bzw. der Diskussionsleiterin streng einzuhalten.
- Am Ende der ersten Runde angekommen, geht das Ganze rückwärts zum Ausgangspunkt.

Am Ende der Debatte kann eine allgemeine Plenumsrunde oder eine Abstimmung stattfinden.

(Günther Gugel, Methoden-Manual I: ‚Neues Lernen', Beltz Verlag, Weinheim und Basel 1997, S. 169)

Beziehungen gestalten – neue Wege gehen

Versetze dich in die hier dargestellte Person hinein und nimm deine Sitzhaltung ein. Auch du bist der Vertreter einer Generation und wirst versuchen einen Weg zu finden. Lasse dich in deinen Überlegungen von dem hier dargestellten Foto leiten:

Welche Personen aus deinem Familienkreis möchtest du auch auf dem Foto platzieren, welche möchtest du gar nicht erst in diesen Park hineinlassen?

Auf welche Bank möchtest du welche Personen (Verwandte,

Freunde, Bekannte, ...) setzen, wie würdest du eventuell mit ihnen Kontakt aufnehmen?
Was passiert, wenn du aufstehst und den Park verlässt, welchen Weg möchtest dann gehen? Wie sieht dein Bild außerhalb dieses Fotos aus?

Rück-Blick

Der besondere Rückblick: Wir blicken vorwärts und zurück! Wie könnte der Generationenkonflikt mit meinen Kindern im Jahr 20?? aussehen?
Interviewe deine Mitschüler und Mitschülerinnen.

Hinweise

Buchtipps für Schülerinnen und Schüler:

- Grant, Wendy: Was wisst ihr schon vom Erwachsenwerden!, Krüger Verlag, Frankfurt 1997
- Nitsch, Cornelia/Beil, Birgit/von Schelling, Cornelia: Pubertät? Kein Grund zur Panik, Mosaik Verlag, München 1995
- Wolfrum, Christiane/Süß, Peter: So wild nach Deinem Erdbeermund – Ein Aufklärungsbuch für Jugendliche, dtv, München 1996
- Changes – das Mädchenbuch, Changes – das Jungenbuch, AOL-Verlag, Lichtenau 1998

Buchtipps für Lehrerinnen und Lehrer:

- Liebau, Eckart: Sehnsucht nach Sinn – Pubertät als Zeit der Suche. In: Friedrich Heft „Schüler '97", Erhard Friedrich Verlag, Seelze 1997, S. 22 ff.

Tipps für Projekte/Projektbörse:

- Dialog der Generationen, hrsg. vom Bundesministerium für Familie, Senioren, Frauen und Jugend, Heft 38, 26. Nov. 1997

In diesem Reader findet sich eine Fülle von Projektbeispielen – vom „Erzählcafé" in Frankfurt bis zu Workshops in Berlin.

10/1

2. Schule im Wandel – Wandelt sich Schule?

Klasse(n)

Foto

Fotografiert eure Klasse.
Überlegt dazu – einzeln, in der Gruppe oder in der gesamten Klasse –, was ihr zum Ausdruck bringen wollt, z. B.: Was ist typisch für eure Klasse? Wie wollt ihr euch darstellen? Wohin schaut ihr? Wo wollt ihr euch aufnehmen lassen? …

Stramm stehen oder sitzen bleiben? Klasse(n) Fotos im Vergleich

Ausflug des 10./11. Jahrgangs der Essener Maria-Wächtler-Schule, 1934

Volksschulklasse, Ort unbekannt, vermutlich um 1920

1. Teilt euch in Gruppen. Betrachtet und beschreibt die Fotos möglichst genau. Ordnet eure Beobachtungen nach Kriterien, z.B. Anordnung, Haltung, Gesichtsausdruck, Verhältnis Lehrer – Schüler …
2. Vergleicht eure Ergebnisse: Was sagen die Fotos über die Schule von damals aus? Sucht Gemeinsamkeiten und Unterschiede.
3. Schule gestern – Schule heute: Vergleicht die Fotos mit dem Foto eurer Klasse. Ergeben sich Fragen oder Thesen für die weitere Arbeit?

Klasse(n) Foto

Über die StrEnge geschlagen? Schulerfahrungen mit Fräulein H.

Im folgenden Text beschreibt Caesar Hagener, ein Professor für Erziehungswissenschaft im Ruhestand, seine Erfahrungen mit der Schule zur Zeit des 1. Weltkrieges.

Kurzum: […] Schule erschien mir als eine bedrohende Macht, der ich mich von Tag zu Tag mehr ausgeliefert fühlte. […] Schon der Anblick des Schulhauses, ein kasernenartiger Backsteinbau, eingeschlossen von hohen Mietshäusern […], ängstigte mich. Noch heute spüre ich den Druck, der mich damals körperlich oft befiel, wenn ich als Erstklässler frühmorgens mit anderen Schülern auf dem Gang zwischen den Brandmauern zweier Häuser dem Schuleingang zustrebte. Im Klassenraum fand ich dann (einer unter fünfzig Schülern) bald meinen Platz in einer langen Schulbank, die so eingerichtet war, dass man nur dann seinen Sitzplatz einnehmen bzw. erst dann ‚aussteigen' konnte, wenn die lange schwere Schreibplatte hochgeklappt war. Hatten alle fünf Schüler nach langer Drängelei Platz genommen, so wurde der schwere Schreibteil heruntergeklappt. Ein von mir im voraus gefürchteter Augenblick entstand, weil ich mir, da ich in der Bankmitte saß, wie gefangen vorkam. Oft befiel mich dann das Gefühl, vor Unterrichtsende noch draußen auf die Toilette eilen zu müssen und damit den Spott der Mitschüler heraufzubeschwören. […]
Fräulein H., meine Klassenlehrerin, war eine Amtsperson, ein Neutrum. […] Sie verkörperte das strenge Regiment einer deutschen Volksschule zur Kaiserzeit. […] ‚Streng' war alles an ihr: ihre steife Körperhaltung auf dem Katheder, betont durch dunkle Kleidung, ihr gemessenes Abschreiten der vorderen Bankreihen und ihre sonoren Kommandos. Mit „Hände fest" wurde jeder Unterricht eröffnet. Bei diesem Befehl erstarb jede Bewegung im Klassenraum. Absolute Stille trat ein, die Fräulein H. sichtlich sekundenlang zu genießen schien. Überhaupt spielten Kommandos bei ihr eine wichtige Rolle. So lernten wir etwa […] nach einem von ihr rhythmisch-skandierten „Eins-Zwei-Drei (Pause) Vier-Fünf-Sechs!" unsere Tischklappen jeweils ohne Geräusch aufzukippen bzw. zurückzuklappen. Noch als dreißigjähriger Soldat kamen mir […] die frühen Exerzitien jener Schulzeit immer wieder dazwischen, […] die uns nach Meinung einer älteren Pädagogik an Disziplin und Ordnung gewöhnten. […] Das galt nicht nur für das allgemeine Verhalten im Klassenzimmer, auf den Korridoren und im Treppenhaus der Schule, sondern galt für den täglichen Unterricht in den Fächern Schreiben, Lesen, Rechnen. Das Erlernen einzelner Druckbuchstaben etwa, das Zusammenziehen entsprechender Laute zu Einzelwörtern und schließlich das lautliche Aneinanderkoppeln von Wörtern zu Sätzen, die – wenn man Glück hatte – überraschend sogar einen Sinn ergaben, geschah in streng ritualisierten Bahnen. Das Nachschreiben eines „U" zum Beispiel wurde zuerst lediglich durch Schreibbewegungen in der Luft ohne Griffel geübt, dann in einer zweiten Phase mit dem chronischen Vers „Oben offen und unten zu! Das ist das gedruckte U" von fünfzig Schülern gleichzeitig aufs Papier gebracht. […] Ähnlich leierig-langweilig verliefen für mich die Leseübungen, […] weil die Schule für uns außer der Fibel […] kein Lesefutter anbot. Das Rechnen machte da schon mehr Spaß. […] Andererseits brachte mich die Forderung Fräulein H.s, die Kolonnen der Rechenaufgaben hübsch säuberlich untereinander zu schreiben, oft zur Verzweiflung, weil mir für eine solche ‚akkurate Ausführung' die Ausdauer fehlte. Als so genannter ‚Schmierfink' der Klasse war mein wöchentliches Strafregister bald gefüllt, und Fräulein H. schlug mit ihrem langen Lineal sechs- oder auch zwölfmal, je nach

Schwere des Vergehens, auf die Knöchel meiner ausgestreckten Hände. – Mich hat es damals gewundert, dass viele Klassenkameraden diese körperliche Strafe anscheinend gleichmütig-trotzig hinnahmen, während mich solche Strafaktionen immer tief verletzt haben. [...] Dennoch lernten wir auch in diesen finsteren Tagen, brave Schüler zu sein, untertanenfromm zu gehorchen und uns wie die tapferen Soldaten draußen im Feld in alles zu schicken, was Gott und Kaiser uns zumuteten.[...]

(Caesar Hagener, Vom Drill zur Reformpädagogik. Schulzeit in der Weimarer Republik. In: PÄDAGOGIK Heft 1, Januar 1988, S. 24ff.)

1. „Frühmorgens dem Schuleingang zustreben“ – Wie erlebst du diese Situation?
2. Mit welchen Gefühlen erlebte Caesar Hagener die Schule? Vergleicht sie mit euren.
3. Welche Faktoren von Schule lösen die Gefühle aus?

Schule in Ordnung? Unterricht nach alten Regeln

Der Gutsherr als Schulpatron und der Lehrer regeln die Ordnung einer holsteinischen Dorfschule (1803/1810)

a) Aus dem Vertrag zwischen dem Grafen Rantzau zu Rastorf und dem Schullehrer Duckwitz in Rastorfer Passau vom 16. 7. 1803 [...]

2. Die zur Passauer Schule angewiesenen Kinder in der Lutherischen Religion nach dem Inhalt des Lutherischen Catechismi, und zwar ohne alle Neuerung oder Künsteley zu unterrichten;

3. Denen Kindern die gehörige Anweisung im Lesen, Rechnen und Schreiben zu geben.

4. Außer dem Religionsunterricht und denen damit verbundenen Katechisations-Übungen, so wie im Singen und Beten, wie auch angeführtermaaßen im Lesen, Rechnen und Schreiben, darf der Schullehrer, ohne ausdrückliche Herrschaftliche Erlaubniß, die Kinder in keinem andern Fache unterrichten, namentlich nicht in der Geographie, der Natur-Geschichte oder Naturlehre usw. [...]

7. Alle 14 Tage das ganze Jahr hindurch des Sonntags Vormittags hält der Schullehrer eine öffentliche allgemeine Betstunde – in dieser Betstunde wird die Andacht mit einem Gesange angefangen, sodann verlieset der Schulmeister eine Predigt aus einem ihm von der Gutsherrschaft gegebenem Predigtbuche, wie denn der Schullehrer, weder zum Behuf der Betstunde noch zum Gebrauch des Schulunterrichts sich anderer Bücher bedienen darf als die ihm von der Gutsherrschaft angewiesenen; die Andacht in der Betstunde wird mit einem Gesange beschlossen. [...]

b) Lehrer Duckwitz, „Verhaltensregeln für die Kinder meiner Schule“. 1810

1. Jedes Kind muss sich zur bestimmten Zeit in der Schule einfinden.

2. Keiner darf anders, als gewaschen, gekämmt und ordentlich angezogen in die Schule kommen.

3. Sobald ein Schüler in die Schule tritt, muss er erst den Lehrer grüßen, und dann sich gleich ohne Geräusch an seinen Platz setzen, auch nicht ohne Erlaubnis wieder aufstehen.

4. Während des Gesangs und Gebets muss eine vorzügliche Stille in der Schule herrschen.

5. Wer während des Gesangs und Gebets kömmt, muss so lange vor der Thür warten, bis beides geendigt ist.

6. Niemand darf ohne Erlaubnis des Lehrers hinausgehen.

7. Es muss kein lautes Wort als mit dem Lehrer gesprochen werden.

8. Jedes Kind muss aufmerksam und fleißig in den Unterrichtsstunden sein.

9. Nur der, der gefragt wird, antwortet.

10. Laut und deutlich muss jeder Schüler antworten, wenn er vom Lehrer gefragt wird.

11. Wenn der Lehrer unterrichtet, darf keiner den andern verklagen. Auch muss keiner, dann anders als im Notfall, den Lehrer um die Erlaubnis hinauszugehen bitten. Wer diese erhält, muss sobald als möglich wider herein kommen.

12. Jedes Kind muss sich in Acht nehmen, Tische, Bänke oder andere zur Schule gehörige Sachen nicht zu beschmutzen oder zu beschädigen. Wer dieses Gesetz mutwillig oder vorsetzlich übertritt, soll bestraft werden.

13. Keiner darf Essen oder Spielzeug mit zur Schule bringen.

14. Kein Tausch und Handel darf in der Schule geschehen.

15. Wenn ein Fremder die Schule besucht, so müssen alle Schüler aufstehen, dem Fremden durch eine Verbeugung ihre Ehrerbietung bezeugen, und sich dann ohne Geräusch gleich wieder niedersetzen und fortarbeiten.

16. Alles Schulgeräth muss beim Schluss der Lehrstunde auf den einmal angewiesenen Platz hingelegt werden.

17. Wenn die Unterrichtsstunden zu Ende sind, so müssen die Schüler paarweise nach der Ordnung ihrer Sitze aufstehen, den Lehrer beim Weggehen grüßen, sich nicht aus dem Schulzimmer hinausdrängen, und still und ordentlich nach Hause gehen.

(Zit. nach: Kinderstuben. Wie Kinder zu Bauern, Bürgern, Aristokraten wurden. 1700–1850. Hg. v. J. Schlumbohm, München 1983, S. 104ff.)

Bittet eure Lehrerin bzw. euren Lehrer, mit euch gemeinsam eine Unterrichtsstunde vorzubereiten und durchzuführen, die den Regeln von 1803/1810 entspricht.
Sucht nach alten Schulrequisiten und gestaltet dazu euer Klassenzimmer, so gut es geht.
Historische Klassenzimmer sind nicht selten in Schulmuseen erhalten. Es bietet sich also an, eine solche Unterrichtsstunde mit einer Fahrt ins Schulmuseum zu verbinden. Die Adresse eines Schulmuseums findet ihr am Ende dieses Kapitels.
Wertet eure Erfahrungen anschließend aus. Was habt ihr in einem solchen Unterricht gelernt? Wie habt ihr den Unterricht erlebt?

Verstaubt und alt? Schulgeschichte zum Anfassen

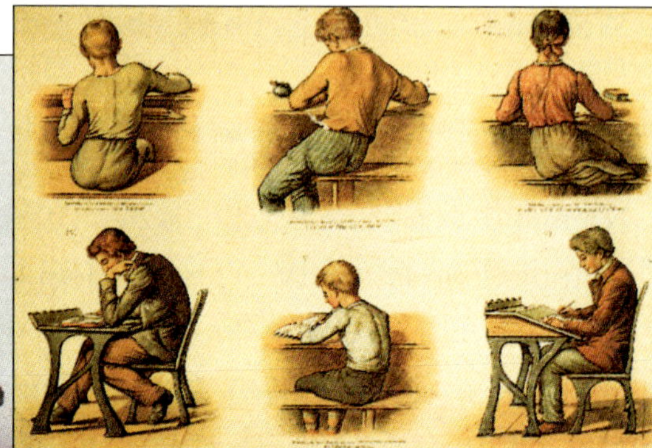

Diese Bilder zeigen verschiedene Exponate eines Schulmuseums.

Der **Besuch eines Schulmuseums** kann Antworten auf eure Fragen, aber auch weitere interessante Einblicke in den Wandel von Schule liefern und neue Fragen aufwerfen.

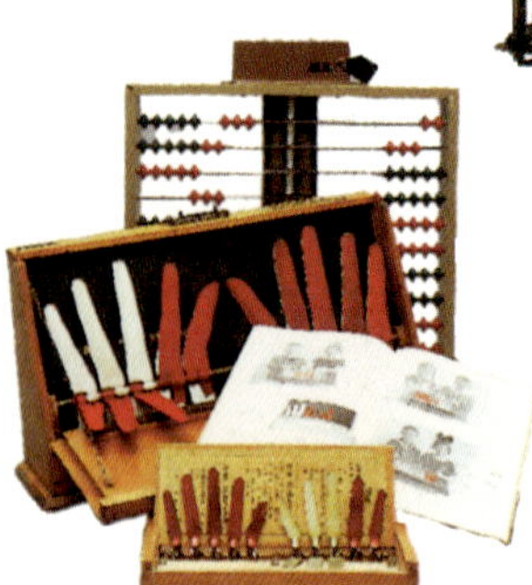

1. Diskutiert eure Eindrücke. Haltet dabei eure Fragen schriftlich fest.
2. Bereitet einen Besuch in einem Schulmuseum vor. Adressen findet ihr am Ende des Kapitels. Entscheidet dabei auch, ob ihr z. B. an einer Führung oder einer Museumsrallye teilnehmen wollt, die häufig von den Museen angeboten werden. Zu überlegen ist ebenfalls, ob und in welcher Form die Eindrücke oder neue Fragen schriftlich festgehalten werden sollen.

Orientierung und Planung

Spurensuche I: Das weitere Vorgehen planen

Ihr habt erste Spuren der Geschichte von Schule entdeckt. Überlegt, welche Spuren ihr in der Unterrichtsreihe weiterverfolgen wollt oder wo es mögliche neue Spuren gibt.

1. Formuliert auf der Grundlage eurer bisherigen Arbeit Fragen oder Themenbereiche zum Wandel von Schule, die ihr bearbeitet wollt, und entscheidet dann über euer weiteres Vorgehen. Das folgende Verfahren kann euch dabei helfen.
   - Formuliert eure Fragen oder Themenbereiche in 2er-Gruppen. Die Gruppenmitglieder tauschen sich aus und diskutieren ihre Vorstellungen und Erwartungen.
   - Anschließend bilden je zwei 2er-Gruppen eine 4er-Gruppe, danach zwei 4er-Gruppen eine 8er-Gruppe und diskutieren ihre Vorstellungen.
   - Die gesamte Klasse einigt sich dann auf Fragen bzw. Themen, die beantwortet bzw. bearbeitet werden sollen. Gegebenenfalls könnt ihr eine Reihenfolge festlegen.
2. Überlegt, ob ihr eure Fragen und Themen in einem Projekt bearbeiten wollt, das sich auf die Geschichte eurer eigenen Schule bezieht. Vergleicht dazu den Vorschlag im Abschnitt *Anwendung.* Dort findet ihr entsprechende Hinweise.

Hilfestellung für eure Spurensuche wollen euch die folgenden Seiten bieten. Der Abschnitt *Erarbeitung* verfolgt unterschiedliche Spuren der Geschichte von Schule: die Ziele (Wozu war und ist die Schule da?), die Inhalte (Was lernten die Schülerinnen und Schüler?) und die Methoden (Wie wurde gelernt und gelehrt?).
Allerdings seid ihr nicht nur auf die Spuren in diesem Kapitel angewiesen. Begebt euch auf eine spannende Forscherreise in die Vergangenheit von Schule und Unterricht und sucht selbst nach Spuren, die Antworten auf eure Fragen geben können. Die folgenden methodischen Anregungen und Hinweise können bei eurer Suche hilfreich sein.

Methode

QUELLENSUCHE ORAL HISTORY

Quellensuche

Spuren der Vergangenheit nennt man auch Quellen. Diese Quellen können unterschiedlicher Art sein, z.B. Textquellen (etwa alte Zeugnisse, alte Aufsatz- oder Rechenhefte, Reden zur Einweihung), Foto- und Plakatmaterial aus alter Schulzeit oder auch Gegenstände (etwa alte Schulbücher, Schiefertafeln).

Spuren dieser Art finden sich z. B. in diesem Schulbuch im Kapitel *Und die Moral von der Geschicht'.* Dort wird die Geschichte der Schule verfolgt, wie sie sich im Bilderbuch darstellt. Spuren finden sich ferner in Stadtbüchereien, Schulbibliotheken, Stadtarchiven und Museen. Sie finden sich bei Zeitzeugen, z.B. bei den eigenen Großeltern, bei den Menschen in einer Seniorenbegegnungsstätte, bei ehemaligen Lehrern und Schülern eurer Schule, beim Förderverein eurer Schule...

oral history

Eine wichtige Quelle der Vergangenheit sind Interviews mit Zeitzeugen. Ihre Erfahrungen aus Schule und Unterricht können protokolliert oder auf Tonband aufgezeichnet und anschließend ausgewertet werden. Diese Methode der geschichtlichen Überlieferung wird aufgrund der aus der USA stammenden Tradition auch „oral history" genannt. Bei der oral history sollten grundlegende Aspekte für die Durchführung eines Interviews beachtet werden. Schaut dazu nochmals in das Kapitel *Generationenkonflikte,* in dem diese Methode erläutert wird. Darüber hinaus kann die Beachtung der folgenden Hinweise zu einem guten Gelingen beitragen.

Planung

- Klärung der Zielsetzung und der Vorgehensweise.
- Auswertung bereits vorhandener Quellen und Berichte über das geplante Thema.
- Zusammentragen von Informationen über das lokale Umfeld, Sammlung von spezifischen Merkmalen des dortigen Milieus.
- Zusammenstellung der Leitfragen des Interviews. Diese sollten nach Themenbereichen geordnet werden, z. B. Klassenstärke, Raumgröße, Unterrichtsstil, Hausaufgaben, Zeugnisse / Noten, Ausflüge / Unterrichtsgänge, Pausenordnung, Mitsprache der Schüler oder der Eltern etc. Der Fragenkatalog dient als lockerer „roter Faden", mit dessen Hilfe Erinnerungen angeregt werden sollen.
- Wo die Namen von Zeitzeugen gefunden werden könnten, ist auf der vorigen Seite unter *Quellensuche* dargestellt. Darüber hinaus kann ein Bericht oder Aufruf in der Tageszeitung ebenfalls hilfreich sein.
- Vereinbarung eines Gesprächstermines.

Durchführung

- Beachtet, dass sich zwischen den Interviewern und den Zeitzeugen aufgrund unterschiedlicher sozialer Herkunft, Generationen oder auch Sprachformen (Dialekt, Hochsprache) Verständigungsschwierigkeiten ergeben können.
- Persönliche Aspekte sollten im Gesprächsverlauf erst angesprochen werden, wenn eine vertrauensvolle Gesprächssituation entstanden ist. Wenn Fragen zu konfrontativ gestellt werden, kann es zu ungewollten und unangenehmen Erinnerungen der Interviewten, zu einem Stocken des Gesprächs und zu einem Ausweichen kommen.
- Da Erinnerungsarbeit sehr anstrengend ist, sollte das Gespräch nicht länger als zwei Stunden dauern. Eventuell ist eine Fortsetzung zu einem späteren Zeitpunkt möglich.

Auswertung

- Persönliche Daten (z. B. Adresse, Beruf/Position etc.) und die Interviewdaten (z.B. Datum des Interviews, Gesprächsthemen, Bemerkungen über den Besitz spezieller Dokumente oder Gegenstände) sollten auf einer Karteikarte festgehalten werden.
- Erzählungen sind z.T. von aktuellen Meinungen, Zukunftserwartungen, Anekdoten aus der Lebensgeschichte oder von psychologischen Faktoren (z. B. der Verdrängung belastender Erlebnisse) eingefärbt. Hilfreich ist deshalb ein Vergleich mit anderen Interviews sowie weiteren ergänzenden Quellen (Fotos, Tagebücher, etc.).
- Darüber hinaus sollten für die Auswertung der Interviews generell die Methoden der
- **Quelleninterpretation** herangezogen werden. Nutzt dazu eure Kenntnisse aus dem Geschichtsunterricht oder schaut auf den entsprechenden Seiten in eurem Schulbuch nach.

Hinweise zur Erarbeitung

- Wer sich mit der Geschichte der Schule beschäftigt, hat es mit Geschichte zu tun. Ziele, Lerninhalte, Lehrräume und -methoden – Aspekte also, für die in diesem Abschnitt Material angeboten wird –, haben sich in ganz bestimmten zeitgeschichtlichen Situationen verändert. Um dieses zu verdeutlichen, ist das folgende Material chronologisch geordnet und bezieht sich auf die Zeiten des Mittelalters, der Reformation, des Dreißigjährigen Krieges, des Absolutismus, der preußischen Reformen (Ziele), des wilhelminischen Kaiserreiches (Lerninhalte und Lehrmethoden), der Weimarer Republik und des Nationalsozialismus (Lehrmethoden). Damit soll nicht zum Ausdruck kommen, dass es z. B. in früheren Zeitaltern keine Lehrmethoden gab oder in späteren z. B. keine Ziele. Das angebotene Material soll vielmehr Erarbeitungsschwerpunkte bieten, zugleich aber immer auch den Vergleich eines Aspektes zu anderen, früheren oder späteren Zeitsituationen ermöglichen.
- Die vielfältigen zeitgeschichtlichen Situationen können nicht in vollem Umfang durch Material aufbereitet werden. Die Materialien beschränken sich daher auf kleinere Auszüge, die beispielhaft die Veränderung von Zielen, Lerninhalten und Lehrmethoden der Schule darstellen. Gleichwohl bildet umfangreicheres Wissen über eine jeweilige zeitgeschichtliche Situation – z.B. über besondere Ereignisse und Entwicklungen in der Politik oder im Alltag – einen wichtigen Hintergrund für eine gelingende Arbeit mit Quellen zur Geschichte der Schule. Ein solches Wissen über die jeweiligen, oben genannten geschichtlichen Zeiten könnte z. B. durch Kurzreferate, die an entsprechender Stelle gehalten werden, in die Klasse eingebracht werden. Kenntnisse aus dem Geschichtsunterricht und die Geschichtslehrbücher lassen sich dafür sinnvoll nutzen.

Wozu ist die Schule da? Die Ziele der Schule im Wandel

Im **Mittelalter** war fast ausschließlich die Kirche für das gesamte Schul- und Bildungswesen verantwortlich. Ihre Schulen bildeten den geistlichen Nachwuchs aus. Der größte Teil der Kinder ging gar nicht zur Schule, und jene Eltern, die es sich leisten konnten, ließen ihre Söhne lieber eine Kaufmanns- oder Handwerkslehre absolvieren. Mit dem Aufblühen der Städte und des Handels seit dem 13. Jahrhundert wurden neue Anforderungen an die Schule gestellt. Als einer der Ersten versuchte Martin Luther in der Zeit der **Reformation** diesen Anforderungen gerecht zu werden. Die folgenden zwei Texte berichten davon.

In einem Pamphlet rief der Reformator 1524 […] die „Ratsherren aller Städte" dazu auf, „christliche Schulen" zu gründen. Statt der Kirche […] sollte künftig die weltliche Obrigkeit für Schulausbildung zuständig sein.[…] Allen Kindern, ohne Ausnahme, Jungen wie Mädchen, musste wenigstens das Lesen beigebracht werden, damit die Bibel für sie kein Buch mit sieben Siegeln blieb. Erst ein intensives Studium der Heiligen Schrift festigte nach Luthers Überzeugung den Glauben. Und da sich Gottes Wort am besten im hebräisch-griechischen Original erschließe, sei es für jeden Christen erstrebenswert, neben Latein auch diese beiden Sprachen zu beherrschen. Damit nicht genug: „Wenn ich Kinder hätte, sie müssten mir auch singen und die Musica mit der ganzen Mathematica lernen."

(Christoph Driessen, Vom Mittelalter in die Neuzeit. Fahrende Schüler. In: Geschichte mit Pfiff 8/93, S. 24)

Sechs Jahre später erneuerte Luther seine Aufforderung in der Predigt „Das man Kinder zur Schule halten solle“ (1530). Diese Predigt gipfelte in der nachdrücklichen Aufforderung an die weltliche Obrigkeit, ihre Untertanen gegebenenfalls auch durch Zwang zu veranlassen, ihre Kinder in gelehrte Schulen zu schicken. Sie seien nämlich, so Luther, verpflichtet dafür zu sorgen, dass eine für ein funktionierendes Gemeinwesen nun einmal unerlässliche, genügende Anzahl von Predigern, Pfarrern, Juristen, Schreibern, Ärzten, Lehrern und ähnlich gelehrten Personen herangebildet werden. Andernfalls würde jegliche geistliche wie auch weltliche Herrschaft und damit überhaupt alle öffentliche Ordnung zusammenbrechen.[…] Die Berufsaussichten für „ Studierte“, so versicherte er [den Eltern], seien niemals so glänzend gewesen wie jetzt. „Groß Gut und Ehre“ sei ihnen sicher.

(Solbach, G. E., Die Einrichtung des Gymnasiums in Dortmund 1543. In: „Eine gemeine Schule für die Jugend.“ 450 Jahre Stadtgymnasium Dortmund. Hg. v. Hanswalter Dobbelmann und Jochen Löher, Schriftenreihe des Westfälischen Schulmuseums Dortmund 2, Duisburg 1993, S. 22)

1. Welche Neuerungen strebt Luther an?
2. Kinder sollten nach Luther in der Schule „seliglich“ und „nützlich“ werden. Inwiefern werden diese Ziele in den beiden Texten sichtbar?
3. Wem genau soll die Schule nutzen?

Die geforderte „höhere Schulbildung“ zielte nicht nur auf das Erlernen des Lesens, Schreibens, Rechnens und auf die Vermittlung von Wissen. Darüber hinaus sollte Schule auch Aufgaben ganz anderer Art übernehmen:

Unter den Schulakten befanden sich allein drei Verfügungen des Jahres 1655, die auf das Einhalten der Schulzucht drangen. […] Besonderes Ärgernis erregte das öffentliche Alkoholtrinken der Studenten, denen der Wirtshausbesuch durch ein Schreiben des Rates vom 15. März 1694 verboten wurde. […] Die Disziplinprobleme blieben über lange Zeit die gleichen: „Nicht ohne Beyspiel ists, dass Bürger, selbst Magistratspersonen, Professoren und Lectoren gröblich geneckt, gekränkt, misshandelt, Wohnungen und öffentliche Gebäude beschädigt, Gärten verwüstet, Lastthiere erstochen, Leute auf den Straßen durch Degenstöße tödtlich verwundet wurden, Commilitonen im Duell blieben.“ Die übliche Strafe der Schüler bis zur Tertia waren Rute und Stock. […] Selbst kleinere Verstöße, wie Schwatzen, Unfolgsamkeit, Zuspätkommen und Schulversäumnis, für die geringe Geldbeträge zu zahlen waren, wurden […] mit Prügeln bestraft. […] Während der Rat eine Bestrafung der Übeltäter durch […] die Ratspolizei wünschte, vertraten die Lehrer die Ansicht, dass Schulstrafen anstelle einer öffentlichen Aburteilung zu treten hätten. […] Aus den Verhandlungen der Scholaren untereinander und mit dem Lehrerkollegium des Jahres 1655 ergaben sich weitere Versuche, die Disziplin und das Ansehen des Gymnasiums zu heben. Den Sekundanern sollte danach untersagt werden, sich auf dem Kirchhof vor Schulbeginn zu versammeln, zu den Lektionen zu kommen und zu gehen, wann sie wollen, und Trinkgelage abzuhalten. Ebenso hatten sie sich des Badens, Fischens und Jagens zu enthalten. Aber auch das Verhalten der Lehrer ließ zu wünschen übrig. Pünktlicher Unterrichtsbeginn, bis zum Ende andauernder Unterricht auch zur Winterszeit […] wurden reklamiert. […] In zwei Schulordnungen der Jahre 1725 und 1732 wurden die Verpflichtungen der Sekundaner [...] geregelt. Die Sekundaner [...] wurden auf Fleiß und christliche Tugenden verpflichtet. Sie sollten Eintracht untereinander halten und Tumulte vermeiden. „Geschrei und barbarisches Gebrüll" waren zu Hause und auf der Straße völlig untersagt.

(Ingo Fiedler, Das Dortmunder Gymnasium nach dem 30jährigen Krieg. In: Dobbelmann/Löher (Hg.), „Eine gemeine...", a.a.O., S. 30ff.)

1. Welche Ziele werden in den Bestimmungen der Schulordnungen sichtbar?

2. Beurteilt einzelne Bestimmungen aus heutiger Sicht.

Obwohl im Zuge Luthers und anderer Autoren viele Schulen entstanden und die allgemeine Schulpflicht zum ersten Mal 1642 in Sachsen-Gotha von Ernst dem Frommen eingeführt wurde, war das Lernen in der Schule lange nicht selbstverständlich. Den Eltern kam die Schulpflicht nicht gelegen. Kinder waren da, um den Lebensunterhalt mit zu bestreiten. Auch der Adel brachte in der Zeit des **Absolutismus** der Schulpflicht Skepsis entgegen, wie ein Geistlicher 1764 berichtet.

Die meisten Unterobrigkeiten und Patrone kümmern sich ganz und gar nicht um das Schulwesen. [...] Viele halten eine vernünftige und christliche Erziehung ihrer Untertanen für überflüssig und unnötig. Wenn der Bauer nur pflügen, mähen und dreschen kann, dann ist er schon ein guter Bauer. [...] Man glaubt, je dümmer ein Untertan ist, desto eher wird er sich alles wie ein Vieh gefallen lassen. Denn wenn der Bauer nicht schreiben kann und ohne des Edelmanns Wissens nicht verreisen darf, so bleibt die in unserem Lande befindliche Barbarei noch am sichersten verborgen.

(Zit. nach: Dr. Wolfgang Mayer, Rechte Lehre, Gute Zucht. In: Geschichte mit Pfiff 8/93, S. 26f.)

1. Erläutere den letzten Satz dieses Berichtes auf der Grundlage deiner Kenntnisse über die Zeit des Absolutismus.

2. Führe den Bericht aus der Sicht des Geistlichen fort. Formuliere dabei einen Appell, in dem die Ziele und die Notwendigkeit von Schule begründet werden.

3. Beurteile aus heutiger Sicht den Satz: *Je dümmer ein Mensch ist, desto eher wird er sich alles wie ein Vieh gefallen lassen.*

Die Schulreformen in **Preußen** zu Beginn des 19. Jahrhunderts sind eng mit dem Namen Wilhelm von Humboldt verknüpft. Grundlegende Vorstellungen vom Auftrag der Schule kommen in den beiden folgenden Texten zum Ausdruck.

Der wahre Zwek des Menschen [...] ist die höchste und proportionirlichste Bildung seine Kräfte zu einem Ganzen. Zu dieser Bildung ist Freiheit die erste und unerlassliche Bedingung. Allein außer der Freiheit erfordert die Entwikkelung der menschlichen Kräfte noch etwas andres, obgleich mit der Freiheit eng verbundenes, Mannigfaltigkeit der Situationen.

(Wilhelm von Humboldt, Wie weit darf sich die Sorgfalt des Staates auf das Wohl seiner Bürger erstrecken? In: Ders., Bildung und Sprache. Bes. v. C. Menze, Paderborn 1973, S. 5)

Klasse(n) Foto

Alle Schulen aber, deren sich nicht ein einzelner Stand, sondern die ganze Nation, oder der Staat für diese annimmt, müssen nur allgemeine Menschenbildung bezwecken [...] Durch die allgemeine sollen die Kräfte, d.h. der Mensch selbst gestärkt, geläutert werden.[...] Der Schulunterricht führt den Schüler nun [...] bis zu dem Punkte wo es unnütz seyn würde, ihn noch ferner an einen Lehrer und eigentlichen Unterricht zu binden; er macht ihn nach und nach vom Lehrer frei, bringt ihm aber alles bei, was ein Lehrer beibringen kann.

(Wilhelm von Humboldt, Der Litauische Schulplan. In: Ders., Bildung und Sprache. Bes. v. C. Menze., Paderborn 1973, S. 111ff.)

1. Veranschaulicht nach einer intensiven Auseinandersetzung mit den beiden Texten, was eine „allgemeine Menschenbildung“ ausmacht. Zeichnet dazu den Umriss eines Menschen auf ein DIN A4-Blatt (oder in Lebensgröße auf Tapete) und verdeutlicht z.B. Verhaltensweisen und Eigenschaften durch Stichworte, Zeichnungen, Fotos etc.
2. In einem anderen Text schreibt Wilhelm von Humboldt, der junge Mensch sei durch den Schulunterricht „auf doppelte Weise, einmal mit dem Lernen selbst, dann mit dem Lernen des Lernens beschäftigt.“
   – Diskutiert diesen Satz auch vor dem Hintergrund der beiden Texte.
   – Was und wie sollten Schüler lernen, um das Lernen zu lernen?
3. Bringt in einer anschaulichen Darstellung (Fotocollagen, Zeichnungen, Bilder, Stichworte etc.) zum Ausdruck, wie sich die Ziele der Schule verändert haben. Diskutiert eure Darstellungen auch im Hinblick darauf, welche Ziele der Schule ihr aus heutiger Sicht für notwendig erachtet.

Was wurde gelehrt und gelernt? Einsichten in Lehrpläne, Fächer und Schulbücher

Was müssen Schüler lernen, damit das Ziel von Schule erreicht wird? Als Antwort auf eine solche Frage wurden schon vor den Lebzeiten Humboldts Lehrpläne geschrieben. Auch heute erfolgt der Unterricht z.B. in eurer Klasse nach Lehrplänen. In ihnen wurde und wird festgelegt, was die Schüler einer bestimmten Schulform in welchen Fächern, in welchen Klassen und mit wie vielen Unterrichtsstunden lernen sollten bzw. sollen.
Was Schüler an einem Gymnasium in Preußen lernen mussten, damit sie eine allgemeine und gelehrte Bildung erhielten, wird in dem folgenden Material sichtbar.

Lehrgegenstände	I (2 Jahre)	II (2 Jahre)	III (2 Jahre)	IV (1 Jahr)	V (1 Jahr)	VI (1 Jahr)	Summe
Lateinisch	8	10	10	10	10	10	86
Griechisch	6	6	6	6	–	–	42
Deutsch	2	2	2	2	4	4	22
Französisch	2	2	2	–	–	–	12
Religionslehre	2	2	2	2	2	2	18
Mathematik	4	4	3	3	–	–	} 33
Rechnen	–	–	–	–	4	4	
Physik	2	1	–	–	–	–	6

Klasse(n) Foto

Lehrgegenstände	I (2 Jahre)	II (2 Jahre)	III (2 Jahre)	IV (1 Jahr)	V (1 Jahr)	VI (1 Jahr)	Summe
Philosoph. Propädeutik	2	–	–	–	–	–	4
Geschichte und Geographie	2	3	3	2	3	3	24
Naturbeschreibung	–	–	2	2	2	2	10
Zeichnen	–	–	–	2	2	2	6
Schönschreiben	–	–	–	1	3	3	7
Gesang	–	–	2	2	2	2	10
(Hebräisch)	(2)	(2)	–	–	–	–	(8)
	30 (32)	30 (32)	32	32	32	32	280 (288)

Erläuterung: VI = Sexta (Kl. 5), I = Untersekunda (Kl. 10)

(Lehrplan für das Gymnasium nach einem Plan des Ministeriums für Unterrichtsangelegenheiten vom 24.10.1837. In: Jochen Löher, Auf dem Weg zur preußischen Unterrichtsanstalt, in: Dobbelmann / Löher, a.a.O., S.72)

1. Untersucht diesen Lehrplan in Bezug auf die Fächer und die wöchentliche Stundenzahl. Vergleicht diesen Lehrplan mit eurem und sucht dabei nach Gemeinsamkeiten und Unterschieden.

2. Etwa zur gleichen Zeit wie Wilhelm von Humboldt schrieb Johann Philipp Gabler: „Alte Litteratur bildet vorzüglich den wahren und gründlichen Gelehrten.[...] Aber über diesem nothwendigen Studium der alten Sprachen dürfen andere gemeinnützige Kenntnisse, die den Bürger bilden, und selbst dem Verstande des studirenden Jünglings die so nothwendige Richtung zum Reellen u. Brauchbaren in der Gelehrsamkeit geben, auf Schulen nicht versäumet werden.“ (Zit. nach: S. Kramer, Das Dortmunder Gymnasium und die preußische Bildungsreform. In: Dobbelmann/Löher, a.a.O., S. 50)
Beurteilt die Auffassung Gablers. Bezieht dabei eure Ergebnisse aus Aufgabe 1 mit ein.

3. Formuliere vor dem Hintergrund deiner eigenen Fächer fünf Sätze in der folgenden Art: Latein ist brauchbarer als Mathematik, weil...; Mathematik ist brauchbarer als Englisch, weil...; Pädagogik ist brauchbarer als ..., weil...; ...ist brauchbarer als ..., weil...
Diskutiert anschließend eure Sätze zu zweit oder in der Gruppe.

Das **Kaiserreich** zum Ende des 19. und zu Beginn des 20. Jahrhunderts wurde u.a. geprägt durch die deutschen Kaiser, durch das Entstehen der Arbeiterbewegung (z.B. Gründung der SPD) und durch das feindschaftliche Verhältnis zu Frankreich. Von diesen Entwicklungen blieb auch die Schule nicht unberührt.
Was in dieser Zeit gelehrt und gelernt wurde, soll an den folgenden Quellen deutlich werden. Sie beziehen sich insbesondere auf den Geschichtsunterricht, der in dieser Zeit eine besondere Bedeutung hatte.

Geschichte nach Lehrplan (Auszug)

1. Mittelklasse	Kommentar:
a.) Erstes Halbjahr 1. der regierende Kaiser und dessen Familie; 2. Kaiser Friedrich III.; 3. Kaiser Wilhelm I.; 4. König Friedrich Wilhelm IV.; 5. König Friedrich Wilhelm III.	„Die sämtlichen Könige erhalten eine hervorragende Stellung in dem Unterrichte der preußischen Jugend, und ebenso werden ausgezeichnete Männer, welche in den Freiheitskriegen und den Kämpfen für König und Vaterland Kraft und Leben eingesetzt haben, der Jugend als leuchtende Vorbilder vorgeführt.“

(Jochen Löher/Rüdiger Wulf, Furchtbar dräute der Erbfeind. Vaterländische Erziehung in den Schulen des Kaiserreichs. Schriftenreihe des Westf. Schulmuseums Dortmund Bd. 3., o. J., S. 37ff.)

Geschichte im Lehrbuch

Bei Weißenburg im Elsass warfen Preußen und Bayern ein französisches Korps, schlugen in schweren Handgemengen die Turkos, die afrikanischen Negersoldaten der Franzosen, aus den Weinbergen hinaus und erstürmten den hochragenden Gaisberg. [...] Es ist eine der glorreichsten Schlachten des preußischen Heeres, denn gegen eine doppelte, lange Zeit gegen dreifache Übermacht ist sie in zwölfstündigem, blutigem Ringen siegreich hinausgeführt worden.“

(Schenk-Koch, Lehrbuch der Geschichte für höhere Lehranstalten. Teil I, Lesebuch für die Sexta, 3. Auflage Leipzig/Berlin 1906, S. 44f.; zit. nach: Jochen Löher/Rüdiger Wulf: Furchtbar dräute der Erbfeind, a.a.O., S. 44)

Geschichte als schulisches Wandbild

PROGRAMM

der

Vorfeier des 90. Geburtstages Sr. Majestät des Kaisers Wilhelm I.

Montag den 21. März abends 5 Uhr

in der Aula des Gymnasiums.

I. **„Des Herrn Obhut“** Kantate für Solo und Chor mit Klavierbegleitung von Tietz.
1. „Lied eines deutschen Knaben“ von Fr. Leopold Graf v. Stolberg, vorgetragen vom Sextaner Leopold Heppe.
2. „Des deutschen Knaben Tischgebet“ von K. Gerok, vorgetragen vom Sextaner Fritz Frey.
3. „Am 3. September 1870“ von E. Geibel, vorgetragen vom Quintaner Emil Borgmann.
4. „Die Schlacht bei Zülpich“ von K. Simrock, vorgetragen vom Quintaner R. v. Velsen.

II. **„Kriegsmarsch der Priester aus Athalie“** zu vier Händen von Mendelssohn, vorgetragen von den Abiturienten Kochs und Funke.
1. „Die Leipziger Schlacht“ von E. M. Arndt, vorgetragen von den Quartanern H. Heine und A. Knapmann.
2. „Zwei Berge Schwabens“ von K. Gerok, vorgetragen vom Tertianer O. Tewes.
3. „Das Lied vom schwarzen Adler“ von H. von Treitschke, vorgetr. vom Tertianer M. v. Mayer.
4. „Monolog“ aus Körners Zriny, vorgetragen vom Sekundaner E. Schulz.

III. Choral: **„Bis hierher hat mich Gott gebracht.“**
Festrede des Gymnasiallehrers Dr. Röse.

IV. **„Kaiser Wilhelm-Hymne“** von Schondorf.
1. Abschiedsworte des Abiturienten Kochs.
3. Entlassung der Abiturienten und Komitat von Mendelssohn.

V. Schluss: **„Heil Dir im Siegerkranz.“**

(In: Jochen Löher/Rüdiger Wulf, Furchtbar dräute der Erbfeind, a. a. O., S. 73)

Kaisers Geburtstag.

Am 27. Januar feiern wir den Geburtstag unsers Kaisers. Da lassen wir die Bücher zu Hause und gehen in unsern Sonntagskleidern zur Schule. Auf dem Dache des Schulhauses flattert heute eine Fahne lustig im Winde. In unserm Klassenzimmer sieht es auch ganz anders aus als sonst. An den Wänden sind Girlanden und kleine Fähnchen befestigt. Auf dem Pulte steht zwischen schönen Blumen das Bild des Kaisers.

Wenn wir gebetet haben, erzählt uns unser Lehrer vom Kaiser. Wir hören ihm aufmerksam zu. Dann rufen wir alle laut: „Unser Kaiser lebe hoch! hoch! hoch!“ Wir singen noch das Lied: „Der Kaiser ist ein lieber Mann“, und dann dürfen wir nach Hause gehen.

Hurra! Heut' ist ein froher Tag,
des Kaisers Wiegenfest!
Wir freuen uns und wünschen ihm
von Gott das Allerbest'.

Wir singen froh und rufen laut:
Der Kaiser lebe hoch!
Der liebe Gott erhalte ihn
recht viele Jahre noch!

Er ist so gut, er ist so mild,
wir weih'n ihm Herz und Hand.
Gott segne ihn! Der Kaiser hoch!
Und hoch das Vaterland!

(Kaisers Geburtstag, aus: Ferdinand Hirts Neue Schreib-Lese-Fibel, Nr. 2: Für Stadtschulen, Breslau 1913)

1. Was wurde in diesem Geschichtsunterricht gelernt? Sucht durch eure Antworten auch Erklärungen dafür, dass im Kaiserreich vom „Vaterländischen Geschichtsunterricht“ und von „Vaterländischer Erziehung“ gesprochen wurde.

2. Vergleicht die Ziele eines solchen Unterrichts mit den Zielen, die Humboldt oder der Geistliche formulierten.

3. Nicht selten war Kaiser Wilhelm auch der Namensgeber einer Schule.
Diskutiert die Frage, ob der Name einer Schule Auswirkungen auf Ziele und Inhalte einer Schule hat oder haben sollte. Diskutiert am Beispiel des Namens eurer Schule.

4. Sollte der Geburtstag eines Namengebers bzw. einer Namengeberin Anlass zu einer Feier in der Schule sein? Wenn ihr diese Frage positiv beantwortet, entwerft in der Gruppe ein Programm zu diesem Anlass. Setzt euch dazu nochmals mit den beiden letzten Quellen auseinander. Überlegt auch, ob es eine Feier oder eher ein Gedenken, ein Erinnern sein soll.

Klasse(n) Foto

Wie und wo wurde gelernt? Klassenräume und Lehrmethoden zwischen alt und neu

Klasse(n) Räume

Kaiser Friedrich III. als Kronprinz in der Schule zu Bornstedt

(Aus: Vaterländische Geschichte. Erster Teil. Für die Mittelstufe der Volksschule. Ausgabe B. Für evangelische Schulen. Arnsberg 1904)

Klassenzimmerreinigung

Kinder bei Freiübungen

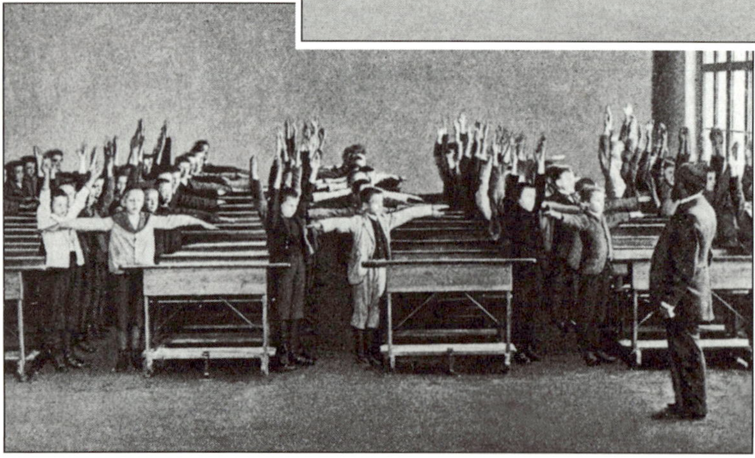

Klasse(n) Foto

1. Beschreibt die Klassenzimmer, die auf den Bildern zu erkennen sind, möglichst genau (Art sowie Anordnung von Schulmöbeln, Wandgestaltung etc.). Wie wirken die Klassenzimmer auf euch?

2. Diskutiert, ob die Gestaltung eines Klassenzimmers Auswirkungen auf Lernerfolg/Misserfolg, Wohlbefinden/Unbehagen, Motivation/Unlust etc. von Schülerinnen und Schülern haben kann. Bezieht dabei auch euer eigenes Klassenzimmer mit ein und gestaltet es gegebenenfalls um.

3. Schaut nochmals die Zeichnung auf der vorherigen Seite oben an und beschreibt möglichst genau den Unterrichtsstil des Lehrers. Geht dabei auch der Frage nach, was – außer Fachwissen – die Schüler lernen.

Unterrichtsmethoden zwischen alt und neu

Noch **während des Kaiserreiches** gab es erste Ansätze, die autoritäre Lehrform zu überwinden. Diese Ansätze zu neuen Unterrichtsmethoden mündeten in die so genannte **Reformpädagogik.** Die Reformpädagogik bildete zunächst ein Gegengewicht zur Schule des Kaiserreiches, ihre Bedeutung nahm dann jedoch wieder ab. Obwohl noch in den Schulen der **Weimarer Republik** und des Nationalsozialismus einzelne Elemente der Reformpädagogik berücksichtigt wurden, bestimmte sie nicht grundlegend den Unterricht in diesen Zeiten.

Caesar Hagener, der auch die Schule des Kaiserreiches erlebte und von ihr berichtete – vergleicht dazu die *Einführung* in diesem Kapitel –, lernte nach einem Schulwechsel einen neuen Unterricht kennen. Seine Erfahrungen geben Einblick in die ersten Ansätze, die alte, autoritäre Lehrform zu überwinden.

Schule als Wunderwelt

Wahrscheinlich hätte mich damals die Not zu Hause [...] mehr bedrückt, als sie es faktisch tat, wenn es nicht die Gegenwelt: die Schule – eine neue Schule gegeben hätte, die nun im Gegensatz zu den Erfahrungen meiner ersten Schulzeit von mir als eine Art Wunderwelt erlebt wurde. Denn im Frühjahr 1923 war ich in die Untertertia der Hamburger Aufbauschule eingeschult worden. [...] Das Beglückende dieser Zeit war, [...] in heutiger Sprachform formuliert, den Lernort Schule als Lebenswelt zu erfahren. [...] In meinen Schulerinnerungen überwiegen heute unzählige Bilder und Szenen von Augenblicken, in denen mich ein mir völlig neues Gefühl packte, mit Lust zu lernen – überhaupt lernen zu können. Im Mittelpunkt meiner Erinnerungen an ein solches lustbetontes Lernen steht mein langjähriger Klassenlehrer. [...] Schon in seinem Erscheinungsbild: groß, obwohl 55 und mehr Jahre alt, jugendlich-sportlich wirkend, imponierte er mir. Vielleicht aber auch deshalb, weil er in seiner natürlichen Sprechweise (oft im Plattdeutschen), in seiner Art, sich jedem Schüler persönlich zuzuwenden, für uns alle ein bisher noch nie erfahrenes Vertrauensverhältnis schuf. Was mich damals an diesem Mann besonders faszinierte, war seine gleich bleibende Haltung, was immer im Klassenzimmer passierte (die Übersetzung eines Latein-Textes, die Interpretation einer Novelle [...] oder auch die aktuelle Diskussion um Sinn und Unsinn, heute noch Schülermützen zu tragen). [...]Welcher Lebensweg ihn so geprägt hatte, dass er für uns als der Gegentyp des landläufigen Lehrers erschien, haben wir nie ergründen können.[...]
Trotz des hohen Stellenwertes, den dieser Klassenlehrer in meiner Erinnerung einnimmt, sind andere Faktoren dieser Schulwelt für mein Gefühl, hier als Lernender ‚richtig leben zu können', ausschlaggebend gewesen. Dabei denke ich vor allem an die ersten Freundschaften, die sich schon in der Untertertia bildeten und aus denen eines Tages ein ‚Jugend- und Freundschaftsbund' entstand – ein Bündnis, in dem sich

Klasse(n) Foto

etwa ein Dutzend Jungen unserer Klasse zusammengeschlossen hatten. Was uns damals zusammenführte, war […] die Tatsache, dass uns, den Fünfzehnjährigen, den Kindern kleiner Leute […] damals bewusst geworden war, jetzt aus der Enge unserer häuslichen Welt und ihren beschränkten kleinbürgerlichen Horizonten aus- und aufzubrechen. […] Unsere Selbstständigkeit zu erstreiten und zu bewahren, war eines unserer höchsten Gebote, was dazu führte, dass wir manchmal auch gegen die Schule opponierten, vor allem gegen Lernangebote mancher Lehrer, auch wenn wir am Ende einsehen mussten, dass unsere Gegenvorschläge zumindest indirekt aus Anregungen der Schule stammten.
Der Zusammenhang zwischen Schulzeit und außerschulischem Leben macht es verständlich, warum mir heute unter dem Stichwort ‚Schulzeiterinnerungen' unzählige ‚private Nachmittagsstunden' einfallen, die nur indirekt mit der Schule zusammenhängen.[…] In meiner Erinnerung sehe ich mich Jahr für Jahr damit beschäftigt, im Kreis meiner Freunde irgendeine Aufführung für unsere Schulbühne vorzubereiten, und zwar in unterschiedlichen Funktionen, mal als Bühnenmaler, mal als Beleuchter, mal als Spielleiter oder als Darsteller in irgendeiner Rolle.[…] Für viele Feste mussten Texte für Sketches, für Revueszenen, für Schatten- und Kasperlspiel […] geschrieben werden. Jede dieser Veranstaltungen erforderte in der Regel viele Wochen an Vorbereitung. So war es kein Wunder, dass es Zeiten gab, in denen ich erst abends spät das Schulhaus verließ und meine Eltern mir vorwurfsvoll empfahlen, doch gleich auch dort zu nächtigen. Sie sprachen von Überforderungen und von der Maßlosigkeit, sich für solche Feste und Theaterspielereien derart aufzureiben. Nebenbei äußerten sie dann auch die Sorge, dass doch keine Zeit für eine ernsthafte Schularbeit übrig bliebe.

(Caesar Hagener, Vom Drill zur Reformpädagogik, a.a.O., S. 28f.)

1. Erarbeitet möglichst genau die Gründe für Hageners „Lust zu lernen". Erläutert dabei auch den Unterschied zum Unterricht des Kaiserreiches.
2. Gibt es auch bei euch das Gefühl, „mit Lust zu lernen"? Was sind die Gründe?

3. Dass die Schülerinnen und Schüler über den Sinn und Unsinn von Schulmützen bzw. Schuluniformen diskutierten, galt als Zeichen der *inneren Demokratisierung* von Schule. Sucht nach einer Erklärung.
4. Diskutiert über Sinn und Unsinn von Schulmützen bzw. von Schuluniformen in der heutigen Zeit.

Vom Drinnen und Draußen

Unterrichtssituation in der Charlottenburger Arbeitsschule, um 1915

Unterricht an der Schreibmaschine, ebendort, um 1915

Naturkundeunterricht auf dem Schulhof, ebendort, um 1915

Heimatkunde auf der Straße, um 1912

1. Betrachtet die Fotos möglichst genau. Welche weiteren neuen Unterrichtsmethoden werden sichtbar?
2. Auch das Spielen gewann in der Schule an Bedeutung. So wurden z.B. Spielnachmittage eingerichtet, an denen die ganze Klasse teilnahm. Die Hausaufgaben für den kommenden Tag entfielen. Beurteilt dieses Vorgehen. Schaut dazu auch in das Kapitel *Spielraum* in diesem Schulbuch.
3. Reformpädagogen wollten durch die Unterrichtsmethoden vor allem die Selbsttätigkeit der Kinder erwecken. Gibt es weitere Methoden, die die Selbsttätigkeit anregen? Entwickelt möglichst konkrete Vorschläge.

Drill und Gleichschaltung

In der Zeit des **Nationalsozialismus** hatte das Turnen – ebenso wie das Spiel – eine besondere Bedeutung für Schule und Unterricht. Allerdings verfolgte diese Methode ein bestimmtes Ziel, wie die folgenden Quellen deutlich machen.

Gesunderhaltung und Stählung des menschlichen Körpers

Dein Körper ist ein Teil deines Ahnenerbes!

Er gehört nicht nur dir, sondern deiner Familie und deinem Volke!

Darum bist du verpflichtet, ihn gesund zu erhalten, und du musst schon zeitig anfangen, ihn abzuhärten und zu stählen.

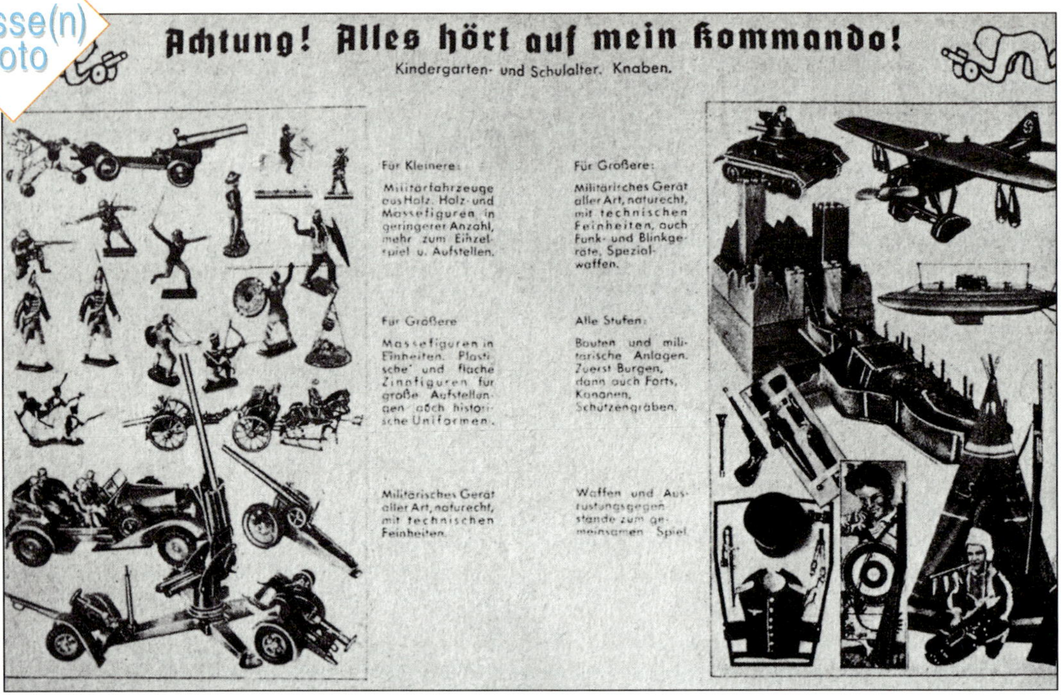

Original-Pressebildunterschrift 1940:

„Deutschlands Fliegerjugend. Die Modellbauwerkstatt einer Berliner Schule. Mit unermüdlichem Fleiß und nicht ermüdendem Interesse sind die Jungen bei ihrer Arbeit. Jede freie Stunde wird für den Flugzeugmodellbau geopfert; jeder Spargroschen gegeben. Es ist Spiel – mit Lebensziel!“

1. „Es ist Spiel – mit Lebensziel!“ Erläutert diesen Satz aus der Pressebildunterschrift anhand der unterschiedlichen Quellen.

2. Erziehungswissenschaftler wie z. B. H. J. Gamm sprechen von einer „verführten Jugend“ des Dritten Reiches. Überlegt dabei, welche Rolle das Spiel und das Turnen hatten.

Anwendung

Klasse(n) Foto

Spurensuche II: Auf den Spuren der eigenen Schule

Die vorangegangenen Abschnitte haben gezeigt, dass sich Ziele, Inhalte und Methoden von Schule und Unterricht ändern – und damit auch die Lehrerinnen und Lehrer, die Schülerinnen und Schüler, die Gebäude und Räume… Wie verhält es sich mit eurer Schule? Wie hat sie sich verändert? Soll sie sich in Zukunft ändern?

Plant ein Projekt zum Wandel eurer Schule und führt es durch. Ihr könnt dabei nicht nur euer erworbenes Wissen anwenden oder Neues entdecken, sondern auch Anregungen zur Veränderung miteinfließen lassen. Überlegt eine Form der Präsentation eurer Ergebnisse: eine Ausstellung, ein selbst geschriebenes Buch, die Ergänzung der Schulchronik…

Hinweise und Anregungen für eine erfolgreiche Spurensuche

sollen euch die folgenden Zeilen geben. Lasst zudem euren Forschergeist anregen durch die Abbildungen. Sie geben kleine Einblicke in die Geschichte der Maria-Wächtler-Schule in Essen, die in einem Buch veröffentlicht wurde.

Erster Spatenstich am 8. Februar 1927, in der Mitte die Direktorin Hedwig Prückner

- Wo findet ihr Spuren eurer Schule?

Sicher gibt es Zeugen der Vergangenheit, die interviewt werden können, z. B. ‚Ehemalige' eurer Schule (Lehrerinnen und Lehrer, Schülerinnen und Schüler), die in einem Verein organisiert sind. Vielleicht hat die Schule auch ein Archiv, das wertvolles Material enthält. Auch beim Stadtarchiv, Heimatverein, Schulamt, Hoch- und Tiefbauamt lassen sich Quellen der Vergangenheit eurer Schule finden.

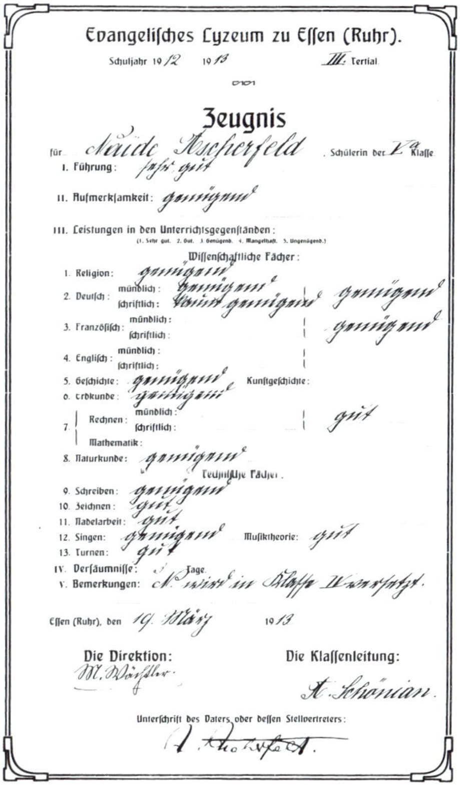

Evangelisches Lyzeum zu Essen (Ruhr).

Schuljahr 1912 1913 III. Tertial

Zeugnis

für … Schülerin der V^a Klasse

I. Führung: sehr gut

II. Aufmerksamkeit: genügend

III. Leistungen in den Unterrichtsgegenständen:
(1. Sehr gut. 2. Gut. 3. Genügend. 4. Mangelhaft. 5. Ungenügend.)

Wissenschaftliche Fächer:

1. Religion: genügend
2. Deutsch: mündlich: genügend; schriftlich: genügend — genügend
3. Französisch: mündlich: schriftlich: — genügend
4. Englisch: mündlich: schriftlich:
5. Geschichte: genügend — Kunstgeschichte:
6. Erdkunde: genügend
7. Rechnen: mündlich: schriftlich: — gut; Mathematik:
8. Naturkunde: genügend

Technische Fächer:

9. Schreiben: genügend
10. Zeichnen: gut
11. Nadelarbeit: gut
12. Singen: genügend — Musiktheorie: gut
13. Turnen: gut

IV. Versäumnisse: … Tage.

V. Bemerkungen: N. wird in Klasse IV versetzt.

Essen (Ruhr), den 19. März 1913

Die Direktion: … Die Klassenleitung: …

Unterschrift des Vaters oder dessen Stellvertreters: …

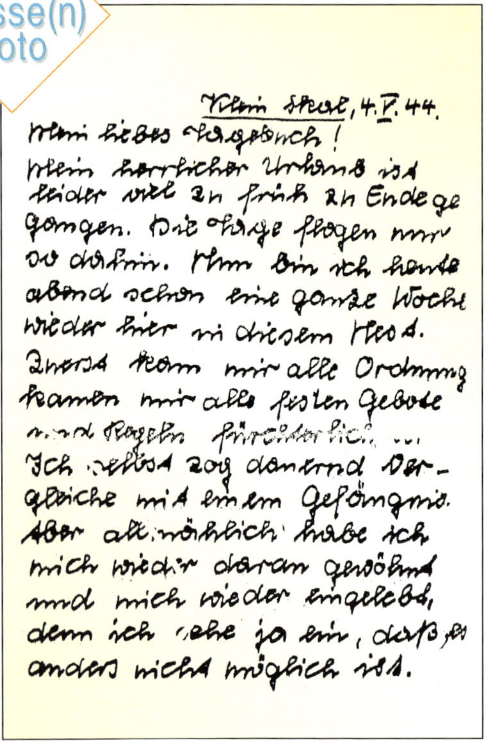

[illegible], 4.V.44.

Mein liebes Tagebuch!

Mein herrlicher Urlaub ist leider viel zu früh zu Ende gegangen. Die Tage flogen nur so dahin. Nun bin ich heute abend schon eine ganze Woche wieder hier in diesem Nest. Zuerst kam mir alle Ordnung kamen mir alle festen Gebote und Regeln fürchterlich ... Ich selbst zog dauernd Vergleiche mit einem Gefängnis. Aber allmählich habe ich mich wieder daran gewöhnt und mich wieder eingelebt, denn ich sehe ja ein, daß es anders nicht möglich ist.

Tagebuch von Ruth G. vom 4. Mai 1944

- Welche Spuren genau sollen gesucht werden?

Entscheidet, ob nur wenige Aspekte erforscht werden sollen oder möglichst viele, z.B:

- die Veränderung von
  - Lehrplänen und Unterrichtsfächern,
  - Unterrichtsmethoden und -materialien
  - der Rolle von Mädchen und Frauen
  - Festen und Feierlichkeiten
  - Namen der Schule
  - Gebäuden, Klassenzimmern, Schulmöbeln
  - Tätigkeiten des Hausmeisters
  - die Situation der Schule und das Verhalten von Lehrerinnen und Lehrern, von Schülerinnen und Schülern in einer bestimmten Zeit, z. B. dem Nationalsozialismus
- ...

Eine Arbeitsteilung in Gruppen bietet sich unter Umständen an.

- Was braucht ihr für eine spätere Präsentation?

Für die Präsentation sollte entschieden werden, ob nur bestimmtes oder grundsätzlich jedes Material gesammelt werden soll, z. B. nur Fotomaterial, Plakate und Textdokumente (Zeugnisse, Interviews, Reden zur Schuleinweihung oder Jubiläen, ...) oder auch Gegenstände (z.B. alte Schulbänke, Schilder, ...).

II. Fürsorge für die Schülerinnen und Schulzucht

§ 11

Die Schule stellt sich die Aufgabe, ihre Schülerinnen auf der Grundlage von Gottesfurcht und Vaterlandsliebe zu arbeitsfreudigen und lebensfrohen, körperlich und sittlich gesunden Mädchen zu erziehen, insbesondere sie allmählich zu Selbstständigkeit, Zuverlässigkeit und zum Gefühl für Verantwortlichkeit heranzubilden. Dieses Ziel kann aber nur erreicht werden, wenn sie bei ihren Bestrebungen von den Eltern oder deren Stellvertretern mit allen Mitteln nachdrücklich unterstützt wird. Häufige Fühlungnahme der Eltern und des Lehrerkollegiums ist dringend erwünscht.

§ 12

Um die Schülerinnen vor Gefährdung der Gesundheit und der Sittlichkeit zu schützen, erachtet die Schule als besonders dringlich, dass die Eltern den Verkehr und den Lesestoff ihrer Töchter überwachen und den Besuch ungeeigneter Theaterstücke und Schaustellungen verhindern. Überhaupt werden die Eltern gebeten, ihre Töchter von zerstreuenden Vergnügungen abzuhalten. Tanzstunden müssen vor ihrem Beginn der Direktorin gemeldet werden.

§ 13

Die Fürsorge der Schule gilt in erhöhtem Maße den auswärtigen Schülerinnen, die in einer fremden Familie untergebracht sind. Wahl und Wechsel der Wohnung bedarf der Genehmigung der Direktorin, die sie bei begründeten Bedenken verweigert oder zurücknimmt.

Auszug aus der Schulordnung

(Wilfried Breyvogel [Hg.]: Mädchenbildung in Deutschland. Die Maria-Wächtler-Schule in Essen 1896–1996, Klartext, Essen 1996, S. 8)

Durch Rückblick zum Ausblick – Entwurf einer Schulordnung

Schulordnungen versuchen das Leben in der Schule zu regeln. Auch in ihnen spiegeln sich die Veränderungen von Schule und Unterricht, die Erfahrungen von Lehrerinnen und Lehrern, von Schülerinnen und Schülern wider. Welche Einsichten habt ihr gewonnen, nachdem ihr dieses Schulbuchkapitel bearbeitet habt?

Entwerft eine Schulordnung, in der Ergebnisse und Konsequenzen eurer Auseinandersetzung mit dem Wandel von Schule enthalten sind. Als Anregung kann euch ein Vergleich mit Schulordnungen aus früheren Jahren (z.B. mit der Schulordnung von 1803/1810; vgl. den Abschnitt *Einführung*), aber auch mit Schulordnungen der Gegenwart dienen. Die Schulordnung eurer eigenen Schule z.B. ist sicherlich im Sekretariat eurer Schule erhältlich. Eine weitere Anregung gibt die Schulverfassung der Theodor-W.-Adorno-Schule in Elze im Kreis Hildesheim.

Schulordnung durch Verfassung ersetzt

Schulverfassung der Theodor-W.-Adorno-Schule

PRÄAMBEL

Unsere Schule ist eine Lebens- und Lerngemeinschaft, in der alle Beteiligten um Rücksicht, Toleranz und Verständnis für den jeweils anderen sich bemühen.
Bei der Bewältigung von Problemen und beim Austragen von Konflikten verzichten alle auf die Anwendung von Gewalt. Es soll kein Anlass als Rechtfertigung für die Gewaltanwendung akzeptiert werden.
Jedem Angehörigen der Schulgemeinschaft wird mit Respekt und Freundlichkeit begegnet. Vertrauen und Zuwendung werden jedem entgegengebracht, ohne Vorbehalte und Vorurteile.

§ 1

Jeder Schülerin und jedem Schüler widerfahren in der Beurteilung ihres Verhaltens und ihrer Leistungen Gerechtigkeit und Fairness.
Jede Lehrerin und jeder Lehrer hat in gleicher Weise Anspruch auf Fairness und Respekt durch die SchülerInnen.

§ 2

Um in einem Klima von Freundlichkeit und Fröhlichkeit leben zu können, werden alle SchülerInnen folgende Alltagsregeln respektieren und einhalten:
- Zerstörung im Schulgebäude vermeiden
- den Klassenraum als Lebensraum gestalten und erhalten
- im Schulgebäude ein ruhiges Pausenverhalten zeigen
- toben nur auf dem Schulhof und in Bereichen, wo keine Beschädigungen zu befürchten sind
- das Schulgebäude in einem ansehnlichen Zustand erhalten
- sorgfältig mit Arbeitsmitteln (eigenen und fremden) umgehen
- Gesprächsregeln beachten, d. h. in erster Linie anderen zuhören und andere ausreden lassen

§ 3

Um die Schule als einen Ort zu erfahren, an dem allen SchülerInnen nicht nur Lernen, sondern auch gestaltete Freizeit möglich ist, können

- sich SchülerInnen während der Pausen im Schulgelände und -gebäude aufhalten. Die Klassenräume bleiben geöffnet; sie und die dafür eingerichteten Sitzgruppen stehen für Spielen und Lesen, für Hausaufgaben und Klönen zur Verfügung.
- die Schulcafeteria, der Hausmeister und der Schülerrat in den Pausen Getränke und Nahrungsmittel verkaufen, so dass ein Verlassen des Schulgebäudes nicht nötig und zudem aus Versicherungsgründen nicht zulässig ist.

§ 4

Zur Gestaltung des Schullebens finden vierteljährlich Jahreszeitenfeiern statt. Zur Entwicklung einer demokratischen Schulkultur findet einmal im Vierteljahr eine Schulversammlung statt. Die Schulleitung ist verpflichtet, Eltern- und Schülergemeinschaft monatlich in Form des „Monatsspiegels" über alle wichtigen Schulangelegenheiten zu informieren.

§ 5

SchülerInnen, die sich für ein gelungenes Zusammenleben in der Schule einsetzen und Aufgaben in der Schulgestaltung übernehmen (z. B. Wartung der Skateboardrampe, Pflege des Terrariums, Betreuung des Atriums...) erwerben einen Anspruch auf eine positive Bemerkung im Zeugnis.

(Zit. nach: Deutsche Lehrerzeitung 39/40, 1996, S. 12)

Literaturhinweise

- Sabine Kramer: Die Schulgemeinde Marten. Ein Beispiel für westfälische Schulgeschichte. Schriftenreihe des Westf. Schulmuseums Dortmund, Bd. 1, Dortmund 1992
- „Eine gemeine Schule für die Jugend." 450 Jahre Stadtgymnasium Dortmund. Hg. v. Hanswalter Dobbelmann u. Jochen Löher, Schriftenreihe des Westf. Schulmuseums Dortmund, Bd. 2, Duisburg 1993
- Jochen Löher/Rüdiger Wulf: Furchtbar dräute der Erbfeind. Vaterländische Erziehung in den Schulen des Kaiserreichs, Schriftenreihe des Westf. Schulmuseums Dortmund, Bd. 3, Dortmund, o. J.
- Wilfried Breyvogel (Hg.): Mädchenbildung in Deutschland. Die Maria-Wächtler-Schule in Essen 1896-1996, Essen 1996

Ein Schulmuseum

Westfälisches Schulmuseum der Stadt Dortmund, An der Wasserburg 1, 44379 Dortmund (Marten), Tel.: 0231/613095

10/1

3. „Und die Moral von der Geschicht'..." – Kinderbücher im historischen Wandel

Mein Lesezimmer

Stell dir vor, du könntest den Jungen auf dem Bild fragen, was er gerade liest. Was könnte er dir erzählen?

Einführung

A Peter Weiss: Aus Büchern lernen

[...] In den Büchern trat mir das Leben entgegen, das die Schule vor mir verborgen hatte. In den Büchern zeigte sich mir eine andere Realität des Lebens als die, in die meine Eltern und Lehrer mich pressen wollten. Die Stimmen der Bücher forderten mein Mittun, die Stimmen der Bücher forderten, dass ich mich öffnete und auf mich selbst besann. Ich stöberte in der Bibliothek meiner Eltern. Das Lesen dieser Bücher war mir verboten, ich musste die Bücher heimlich entwenden und die Lücken sorgsam ausgleichen, meine Lektüre fand unter der Bettdecke statt, beim Schein der Taschenlampe, oder im Klosett, oder unter der Tarnung von Schulbüchern. Das Chaos in mir von unausgegorenen Sehnsüchten, von romantischen Verstiegenheiten, von Ängsten und wilden Abenteuerträumen wurde aus unzähligen Spiegeln auf mich zurückgeworfen, ich bevorzugte das Anrüchige, Zweideutige, Düstere, suchte nach Schilderungen des Geschlechtlichen, verschlang die Geschichten von Kurtisanen und Hellsehern, von Vampiren, Verbrechern und Wüstlingen, und wie ein Medium fand ich zu den Verführern und Fantasten und lauschte ihnen in meiner Zerrissenheit und Melancholie. [...]

(Peter Weiss, Abschied von den Eltern, Suhrkamp, Frankfurt/M. 1964, S. 59f.)

1. Welche Bedeutung haben Bücher für Peter Weiss?
2. Weckt dieser Text bei euch Erinnerungen?
3. Was meint der Autor damit, wenn er sagt, Bücher wären für ihn ein Spiegel (vgl. Z. 10)?

B Astrid Lindgren: Das entschwundene Land

Astrid Lindgren erinnert sich in ihrem Buch „Das entschwundene Land“ an ihre eigene Kindheit, in der das Lesen einen wichtigen Platz einnahm.

Ja, das grenzenloseste aller Abenteuer der Kindheit, das war das Leseabenteuer. Für mich begann es, als ich zum ersten Mal ein eigenes Buch bekam und mich da hineinschnupperte. In diesem Augenblick erwachte mein Lesehunger, und ein besseres Geschenk hat das Leben mir nicht beschert. [...] Ich weiß zwar nicht, was ihr euch für euer Kind erträumt und erhofft, aber ich weiß, dass es für alle Wechselfälle des Lebens besser gerüstet ist, wenn es lesehungrig ist. Was wünscht ihr euch eigentlich für euer Kind? [...] Womöglich hegt ihr gar sehr hohe Erwartungen und träumt davon, dass es eines Tages zu denen gehört, die die Welt verändern und sie zu einem besseren Platz für die Menschen machen? [...] Ja, aber dann müsst ihr ihm den Weg zum Buch weisen! Und das muss jetzt gleich geschehen, denn findet es den Weg nicht als Kind, dann findet es ihn nie und wird auch nie ein Weltverbesserer, glaubt mir! [...]

(Astrid Lindgren, Das entschwundene Land, Verlag Friedrich Oetinger, Hamburg; zit. nach: Ursula Meier-Hirschi, Bücher machen Kinder stark ... und Lesen macht das Leben schön, Pro Juventute Verlag, Zürich 1994, S. 51 ff.)

1. Warum soll man mit Kindern Bilderbücher lesen? Ergänzt die im Text genannten Begründungen.
2. Was waren für dich bedeutsame Bilder- und Kinderbücher?
3. Warum waren sie, aus heutiger Sicht betrachtet, wichtig für dich?

C „Meine ersten Helden" – Eigene Leseerfahrungen

1. Welches Kinderbuch war ein „Bestseller" deiner Kindheit?
   Stellt euch im Kurs den „Bestseller" eurer Kindheit vor und begründet aus eurer Erinnerung, warum gerade dieses Buch euer Lieblingsbuch gewesen ist.
2. Hatte euer Lieblingsbuch Bilder? Wenn ja, welche Funktion hatten die Bilder für euch?
3. Habt ihr heute ein Lieblingsbuch?

Orientierung und Planung

Der Bereich der Bilder-, Kinder- und Jugendbücher ist ein weites Feld, in dem sich jeder nach seinen Interessen einzeln oder in einer Kleingruppe einen eigenen Aufgabenschwerpunkt setzen kann. Damit ihr selbstständig entscheiden könnt, wie eure weitere Arbeit aussehen soll, gibt dieser Abschnitt euch einen Überblick über die Möglichkeiten und die in diesem Kapitel angebotenen Hilfestellungen. Ihr solltet euch deshalb diese Hinweise zunächst genau durchlesen und im Kapitel blättern, bevor ihr beratet und entscheidet.

Entscheidungsebene: Thema

So steht es euch z.B. frei, statt der hier vorgestellten Bilderbücher welche zu ganz anderen Themen oder Genres zu bearbeiten: Tiergeschichten, Krimis, Abenteuerbücher... Interessant kann es auch sein, vergleichend einige Bücher unter der „Lupe" einer besonderen Fragestellung zu untersuchen: Ihr könntet z. B. herausarbeiten,

- wie die Rollen von Mädchen und Jungen in verschiedenen Büchern dargestellt sind (Informationen hierzu: Kapitel 9/2,3.),
- welche Konflikte und Konfliktlösungen thematisiert werden (Interessantes dazu: Kap. 9/1,3.),
- wie realistisch Erwachsene und ihr Verhältnis zu Kindern geschildert werden,
- und ... und ... und ...

Grundlegendes Handwerkszeug zur Analyse von Kinder- und Jugendbüchern findet ihr in dem Fragenkatalog der Methode: Erzähltext-Analyse (S. 227 f.).

Entscheidungsebene: Historischer Vergleich

Gerade wenn man sich für eine bestimmte Untersuchungsfrage entschieden hat, kommt man oft zu interessanten Entdeckungen, wenn man auch ältere Bücher mituntersucht. Damit ihr eine Vorstellung habt, wie ihr vorgehen könntet, zeigen wir euch in diesem Kapitel an zwei Beispielen, wie ein solcher historischer Vergleich aussehen kann.

Entscheidungsebene: Arbeitsform

Da sich an jedem Buch sehr viele Untersuchungen machen lassen, müsstet ihr auch entscheiden, ob ihr

- mithilfe des Fragenkatalogs Arbeitsgruppen bildet, die an ein oder zwei Büchern verschiedene Fragenschwerpunkte bearbeiten, oder
- pro Gruppe ein einzelnes Buch weitgehend komplett analysieren wollt.

Natürlich könnten sich auch Einzelne zur Expertin oder zum Experten für bestimmte Fragen machen (vgl. die Hinweise zur Methode: Facharbeit, S. 228 ff.).

Entscheidungsebene: Anwendungsprojekt

Nicht zuletzt solltet ihr bei euren Überlegungen auch berücksichtigen, in welcher Art und Weise ihr euer dann erworbenes Wissen praktisch umsetzen wollt. Am Ende dieses Kapitels werden euch Hilfestellungen für drei verschiedene Anwendungsmöglichkeiten vorgestellt, die ihr als Kursgemeinschaft oder Kleingruppe realisieren könnt – je nachdem, wie viel Zeit und Energie ihr investieren möchtet!

Methode

ERZÄHLTEXT ANALYSE

Fragen zur Erschließung und Beurteilung von Bilderbüchern und Erzähltexten[1]

Erster Zugang

- Wie hat euch das Buch gefallen? Äußert eure ersten Eindrücke.
  Besprecht anhand eurer ersten Eindrücke, wie ihr bei der Analyse und Bewertung der Geschichte vorgehen wollt.

Thema und Inhalt

- Fasst das Thema des Buches kurz zusammen: Worum geht es in der Geschichte?
- War es schwierig zu erkennen, welches Thema im Vordergrund steht?
  Wie seid ihr auf eure Lösung gekommen? (Ansatzpunkte: Bilder, Äußerungen von Figuren, Aussagen des Erzählers, ...)
- Charakterisiert die Hauptfiguren sowie die Schauplätze der Geschichte.
  Kennzeichnet in Stichpunkten die Entwicklung der Geschichte: Ist eine Spannungssteigerung erkennbar, sind Höhepunkte auszumachen? (Wenn ihr von den vorgestellten Auszügen aus Bilderbüchern ausgeht, stellt – ausgehend von den Bildern und der Inhaltsangabe – Vermutungen über die Entwicklung der Geschichte an.)
- Wie verhalten sich Kinder untereinander und wie gegenüber Erwachsenen?
  Wie verhalten sich Erwachsene gegenüber Kindern?
- Welche Erfahrungen machen Kinder?
  Untersucht, ob Gefühle, Empfindungen, Stimmungen der Kinder oder der Ersatzfiguren in Bezug auf ihre jeweilige Situation erkennbar sind.
- Wie reagieren Kinder auf Verhaltensweisen von Erwachsenen?
  Werden Konflikte und Konfliktlösungsmöglichkeiten thematisiert?
- Wie werden Verhaltensweisen von Kindern oder Ersatzfiguren in den Büchern bewertet? Versucht ausgehend von dem Textinhalt und den Bildern zu erschließen, ob ein (Wunsch-)Bild von Kindern oder eine bestimmte Einstellung gegenüber Kindern vermittelt wird. Welche Auffassung von „Kindheit“ liegt dieser Bewertung zugrunde? (Kindheit als Schonraum? Kindheit als Zeit der Freiheit und der Erlebnisse? Kindheit als Zeit der Unterordnung und Unterwerfung?)

---

[1] Vgl. hierzu: Hans Gärtner, Spaß an Büchern. Wie Kinder Leselust bekommen, Don Bosco Verlag, München 1997, S. 91 ff.)

Form und Bildgestaltung

- Veranschaulichen die Bilder nur, was der Text beschreibt, oder erfüllen sie weitere Funktionen?
- In welchem Zusammenhang stehen die einzelnen Bilder zueinander? Ansatzpunkte: Rückblenden, Träume, Einschübe
- Gibt es zwischen einzelnen Bildern „Leerstellen“, die den Betrachter dazu veranlassen, sich in die Bücher „hineinzudenken“ und sich nicht dargestellte Ereignisse in seiner Fantasie auszumalen?

Wirkung

- Glaubt ihr, dass Kinder das im Vordergrund stehende Thema des Buches selbstständig erkennen können?
- Was, glaubt ihr, zieht beim Vorlesen die Aufmerksamkeit der Kinder auf sich?
- Welche Möglichkeiten bieten die Bilder Kindern, denen der Text zumeist von Erwachsenen vorgelesen wird?
  Lassen die Bilder Assoziationen zu? Regen sie die Fantasie des Betrachters an?
- Für welches Alter erscheint euch das Buch besonders geeignet?
  Berücksichtigt bei eurer Beurteilung Aspekte wie: Thema, Inhalt, Format, Seitenzahl, Bildstil/-technik, Schrifttyp/-größe, Layout… .
  Enthält das Bilderbuch thematische Aspekte, die kleinen Kinder, die dieses Bilderbuch ansehen bzw. lesen, erklärt werden müssten?

Pädagogischer Umgang

- Überlegt euch, wie ihr mit einem Kind ins Gespräch kommen könntet, das dieses Buch gelesen (angesehen) hat.
- Welche Anregungen könntet ihr Kindern geben, damit sie:
  – den Inhalt des Buches erschließen;
  – auf den Inhalt reagieren (z.B. Anregungen zum Malen, Spielen …);
  – den Inhalt auf ihre eigene Lebenssituation übertragen können?

Erstellt eine Liste mit Tipps von A bis Z für einen kreativen Umgang mit Büchern (z. B.: N = Namen ersetzen; W = Weitererzählen…).

Methode

FACH ARBEIT

Die Facharbeit im Pädagogikunterricht

Bei Facharbeiten handelt es sich um schriftliche Auseinandersetzungen mit Problemstellungen bzw. Themen, für die ein längerer Zeitraum zur Verfügung steht. Die Thematik soll dabei möglichst selbstständig ausgesucht und eigenständig bearbeitet werden. Die erstellten Facharbeiten und die darin gewonnenen Erkenntnisse sollen wieder dem Unterricht zugute kommen.
In einer Facharbeit soll *nicht nur* mit eigenen Worten wiedergegeben werden, was man gelesen oder gehört hat – auch eigene Gedankengänge und Ideen, Vermutungen und sich ergebende Fragen, eine eigene Stellungnahme sind wichtige Bestandteile dieser Arbeit.

Zu diesem Zweck muss man Methoden und Arbeitstechniken beherrschen bzw. sich diese durch das Anfertigen einer Facharbeit aneignen, wie z. B. die Textanalyse, das Beschaffen von Informationen, Zusammenfassen, Befragungen vornehmen, Filmmaterial auswerten, Karikaturen deuten, usw.

Im Einzelnen sollen folgende Merkmale erkennbar sein:
- Abgegrenzte Themenformulierung / genaue Beschreibung des Vorhabens
- Klare und logische Gliederung
- Verwendung von Fachbegriffen und Erklärungsansätzen / Modellen
- Schlüssig aufgebaute und nachvollziehbare Argumentation
- Klare Unterscheidung von eigenen und übernommenen Gedanken, Angabe der verwendeten Quellen
- Rückschau auf die eigene Arbeit und Benennen von offen gebliebenen bzw. sich neu ergebenden Fragen

In Facharbeiten geht es also sowohl darum, eigenständig Neues zu lernen, als auch darum, das Lernen zu lernen.
Innerhalb des durch den Unterricht gesetzten thematischen Rahmens sollte rechtzeitig je nach eigenem Interesse eine Themenstellung formuliert werden. Die Themenstellung kann durchaus eine Frageform haben, wobei die Ausführungen in der Facharbeit dann Antwortversuche bzw. Orientierungen zur Beantwortung der Frage geben sollen.
Schülerinnen und Schüler sollten nicht immer darauf festgelegt werden, Antworten zu geben, sondern selber in die Lage versetzt werden, Fragen zu stellen. Wer lernt Fragen zu stellen, kann sich seine eigenen Lernwege selber gestalten und fordert seine eigene Kreativität und Fantasie heraus wesentliche Aspekte für den eigenen Lernprozess. Es muss ja auch nicht immer eine klare Antwort geben, manchmal eröffnen Fragen neue Denkrichtungen und ermöglichen einen Perspektivenwechsel, sind also genauso wichtig, wie die Fähigkeit, Antworten geben zu können.

Frage-Zeichen
Wer fragt, der denkt …
wer denkt, der fragt …
wer fragt, der sucht nach Antworten …
und neuen Fragen …

Ausgangspunkt einer Facharbeit können auch eigene Erlebnisse bzw. persönliche Themen sein. Im Rahmen einer Facharbeit können diese dann aufgearbeitet und somit aus einer neuen Perspektive betrachtet werden. Auf jeden Fall soll deutlich werden, dass pädagogisches Wissen und pädagogische Denkweisen verwendet und somit fachliche Aspekte in deinen Ausführungen deutlich werden.

Eine Facharbeit, zumal wenn sie sehr langfristig angelegt ist, sollte von deinem Fachlehrer/deiner Fachlehrerin begleitet werden, d.h. er/sie sollte dir Hinweise geben und dich auf Aspekte aufmerksam machen, die du möglicherweise übersehen hast. Dazu sollte ein organisatorischer Rahmen überlegt werden, der dies auch ermöglicht.
Eine Facharbeit kann auch eine Klassenarbeit ersetzen!

Für das Darlegen der eigenen Gedankengänge und für den Leser/die Leserin bzw. den Zuhörer/die Zuhörerin ist es wichtig, dass die Facharbeit eine klare Gliederung erhält:

Einleitung

Warum habe ich mich für dieses Thema, diese Fragestellung interessiert?

Hauptteil

Auseinandersetzung mit der Fragestellung
Aufzeigen von Bezügen aus dem Unterricht

Schlussteil

Welche weiteren Fragestellungen bieten sich an, was ist offen geblieben?
Welche neuen Erkenntnisse haben sich ergeben?
Ein abschließender Kommentar aus eigener Perspektive

Spätestens an dieser Stelle kannst du dir Gedanken über die Gestaltung eines *Deckblattes* machen. Auf jeden Fall soll es deinen Namen und das Thema deiner Facharbeit aufweisen. Auf der Rückseite kannst du je nach Umfang auch ein *Inhaltsverzeichnis* anlegen.

Rückblick

Was würde ich jetzt anders machen? Würde ich gerne noch einmal eine Facharbeit zu einem anderen Thema schreiben?

Anhang

Hier werden die benutzten Quellen und Hilfsmittel dokumentiert.

Die Facharbeiten sollten anschließend vorgetragen werden bzw. je nach Interesse sollten Schülerinnen und Schüler sich ihre Facharbeiten in Kleingruppen vorstellen.

Vier Kinderbücher im Vergleich

Fritz Koch-Gotha/Albert Sixtus, Die Häschenschule, Esslinger Verlag J. F. Schreiber GmbH, Esslingen (1. Aufl. 1923), 31 S.

Dieses Bilderbuch beschreibt einen Schultag junger Häschen. Zunächst sieht man, wie die kleinen Häschen am frühen Morgen durch den bunten Wiesengrund zur Schule gehen. Die folgenden Bilder zeigen einzelne Ausschnitte des Schulvormittags. Er beginnt mit einem gemeinsamen Gebet, an das sich eine Biologie- und eine (Tier-)Geschichtsstunde anschließen: „Von dem alten Fuchs, dem bösen, wird erzählt und vorgelesen“.

Schließlich lernen sie noch, wie man Eier bemalt, eine Voraussetzung, um Osterhase werden zu können, und haben noch eine Stunde in Musik, Gartenkunde und in Sport.

Wenn die Pause nun beginnt,
geht's zur Wiese wie der Wind.
Lustig sind die Hasenjungen,
toll wird da herumgesprungen.
Doch die Mädchen knabbern stumm
an dem Frühstückskraut herum,
und sie wandern, tipp-tipp-tapp,
mit der Freundin auf und ab.

Hasenmax, der Bösewicht,
konnte heut sein Verschen nicht!
hat gepfiffen und geschwätzt,
Hasenlieschens Rock zerfetzt,
eine neue Bank zerkracht
und dabei noch laut gelacht.
In die Ecke muss er nun.
Ei, da kann er Buße tun!

Nach dem Unterricht stellen sich die Häschen paarweise in einer Reihe auf und lauschen den warnenden Worten des Lehrers über richtige Verhaltensweisen auf dem Heimweg. Da sie den Ratschlägen ihres Lehrers Folge leisten, gelingt es ihnen, dem Fuchs, der ihnen auflauert, zu entgehen.

Auch das folgende, aktuelle Bilderbuch beschäftigt sich mit dem Thema „Schule“.

Mirjam Pressler/Maria Wissmann, Jola und Nickel in der Schule, Loewes Verlag, Bindlach 1994

Die befreundeten Nachbarskinder Jola und Nickel werden eingeschult. Mit ihren Schultüten in der Hand gehen sie, begleitet von ihren Eltern, zu ihrer neuen Schule. Beide sind neugierig und fühlen sich „sehr, sehr groß“. In der Aula der Schule begrüßt die Rektorin die neuen Schülerinnen und Schüler und teilt sie in Gruppen ein. Die Lehrerin Frau Kettler führt die Schülerinnen und Schüler zu ihrer Klasse.

Sie gehen durch einen langen Flur mit vielen Türen. Hinter einer der Türen singen Kinder. Jola bleibt stehen und hört zu. Ihre Mutter zieht sie weiter. Noch ein langer Flur. Die Lehrerin macht eine Tür auf. Neben der Tür steht eine lange Bank, über der Bank sind Kleiderhaken. „Hier ist euer Klassenraum“, sagt die Lehrerin. Sie deutet auf die Haken. „Und hier könnt ihr eure Jacken aufhängen. Und dann verabschiedet euch von euren Eltern. Sie holen euch nach der Schule ab, und dann können sie auch eure Schultüten wieder mitbringen.“

„Was würdet ihr denn in der Schule am liebsten lernen?“, fragt Ketti. „Habt ihr euch das schon mal überlegt?“ Alle schreien durcheinander. „Halt!“, sagt Ketti. „So kann ich kein Wort verstehen. Schön der Reihe nach.“ „Ich will singen können“, sagt Jola. „Ganz viele Lieder.“ „Das lässt sich machen“, meint Ketti. „Ich singe auch sehr gerne.“ „Und ich will lesen lernen“, sagt Anne. „Meine Mama liest dauernd, ich will auch lesen können.“ „Au ja, Comics“, ruft Mehmet. Bastian möchte Autofahren lernen. „Das geht nicht“, sagt Ketti. „Dazu musst du erwachsen sein. Aber in der dritten Klasse machen wir eine Fahrradprüfung.“

Die Schule ist groß, sehr groß. Sie hat viele Räume. Ketti führt die Kinder durch Gänge und über Treppen und zeigt ihnen die Sporthalle, das Lehrerzimmer, den Musiksaal und die Toiletten. Elena ist ganz begeistert von der Schulbücherei. „So viele Bücher“, flüstert sie. „Und die kann ich alle bald lesen.“ „Ja“, sagt Ketti. „Du kannst sie alle, alle lesen. Bald.“ „Nächste Woche?“, fragt Elena. „Du spinnst ja!“, ruft Max, der eine große Schwester hat und Bescheid weiß. „Frühestens an Weihnachten.“

Die Kinder suchen sich einen Platz aus, stellen Namenskärtchen auf und befragen sich gegenseitig nach dem Inhalt ihrer Schultaschen. Daraufhin fragt Frau Kettler ihre neuen Schülerinnen und Schüler, was sie in der Schule am liebsten lernen wollen, und führt sie dann durch die Schule. Im Anschluss an die erste Pause ist Malunterricht. Nach dieser Stunde ist der erste Schultag für Jola und Nickel beendet. Die Kinder tauschen ihre Eindrücke von ihrem ersten Schultag aus und teilen sie dann ihren auf dem Schulhof wartenden Eltern mit. Jola ist der Ansicht, dass ihre Eltern von diesem Tag an nie mehr sagen können, sie sei zu klein.

Vergleicht die Auszüge der beiden Bilderbücher aus verschiedenen Epochen in Bezug auf folgende Aspekte:

- Welches Bild von Schule wird vermittelt?
  Vergleicht hierzu auch das Bildmaterial der Bilderbücher mit dem Bildmaterial des Kapitels „Schule im Wandel – wandelt sich Schule?“ (insbesondere S. 212 ff.).
- Wie werden Lehrer/Lehrerinnen und Schüler/Schülerinnen dargestellt?
- Wie wird gelernt?
- Welche Verhaltensweisen werden von Kindern erwartet und wie reagieren Erwachsene auf Handlungen von Kindern, die ihren Erwartungen nicht entsprechen?
- Gelten für Mädchen und Jungen gleiche Erwartungen seitens Erwachsener und verhalten sie sich in den dargestellten Situationen gleich?
  (Zur Beantwortung dieser Frage könnt ihr auch das Kapitel 9/2,3., S. 151 ff., hinzuziehen.)
- Zeigen sich Parallelen zum Schulalltag, wie ihr ihn selbst erlebt habt und noch erlebt?

Dr. Heinrich Hoffmann,
Der Struwwelpeter –
Ein lustiges Umkehrbuch,
Esslinger Verlag J. F. Schreiber GmbH,
Esslingen 1995

Die Geschichte von den schwarzen Buben

Es ging spazieren vor dem Tor
Ein kohlpechrabenschwarzer Mohr.
Die Sonne schien ihm aufs Gehirn,
Da nahm er seinen Sonnenschirm.
Da kam der Ludwig hergerannt
Und trug sein Fähnchen in der Hand.
Der Kaspar kam mit schnellem Schritt
Und brachte seine Bretzel mit.
Und auch der Wilhelm war nicht steif
Und brachte seinen runden Reif.
Die schrie'n und lachten alle drei,
Als dort das Mohrchen ging vorbei,
Weil es so schwarz wie Tinte sei!

Da kam der große Nikolas
Mit seinem großen Tintenfass.
Der sprach: „Ihr Kinder hört mir zu
Und lasst den Mohren hübsch in Ruh'!
Was kann denn dieser Mohr dafür,
Dass er so weiß nicht ist wie ihr?"

Die Buben aber folgten nicht
Und lachten ihm ins Angesicht
Und lachten ärger als zuvor
Über den armen schwarzen Mohr.

Der Niklas wurde bös und wild,
Du siehst es hier auf diesem Bild!
Er packte gleich die Buben fest,
Bei Arm, beim Kopf, bei Rock und West,
Den Wilhelm und den Ludewig,
Den Kaspar auch, der wehrte sich.
Er tunkt sie in die Tinte tief,
Wie auch der Kaspar: Feuer! rief.
Bis übern Kopf ins Tintenfass
Tunkt sie der große Nikolas.

Du siehst sie hier,
wie schwarz sie sind,
Viel schwärzer als das Mohren-
kind!
Der Mohr voraus im Sonnen-
schein,
Die Tintenbuben hinterdrein;
Und hätten sie nicht so gelacht,
Hätt' Niklas sie nicht schwarz
gemacht.

Tina Rau,
Kennt ihr Blauland?,
AnTex Verlag/TINA Kinderbücher, Geislingen/Steige 1998

In einem gänzlich blauen Land leben die Fizzli-Puzzlis. Diese ganz und gar blauen Menschen, die nicht wissen, dass es auf der Welt auch andere Farben als Blau gibt, haben einander sehr lieb. Sie kennen keinen Neid und keinen Streit. Im Nachbarland lebt der Farbenkönig, dem es in seinem Reich nicht bunt genug sein kann. Weil ihm die Fizzli-Puzzlis Leid tun, da sie nur ihr Blau kennen, beschließt er, ihnen die Farbe Rot zu schenken: Er rollt eine rote Zauberkugel ins Blauland und deren Zauberkraft bewirkt, dass der Erste, der sie sieht, einen Wunsch erfüllt bekommt. Danach erlischt ihre Zauberkraft. Ein Fizzli-Puzzli, der die rote Zauberkugel findet, wünscht sich, etwas von der schönen, ihm unbekannten Farbe an sich zu haben. Am nächsten Morgen erschrecken er und seine Freunde, denn er ist nun ganz und gar rot. Der rote Fizzli-Puzzli wird sehr traurig, als er die Reaktionen seiner Freunde bemerkt: Einige haben Angst, tuscheln über ihn, andere gehen ihm aus dem Weg.
Der Zauberkönig, der die Geschehnisse im Blauland beobachtet, ist ebenfalls traurig. In der nächsten Nacht rollt er eine gelbe Zauberkugel ins Blauland, in der Hoffnung, dass sich die

Situation daraufhin ändere. Ein Fizzli-Puzzli findet diese Kugel, äußert den gleichen Wunsch wie der rote Fizzli-Puzzli und färbt sich gelb. Die Reaktionen der blauen Fizzli-Puzzlis sind am nächsten Morgen sehr verschieden: Einige finden den Gelben schöner als den Roten und wollen nur noch mit ihm spielen, andere wollen von beiden nichts mehr wissen und spielen nur mit ihren blauen Freunden. Ein sehr trauriger Fizzli-Puzzli – er wusste nicht mehr, mit wem er spielen sollte, da er sowohl den Gelben, den Roten als auch die Blauen gerne hatte – beschließt, mit dem Roten und dem Gelben zu reden. Es geschieht etwas Sonderbares: Als sich die verschiedenfarbigen Fizzli-Puzzlis in den Arm nehmen, sich küssen und Hand in Hand über die Wiese tanzen, entstehen plötzlich neue Farben. Die Fizzli-Puzzlis erkennen, dass sie, wenn sie einander lieb haben, neue Farben entstehen lassen können. Von da an verleben sie wieder eine schöne Zeit miteinander im Blauland: Es ist fast wie früher, nur ihre kleine Welt ist etwas bunter und fröhlicher als vorher.

1. Sowohl im *Struwwelpeter* als auch im *Blauland* führt das Auftauchen eines Andersartigen zu ablehnenden Reaktionen. Welche verschiedenen Reaktionsweisen werden jeweils dargestellt?
2. Versucht die „Botschaft“ der beiden Bücher in einem Satz zusammenzufassen. Ein Satzanfang könnte z.B. sein: „Wer Andersartige ausgrenzt, der…“
   Vergleicht zu dieser Thematik auch das Kapitel „Fremd – beziehungsweise – anders“.
3. Untersucht, ob die Bücher es dem Leser erleichtern oder erschweren, für die Figuren Sympathie zu empfinden. Prüft dazu, inwiefern der Erzähler die Figuren bewertet.
4. Untersucht, auf welche Weise den Figuren in den Büchern klar wird, was die „richtige“ Verhaltensweise ist. Diskutiert, ob eure Ergebnisse für die kleinen Leser und Leserinnen einen Unterschied machen: Was lernen sie durch die „Anschauung“ dieser Bücher?
5. Vergleicht eure Ergebnisse zum *Struwwelpeter* mit denen zur *Häschenschule*! Versucht aufgrund eurer Ergebnisse zu beschreiben, wie diese Bilderbücher erziehen wollen.

Darüber hinaus könnten folgende Fragen für euch von Interesse sein:

6. Vergleicht die Ausschnitte der beiden letzten Bilderbücher und untersucht, ob die Themen der Bilderbücher in der (heutigen) Welt von Kindern von Bedeutung sind.

7. Werden in den Bilderbüchern Erfahrungen berücksichtigt, die Kinder, denen diese Bücher vorgelesen werden, bisher in ihrem Leben gemacht haben könnten?

8. Welche gesellschaftlichen Erwartungen zeigen sich in den Bilderbüchern?

Anwendung

Mit dem Wissen, das ihr bisher über Kinderbücher erworben habt, könnt ihr unterschiedliche Projekte realisieren. Drei Möglichkeiten, nämlich der *Bücherkoffer*, die *Bestseller-Broschüre* und das *Vorlese-Projekt*, werden auf den folgenden Seiten vorgestellt, so dass ihr gemeinsam entscheiden könnt, wie ihr weiter verfahren wollt.

Der Bücherkoffer

Stellt im Kurs einen „Bilderbücher-Lesekoffer" zum Lesen und Vorlesen zusammen. Er könnte z. B. beim Babysitten oder bei der Kinderbetreuung zu Schulfesten zum Einsatz kommen.
Sucht dazu in Büchereien, Buchläden oder auch bei euch zu Hause Bücher aus, die eurer Meinung nach gut geeignet sind.
Leitet aus dem Fragenkatalog zur Analyse von Bilderbüchern (S. 227 f.) Kriterien für die Auswahl von Bilderbüchern ab und überprüft eure Auswahl von Büchern daran. Diskutiert darüber hinaus, inwiefern eure Beurteilungskriterien auch für die Auswahl anderer Kinderliteratur – wie z. B. Bücher für Leseanfänger – hilfreich sind.

Bestseller der Kinderliteratur – eine Broschüre

Entwickelt eine Bestsellerbroschüre z. B. für Eltern, Babysitter oder Kindergärten. Sie könnte außer den Titeln eine kurze Inhaltsangabe und eure Bewertung zu jedem aufgeführten Buch enthalten.
Natürlich ist es auch möglich, anstelle einer Bilderbuch-Broschüre z.B. eine über Abenteuerromane für Kinder herzustellen. Damit der Bereich nicht zu umfangreich wird, solltet ihr euch vorher auf eine Altersstufe und/oder einen inhaltlichen Schwerpunkt festlegen.
Ein relativ einfacher Weg, die Bestseller herauszufinden, sind Befragungen bei denjenigen, die Bücher anbieten, und bei denen, die sie nutzen.
Um die *meistgekauften* (Bilder-)Bücher zu ermitteln, könnt ihr Befragungen z. B. in Buchhandlungen, Büchereien, Kindergärten oder (Grund-)Schulen durchführen.

Um die *meistgelesenen* (Bilder-)Bücher herauszufinden, müsst ihr mit den kleinen „Leserinnen“ und „Lesern“ direkt in Kontakt treten. Überlegt euch, wie ihr z. B. von den Kindern eines Kindergartens oder einer (Grund-)Schule erfahren könntet, was ihre Lieblingsbücher sind und warum. Denkt daran, dass ihr nicht einfach hineinmarschieren und Fragebögen verteilen könnt.

Ihr könnt euch sicher vorstellen, dass die Gründe, warum Eltern ein Buch für ihre Kinder auswählen, andere sein können als die von Erzieherinnen, und wahrscheinlich ist das, was Kinder an ihren Lieblingsbüchern fasziniert, noch mal etwas ganz anderes.

Deshalb ist es bei euren Befragungen wichtig, dass ihr diese Bereiche genau auseinander haltet und getrennt ermittelt:

- Was wollen Eltern für ihre Kinder, wenn sie Bücher kaufen?
- Was ist Erzieherinnen bei der Auswahl der Bücher wichtig und warum?
- Welches sind die Lieblingsbücher der Kinder und was gefällt ihnen daran so gut?

Vergleicht dann einmal die Angaben von Kindern, Eltern und Erzieherinnen miteinander.

Vorlese-Projekt

Vielleicht habt ihr auch Lust bekommen, selbst eine Vorlesestunde abzuhalten. Ihr könntet sie zum Beispiel in Kindergärten oder Grundschulen anbieten oder auch ein Pausenangebot für den fünften Jahrgang vorbereiten.

Wenn ihr euch entschieden habt, für welche Zielgruppe ihr euch vorbereiten wollt, solltet ihr entsprechende Bücher auswählen: im Projekt „Bücherkoffer“ findet ihr Hilfestellungen dazu.

Damit ist jedoch erst der erste Schritt getan: Wer vor „Publikum“ vorlesen will, muss sich nicht nur Gedanken darüber machen, was gelesen werden könnte, sondern muss auch die Vorlesesituation gestalten. Der folgende Text gibt Hinweise für die Rahmenbedingungen einer Erzähl-Situation. Diskutiert, inwiefern diese Bedingungen auch fürs Vorlesen von Bedeutung sind! Überlegt anschließend, wie ihr euch und die Kinder optimal auf die Lese-Stunde einstimmen könnt.

Voraussetzung für eine solch ideale Erzähl-Situation ist nicht nur ein intaktes, sondern ein *vertrauliches Verhältnis* zwischen Erzählperson und Zuhörendem. Wir schenken nur dem Gehör […], den wir schätzen, dem wir vertrauen. Eine zweite Voraussetzung: *sich Zeit nehmen.* Erzählen kostet Weile, Verweilen. Nicht nur während der Erzählung selbst, auch danach braucht es Stille-Sein, Rückzug, Bedenk-„Zeit“. Das Erzählte soll sich gewissermaßen setzen dürfen. Gedanken, die während des Erzählens angestoßen wurden, wollen sich entfalten, wollen neue Gedanken entwickeln. Vielleicht will der Zuhörende auch Fragen stellen, Kritik oder Zustimmung äußern. […] Eine dritte – äußere – Voraussetzung für gelungenes Erzählen: *Ruhe in der Umgebung,* Behaglichkeit. Ohne für eine Idylle zu plädieren, […] sollte in der Alltagsumgebung alles ausgeschaltet werden, was akustisch oder optisch ablenken, stören könnte: Radiogerät, Telefon, Türglocke… , von Baulärm oder Verkehrsgetöse ganz zu schweigen. Hier werden Techniken des Sichberuhigens und Stillewerdens, auch für Kinder, wichtig.

(Hans Gärtner, Spaß an Büchern. Wie Kinder Leselust bekommen, Don Bosco Verlag, München 1997, S. 41)

Der Text weist auch schon darauf hin, dass das, was man hört oder vorgelesen bekommt, nicht einfach im Kind „versickert“, sondern Anstoß für eigene Gedanken und Verarbeitungsprozesse sein kann und sollte.
Überlegt euch Gesprächsanstöße zu den von euch ausgewählten Büchern. Um die Auseinandersetzung der Kinder mit den Geschichten noch zu vertiefen, solltet ihr auch spielerisch-kreative Angebote machen, die das Gehörte aufgreifen: Malen, basteln, Rollenspiele sind nur einige der Möglichkeiten. Stellt für eure Buchauswahl eine Liste möglicher Aktivitäten zusammen!

Nicht zuletzt hängt der Erfolg eurer Lese-Stunde auch von der Art eures Vorlesens ab, deshalb hier ein paar Regeln für das „richtige“ Vorlesen:

Goldene Regeln für Vorlesende

1. *Stelle dich nie selbst dar!*
   Das Posieren und schauspielerische Auftreten hat mit pädagogischem Vorlesen nichts zu tun. Vorlesende sollen sich so weit wie möglich zurücknehmen. Wer Selbstverfasstes vorliest, erliegt nicht selten der Gefahr einer Eigendarstellung.

2. *Deklamiere nicht!*
   Deklamieren („laut reden, laut vortragen“) gehört den Salons der Jahrhundertwende an und ist heute nicht einmal mehr bei Erwachsenen angebracht. Bloß keine „rhetorischen Kunstgriffe“ oder pathetischen Töne!

3. *Lies nicht Wort für Wort!*
   Es gibt manchmal Kernstellen des Textes, die eine wortgetreue Wiedergabe vor der Zuhörerschaft erfordern. Viele Redestellen, Redewendungen, auch Übergangsphasen sollten aber freier wiedergegeben werden. Damit wird auch der Langeweile vorgebeugt. Macht sie sich breit, empfiehlt es sich – zumal bei längeren Vorleseprojekten – bestimmte Passagen zusammenfassend frei zu erzählen, um dann mit dem wortwörtlichen Vorlesen fortzufahren.

4. *Lasse Pausen zu!*
   Kindern fällt es schwer, lange still zu sitzen. Deshalb müssen Pausen gemacht werden. Auch für Zwischenfragen und Bemerkungen „zur Sache“ soll Zeit sein. Manchmal muss ein Ausdruck geklärt, ein Wort interpretiert, an eine ähnliche Stelle erinnert werden. Vorlesende müssen besonders in diesem Punkt sensibel mit ihrem Publikum umgehen.

5. Bereite dich gut vor!

Kein Vorleser verlasse sich auf die Eingebungen der „guten Stunde“! Der Text muss inhaltlich gut erarbeitet sein. Dem Vorlesenden muss sein Aufbau und die Abschnittsgliederung mit ihren markanten Inhaltspunkten deutlich sein, bevor er überhaupt mit dem Vorlesen beginnt.

6. Sorge für Störungsfreiheit!

Erst beginnen, wenn alle ruhig sind. Der Kreis der Zuhörenden muss sich auf den Vorlesenden eingestellt haben. Hüsteln, Räuspern, Schniefen, Scharren sind natürlich nicht ganz auszuschalten. Was vermieden werden kann, sind Stühlerücken und andere Lärmquellen (Geschirrscheppern, Lautsprecherdurchsagen, Türöffnen etc.).

7. Stelle immer wieder Zusammenhänge her!

Bei Kindern (auch bei Erwachsenen) müssen Vorlesende mit Abschweifungen ihrer Zuhörer rechnen. Nicht mitgehörte Passagen führen dann aber meistens zu Verstehenslücken, diese lösen Geräuschkulissen aus, die wiederum stören. Zwischendurch sollte deshalb immer wieder einmal der Kontext hergestellt werden: Wie war das doch gleich? Das will ich gern noch einmal vorlesen.

8. Moduliere deine Stimme!

Monotone Sprechweise ist ermüdend für die Zuhörer. Die Stimme kann moduliert werden, ohne künstlich zu wirken. Nachdruck und Hervorhebungen, Laut-leise-Varianten, Phrasierung, Pausen usw. müssen vom Vorlesenden mit feinem Gespür angewendet werden.

9. Passe dich der Zuhörersituation an!

Stets ist die Situation ausschlaggebend, auf die sich die vorlesende Person einzustellen und einzulassen hat. Länge und Intensität, Abbrechen, Überschlagen langer Vorlesepassagen – all dies ist der jeweiligen Situation anzupassen.

10. Gewöhne dir Grundlegendes an!

Altbewährt hat sich die Formel „l-l-d“: langsam, laut, deutlich. Was nicht heißt, dass nicht gelegentlich ins pure Gegenteil verfallen werden kann: zügig, leise, vernuschelt. Auch Kinder verstehen das Quentchen Vorlese-Ironie, wenn eine Textstelle einmal absichtlich undeutlich vorgetragen wird. Das geschieht dann z. B., um anzuzeigen: Ich bin mit eurem störenden Verhalten nicht einverstanden.

(Hans Gärtner, Spaß an Büchern, Don Bosco Verlag, München 1997, S. 73 – 75)

„Pädagogisch wertvoll"

„Pädagogisch wertvoll – dieses Prädikat ist bei der Beurteilung von Kinder- und Jugendliteratur zweitrangig", meint Gabriele Wenke, Herausgeberin der Fachzeitschrift für Kinder- und Jugendliteratur ‚Eselsohr'.
Der deutsche Schriftsteller Paul Maar bezog hinsichtlich dieser Frage in einer Rede im Frankfurter Institut für Jugendforschung folgende Position:

„Ich denke, der Autor, egal ob er für Kinder oder für Erwachsene schreibt, kann weder Lehrer, Erzieher noch Wegweiser sein. Er hat genug damit zu tun, ein gutes Buch zu schreiben, in dem die Psychologie der Figuren stimmt, die Handlung fantasievoll und glaubwürdig vorangetrieben wird, das den Leser mit einigen unerwarteten Gedanken und Beobachtungen überrascht und im Übrigen in einer Sprache geschrieben ist, die mit dem Werk übereinstimmt. Und er soll sich denjenigen gegenüber, die ihn ständig nach seinen guten Absichten befragen, einfach taub stellen. Das kann seinem Schreiben nur zugute kommen."

(Zit. nach: Guck mal übern Tellerrand! Hrsg. von der Gesellschaft zur Förderung der Literatur aus Afrika, Asien und Lateinamerika, Deutsche Welthungerhilfe, Magazin 1997/98, Peter Hammer Verlag, S. 16)

Tauscht im Kurs eure Meinung darüber aus, ob ihr diesen Stellungnahmen zustimmt oder ihnen eine andere Position entgegensetzt.
Gibt es eurer Meinung nach weitere oder wichtigere Funktionen von Kinder- und Jugendliteratur als die in den Zitaten angesprochenen?

Diskutiert im Kurs, ob Kinder durch Bücher mit „Tabuthemen" wie dem folgenden konfrontiert werden sollten.

Karin mag den neuen Jungen im Kindergarten. Sie spielt gern mit ihm, doch von den anderen Kindern wird Nikolas gemieden. Auf einmal halten sich die anderen Mädchen und Jungen auch von Karin fern. Als Nikolas ein paar Tage krank ist, hört Karin das Wort AIDS …

Später setzte sich die Mutter zu Karin und erklärte: „Wenn du krank wirst und Fieber, Husten oder Schnupfen hast, dann kämpfen Tausende von Helferzellen in deinem Blut dagegen an und sorgen dafür, dass du wieder gesund wirst. Aber wenn Nikolas Aids hat, können ein paar von den wichtigsten Helferzellen in seinem Blut nicht mehr kämpfen. Sie können ihm nicht gegen Fieber, Husten oder Schnupfen helfen, wie es deine tun." Karin fragte: „Wenn ich mit ihm spiele, kriege ich dann auch Aids?" „Nein", antwortet die Mutter. „Du kannst mit Nikolas spielen, mit ihm essen, bei ihm schlafen, ihn in die Arme nehmen und alles tun, was du sonst mit allen anderen Kindern auch tust."

Und das tat sie. Sie war fröhlich. Sie machte sich keine Sorgen. Aber einige Eltern wollten ihre Kinder nicht mehr mit Karin spielen lassen, weil Karin mit Nikolas spielte.

(Margaret Merrifield/Heather Collins, Mama, was ist AIDS?, übers. von Margarete Längsfeld, Donna Vita Verlag, Ruhnmark 1994)

1. Welche Gründe könnte eine Erzieherin im Kindergarten haben, mit Kindern solche Bilderbücher zu lesen?

2. Welche Gegenargumente wären denkbar?

3. Gibt es Themen (z. B.: Tod, Umweltverschmutzung), bei denen ihr Bedenken habt, wenn sie zum Thema eines Kinderbuches gemacht werden bzw. gemacht werden sollen?

10/2

1. Erziehung im Beruf – Erzieherische Berufe

Wir sind eine gemeinnützige Organisation mit vielfältigen Aktivitäten im Bereich der Behindertenarbeit. Dazu gehören u.a. eine Kindertagesstätte, eine Frühförderstelle und zwei Werkstätten für Behinderte.
Für unsere Frühförder- und Beratungsstelle suchen wir **eine/n**

Ergotherapeut/in

als Vertretung für die Zeit des Erziehungsurlaubes und **eine/n**

Logopäd/in

sowie für unsere Heilpädagogische und Integrative Kindertagesstätte **eine/n**

Erzieher/in bzw. Pädagogische Fachkraft

für jeweils 38,5 Std. i.d. Woche.

Ideale Voraussetzungen:
- Sie haben Erfahrungen in der Arbeit mit Behinderten und/oder im Kita-Bereich
- Sie verfügen über soziale Kompetenz und Organisationstalent
- Sie sind flexibel, belastbar und kooperativ, haben Eigeninitiative und Teamgeist
- Sie haben Interesse an der Zusammenarbeit mit verschiedenen Fachdisziplinen

Die Vergütung erfolgt nach BAT/VKA mit den üblichen Vergünstigungen des öffentlichen Dienstes.

Suchen Sie eine Aufgabe und nicht nur einen Arbeitsplatz?
Wir suchen für ein Jugendwohnhaus schnellstmöglich ein

(Ehe-)Paar

(Beschäftigung beider Partner nur bei pädagogischer Ausbildung mit maximal 1,5 Stellen möglich)
zum Aufbau und zur Leitung eines Jugendwohnhauses
Wir erwarten:
— Ausbildung als
Sozialpädagoge/in oder Erzieher/in
(erforderlich)
— die Bereitschaft, **Leben und Arbeit miteinander zu verbinden** und auf der Grundlage theoretischer und praktischer Kompetenz einen strukturierten Alltag selbstständig zu gestalten, orientiert an den Bedürfnissen der Jugendlichen
— Reflexionsfähigkeit und pädagogische Fantasie
— ein hohes Maß an Einfühlungsvermögen und Belastbarkeit
— überdurchschnittliche Einsatzbereitschaft und Energie
— das Bewusstsein, eine verantwortliche Aufgabe zu übernehmen
— die Persönlichkeit, Gruppenleitungsfunktionen zu übernehmen
Wir bieten:
— ein hohes Maß an Selbstgestaltung der Gruppenstruktur des Alltags
— Supervision und Fortbildung
— angemessene Bezahlung
— Altersversorgung

Wir suchen

ERZIEHER/IN, SOZIALPÄDAGOGEN/IN

mit abgeschlossener Berufsausbildung für unsere **altersgemischte Einrichtung**.

Hier werden Kinder im Kindergarten sowie im Schulalter ganztags betreut. Das Ziel des Konzeptes führt zu offenen altersübergreifenden Gruppen. Im Vordergrund steht dabei die Individualität der Kinder, ihr Lernrhythmus und die Auseinandersetzung mit anderen über die eigenen Interessen.

Wir legen Wert auf Erfahrungen mit den Altersgruppen von 3 Jahren bis 12 Jahren, ebenso auf selbstständiges und kooperatives Handeln.

Der **Schwerpunkt** liegt für diese Stelle im **Hortbereich.**

Unsere Erwartungen sind:
- tolerant mir Ihrer eigenen und anderen Kulturen umzugehen
- die Interessen der Kinder wahrzunehmen
- viele neue Ideen mitbringen, mit denen wir der Neugierde der Kinder begegnen können
- kreative, handwerkliche und/oder auch sportliche Fähigkeiten

Wir bieten:
Team-Fortbildung und Team-Supervision.
Die Vergütung orientiert sich am öffentlichen Dienst.

Wir sind ein selbst verwalteter Verein von PädagogInnen, die in einem Verbund von sechs selbstständig arbeitenden Teams Kinder und Jugendliche im Alter von 12 bis 20 Jahren betreuen.

Wir suchen **Diplom-Sozialarbeiter Diplom-Sozialpädagogen**
als Mitarbeiter für die Jugendwohngruppen.

Wir erwarten
- die Bereitschaft, die Verantwortung für die Jugendlichen und die Belange der Wohngruppe in einem selbstständigen Team mitzutragen.
- Interesse, am Aufbau eines Teams mitzuwirken
- reflektierten Umgang mit dem eigenen pädagogischen Verhalten und die Lust, neue Wege in der Betreuung mitzuentwickeln.
- Führerschein Klasse 3

Wünschenswert sind Erfahrungen im Heimbereich und in der Psychiatrienachsorge.

Wir bieten
- Bezahlungen angelehnt an BAT kommunal mit den üblichen Zusagen
- eine betriebliche Altersversorgung
- regelmäßige Supervision und innerbetriebliche Fortbildung
- Mitarbeit an den in einem selbst verwalteten Verein anstehenden übergeordneten Aufgaben und Gremien.

- Vergleicht, auf welche Tätigkeitsfelder sich diese Stellenanzeigen beziehen und welche Anforderungen angesprochen werden.
- Im Pädagogikunterricht setzt ihr euch mit verschiedenen Methoden, Inhalten und Themen auseinander. Dabei könnt ihr Erfahrungen sammeln, Kenntnisse und Fähigkeiten erwerben oder erweitern, die für die Ausübung der oben angeführten Berufe nützlich sein können. Untersucht arbeitsteilig, mit welchen Erwartungsbereichen der Stellenanzeigen ihr euch bereits im Pädagogikunterricht beschäftigt habt oder gerne beschäftigen würdet.

Einführung

A „Würdest du mir bitte sagen, wie ich von hier aus weitergehen soll?“
„Das hängt zum größten Teil davon ab, wohin du möchtest“, sagte die Katze.
„Ach, wohin, ist mir eigentlich gleich …“ , sagte Alice.
„Dann ist es auch egal, wie du weitergehst“, sagte die Katze.

Lewis Caroll, *Alice im Wunderland*

1. Überlegt euch, auf welche Situationen sich dieses „Beratungsgespräch“ übertragen ließe. Wer ist Alice, wer ist die Katze, worum geht es bei dem „weiteren Weg“?
2. Was änderte sich, wenn die Katze eine klare Anweisung gäbe wie z.B.: „Gehe durch diese Tür!'“
3. Was machst du, wenn du dich mal nicht richtig entscheiden kannst, aber eine Entscheidung treffen musst?

B Jedes Berufsfeld verlangt besondere Anforderungen. Überlege, in welchem Maße die unten aufgeführten Fähigkeiten in erzieherischen Berufen gebraucht werden, und kreuze (auf einer Kopie oder Abschrift) entsprechend an.

	–3	–2	–1	0	+1	+2	+3
Verantwortungsbewusstsein							
Kontaktfreudigkeit							
psychische Stabilität							
Geduld							
Kinderliebe							
Freude am Helfen							
Entscheidungsfähigkeit							
Selbstständigkeit							
Einfühlungsvermögen							
Fähigkeit zum Verzicht							
Kooperationsfähigkeit (Eltern, Kollegen, Kolleginnen, …)							
Organisationstalent							
…							

1. Vergleicht mit eurem Nachbarn/eurer Nachbarin oder in der Kleingruppe eure Ergebnisse und diskutiert Abweichungen.
2. Kreuze abschließend mit einer anderen Farbe an, inwiefern du diese Fähigkeiten mitbringst.

C Gesamteindrücke und Bewertung meines Praktikums als Erzieherin in der Kinderklinik Gelsenkirchen

Im Gesamteindruck meines Praktikums stellte sich meine Arbeit abgesehen vom Malen, Spielen und Puzzeln als sehr abwechlungsreich dar. Durch die schnelle Integration war es mir erlaubt, eigenständiger mit den Kindern zu arbeiten. Der Umgang mit Behinderten war eine völlig neue, aber dennoch positive Erfahrung, die mir Einblicke in den richtigen Umgang mit ihnen ermöglichte. Bei ihnen konnte ich feststellen, dass sie viel offener auf Personen zugehen und ihre Gefühle z.B. durch körperliche Nähe eher zum Ausdruck bringen. Die Menschen machten mir deutlich, dass man sein persönliches Ekelgefühl überwinden muss, da sich in dieser Arbeit gewisse Dinge nicht vermeiden lassen. Ein Junge z.B., der geistig behindert war, hatte einen übermäßigen Speichelfluss, was erforderte, dass er ständig gesäubert werden musste. Auch der Toilettengang und die sonstige Pflege zählten zu meinen Aufgaben, die mir allerdings nicht schwer fielen und die trotzdem nicht zu meinen Lieblingstätigkeiten zählten. Ferner erlaubten mir auch die Schwestern einen Einblick in ihre Arbeit und bezogen mich ebenfalls mit ein. […]
Durch das Praktikum wurde ich in meinem Berufswunsch der Kinderkrankenschwester bestärkt und ziehe es in Erwägung, diesen später auszuüben. Der Beruf der Erzieherin ist dagegen auszuschließen.

(Auszug aus dem Praktikumsbericht von Chantal Jux, Jg. 10 des Albert-Schweitzer-Gymnasiums Marl; durchgeführt 1997)

1. Der Auszug deutet an, dass diese Arbeit nicht nur schöne oder spannende Aspekte hat, sondern auch schwierige oder langweilige. Überlegt in kleinen Gruppen, welche auch ganz alltäglichen Aufgaben bei der Arbeit mit Kindern anfallen: Nase putzen; Spiele sortieren; … Stellt euch vor, dass ihr all diese Dinge mehr oder weniger oft einen Monat lang tut. Welche Aufgabe würde euch am ehesten „auf die Nerven gehen“ oder am schwersten fallen?
2. Stell dir vor, du würdest in Kürze ein Praktikum in einem erzieherischen Berufsfeld machen: Welche Berufe kämen für dich infrage? Warum? Worauf würdest du dich freuen, was würde bei dir eher ein ungutes Gefühl hervorrufen?
3. Überlegt Gründe, warum Chantal trotz ihrer positiven Erfahrungen lieber Kinderkrankenschwester als Erzieherin werden möchte.

D

1. Was sind eurer Meinung nach gute Gründe, einen erzieherischen Beruf ausüben zu wollen?
2. Versetzt euch in die Rolle der „Beraterin“ und erfindet eine ernsthafte Antwort.
3. Überlegt, wie und wann in erzieherischen Berufen Tätige Bestätigung für ihre Arbeit bekommen.

Orientierung und Planung

Auf diesen Bildern seht ihr berufliche Handlungssituationen, typisch für das jeweilige Berufsfeld, in dem Erziehung eine Rolle spielt.

1. Beschreibt jeweils die dargestellte Situation möglichst genau.
2. Arbeitet Gemeinsamkeiten und Unterschiede in den pädagogischen Handlungssituationen heraus.
3. Überlegt, ob sich durch die Arbeit mit den Abbildungen sowie den vorher behandelten Einführungsseiten Schwerpunkte bzw. konkrete Untersuchungsfragen für die weitere Arbeit ergeben.

Schlimm und schön – Ein Tag aus dem Leben einer Grundschullehrerin

Dienstag, 8.00 Uhr:
Fünf starke Jungs helfen die Kartons aus dem Auto auszuladen, staunen, wie riesig diese nach dem Ausklappen sind. „Das gibt eine riesige Burganlage mit Türmen und Kerkern und Kriechtunnel. Die müssen wir im Flur bauen." Einverstanden. Inzwischen haben fast alle schon mit der Arbeit angefangen. Dass ich im Moment nur Handlangerin bin, gefällt mir gut. Ich kann die Kinder bei der Arbeit beobachten und heftige Diskussionen mitverfolgen, bis sie sich geeinigt haben. Es tut gut, festzustellen, dass sie zusammenarbeiten wollen – und können, was vielen Erwachsenen so schwer fällt.

10.10 Uhr:
Frühstückspause. „Traumzeit" ist wieder angesagt. Aus der zweiten Klasse kommen zwei Mädchen, beschweren sich erregt über Tim: Er zieht ihnen die Unterhosen runter, beobachtet sie in der Toilette, belästigt sie auf dem Schulweg. Tim streitet laut und aggressiv alles ab, lacht die Mädchen aus, beschimpft sie.

10.30 Uhr bis 11.30 Uhr:
Weiterarbeit an den Projekten. Tim arbeitet nicht, er stört und ärgert die anderen Kinder. Ich gehe mit ihm zum Sofa und will mit ihm reden. Er lenkt immer wieder ab, unterhält sich lautstark mit Peter und Oliver. Ich sage ihm, wie schlimm ich es finde, dass er immer kleinere und schwächere Kinder ärgert und immer sind es Mädchen. Wieder spüre ich meine Hilflosigkeit. Ich weiß, dass er eigentlich nicht bösartig ist, dass er selbst Hilfe braucht, aber könnte ihn schütteln, als er lächelnd weggeht.

12.35 Uhr:
Letzte Stunde, wir tanzen. Aus dem großen Tanzangebot schlage ich – passend zu den Wohnungen – zunächst einen Indianertanz und ein Menuett vor. Der Indianerstampftanz klappt schnell und ist sehr lustig. Das Menuett ist schwieriger. Felix macht es übertrieben graziös, aber begeistert und will mit seiner Freundin Petra den Tanz anführen. Schade, dass ich keinen Fotoapparat dabei habe! Ach ja, man müsste viel öfter tanzen, in der Schule und überhaupt. „Ich freu' mich schon auf morgen!", ruft Lena. Ich auch.

13.30 Uhr:
Ich fahre ins Kinderheim zum Teamgespräch wegen Maximilian. Ich kann berichten, dass er weiterhin Fortschritte macht. Hauptthema nach der aktuellen Situationsbeschreibung: „Wie geht es nach diesem Schuljahr mit ihm weiter?" (Maximilian ist seit fast einem Jahr im Kinderheim. Er wurde im 1. Schuljahr zurückgestellt, war in einem Förderkindergarten, dann in psychiatrischen Kliniken, zuletzt in einer Behinderteneinrichtung, da er angeblich behindert war. Außerdem wurde er jahrelang mit Psychopharmaka behandelt.) In der Hauptschule wird er nicht integriert gefördert – egal, wie oft ich mich noch darüber aufrege: Es ist so!
Eine Wiederholung der 4. Klasse scheint uns sehr problematisch, da Maximilian schon 11 Jahre alt ist, vor allem aber ist er der größte und stärkste Junge an unserer Schule, und es kommt öfter zu Gewalttätigkeiten, weil er sich manchmal leicht pro-

vozieren lässt und dann grob wird, seine Kraft nicht richtig einschätzen kann und anderen Kindern weh tut, oft absichtlich. Wir diskutieren verschiedene Möglichkeiten durch und präferieren eine Überweisung an die Sonderschule L. Wenn dies gelingt, haben wir eine Überweisung an die Sonderschule V. verhindert, die vor einem Jahr anstand.

17.00 Uhr:

Gespräch mit Gabi, „unserer" Sonderschulkollegin, über Maximilian und den Verlauf des Teamgesprächs, an dem sie nicht teilnehmen konnte. Sie findet unsere Entscheidung gut und wird sich an ihrer Schule dafür einsetzen. Ich gieße die Blumen, räume die Spülmaschine aus und kontrolliere die Laufdiktate nach, mache Verbesserungsvorschläge. 28 Kinder in der Klasse, das dürfte es nicht geben!

22.15 Uhr:

Hoffentlich kommt noch ein Krimi im Fernsehen! Ich habe Glück. Im Bett denke ich wieder an Maximilian, an Situationen, wo ich an ihm verzweifeln könnte. Wenn er sich die Mütze übers Gesicht zieht und niemanden an sich heranlässt. Und dann kann er wieder so lieb und hilfsbereit sein. Ich hätte noch viel mehr Zeit für ihn gebraucht.

(Franziska Roth, Schlimm und schön. Eine Woche aus dem Leben einer Grundschullehrerin [Auszug], in: Werner Heisterberg u.a. [Hrsg.], Arbeitsplatz Schule. Ansprüche – Widersprüche – Herausforderungen, Friedrich Jahresheft XVI 1998, Friedrich Verlag, Seelze 1997, S. 20f.)

1. Welche erzieherischen Aufgaben hat die Lehrerin zu bewältigen?
2. In welchem Verhältnis stehen Wissensvermittlung und Erziehung im Lehrerberuf?
3. Überlegt, welches Gewicht Erziehung an unterschiedlichen Schulformen und Schulstufen hat oder haben sollte.

Heilerziehungspflegerin/Heilerziehungspfleger

Informationen zur Ausbildung an einer Fachschule für Heilerziehungspflege

Berufsbild

Heilerziehungspflegerinnen/Heilerziehungspfleger sind sozialpädagogische Fachkräfte für Pflege, Betreuung und Erziehung von behinderten Menschen aller Altersgruppen. Sie unterscheiden sich von Erziehern und Erzieherinnen darin, dass sie über ein umfangreiches Wissen speziell über Behinderung, Pflege, Erziehung, Förderung und Begleitung solcher Bezugspersonen verfügen, die behindert – in der Regel mehrfachbehindert – sind. Neben pädagogischen, heilpädagogischen und heilerzieherischen Tätigkeitsbereichen kommt auch dem pflegerischen Bereich eine

Stundentafel *(allgemeiner Bereich)*
Pflichtfächer
Deutsch; Politik/Geschichte; Religionslehre; Erziehungswissenschaft; Psychiatrie; Biologie/Gesundheitslehre; Pflege; Recht/Verwaltung; Didaktik/Methodik mit heilerziehungspflegerischer Praxis; heilerziehungspflegerische Methoden, z..B.: Sprachförderung/Werken/Gestalten/Rhythmik/Psychomotorik/Spiel/Hauswirtschaft etc.

große Rolle zu. Für ihre berufliche Professionalität benötigen Heilerziehungspflegerinnen und -pfleger
- Persönlichkeitskompetenz
- Sozialkompetenz
- Sachkompetenz.

Art und Dauer der Ausbildung
Die Ausbildung dauert in Vollzeitform drei Schuljahre und ist gegliedert in einen zweijährigen überwiegend fachtheoretischen und einen einjährigen überwiegend fachpraktischen Ausbildungsabschnitt (Berufspraktikum). Heilerziehungspflegerinnen/-pfleger kommen bei Menschen mit Behinderungen in unterschiedlichen Beschäftigungssystemen zum Einsatz:

Wohnen
Familien, Wohngemeinschaften, Wohnheime, Wohnstätten, Landeskrankenhäuser, Internate etc.

Bildung
Sonderkindergärten, Integrative Kindergärten, Sonderschulen, Integrative Schulen etc.

Arbeit
Werkstätten für Behinderte etc.

Freizeit
Freizeitangebote, Freizeittreffs, Teestuben etc.

Weitere Informationen erhaltet ihr unter folgender Adresse: Berufskolleg Lise Meitner, Lönsweg 24, 48683 Ahaus, Tel.: 02561/7095

(Verf.: Ilse Denk; Auszug aus dem Informationsblatt des Berufskollegs Lise Meitner, Ahaus. Fachschule für Heilerziehungspflege. Abschluss: Staatlich anerkannte Heilerziehungspflegerin/Staatlich anerkannter Heilerziehungspfleger. Schulstandorte: Ahaus – Gronau – Stadtlohn)

Manchmal ist schon ein Lachen ein Erfolg…

Jan liebt klassische Musik – sie beruhigt ihn, er lacht und ist mit sich und der Welt zufrieden. Über seinem Bett hängen glitzernde Papiersterne, ein Glockenspiel und eine Lichterkette, an der bunte Lämpchen aufblitzen – er dreht den Kopf und verfolgt die Lichter mit den Augen.
Jan ist geistig und körperlich behindert. Er kann nicht sprechen und nur den Kopf und die Arme bewegen. Dass es ihm gut geht, dass er gefördert wird, dafür sind Marianne und ihre Kollegen zuständig.
Marianne (28) ist Heilerziehungspflegerin und arbeitet in Jans Wohngruppe. Vier Heilerziehungspfleger versorgen hier sieben Kinder mit unterschiedlich schweren Behinderungen. „Für die Kinder sind wir wie eine Familie", meint Marianne, „und sie sollen hier so leben können, wie es ihren Fähigkeiten und Bedürfnissen entspricht." Das bedeutet für jedes Kind etwas anderes: Förderung und Unterstützung richten sich nach Art und Schwere der Behinderung und den ganz persönlichen Begabungen jedes Kindes.
Pflege und Erziehung sind bei Mariannes Arbeit nicht zu trennen. Wenn sie Jan regelmäßig umbettet, damit er sich nicht wund liegt, dann redet und lacht sie mit ihm und macht einige Bewegungsübungen.

Heilerziehungspfleger fördern und begleiten behinderte Menschen

Das Lachen anderer, die Freude über ein Erfolgserlebnis sind das Dankeschön für Sie

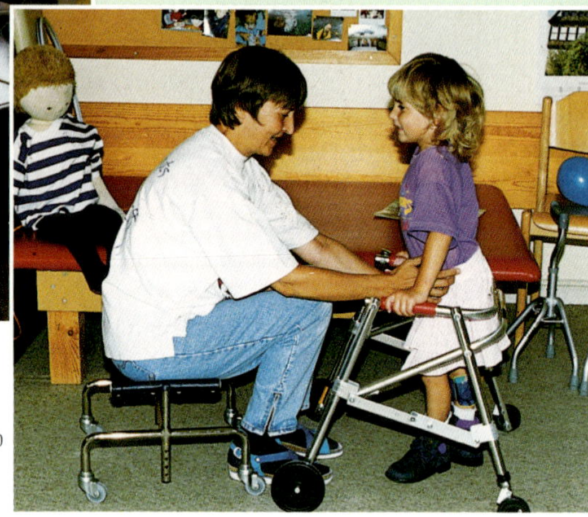

Auch das Mobile und die Lichterkette über Jans Bett sind nicht nur eine schöne Dekoration, sondern auch Trainingsgeräte: Mit jedem Griff übt Jan gezieltes Zupacken, sein Kopf und seine Augen bleiben in Bewegung, wenn er die bunten Lichter beobachtet. Die alltäglichen Dinge zu bewältigen, das Waschen, Anziehen und Essen sind für die Kinder der Gruppe eine große Aufgabe. „Manchmal ist schon ein Lachen ein Erfolg", erklärt Marianne, „oder wenn ein Kind lernt, selbstständig zu essen"

Die Verlässlichkeit und Geborgenheit in der Wohngruppe geben den Kindern Halt und Orientierung – wichtig aber sind auch Kontakte nach außen. Spaziergänge, Einkaufsbummel und Ausflüge zur Kirmes oder in den Tierpark gehören genauso dazu wie die Schule. Alle Kinder der Wohngruppe besuchen verschiedene Klassen einer Sonderschule. Marianne arbeitet mit den Lehrern zusammen – jeden Nachmittag berichten sie aus der Schule, und in der Wohngruppe werden Unterrichtsthemen aufgegriffen. „Es geht nicht um leistungsorientiertes Lernen", erklärt Marianne, „sondern darum, dass die Kinder ihre Wahrnehmung schulen." In Jans Klasse ging es im letzten Schuljahr um die vier Jahreszeiten. Den Kindern wurden typische Dinge für jede Jahreszeit gezeigt und in die Hand gegeben. Wie fühlt sich Schnee an, wie Getreide? Und wie kann man Korn mahlen und Brei oder Brot daraus machen? Welche Farben sieht man im Herbst oder im Frühjahr? Für jedes Kind die richtige Unterstützung zu finden, setzt genaue Kenntnis der vorhandenen Möglichkeiten und Fähigkeiten voraus, aber auch ständiges genaues Hinsehen und Einfühlungsvermögen.

„Jedes Kind kann sich ausdrücken, auch wenn es nicht sprechen kann. Ein Lächeln, ein bestimmter Blick, verschiedene Laute – wenn man die Kinder kennt, versteht man das."

Dabei kann Marianne auf die vielfältigen Kenntnisse ihrer Ausbildung zurückgreifen: Ursachen und Formen verschiedener Behinderungen sind dabei genauso Thema wie Förderung durch Musik und Spiel oder die Grundlagen der Krankenpflege. Mehrere Praktika gaben ihr erste Einblicke in den Arbeitsalltag. Aber auch Diskussionen über die eigenen Fähigkeiten und Grenzen stehen auf dem Lehrplan: „Es ist wichtig, sich selbst ganz gut zu kennen. Wenn ein Kind den ganzen Tag

weint und durch nichts zu beruhigen ist, oder wenn es wütend ist, das zerrt manchmal ganz schön an den Nerven. Da muss man schon seine eigenen Reaktionen kennen."
Ohne eine gute Zusammenarbeit im Team wäre für Marianne die Arbeit kaum machbar. Die Kollegen müssen sich aufeinander verlassen können. Genaue Absprachen, Diskussionen über den Tagesablauf, die Planung von gemeinsamen Unternehmungen und des Schicht- und Wochenenddienstes sind Themen in den regelmäßigen Teambesprechungen.
Für Marianne ist ihre Arbeit mehr als ein Job: „Man lebt eben mit den Kindern zusammen, kennt sie genau. Da kann man nicht einfach alles vergessen, wenn man abends nach Hause kommt. Aber gerade das gefällt mir auch. Ich bin als ganzer Mensch gefordert."

Abwechslung ist Ihnen sicher

(Unsere Entscheidung: Pflegeberufe! Hrsg.: Deutscher Caritasverband und Diakonisches Werk der EKD, Freiburg 1991, S. 6 f.)

1. Welche Anforderungen und Tätigkeitsfelder einer Heilerziehungspflegerin/eines Heilerziehungspflegers werden im Text angesprochen?
2. Überlegt, jeder/jede für sich, welche der Aufgaben, die Marianne in ihrem Berufsalltag begegnen, ihr gerne ausführen würdet und welche euch Schwierigkeiten bereiten würden.
   Stellt dem Kurs die Aspekte eurer Überlegung vor, die ihr ansprechen möchtet.
   Stellt (unter Berücksichtigung des Textes auf S. 250 f.) Vermutungen darüber an, auf welche der Schwierigkeiten, die ihr erkannt habt, ein Heilerziehungspfleger/eine -pflegerin in der Ausbildung vorbereitet wird.

Erzieherin/Erzieher

Neben der Arbeit im Kindergarten, Hort und in der offenen Jugendarbeit ist das Kinder- und Jugendheim ein wichtiges Arbeitsfeld von Erziehern und Erzieherinnen. Der Kindergarten als Arbeitsplatz ist einigen von euch vielleicht schon aus einem Praktikum bekannt, sicher aber kennen die meisten von euch diese Einrichtung noch aus der eigenen Kindheit. Das Heim dagegen ist vielen nur vom Hören-Sagen oder aus den Medien bekannt, und vielfach wird die erzieherische Institution Heim noch mit überholten Vorstellungen und Klischees verbunden. Dieses Kapitel hat somit neben der Funktion, euch mit einem weiteren pädagogischen Berufsfeld vertraut zu machen, auch die Absicht, euch einen Einblick in pädagogische Aufgaben und Chancen, aber auch Grenzen der Heimerziehung und in den Beruf des Erziehers/der Erzieherin in einer solchen Einrichtung zu geben. Ein Heim nimmt Kinder und Jugendliche auf, die aus unterschiedlichen Gründen vorübergehend oder langfristig in ihrer Herkunftsfamilie nicht angemessen oder ausreichend erzogen werden können.

Im Heim

von Nina K.

Meine Gefühle verändern sich schlagartig, nachdem ich weiß, dass ich nicht mehr nach Hause muss. Ich habe das Gefühl: „Jetzt ist der Kampf angesagt". Ich weiß jedoch nicht wofür, wogegen und wieso. Ich fühle mich wohl, aber auch unsicher. Ich komme in das Heim, in dem schon Bärbel und Bernd leben. Bärbel ist dort gut angesehen und hat Privilegien. Sie erhält von der Erzieherin zweihundert Mark und darf mit mir Bekleidung einkaufen. Sie sagt: „Es ist ja Weihnachten, vom Heim erhältst du

ein Geschenk, du kannst dir Bekleidung kaufen". Ich habe zuvor nie neue Bekleidung erhalten. Ich musste ja immer auftragen und schön war die Bekleidung schon gar nicht. Also, so etwas kenne ich überhaupt nicht. Ich habe das Heim noch nicht betreten und darf mir etwas kaufen. Es ist für mich himmlisch, das erste Mal im Kaufhaus, das erste Mal Geld in der Tasche, das erste Mal, dass man mir etwas kauft. Ich erinnere mich noch genau, wir kaufen: eine rote Cordhose, eine Bundfaltenhose und einen gelben Pullover, auf dem eine Giraffe gestickt ist. Das wird dann von der Verkäuferin eingepackt und mit Geschenkpapier umwickelt.
Nun geht es zum Heim. Ich öffne die Tür und fühle mich innerlich ganz klein. Ich tue mich aber ganz groß auf. Ich will auf keinen Fall zeigen, dass ich Angst habe, dass ich mich klein und dumm fühle. Ich denke, dass das von mir Schwächen seien, die keiner sehen darf. Ich lehne mich im Erzieherzimmer ganz cool an eine Ecke. Die Erzieherinnen wollen mit mir ein Gespräch beginnen. Ich gebe ihnen auf ihre Fragen keine Antwort. Ich habe vor ihnen Angst. Nachdem man mit mir nichts mehr anzufangen weiß, werde ich einem Zimmer zugeteilt, in dem schon zwei andere Kinder leben. Die wollen mich gleich volllabern. Ich muss aber für die nächste Zeit jedes Gespräch ablehnen. Gespräche führen, das ist für mich fremd. Ich lege mich stumm in mein Bett, heule und schlafe ein.
Ich fühle, dass für mich nun ein neuer Lebensabschnitt beginnt.
Alles ist neu für mich: Dass ich mir in einem Zimmer Poster aufhängen darf, au weia, ist das schön – und dann noch von einem Typen oder einem Star.
Mit der Zeit gewöhne ich mich daran. Ich werde auch immer frecher, obwohl ich im Inneren Angst habe. Ich sage mir aber, probierst du es mal aus.
Ich weiß heute, dass die Erzieher nicht an mich herangekommen sind. Ich sagte selten etwas und konnte keine Antworten geben. Ich war stumm und verkroch mich oft in eine Ecke.

(Nina K., Gerd Eichhorn, Geschichte eines Trebemädchens, Berlin; das Buch kann bestellt werden über: Gerd Eichhorn, Pfadfinderweg 32, 13465 Berlin)

Leben im Heim ist keine Strafe, sondern Hilfe für Neuorientierung

Kinder aus Heimen haben es nicht leicht! „Die kommen aus kaputten Familienverhältnissen und haben deshalb meistens eine kriminelle Ader", denken die einen. „Die sind in sich gekehrt und schwierig", sagen die anderen. Wenn im Ort etwas passiert, heißt es immer gleich: „Das waren die aus dem Heim", bestätigt die dreizehnjährige Daniela Ahrens, die seit knapp einem Jahr im evangelischen Kinderheim in Scherfede lebt, das Vorhandensein solcher Vorurteile. Von dieser Belastung abgesehen, fühlt sie sich dort allerdings sehr wohl: „Das Zusammenleben in den Wohngruppen ist sehr schön. Seitdem ich hier bin, verstehe ich mich mit meiner Familie auch viel besser, wenn ich sie besuche." Rudolf Becker, Erzieher und stellvertretender Leiter der Einrichtung der Jugendhilfe des St. Johannisstiftes Paderborn, freut sich darüber. „Es soll keine Strafe für die Beteiligten sein, wenn ein Kind oder ein Jugendlicher in ein Heim kommt. Vielmehr soll es eine Hilfe zur Neuorientierung sein", beschreibt er eine Hauptaufgabe der Einrichtung. Insgesamt 25 Plätze bietet das Scherfeder Haus, unterteilt in zwei Wohngruppen für 6 bis 16-Jährige und eine Vierergruppe mit älteren Jugendliche, für die insgesamt 10 Erzieher zur Verfügung stehen. Daniela lebt in einer der beiden Wohngruppen. Für sie beginnt der Tag morgens um 6.40 Uhr. Alle Kinder der Gruppe frühstücken gemeinsam. „Das finde ich sehr gut. So fängt der Tag immer ganz witzig an", sagt sie. Danach fährt sie der Bus zur Sonderschule nach Warburg.

Erst besuchte Daniela die Hauptschule, wurde jedoch nach einigen Problemen in die Sonderschule versetzt. „Ich bin froh, dass das damals alles so gekommen ist. Auf der Sonderschule begreife ich alles besser. Ich will jetzt einen Hauptschulabschluss machen und später Hebamme werden“, zeigt sich die Dreizehnjährige selbstbewusst. „Um 13.30 Uhr steht im Heim Mittagessen auf dem Tagesplan – natürlich wieder gemeinsam. Dann erledigen wir unsere Hausaufgaben. Die Erwachsenen helfen uns dabei und gucken sie sich an, wenn wir fertig sind“, berichtet sie.

Bis 18 Uhr ist Daniela bei Freunden oder „gammelt in ihrem Zimmer so rum“. Nach dem Abendessen hat jedes Kind eine Arbeit zu erledigen. „Treppenfegen, Wohnzimmersaugen, Zimmeraufräumen und so etwas“, erklärt Daniela. Natürlich machen ihr diese Dinge nicht so viel Spaß, aber: „Später muss ich das ja auch alles machen“, sieht sie eine Notwendigkeit in diesen Aufgaben. Ebenso erkennt sie Vorteile im Zusammenleben, auch wenn man sich untereinander auch mal streitet: „Es ist eine gute Erfahrung, mit anderen unter einem Dach leben zu müssen.“

Den neunjährigen Sebastian hat sie besonders ins Herz geschlossen: „Wenn ich aus der Schule komme, hüpft er mir auf den Arm und sagt sogar manchmal Mama“, lächelt sie. Ihre beste Freundin, Bianca aus der zweiten Wohngruppe, konnte sie anfangs gar nicht leiden. Das bezog sich allerdings auch auf die anderen Personen im Heim. „Als ich hierhin kam, habe ich es kaum ausgehalten. Ich wollte nur weg hier“, erinnert sie sich. „Viele haben mir geholfen, immer wieder mit mir gesprochen. Nach zwei Monaten ging es mir hier so perfekt, dass ich nicht mehr weg wollte.“

Ein Grund dafür liegt auch in dem Gemeinschaftsleben. Probleme werden offen in der Kindervollversammlung und in anderen Gruppengesprächen angesprochen. „Einige Jugendliche standen hier auf ‚Wehrmacht‘ und solche Dinge. Da habe ich vorgeschlagen, mal über die Hitler-Zeit zu sprechen. Wir unterhalten uns immer darüber, was uns an den anderen stört“, erzählt Daniela. Jede zweite Woche setzen sich die Kinder und Erwachsenen zusammen.

Neben den beiden Wohngruppen gibt es noch die Vierergruppe, die eine Art Verselbstständigungsgruppe darstellt. Hier sind Jugendliche untergebracht, die bereits in einer Ausbildung stehen. Zur Zeit besuchen zwei Kfz-Mechaniker-Azubis sowie eine angehende technische Zeichnerin das Scherfeder Heim. Während der Lehre stehen die Erzieher in ständigem Kontakt zu den Arbeitgebern ihrer Schützlinge. „Wir sind immer auf dem Laufenden, wie sich die Jugendlichen in den Betrieben zurechtfinden“, sagt Becker. „Ziel ist es, die Jugendlichen zu einem selbst-

ständigen Leben zu führen", erklärt er. Spätestens ein halbes Jahr nach Beendigung der Ausbildung verlassen die Jugendlichen in den meisten Fällen das Heim und müssen dann alleine in der großen Welt zurechtkommen.

„Wir haben danach immer Kontakt zu ihnen und stehen ihnen weiterhin als Ansprechpartner zur Verfügung", berichtet Becker. „Viele ‚Ehemalige' schauen bei uns herein. Manchmal nur um ‚Hallo' zu sagen, manchmal auch, weil sie einen guten Rat brauchen." Die ‚Ehemaligen' werden sicherlich auch am 12. September wiederkommen, denn dann feiert das Kinderheim einen „Tag der offenen Tür". Vor zehn Jahren wurde der Neubau eingeweiht, was für die Verantwortlichen Grund genug ist, die Türen für die Öffentlichkeit zu öffnen. Rundgänge durch die „Kindervilla", ein Kinderfest mit Aktionen und Spielen, eine Kaffeetafel und Erfrischungsgetränke sowie Live-Musik mit den Bands „Liebstöckel" und „Stainless" sollen dazu beitragen, dass die Bevölkerung in und um Scherfede sowie die Heimkinder und -mitarbeiter sich etwas näher kommen.

(Thorsten Rosenberg, in: Warburger Zeitung v. 18.8.1992)

Untersucht die beiden Texte, die die Heimerziehung aus der Sichtweise betroffener Jugendlicher beschreiben, unter folgenden Aspekten:

- Was erfahrt ihr über die Gründe der Heimeinweisung?
- Was bedeutet die Heimeinweisung für die Jugendlichen?
- Über welche besonderen Schwierigkeiten berichten die Jugendlichen?
- Was erleichtert den Jugendlichen das Leben im Heim?
  Welche Verantwortung tragen die Erzieher und Erzieherinnen dafür?
- Was erfahrt ihr über die pädagogischen Zielsetzungen und Aufgaben der Erzieher und Erzieherinnen?
- Welche besonderen Schwierigkeiten sind mit dem Beruf des Erziehers/der Erzieherin verbunden?
- An welchen Stellen werden Grenzen erzieherischen Handelns deutlich?
- Stellt Vermutungen darüber an, inwiefern sich die Arbeit einer Erzieherin/eines Erziehers im Heim von der Arbeit im Kindergarten unterscheidet.

Lohnende Lebensorte

Die Heimerziehung wird ihr negatives Image nur schwer los. Lange Zeit wurde Heimerziehung mit Bestrafung und Gefängnis gleichgesetzt. Trotz Heimkritik in den 60er- und 70er-Jahren und der daraus folgenden Professionalisierung und Differenzierung gilt heute stationäre Erziehungshilfe noch häufig genug als „letzte Station".
Träger, Leitungen und Mitarbeiterinnen/Mitarbeiter tun viel, damit dieses Bild sich verändert und Kinder und Jugendliche sich in ihren Wohngruppen wohl fühlen und die Hilfe erhalten, die sie benötigen, so dass es lohnende Lebensorte für sie werden, an denen sie neue wertvolle Erfahrungen machen können. Wichtig ist auch, dass diese Orte von den leiblichen Eltern anerkannt werden können. […]
Es gibt nicht mehr *die* Heimerziehung, sondern viele verschiedene, auf die individuellen Bedürfnisse ausgerichtete Wohngruppen und andere Formen der stationären Betreuung, wie z. B. Erziehungsstellen, Kleinstaußenwohngruppen u. Ä. – eben nicht mehr die letzte Station.

(Wegehaupt/Schlund, in: ECKART – Ev. Fachverband für Erziehungshilfen e. V. [Hg.], Dazwischensein. Ein Lesebuch zur Arbeit des Fachverbandes und seiner Mitgliedseinrichtungen und Dienste anlässlich des 75-jährigen Jubiläums, Münster 1996, S. 22)

Sollte euch das Thema Heimerziehung und die Arbeit in diesem Aufgabenfeld näher interessieren, so könntet ihr (möglicherweise in Gruppenarbeit) euch beim Jugendamt über unterschiedliche Angebote der Heimerziehung in der Region erkundigen. Möglicherweise könnt ihr auch zu zweit einzelne Heime besuchen.

Weitere Informationen zur Ausbildung von Erziehern/Erzieherinnen erhaltet ihr, indem ihr
- eine Fachschule für Sozialpädagogik an einem Tag der Offenen Tür besucht;
- Fachschüler und Fachschülerinnen zu euch einladet und sie zu ihrem Berufsfeld und ihrer Ausbildung befragt;
- einen Tag am Unterricht in einer Fachschule teilnehmt.

Wer ausbildet, erzieht!

Im Berufsbildungsgesetz (BBiG) und der „Ausbilder-Eignungsverordnung gewerbliche Wirtschaft" (AEVO) ist festgelegt, dass Industrie- und Handwerksmeister, wenn sie in der Lehrlingsausbildung tätig sind, eine pädagogische Ausbildung nachweisen müssen. Die folgende Quelle stammt aus einem Lehrbuch für einen solchen Kurs zur Ausbildung der Ausbilder:

[…] Ein Auszubildender ist neunzehn Jahre alt. Nach dem Gesetz ist er als Erwachsener einzustufen. Sein Verhalten entspricht dem eines Fünfzehnjährigen: Unausgeglichenheit, Flegelhaftigkeit, überzogene unrealistische Lebenseinstellung.

Alterstypisches Verhalten

tritt auf mit einer gewissen ↓	zeigt sich ↓	ist feststellbar an einer ↓
Regelmäßigkeit	dauerhaft	großen Anzahl Jugendlicher

Zu beachten ist außerdem:
- die jeweilige Situation
- die persönliche Eigenart

Kein Auszubildender ist dem anderen gleich. Der Ausbilder hat sich auf jeden Einzelnen gesondert einzustellen.

Der Auszubildende A., der mit sechzehn Jahren die Ausbildung bei Ihnen beginnt, zeigt im Vergleich zu seinen jüngeren Kollegen eine realistische Lebenseinstellung. Er ist gefühlsmäßig ausgeglichener, weiß, was er will. Dieses Verhalten ist alterstypisch!

Die Auszubildende B., im gleichen Alter wie A., zeigt sich häufig gekränkt, wenn sie angesprochen wird. Sie zieht sich sofort zurück und weicht Ihnen aus. Ihr Verhalten ist aggressiv und abweisend.

Dieses Verhalten ist individuell! Die Gründe sind in der jeweiligen Situation oder in der persönlichen Eigenart zu suchen.

Wozu braucht der Ausbilder jugendkundliche Kenntnisse?

– Sie sollen alterstypische Verhaltensweisen erkennen und sich angemessen darauf einstellen können.

– Sie sollen Vorurteile und Klischeevorstellungen überwinden können:
„Das reicht mir schon, wenn ich jemanden in diesem Aufzug sehe!
Lehrjahre sind keine Herrenjahre!
Das hätten wir uns früher erlauben sollen!
Das Ei will klüger sein als die Henne!"
Wenden Sie solche Faustregeln nicht an!

– Eigene Einschätzungen und Erfahrungen sind begrenzt und subjektiv:
„Hohe Stirn, viel Gehirn…
Der erste Eindruck ist der beste…"
Je mehr Informationen der Ausbilder hat, umso objektiver kann er den Auszubildenden beurteilen, und umso besser kann er sich auf ihn einstellen.

Entwicklung von Fähigkeiten und Fertigkeiten

Um den steigenden Anforderungen seines Berufes gerecht zu werden, soll der Auszubildende folgende Fähigkeiten und Fertigkeiten erwerben:
- Grund- und Fachkenntnisse
- Berufstypische Fertigkeiten
- Einsichten in Betriebszusammenhänge und Arbeitssituationen
- Zugang zu einer möglichst großen Gruppe ähnlicher Berufstätigkeiten

Dies bedeutet für den Ausbilder, dass er gezielt und methodisch-didaktisch unterweisen muss. Außerdem muss er den Jugendlichen sozial begleiten und Ansprechpartner sowie Vorbild sein. Dazu braucht er genaue Kenntnisse über die Entwicklung und das Sozialverhalten Jugendlicher.

III. Erziehung und Umwelt

Wer ausbildet, erzieht! Der Ausbilder steht vor folgendem Problem:

Die Jugendlichen haben Erziehungsprozesse in der Kindheit schon durchlaufen.

↓ ↓ ↓

Sie sind aber noch formbar, bildungsfähig und verändern sich. Sie zeigen eine interessierte und neugierige Grundhaltung, die positiv genutzt werden kann.

(Georg Schuhmann u.a., AdA. Aufstieg durch Ausbildung. Eine Arbeitsmappe für die Ausbildung der Ausbilder sowie die Meisterprüfung, Europa Lehrmittel Verlag, Haan Gruiten 1992, S. 151)

1. Wie wird die Notwendigkeit der pädagogischen Ausbildung begründet? Vielleicht kannst du dir noch andere Gründe vorstellen?

2. Über welche Kenntnisse, Fähigkeiten und Fertigkeiten sollen Ausbilder und Ausbilderinnen verfügen? Was würdest du dir noch von einem Ausbilder wünschen?

3. In welchen anderen Berufen werden pädagogische Kenntnisse und Fähigkeiten benötigt? Befrage nach Möglichkeit Angehörige dieser Berufe nach ihrer Einschätzung und ihren Erfahrungen.

Sozialpädagogen…

…als Kinder- und Jugendhelfer

Für den Beruf der Sozialpädagogin bzw. des Sozialpädagogen gibt es verschiedene Arbeitsbereiche. Diese ergeben sich aus dem Kinder- und Jugendhilfegesetz, in welchem die allgemeinen Absichten und Aufgaben der Kinder- und Jugendhilfe festgelegt sind.

1. Plant eine Exkursion in das Jugendamt und führt sie durch. Informiert euch dabei vor Ort über das Kinder- und Jugendhilfegesetz, über die verschiedenen Arbeitsbereiche der Sozialpädagogen und Sozialpädagoginnen und über die Kenntnisse und Fähigkeiten, die sie in den einzelnen Tätigkeitsfeldern besitzen sollten.

2. Sozialpädagogen arbeiten nicht nur, aber auch mit Kindern und Jugendlichen, die sozial auffällig, gefährdet oder benachteiligt sind. Informiert euch in dem Kapitel 9/2,1. über mögliche Gefährdungen von Kindern und Jugendlichen und über Möglichkeiten der Hilfe. Überlegt auch, welche Aufgaben die Sozialpädagogen dabei haben.

... als Jugendarbeiter

Das Tätigkeitsfeld der Jugendarbeit wird euch vermutlich bekannt vorkommen, weil ihr verschiedene Angebote der Jugendarbeit schon wahrgenommen und die dort tätigen Sozialpädagogen kennen gelernt habt – z.B. im Jugendheim bzw. -treff, in der Jugendgruppe, in der Ferienfreizeit etc. Die Arbeit der Sozialpädagogen in diesem Bereich ist folgenden Zielen verpflichtet:

Jungen Menschen sind die zur Förderung ihrer Entwicklung erforderlichen Angebote der Jugendarbeit zur Verfügung zu stellen. Sie sollen an die Interessen junger Menschen anknüpfen und von ihnen mitbestimmt und mitgestaltet werden, sie zur Selbstbestimmung befähigen und zu gesellschaftlicher Mitverantwortung und zu sozialem Engagement anregen und hinführen.

(§ 11 (1) Kinder- und Jugendhilfegesetz)

1. Stellt euch vor, für das Jugendheim, das ihr besucht, wird eine neue Sozialpädagogin bzw. ein neuer Sozialpädagoge gesucht und die Leitung des Jugendamtes fragt nach euren Wünschen. Formuliert eure Wünsche und Erwartungen.

2. Die Sozialpädagogin eines Jugendtreffs fordert euch auf, an der Gestaltung des Programms für die nächsten drei Monate mitzuwirken. Entwickelt in Gruppen ein solches Programm.

... als Erziehungshelfer in der sozialen Gruppenarbeit

Der § 2 des KJHG nennt die Hilfen zur Erziehung als ein weiteres Tätigkeitsfeld der Sozialpädagogen. In diesem Bereich geht es unter anderem darum, älteren Kindern und Jugendlichen bei der Überwindung von Entwicklungsschwierigkeiten und Verhaltensproblemen zu helfen. Um dieses zu erreichen, nutzen Sozialpädagogen auch die Methode der Sozialen Gruppenarbeit. In der Sozialen Gruppenarbeit sollen sozial auffällige, gefährdete oder benachteiligte Kinder und Jugendliche durch soziales Lernen in der Gruppe gefördert werden. Was genau die Soziale Gruppenarbeit verfolgt und wie dies in der Praxis geschieht, zeigen die beiden folgenden Texte.

Ziele der Sozialen Gruppenarbeit

Über die Gruppenerfahrungen soll dem Gruppenmitglied geholfen werden, Fähigkeiten zu entwickeln, sein Selbstbild und seine Perspektiven zu verändern, seine Konflikte zu lösen und neue Verhaltensmuster einzuüben. Gruppenarbeit hat darüber hinaus den Anspruch, dass positive Grunderfahrungen in der Gruppe erfolgreiche Verhaltensänderungen des Gruppenmitglieds auf Dauer stabilisieren und auf andere wichtige Sekundärbereiche (Lebensbereiche) übertragen werden können.

(Dieter Goll, Soziale Gruppenarbeit als ambulantes Hilfsangebot des Jugendamtes. In: Soziale Arbeit, 42. Jg. 1993, H. 5, S. 154)

Das Beispiel Peter

Der fünfzehnjährige Peter besucht die achte Klasse einer Sonderschule für Lernbehinderte. Von seinen Leistungen her ist er dort ein mittelmäßiger Schüler. In den letzten Monaten ist er jedoch häufig durch sein Schuleschwänzen aufgefallen, wie auch generell sein Interesse am Schulgeschehen stark zurückgegangen ist. In einem Gespräch zwischen dem Klassenlehrer und den Eltern von Peter stellt sich folgender Sachverhalt heraus: Die Familie wohnt in sehr bescheidenen Verhältnissen, der Vater ist langzeiterkrankt und daher Frührentner. Peter hat so gut wie keine Freunde. Den ganzen Tag verbringt er am liebsten mit Fernsehen und mit Videos anschauen. Das dauert dann oft bis in späte Nachtstunden hinein. Am nächsten Morgen ist Peter dann zu müde, um die Schule zu besuchen. Die Eltern finden dies auch nicht richtig, scheuen aber – auch aus gesundheitlichen Gründen – die Auseinandersetzungen mit ihrem Sohn. Auf Vermittlung des Lehrers nimmt Peter an einer Maßnahme der örtlichen Sozialen Gruppenarbeit teil. Eine Gruppe von sieben lernschwachen SchülerInnen im Alter von 14–17 Jahren bilden zusammen mit einem Sozialarbeiter eine Videoprojektgruppe. Die Jugendlichen treffen sich an zwei Nachmittagen in der Woche und werden mit der Videotechnik vertraut gemacht. Da alle Gruppenmitglieder ähnliche Lerngeschwindigkeiten und Lernverständnisse aufweisen, braucht sich niemand im Abseits zu fühlen. Nachdem die Grundkenntnisse vermittelt wurden, werden zunächst Rollenspiele aufgenommen, in denen die Jugendlichen ihre eigene Lebenssituation spielerisch darstellen. Die Videoaufnahmen werden dann von der Technik, aber auch von der inhaltlichen Seite her analysiert und diskutiert. Für die Sommerferien plant die Gruppe mit finanzieller Unterstützung des Jugendamtes eine zweiwöchige Campingreise nach Ungarn. Sie wollen auch dort Videofilme drehen, unter dem Thema: Wie ist die Freizeitsituation von Jugendlichen in Ungarn?
Seit Peter in der Videogruppe ist, hat sein Interesse für die Videoarbeit enorm zugenommen. Daher ist er auch sehr motiviert, an der Sozialen Gruppenarbeit regelmäßig teilzunehmen. Er fühlt sich in der Gruppe nicht nur gut aufgehoben und anerkannt, er hat zum ersten Mal auch klare Perspektiven vor Augen. Der häusliche Videokonsum ist dagegen sehr zurückgegangen. Peter geht wieder regelmäßig zur Schule und berichtet dort – selbstbewusster geworden – von seinen neuen Erfahrungen.

(Richard Günder, Ambulante Erziehungshilfen. Eine Orientierung für Ausbildung und soziale Berufe., Lambertus, Freiburg 1997, S. 59f.)

---

1. Erläutert mithilfe des ersten Textes (Ziele der Sozialen Gruppenarbeit) die positive Verhaltensänderung von Peter.

2. Auch Jugendliche ohne Entwicklungsschwierigkeiten oder Verhaltensprobleme handeln in Gruppen, Schüler und Schülerinnen z. B. in einer Klasse. Diskutiert die Bedeutung der Klassengemeinschaft für die einzelne Schülerin, den einzelnen Schüler.

Die Soziale Gruppenarbeit erfordert von Sozialpädagogen mehr als nur Überlegungen darüber, wie die betroffenen Jugendlichen ihre Freizeit in der Gruppe verbringen sollen. Vielmehr bedarf es grundlegender professioneller Qualifikationen:

1. Die Fähigkeit des diagnostischen Denkens in den verschiedenen Stadien der Gruppenentwicklung (psychosoziale Diagnose/Lerndiagnose/Problemanalyse);
2. Die Fähigkeit zum Setzen von Zielen (Behandlungsziel, Lernziel, Arbeitsziel);

3. Die Fähigkeit zur Beziehungsgestaltung (dazu gehören in der Kinder- und Jugendarbeit auch Liebe und Begeisterungsfähigkeit, Wertschätzung, Toleranz, das Sicheinlassen auf die menschlichen Schwächen und Schwierigkeiten der Kinder und die damit verbundene Bereitschaft zur Auseinandersetzung);
4. Die Fähigkeit zum disziplinierten Gebrauch seiner selbst (die Gruppe nicht für seine persönlichen Bedürfnisse missbrauchen),
5. Die Fähigkeit zur Anleitung und Reflexion des Gruppenprozesses (beobachten/lenken/animieren/kooperieren/spiegeln/überschauen/Konflikte steuern etc.);
6. Die Fähigkeit zur Programmgestaltung (kreative Medien, Spiel, Tanz, Musik, schöpferisches und produktives Tun, Aktion, Gespräch, Geselligkeit, Spaß, Unternehmungen aller Art, Gestalten von Festen und Feiern)

(Dieter Goll, Soziale Gruppenarbeit als ambulantes Hilfsangebot des Jugendamtes, a.a.O., S. 155)

1. In dem Beispiel von Peter werden die professionellen Qualifikationen von Sozialpädagogen nicht genannt, trotzdem spielen sie eine Rolle. Formuliert ergänzende Textpassagen zu dem Beispiel, in denen einige der Fähigkeiten von Sozialpädagogen zum Ausdruck kommen.

2. Diskutiert, ob der Pädagogikunterricht Kenntnisse oder Fähigkeiten vermitteln kann, die für die Soziale Gruppenarbeit nützlich sind.

Anwendung

Erkundungshilfen für erzieherische Berufe

„Schnuppern erlaubt?" – Auf welchen Wegen kannst du selbst erfahren, wie der Berufsalltag in erzieherischen Berufen aussieht?

• Pädagogischer Stadt- oder Kreisatlas

Als Erstes fällt dir wahrscheinlich dein ehemaliger Kindergarten ein, an den du noch viele Erinnerungen hast. In der Regel freuen sich auch die Erzieherinnen, wenn du mit ihnen Kontakt aufnimmst, und Kindergartenbesuche lassen sich ja für den Nachmittag leicht vereinbaren. Wie du aber im Erarbeitungsteil erfahren hast, gibt es noch viele andere pädagogische Berufe und Einrichtungen, bei denen sich das „Schnuppern" lohnt. Zwar existiert inzwischen für viele Regionen in NRW ein „Lehrstellenatlas" der Industrie- und Handelskammer, ein pädagogischer Stadt- oder Kreisatlas fehlt jedoch meist. Einen solchen Atlas zu erstellen, ist deshalb eine besonders wichtige und reizvolle Aufgabe für den ganzen Kurs. Denn er kann dir zum einen bei deiner Berufswahl helfen, zum anderen gibt er dir auch einen Überblick, welche pädagogischen Einrichtungen bei welchen Problemen weiterhelfen können.

Unterstützung für die Erstellung können bieten:
1. Das Jugend- und Sozialamt (besonders wichtig)
2. Das Kreisgesundheitsamt
3. Das Schulamt
4. Das BIZ (Berufs-Informations-Zentrum)
5. Die Caritas und andere kirchliche Trägergemeinschaften

Tipps zur Erstellung:

1. Arbeitet in Kleingruppen!
2. Überlegt euch Symbole für jede Einrichtung/jeden Beruf!
3. Übertragt die Ergebnisse auf eine Skizze eurer Stadt/eurer Region!
4. Veröffentlicht diesen Wegweiser in der Schule oder auch in der Lokalzeitung.!

Wichtige Hilfen, den Berufsalltag in den verschiedenen Einrichtungen kennen zu lernen, sind:

• Besuche (Hospitationen)

Die Arbeitssituation in erzieherischen Berufen zu erkunden, fällt euch leichter, wenn ihr euch vorher Gedanken macht über

1. Erwartungen und Vermutungen,
z. B.: ob die Arbeit abwechslungsreich oder eintönig ist,
ob die Einrichtung ein „lohnender Lebensort" ist …

2. Fragen, die ihr stellen wollt,
z. B.: Wie belastend ist die Arbeitssituation in psychischer Hinsicht?
Warum haben Sie diesen Beruf / Arbeitsplatz gewählt?

3. Beobachtungsschwerpunkte,
z. B.: Wie ist die Einrichtung ausgestattet?
Wie ist das Verhältnis zwischen Kindern und Betreuern?
Wie viele Frauen und wie viele Männer arbeiten in der Einrichtung? …

Tipp: Fertigt einen Erkundungsbogen an, in dem ihr die Erwartungen, Vermutungen, Fragen und Beobachtungsschwerpunkte übersichtlich eintragen könnt. Dies erleichtert euch die Auswertung erheblich.

4. die Dokumentationsform.
Berücksichtigt dabei,
a) wem ihr die Ergebnisse mitteilen wollt und
b) welches Vorwissen der Personenkreis hat.
Ihr könnt zwischen vielen Dokumentationsmöglichkeiten wählen wie
– Wandzeitung/Collage
– Fotoreportage (bei Fotos immer um Erlaubnis der abgelichteten Personen fragen)
– Zeitungsartikel für die Schüler-/Lokalzeitung
– Tonbandinterview (vgl. Methode: Interview, S.181 ff.)

• Expertenbefragungen

Meist sind die Vertreterinnen und Vertreter der verschiedenen pädagogischen Berufe und Einrichtungen gerne bereit, ihre Berufserfahrungen im Unterricht vorzustellen. So könnt ihr etwa die Leiterin/den Leiter der Drogenberatungsstelle, eine Vertreterin/einen Vertreter des Jugendamtes usw. einladen. Eine Expertenbefragung muss sorgfältig vorbereitet werden. Ihr solltet vorher im Kurs eure Fragen zusammengestellt haben, nur dann könnt ihr euch gründlich informieren und die Befragung entsprechend auswerten.

• Ehrenamtliche Tätigkeiten

Viele pädagogische Institutionen suchen freiwillige Helferinnen und Helfer, z.B.
– zur Hausaufgabenbetreuung

– zur Betreuung von behinderten oder alten Menschen
– zur Betreuung von Spielgruppen usw.

Hier kannst du für dich wichtige Erfahrungen sammeln, um zu erkennen, ob du die in erzieherischen Berufen benötigten Kompetenzen auch wirklich besitzt.

• Praktika

Ein Praktikum ist oft in den Ferien auf Anfrage möglich. An den meisten Schulen gibt es ein verbindliches Praktikum in der Jahrgangsstufe 9 oder 10, in dem ihr euch auch für einen Praktikumsplatz in erzieherischen Berufen entscheiden könnt. Da so ein Praktikum einen ganz besonderen Stellenwert in deiner Biografie haben kann, wie die folgenden Auszüge aus den Abschlussberichten zweier Schülerinnen zeigen, stellt das Praktikum in erzieherischen Berufen den methodischen Schwerpunkt dieses Kapitels dar.

Abschließender Bericht vom Praktikum (21.4.–2.5.1997):

Mein Praktikum hat mir sehr viel Spaß gemacht. Ich bin wirklich froh, dass ich in einen Betrieb mit so einem fröhlichen und lockeren Klima gekommen bin.

Als ich an meinem ersten Tag vor der Boje (Haus der offenen Tür) stand, hatte ich schon ganz schön Lampenfieber. Hoffentlich mache ich nichts falsch und blamiere mich nicht, habe ich gedacht, als ich in die Boje rein gegangen bin.

Zum Glück bin ich total nett empfangen worden. Die Betreuerin, die an dem Tag die Kindergruppe hatte, war ziemlich froh, eine Hilfe zu haben. Auch an den anderen Tagen habe ich mich mit den Betreuern sehr gut verstanden. [...]

Ich kann mich nur wiederholen: Das Praktikum war eine tolle Sache! Für meinen späteren Berufsweg könnte ich mir gut vorstellen, Theologie und Sozialwissenschaften zu studieren, um anschließend als Gemeindereferentin tätig zu werden.

(Verfasst von: Stephanie Kolodziej, 15 Jahre, Klasse 9, Geschwister-Scholl-Gymnasium Marl)

Meinung zum Praktikum von 20.10.–31.10.1997:

„Kindergärtnerinnen spielen doch den ganzen Tag nur" ist nicht richtig. Sie leisten dem Kind eine wichtige Hilfe für sein Leben. Sie kümmern sich nicht nur um die Kinder, weil die Eltern vielleicht keine Zeit haben, sonst gäbe es keine Kindergartenpflicht. Die Erzieherinnen beobachten die Fähigkeiten des Kindes, beurteilen diese und versuchen anschließend die Schwächen und Probleme zu beseitigen. Ich bin froh darüber, dass ich diese Tatsache erkannt habe.

Meines Erachtens ist die Grundidee, ein Praktikum zu machen, eine gute Einführung in das heutige Berufsleben. Man überträgt die Theorie in die Praxis und kann dabei vieles lernen und erfahren. Die Bedingungen sind: Verantwortung für sein Tun und Bereitschaft, etwas Neues kennen zu lernen, ferner sollte man versuchen Aufgaben und Probleme selber zu lösen. Jedoch muss man sich gut überlegen, welchen Betrieb man für sein Praktikum wählt. Je besser man informiert ist, desto weniger Probleme und Missverständnisse können auftreten.

(Verfasst von: Mareike Schulz, 16 Jahre, Klasse 10, Albert-Schweitzer-Gymnasium Marl)

Methode

PRAKTIKUM IN ERZIEHERISCHEN BERUFEN

„Erkenne dich selbst“ *(Inschrift am Tempel in Delphi)*

Das Praktikum soll dir bei deiner Berufswahl wichtige Orientierungshilfen geben und deine Berufsentscheidung erleichtern. Du erhältst die Möglichkeit zu testen, wie du dich im Berufsalltag zurechtfindest, ob du die gestellten Anforderungen erfüllen kannst und ob das Berufsfeld deinen Neigungen und Interessen auch in der Realität entspricht. An jedem Praktikumsort – gleich ob du im Jugendamt, im Kindergarten, im Heim usw. bist – lernst du viele neue Menschen kennen, mit denen du für die Zeit deines Praktikums zusammenarbeiten wirst. Sie werden dich mit dem Tagesablauf und den verschiedenen Tätigkeitsbereichen der jeweiligen Einrichtung vertraut machen.
Der folgende Leitfaden soll dazu beitragen, dass das Praktikum auch für dich, wie für viele Schülerinnen und Schüler vor dir, eine „tolle Sache“ wird:

1. Praktikumszeit: „Probieren geht über studieren“

In der zwei- bis dreiwöchigen Erkundungszeit steht die erzieherische Berufspraxis im Mittelpunkt. Durch die schriftliche Darstellung einiger Tagesabläufe kannst du deine Eindrücke schildern und dir so ein Bild vom Berufsalltag machen. Wichtig ist, dass du möglichst viele Fragen an deine Betreuerinnen und Betreuer stellst und auch deine besonderen Erfahrungen und Erlebnisse im Umgang mit Mitarbeiterinnen und Mitarbeitern oder auch zu betreuenden Menschen wie Kinder, Kranke usw. berücksichtigst. Achte darauf, ob und wie du die psychische und physische Belastung verkraftest.

2. Dokumentation der Erkundungsergebnisse

Die Erkundungsergebnisse solltest du auf jeden Fall für dich schriftlich festhalten. Hier sind verschiedene Formen der Dokumentation möglich. Die am häufigsten praktizierte Form ist sicherlich der Praktikumsbericht. Er sollte folgende Punkte enthalten:
- Beschreibung des Praktikumsplatzes
- Darstellung eines Tagesablaufs
- Besondere Erfahrungen/Erlebnisse
- Anwendung des im Pädagogikunterricht erworbenen Wissens möglich?
- Beurteilung: das Praktikum – eine lohnenswerte Sache?
- Ergänzungen/Verbesserungsvorschläge

Denkbar wäre hier aber auch die Anfertigung eines Filmes, einer Fotoreportage, einer Radiosendung, einer Wandzeitung usw. Es kann auch sinnvoll sein, dass ihr in Gruppen die Erkundungsergebnisse aus den jeweiligen Praktikumsorten zusammentragt und dokumentiert, um auch die bestehenden Unterschiede/Gemeinsamkeiten zwischen ihnen zu verdeutlichen. So könnt ihr einen **„Markt der Möglichkeiten“** zu den verschiedenen Berufen wie z. B. Erzieherin/Erzieher, Sozialarbeiterin/Sozialarbeiter erstellen.

Besonders anschaulich werden eure Darstellungen, wenn ihr
1. nach der **ABC-Methode** alle Tätigkeiten des jeweiligen Berufes festhaltet wie z. B.:
   A – abends arbeiten, B – beruhigen, C – ...
2. eine **Stellenanzeige** für den jeweiligen Arbeitsplatz selbst verfasst, wobei ihr folgende Punkte berücksichtigen solltet:

Wir sind: ______________________________

Wir suchen: ______________________________

Wir erwarten: ______________________________

Wir bieten: ______________________________

3. Das Praktikum – ein Baustein für meine weitere Lebensplanung

Welche Bedeutung die gewonnenen Einblicke und Erfahrungen für deine weitere Lebensperspektive haben, solltest du zum Abschluss für dich bedenken und am besten in deinem persönlichen Heft festhalten.
Wichtig ist es, dir nun auch konkrete Gedanken über deinen weiteren Ausbildungsweg zu machen. Denn am Ende der Jahrgangsstufe 10 kannst du dich eigenverantwortlich entscheiden, ob du
a) die Schule weiter bis zum (Fach-)Abitur besuchst oder
b) einen anderen Ausbildungs- / Berufsweg wählst.
Wenn dich dein Praktikum in der Entscheidung für einen erzieherischen Beruf bestärkt hat, so solltest du deine Erkenntnisse für die Wahl der entsprechenden Grund- und Leistungskurse in der Oberstufe nutzen.

Tipp:
Eine gute Hilfe, dein Persönlichkeitsprofil, deine Eigenschaften und Interessen zu erfahren, bietet dir das Buch:
Start frei – Der Weg zum Wunschberuf, Verlag Schule/Bank 1998, Postfach 101533, 50455 Köln
(Preis: 3,– DM bei Sammel-, 5,– DM bei Einzelbestellungen)

Beurteilung

Anforderungen an den Beruf der Erzieherin/des Erziehers

Vor kurzem war in einer bekannten Frauenzeitschrift zum Thema „Berufsspecial" Folgendes zum Beruf der „Kindergärtnerin" zu lesen: „Die eigentliche Berufsbezeichnung, wie sie z.B. auch beim Arbeitsamt verwendet wird, lautet Erzieherin. Im Kindergarten betreut sie meist vormittags Kinder von drei bis sechs Jahren. Sie macht mit ihnen Gruppenspiele, Ausflüge, kleine Lernprogramme wie Lesen, Uhrzeitüben, aber auch Basteln gehört zu den Beschäftigungen." (Freundin, Heft 11/95). Diese drei Sätze beschreiben in dem „Berufsspecial"(!) insgesamt die Tätigkeit von Erzieherinnen und Erziehern in Kindergärten. Nicht mehr und nicht weniger. So unfassbar dieser Text in seiner Unvollständigkeit und Unrichtigkeit ist, so deutlich drückt er die Einschätzung des Berufsbildes in der Öffentlichkeit aus. Nicht nur, dass eine falsche Berufsbezeichnung als Überschrift gewählt wurde (Kindergärtnerin), auch die benutzten Wörter (betreut Kinder) und vorgestellten Tätigkeitsmerkmale (macht Gruppenspiele und Ausflüge, macht kleine Lernprogramme wie Lesen und Uhrzeitüben, auch Basteln gehört zu den Beschäftigungen) bringen das Berufsbild auf einen qualitativen Nullpunkt: Betreuen wird mit beschäftigen gleichgesetzt und provoziert schnell das Bild, dass Erzieherinnen und Erzieher mit möglichst vielen Kindern an einem Tisch sitzen und irgendetwas üben oder basteln.

(Armin Krenz, Die Zukunft beim Schopf packen, Anregungen für eine professionelle Berufsplanung, in: Kiga heute 9/96, S. 6ff.)

---

1. Welche Anforderungen werden an den Erzieher-/Erzieherinnenberuf gestellt?
Erstelle aufgrund der Ausführungen von Armin Krenz eine Mind Map, die du bei der Bearbeitung dieses Abschnittes weiter ergänzt.

2. Nimm zu der folgenden Aussage Stellung:
„Kinderbetreuung kann doch eigentlich jede/jeder. Dazu reicht ein gesunder Menschenverstand aus, verbunden mit etwas Sensibilität und einer gewissen Beziehungsstärke. Mit Kindern spielen ist nicht schwer, fallen einem doch noch eigene Kinderspiele ein oder gibt es doch im Buchhandel genügend Spielliteratur, die in jedem Fall weiterhilft."

3. In pädagogischen Berufen spielt die *Person* des Erziehers/der Erzieherin neben dem fachlichen Können eine zentrale Rolle. Grenzen im Berufsalltag sind oft auch Grenzen der eigenen persönlichen Belastbarkeit. Diskutiere Chancen und Gefahren dieser Überschneidung von beruflicher Herausforderung und persönlicher Einstellung.

Was sollte ein guter Pädagoge/eine gute Pädagogin können?

Frau Rita Süssmuth, frühere Präsidentin des Deutschen Bundestages, schreibt zum Thema Pädagogenausbildung u.a.:

Für Pädagoginnen und Pädagogen sind folgende Eigenschaften, Einstellungen oder Verhaltensweisen für ihre Berufsausbildung förderlich:

- Unerlässlich scheint mir für Pädagoginnen und Pädagogen das grundsätzliche Interesse am Menschen, an seiner Entwicklung, seinen Lebensentwürfen und Lebensvollzügen, zu sein.
  Da es den Menschen nur im Plural gibt, gehört dazu nicht nur die Anerkennung der einmaligen Persönlichkeit, sondern auch die Freude an Unterschiedlichkeit und Vielfalt;
- Vorherrschende Einstellung muss die des Verstehens, der Förderung und der Stärkung der Menschen sein. Der vorurteilslosen Annahme des Gegenübers sowie der kognitiven wie empathischen Fähigkeit, sich in die Position des anderen zu versetzen, kommen daher große Bedeutung zu. Wichtig sind aber die Kommunikationsfähigkeit, hohe und dauerhafte Motivation für die Arbeit und Kooperations- wie Teamfähigkeit.

(Zit. nach: PÄD FORUM, Februar 1998, S. 11)

---

1. Ergänze die zu Beginn dieses Abschnittes begonnene Mind Map, indem du hervorhebst, welche Eigenschaften, Einstellungen und Fähigkeiten eine gute Erzieherin/ein guter Erzieher unbedingt haben sollte.

2. An welchen Stellen kann bzw. sollte deiner Meinung nach der Pädagogikunterricht auf den Beruf des Erziehers/der Erzieherin vorbereiten?

Erziehen – kein Beruf für Männer?

Ist Kindererziehung in Frauenhänden am besten aufgehoben?
Gibt es weibliche Qualitäten, die Männer nicht erlangen können und die für einen erzieherischen Beruf unabdingbar sind – oder warum sind im ErzieherInnenberuf nur 3 % Männer tätig?
Schülerinnen der Fachakademie für Sozialpädagogik in Landshut und ihr Kunstlehrer Walter Bollwein gestalteten Plakate, die für ihren Beruf werben sollen – und widmeten sich besonders dem Männermangel in ihrem Beruf:

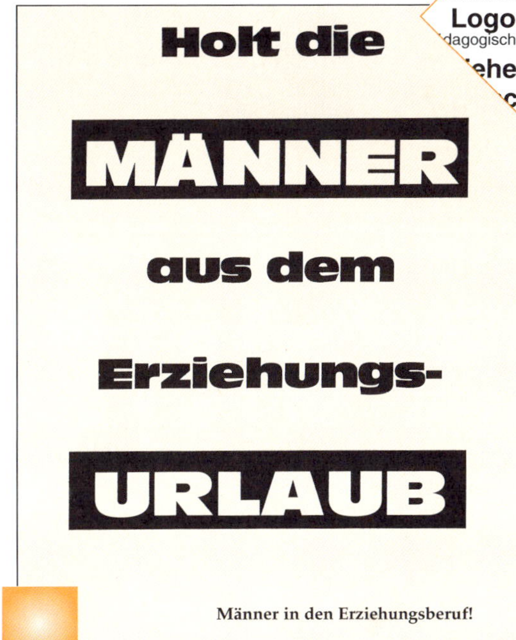

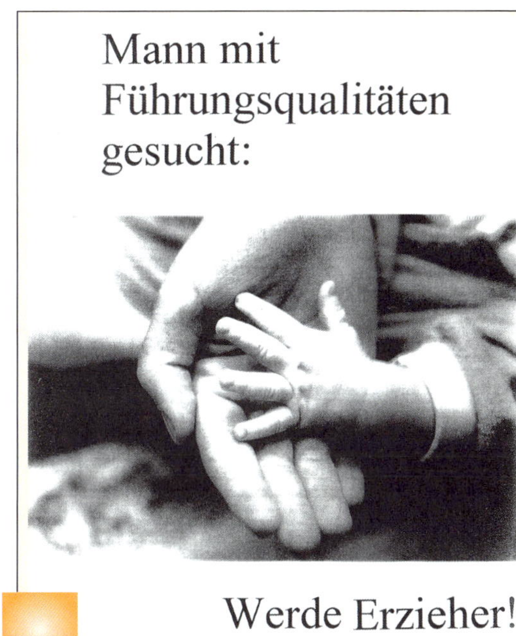

(kindergarten heute, 7-8/1997, S. 29)

1. Diskutiere: Ist Erziehen eine Berufung für Frauen und kein Beruf für Männer? (Vgl. auch das Kapitel 9/2,3.: ‚Typisch Mädchen? – Typisch Jungen?'.)
2. Gestaltet selber Werbeplakate für den Erzieher-/Erzieherinnenberuf.

10/2

2. Mein Paradies

Welche paradiesischen Vorstellungen werden in diesem Graffiti aus dem East-Art-Mauer-Museum in Berlin deutlich? Oder meint der Sprayer ein Anti-Paradies?

Mein Paradies

In der Bibel war es ein Garten. Grün und fruchtbar, verlockend schön. Und mittendrin Adam und Eva, ein glückliches Paar. Nackt waren beide, schamlos – und reichlich naiv. Gott hatte ihnen nämlich ausdrücklich verboten, vom Baum der Erkenntnis zu essen; deswegen vermochten sie nicht zwischen Gut und Böse zu unterscheiden: die offizielle Vision vom Paradies. Und wie sehen die privaten Visionen aus? Zumindest der Ort des Geschehens hat sich radikal verändert. Der mystische Garten Eden ist verschwunden, statt dessen bestimmen Autos, Häuser oder Paddelboote die Fantasien der Zeitgenossen. Doch die Sehnsüchte sind die gleichen geblieben.

Katrin T., Mutter, 32

„Wenn die Kinder bei mir sind, wenn ich mit ihnen spiele und herumtolle und ich mich nicht dauernd fragen muss, ob sie gesund sind oder ob ihnen etwas passiert sein könnte – dann ist das für einen kurzen Moment das Paradies."

Jörg H., Musiker, 26

„Für mich allein kann ich mir weder eine Zukunft noch ein Paradies vorstellen. Ich würde gern irgendwann einmal ein großes Haus kaufen. Nicht, weil ich es besitzen will, sondern um Räume zu haben für mich, für meine Freundin und meine Freunde. Ein Haus, in dem wir bestimmen, was darin passiert; ein Haus, in dem wir uns ausbreiten können."

Lukas O., Schüler, 8

„Adam und Eva? So genau kenne ich die Geschichte nicht, aber die lebten im Paradies, und Adam hat in einen Apfel gebissen und verwandelte sich in eine Schlange. Oder so ähnlich. Jedenfalls stelle ich mir das Paradies in der Natur vor, wo man auf Bäume klettern kann, ohne dass ich Angst habe, gleich herunterzufallen. Wo ich keine Angst zu haben brauche, dass mich ein Auto überfährt."

Thomas K., Künstler, 32

„Heute ist das Auto im Großstadtverkehr so eine Art rollendes Wohnzimmer geworden. Du brauchst ewig, um von A nach B zu kommen und merkst: Eigentlich ist es ganz hübsch hier drinnen. Und wenn man so einen schlechten Geschmack hat wie ich, kann man diesen Zustand sogar paradiesisch finden: mein Auto als Manifestation meines wirren Geistes – und meines Versprechens, niemals erwachsen zu werden."

(Dirk Hasskarl, Mein Paradies, in: ZEIT-Magazin vom 2.12.1994, S. 10ff.)

Dirk Hasskarl hat acht Menschen zu ihren paradiesischen Vorstellungen befragt und sie im Bild inszeniert. Vier dieser Portraits haben wir hier ausgewählt.

1. Mit welchen Vorstellungen könnt ihr euch identifizieren? Welche bleiben euch fremd?
2. Wie würdet ihr eure Vorstellung in Text und Bild inszenieren? Macht eine Skizze oder setzt sie in die Tat um.

Aphorismen zum Leben

1. Wenn wir es aus der Nähe betrachten, ist das Leben oft eine Tragödie; aus weitem Abstand gesehen ist es eher eine Komödie,
2. Das Leben findet statt, während wir bereits andere Pläne machen.
3. Leben ist ein tödliches Abenteuer. Es kann nur ein Ende haben. Warum wollen wir es dann nicht so interessant und so frei wie möglich machen?
4. Das Leben ist keine Reise, es ist auch kein Ziel, es ist ein Prozess, und wir leben es Schritt um Schritt. Jeder Schritt ist überraschend, und jeder Schritt ist ein Wunder – so wird unser Leben aussehen.
5. Das Leben ist wirklich einfach. Wir bekommen zurück, was wir weggeben.
6. Das Leben, jene biologische Kette, die unseren Körper zusammenhält, ist nur so stark wie ihr schwächstes Glied.
7. Das Leben ist kurz, aber lang genug, um jeden zu ruinieren, der ruiniert werden möchte.
8. Das Leben ist einfacher, als wir denken. Wir müssen nur imstande sein, das Unmögliche zu akzeptieren, ohne das Notwendige auszukommen und das Unerträgliche zu ertragen.
9. Das Leben ist wie ein Fahrrad mit 25 Gängen. Die meisten von uns haben Gänge, die sie nie benutzen.
10. Das Leben ist wie Fahrradfahren, wir fallen nicht herunter, solange wir in die Pedale treten.
11. Unser Leben kann sich plötzlich ändern, ohne dass uns das vorher angekündigt wird.
12. Unser Leben ist wie ein Kartenspiel. Die Karten, die uns zugeteilt werden, sind der Determinismus des Lebens. Wie wir die Karten ausspielen, das ist unser freier Wille.
13. Das Leben ist für mich eine prächtige Fackel, die ich eine Zeit lang halten darf, und ich möchte, dass sie so hell wie möglich brennt, ehe ich sie an kommende Generationen weitergebe.
14. Leben ist wie Musik. Es muss nach Gehör, nach Gefühl und instinktiv komponiert werden, nicht nach Regeln.
15. Leben ist wie der Versuch, ein Geigensolo in der Öffentlichkeit zu spielen, während wir gleichzeitig das Instrument erlernen.
16. Das Leben ist ziemlich einfach, aber die Menschen bestehen darauf, es kompliziert zu machen,
17. Das Leben ist lang für die Unglücklichen, aber kurz für die Glücklichen.
18. Sich selbst zu überraschen ist es, was das Leben lebenswert macht.

(Klaus W. Vopel, Nicht vom Brot allein. Wertklärungen für Jugendliche, Iskopress, Salzhausen 1994, S. 211f.)

1. Jeder sucht sich einen Aphorismus aus, der ihm besonders gut gefällt, und einen, der auf Ablehnung stößt. Schreibt dann einen kurzen, begründenden Text dazu.
2. Setzt euch mit einer/einem selbst gewählten Partnerin/Partner zusammen und tauscht eure Wahlen und Begründungen aus.
3. Versucht allein oder mit einer Partnerin/einem Partner selbst Aphorismen zu schreiben, die eure Einschätzung noch besser treffen.
4. Sammelt im Plenum eure gewählten, abgewählten oder selbst verfassten Aphorismen und interpretiert gemeinsam: Was sagen die gewählten bzw. abgelehnten Aphorismen über die Befindlichkeiten der Kursmitglieder?

Leben als Aufgabe oder Genuss?

Aktionsvorschlag:

Zwei Menschen unterhalten sich über ihr Leben.

A: „Ich betrachte mein Leben als Aufgabe, für die ich da bin und für die ich alle Kräfte einsetze. Ich möchte in meinem Leben etwas leisten, auch wenn das oft schwer und mühsam ist."

B: „Ich möchte mein Leben genießen und mich nicht mehr abmühen als nötig. Man lebt schließlich nur einmal, und die Hauptsache ist doch, dass man etwas von seinem Leben hat."

Räumt Stühle und Tische an die Seite. In einer Ecke befindet sich der Pol A: „Leben als Aufgabe", in der entgegengesetzten Ecke der Pol B: „Leben als Genuss".

Nun verteilen sich alle Kursmitglieder auf der gedachten Linie zwischen diesen beiden Polen, je nachdem, wie jeder Einzelne sich einordnen will.

Wenn alle ihren Platz eingenommen haben, schaut sich jede/jeder an, wer in ihrer/seiner Nähe steht und wer weit davon entfernt steht.

Jede/jeder begründet dann in einem Satz, warum sie/er diesen Platz auf der Diagonale gewählt hat.

Nach Abschluss könnt ihr euch dann die folgenden repräsentativen Umfragedaten zu dieser Entscheidungsalternative ansehen und mit dem Bild in eurem Kurs vergleichen.

Vergleichsdaten:

Jahr	1956	1960	1964	1973	1977	1980	1982	1985	1990		1992	
									a	b	a	b
A	59	60	59	48	48	51	43	45	45	67	42	55
B	28	29	29	35	38	29	36	37	39	17	37	28

[a = alte Bundesländer, b = neue Bundesländer]

(Daten aus: Elisabeth Noelle-Neumann [Hg.], Allensbacher Jahrbuch der Demoskopie, Band 9, 1984–1992, K. G. Saur Verlag, Allensbach, 1993, S. 36)

Lebensziele im Vergleich

Anonyme Umfrage

Weiblich ☐
Männlich ☐
Kontrollnr.:

Lebensziele	erst später wichtig Rang-reihe 1	jetzt wichtig Rang-reihe 2	Kontroll-abschnitt Rang-reihe 1	Kontroll-abschnitt Rang-reihe 2
1. mit Erreichtem zufrieden sein				
2. mich selbst verwirklichen				
3. mich selbst achten				
4. aufregend leben				
5. soziale Anerkennung erreichen				
6. lebensklug werden				
7. selbst angenehm leben				
8. mich im Leben vergnügen				
9. Selbstständigkeit erreichen				
10. mich selbst harmonisch erleben				
11. frei, unabhängig leben				
12. selbst glücklich leben				

Kopiert bitte diesen Fragebogen.
Bringt dann die Lebens-Fernziele und Lebens-Nahziele in eine individuelle Rangreihe. Haltet eure Werte auch in den Kontrollspalten fest. Wenn ihr die Kontrollspalten abtrennt, könnt ihr Durchschnittswerte für euren Kurs ermitteln. Wenn ihr wollt und dies vorher vereinbart, könnt ihr auch eine Auswertung getrennt nach Jungen und Mädchen vornehmen. Dies ist aber nur dann sinnvoll, wenn eine ungefähr gleiche Anzahl von Befragten vorhanden ist. Ihr könnt auch andere Schülerinnen und Schüler befragen. Die Ergebnisse könnt ihr dann mit repräsentativen Umfragedaten vergleichen (s. S. 274).

1. Was sagen die erhobenen Daten über euren Kurs aus?

2. Welche Fragen ergeben sich für die weitere Arbeit?

Vergleichsdaten – Fernziele und Nahziele im Vergleich

	erst später wichtig	Rangplatz	jetzt wichtig	Rangplatz	weder jetzt noch später wichtig
mit Erreichtem zufrieden sein	48,8%	1	37,5%	10	11,6%
lebensklug werden	39,4%	2	27,9%	12	28,6%
soziale Anerkennung erreichen	38,7%	3	31,6%	11	24,6%
mich selbst verwirklichen	37,2%	4	47,2%	8	11,1%
selbst angenehm leben	31,6%	5	56,1%	6	8,2%
Selbstständigkeit erreichen	31,2%	6	62,5%	5	4,5%
frei, unabhängig leben	23,4%	7	66,2%	4	7,4%
mich selbst harmonisch erleben	21,9%	8	43,4%	9	27,1%
selbst glücklich leben	19,0%	9	70,6%	2	3,3%
mich selbst achten	11,9%	10	67,6%	3	16,0%
mich im Leben vergnügen	8,6%	11	75,5%	1	12,3%
aufregend leben	5,9%	12	56,1%	6	33,8%

(Arnim Regenbogen, Sozialisation in den 90er-Jahren, Leske + Budrich, Opladen 1998, S. 78. Befragt wurde eine repräsentative Gruppe von 269 Schülerinnen und Schüler im Alter zwischen 16 und 18 Jahren aller Schulformen im Jahre 1991.)

Vergleicht eure Ergebnisse mit diesen repräsentativen Daten (s. auch Methode S. 98 ff.) und überlegt Gründe für bestehende Gemeinsamkeiten und Unterschiede.

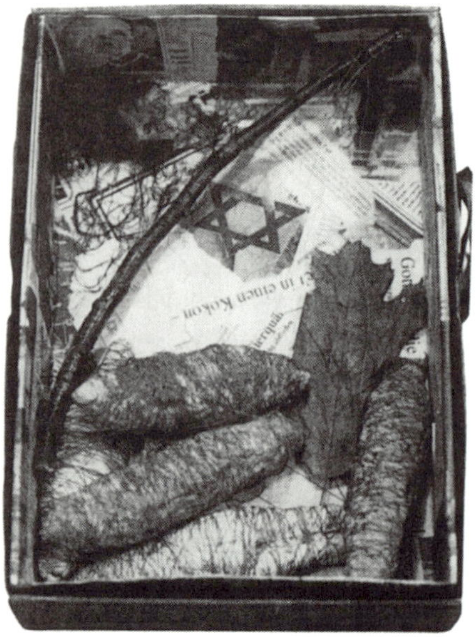

Unser Schachtelmuseum

Der Künstler und Verleger Wilfried Nold schickte 72 leere Schachteln an Freunde, Galeristen und Künstler mit der Aufforderung, sich selbst in dieser Schachtel darzustellen. Alle Schachteln bekam er prall gefüllt zurück und nun ist diese Sammlung als Ausstellung bis zum Jahre 2000 auf Tournee.
Gerhard Knecht und Ulrich Baer von der Akademie Remscheid griffen diese Idee für die spielpädagogische Jugendarbeit auf und veröffentlichten sie.

Aktionsvorschlag:
Jede/jeder aus dem Kurs nimmt sich vor, über einen längeren Zeitraum an ihrer/seiner Selbstvorstellungsschachtel zu arbeiten, d. h., sich und die eigenen Lebenspläne mit Fotos, Gegenständen, Krimskrams … vorzustellen. Zu einem vereinbarten Termin bringen alle ihre Schachtel mit. Dann kann der Kurs sein eigenes Schachtelmuseum intern oder für die Öffentlichkeit eröffnen.

Orientierung und Planung

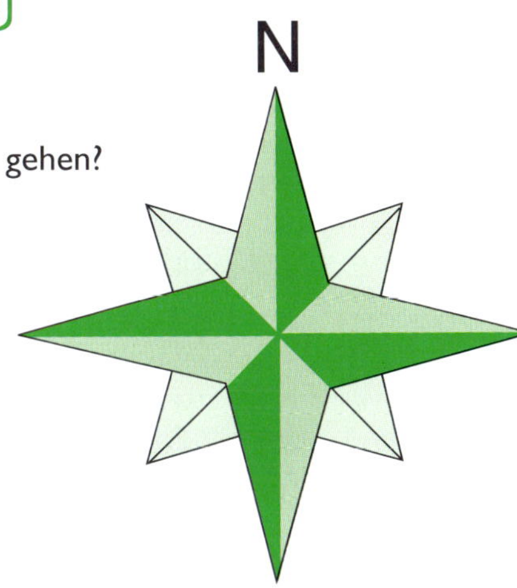

In welche Richtung soll es im Projekt „Mein Paradies" gehen?
Möchtet ihr in eurem Kurs

- etwas über euch selbst erfahren?
- etwas über andere Menschen erfahren?
- etwas nur für euch selbst – ganz privat – gestalten?
- etwas für andere gestalten?

Wenn ihr dies sehr persönliche Thema ausschließlich auf den Einzelnen bezogen bearbeiten wollt, dann hat die individuelle Einzelarbeit absoluten Vorrang und auch die Arbeitsergebnisse sind nur für jeden Einzelnen bestimmt. Jeder Einzelne kann entscheiden, ob sie/er einer/einem anderen etwas mitteilen oder zeigen will. Dies ist in der Schule sehr ungewöhnlich, aber machbar!
Wenn euch interessiert, wie die anderen im Kurs über diese Fragen denken, was sie entscheiden und gestalten, dann solltet ihr Regeln vereinbaren, wie ihr in dieser Zeit miteinander umgehen wollt. Solche Regeln habt ihr eventuell schon im Kapitel zum Konflikt formuliert. Zum Beispiel ist es wichtig, dass jede/jeder in seiner Eigenart geachtet und akzeptiert wird oder dass nichts, was im Kurs besprochen wird, ohne Einverständnis nach außen getragen wird.
Wenn euch auch interessiert, was andere Menschen zu diesen elementaren Fragen zu sagen haben, dann solltet ihr überlegen, wer euch hierzu wichtige Antworten geben könnte. Hier könnte man z. B. an Lehrer/innen, Pfarrer/innen, Erziehungsberater/innen, Jugendarbeiter/innen usw. denken.
Wenn ihr eure Ergebnisse nicht für euch behalten wollt, könntet ihr die Schulöffentlichkeit (andere Kurse, Eltern, Lehrer …) informieren und z. B. eine Ausstellung gestalten (siehe Schachtelmuseum), Plakate entwerfen oder Zeitungsartikel schreiben, in denen z. B. Interviews mit Erziehungsprofis stehen.

Erarbeitung

„Wer ein Warum zu leben hat, der erträgt fast jedes Wie.“ (Friedrich Nietzsche)

Menschen auf der Suche nach Sinn – Ausgangspunkte:

1. „Die Sinnfrage kann von uns Therapeuten niemals anders gestellt werden als in Bezug auf eine konkrete Situation, mit der eine konkrete Person konfrontiert ist. Jede Situation beinhaltet einen Aufruf an den Menschen, mit ihr so oder so umzugehen, sie zu gestalten, sie unter Umständen hinzunehmen. Auf diesen Sinnanruf müssen wir reagieren, indem wir nach bestem Wissen und Gewissen vorgehen. [...] Die Frage nach dem absoluten Sinn zu beantworten ist der Mensch außerstande.“ *(Viktor E. Frankl, Begründer der Logotherapie)*

2. „Das Leben ist so: Du wirst hineingeworfen wie in ein kaltes Wasser, ungefragt, ob du willst oder nicht. Du kommst lebend nicht mehr heraus. Darüber kannst du: a) unglücklich sein und ersaufen, b) dich lustlos und frierend so lange über Wasser halten, bis es vorbei ist, c) einen Sinn suchen und einfordern und dich grämen, weil er sich nicht zeigt. Oder du kannst: d) dich darin voller Freude tummeln wie ein Fisch und sagen: ‚Ich wollte sowieso ins Wasser, kaltes Wasser ist meine Leidenschaft. Was für ein verdammt schönes Vergnügen, Leute !‘, und das wäre die Kunst, um die es hier geht.“ *(Janosch)*

3. „Über den Sinn des Lebens ist so viel geschrieben worden, dass ich nichts allgemein Gültiges dazu sagen kann. Für mich persönlich gilt aber Folgendes: Sinnvoll ist es, etwas Gutes für einen anderen zu tun, mir täglich Zeit für mich selbst zu gönnen, einen ganz persönlichen Beitrag gegenüber der Gesellschaft zu leisten.“ *(Peter Kutter, Psychoanalytiker)*

4. „Der Sinn liegt ausschließlich in mir selbst, auf allen Ebenen. Kein Vorbild, keine Autorität, kein Dichter, kein Künstler kann mir helfen, meinen Sinn zu finden. Erst wenn ich mich akzeptiere, so wie ich bin, mit all meinen Möglichkeiten und Unmöglichkeiten, kann ich in meinem Leben so etwas wie einen Sinn finden, vorausgesetzt, ich bin mir immer im Klaren darüber, dass es keinen absoluten, sondern nur einen relativen Sinn gibt und dass ich nur versuchen kann, mich aus all den Vergleichs- und Bewertungsnetzen herauszunehmen, mit denen der Einzelne in der Masse lokalisiert werden soll. Meine beanspruchte und verteidigte Sinn-Autonomie hat freilich ihren Preis, der zuweilen schwer zu tragen ist: Einsamkeit, bitterkalte Einsamkeit.“ *(Will Karbon, Journalist)*

5. „Der Zweck des Lebens ist das Leben selbst.“ *(Heinrich Heine, Dichter)*

(1. Ursula Nuber/Viktor E. Frankl, Eine Sinnlehre gegen die Sinnleere, in: Psychologie heute: 10/1994, S. 27; 2. Janosch, Wörterbuch der Lebenskunstgriffe, Goldmann, München 1995, S. 7; 3. und 4. zitiert nach Willi Köhler, Wozu leben? Auskünfte über den Sinn des persönlichen Daseins, in: Psychologie heute 10/1994, S. 28 ff.)

---

1. Zunächst ist es natürlich wichtig, die Zitate wirklich in ihrer Bedeutung zu verstehen. Dazu kann es hilfreich sein, die zentrale Botschaft in einen selbst formulierten Satz zu fassen.

2. Jede/jeder im Kurs wählt ein Zitat, welches sie/ihn am meisten überzeugt und einen möglichen Ausgangspunkt für die weitere Arbeit bieten kann und das im weiteren Verlauf immer wieder auf seine weiterhin bestehende Zustimmung befragt werden kann.

3. Sucht euch eine Partnerin/einen Partner, mit der/dem ihr euch über die Begründungen für die Wahl austauscht.
4. Überlegt dann gemeinsam, was der gewählte Ausgangspunkt für Erziehung bedeutet. Welche konkreten Konsequenzen müssten Eltern für die Erziehung ihrer Kinder ziehen, wenn sie sich von dem gewählten Zitat bzw. den gewählten Zitaten leiten lassen?

Welchen Weg wähle ich?

Wir müssen uns in unseren Lebensläufen oft entscheiden, welchen Weg wir einschlagen. Indem wir uns positiv für einen Weg entscheiden, wählen wir negativ die anderen Möglichkeiten ab. Dies ist manchmal eine endgültige, nicht wieder umkehrbare Wahl.
Habt ihr schon einmal vor einer solchen Wahl gestanden?
Wenn ja, welche Alternativen standen offen? Für welchen Weg habt ihr euch entschieden? Gegen welche andere Möglichkeiten? Seid ihr im Nachhinein mit eurer Entscheidung zufrieden?
Was meint ihr, welche Wegentscheidungen liegen vor euch:

- nach der 10. Klasse?
- nach dem Abitur?
- in beruflicher Hinsicht?
- in privater Hinsicht?

Vielleicht könnt ihr in diesen Bereichen einmal Alternativen durchspielen und eine verzweigte Karte solcher Entscheidungsstationen sowie unterschiedlicher Wege skizzieren.

Die unstillbare Neugier auf Sinn – Ergebnisse psychologischer Forschung

1. Das Leben ist sinnvoll, wenn es darin Ziele gibt.

Menschliches Verhalten ist fast ausnahmslos auf Zwecke und Ziele ausgerichtet, wir wollen etwas erreichen, bewirken oder vermeiden. Das können ganz banale, kurzfristige Ziele sein – etwa die Organisation einer Party (Zweck: fröhliche Geselligkeit im Kreis von Freunden) oder das Sammeln von Belegen für die Steuererklärung (Zweck: Verminderung der Steuerlast). Wem selbst solche alltäglichen Zwischen-Ziele abhanden kommen, der mag es eine Zeit lang genießen, ziellos dahinzutreiben. Als Dauerzustand ist Ziellosigkeit jedoch den meisten Menschen unerträglich. Neben den eher extrinsisch motivierten Alltagszielen gibt es weiter greifende, intrinsisch motivierte Ziele, die Baumeister als „Erfüllung“ klassifiziert. Erfüllung ist ein angestrebter emotionaler Ideal-Zustand: Glück, Zufriedenheit, Bedürfnislosigkeit, immerwährende Liebe, der Traumjob plus Traumgehalt, und so weiter. Für die meisten entpuppen sich diese Ziele als Mythos, dem sie lebenslang vergeblich nachjagen, oder als höchst flüchtige Momente, nach denen Ernüchterung und grauer Alltag einkehren. Und doch sind solche idealisierten Vorstellungen von Erfüllung wichtig, weil sie den Alltagsaktivitäten erst ihre Langzeitperspektive geben.

2. Das Leben ist sinnvoll, wenn es von festen Wertvorstellungen geprägt wird.

Werte sind das moralische Unterfutter des Lebens – sie begründen und rechtfertigen unser Verhalten vor uns selbst und vor anderen. Religion, Moral, Philosophie bieten mehr oder weniger geschlossene Wertsysteme an, die auffälligerweise häufig als Negativ-Katalog formuliert sind (von den Zehn Geboten sind acht eine Aufforderung zur Unterlassung). Je sicherer jemand in einem Wertesystem verankert ist, desto leichter gewinnt er auch „sinnlosen“ Ereignissen einen Sinn ab („Gott hat mein Kind zu sich gerufen, es ist jetzt ein Engel …“). Und: Selbst wenn sie sich gewalttätig, egoistisch und grausam verhalten, versuchen die meisten Menschen, ihre Taten mit Werten zu rechtfertigen und zu überhöhen („…die Grenztruppen gewährleisten die Sicherheit der DDR“).

3. Das Leben ist sinnvoll, wenn Menschen das Gefühl haben, es zu kontrollieren.

Sich selbst als stark, fähig und wirkungsvoll zu erleben, ist eine zentrale psychische Voraussetzung dafür, Sinn und Zusammenhang zu konstruieren. Die Überzeugung, das eigene Geschick lenken oder doch zumindest beeinflussen zu können, ist nicht nur ein Grundpfeiler der seelischen Gesundheit („Selbstwirksamkeit“ nennen klinische Psychologen dieses Konzept), sondern auch ein sinnbegünstigendes Moment im Leben. Mitunter sind es sogar nur (Kontroll-)Illusionen, die diesen Effekt hervorrufen – Versuchspersonen glauben beispielsweise, sie hätten größere Gewinnchancen, wenn sie Lotterie-Lose selbst ziehen, anstatt sie per Zufall zugeteilt zu bekommen. Wer sich dagegen ausgeliefert und machtlos fühlt, ist schnell der Überzeugung, Spielball von willkürlichen und sinnlos operierenden Mächten zu sein. […]

4. Das Leben ist sinnvoll, wenn Menschen das Gefühl haben, wertvoll und wichtig zu sein.

Das Selbstwertgefühl kann sich aus Leistung, aus begründeten oder unbegründeten Gefühlen der Überlegenheit oder auch aus der Zugehörigkeit zu einer Prestige-Gruppe speisen. Immer geht es um einen sozialen Vergleich, um die möglichst günstige Position in einer als verbindlich angesehenen Skala des sozialen Ansehens.

Selbstwert lässt sich durch Erfolge beruflicher oder sportlicher Art gewinnen, aber auch durch Vorurteile, Rassismus und andere Formen der Abwertung anderer. So interpretieren Sozialwissenschaftler die rassistischen Übergriffe durch Hooligans auch als fehlgeleiteten Versuch, ein Mindestmaß an Selbstwertgefühl zu erreichen. Während in früheren Gesellschaften der Selbstwert weitgehend durch die (unveränderliche) ständische oder hierarchische Ordnung festgeschrieben und der Lebenssinn somit ebenfalls fixiert war, ist mit der sozialen Durchlässigkeit („vertikale Mobilität“) in neueren Zeiten der Selbstwert eines Menschen selbst „mobil“ geworden: Sozialer Auf- und Abstieg sind möglich, und das Selbstwertgefühl wird dadurch zu einer labilen, leicht beeinflussbaren Größe.
Die Folge ist andauernde Unsicherheit, der eigene Wert muss immer wieder neu bestimmt und gesichert werden.
In jedem dieser vier Eckpfeiler des Lebenssinnes nisten die Würmer des Zweifels und der Sinnlosigkeit:

- Ziele können sich als falsch oder „leer“ entpuppen – wenn jemand beispielsweise in der Lebensmitte erkennt, dass die eifrig betriebene Karriere nicht die erwartete Erfüllung bringt.
- Das Selbstwertgefühl erhält durch Arbeitslosigkeit, Misserfolge oder andere Schicksalsschläge empfindliche Dämpfer.
- Die Selbstwirksamkeit wird durch Krankheit oder nachlassende Leistungsfähigkeit beeinträchtigt, oder eine externe Macht führt uns brutal vor Augen, wie wenig Kontrolle wir in Wirklichkeit über unser Leben haben.
- Das größte Problem jedoch dürfte die Erosion der Werte-Basis in unserer Gesellschaft sein: Es gibt heute kaum noch allgemein anerkannte, verbindliche Werte. Die klassischen Werte-Instanzen sind zerstört oder haben ihre Kraft verloren:

– Religion: Die Kirchen verstehen sich mehr und mehr als spirituelle Dienstleister; als Werte-Lieferanten haben sie für die Mehrheit längst ausgedient.
– Tradition: Sie war so etwas wie ein Verhaltenskodex, einengend zwar, aber auch Sicherheit bietend. Immer weniger jedoch kann man sich heute an Traditionen orientieren, der schnelle Fortschritt erfordert flexible Anpassung an immer neue Situationen.
– Moral: In der Regel haben soziale Gruppen, in die der Einzelne eingebunden war, die Einhaltung moralischer Regeln überwacht und erzwungen. Das Verhalten war von einem moralischen Konsens geprägt. Heute zerfällt die Macht dieser Gruppen: Niemand muss mehr Ächtung oder Ansehensverlust befürchten, wenn er sich etwa die neue Ethik des „cleveren Regelverletzers“ zu eigen macht und jeden möglichen Vorteil für sich herausschindet. Die moderne Sexual„moral“ nähert sich allmählich dem liberalen Ideal des vollkommenen Laissez-faire an.
– Arbeit: Die protestantische Arbeitsethik, einstmals psychologische Grundlage des modernen Kapitalismus mit ihren Werten Fleiß, Sparsamkeit, Verzicht, hat sich fast aufgelöst. Arbeit ist kein Wert mehr an sich, sondern dient anderen Zwecken: Status, Geld – und Selbstverwirklichung.

Wenn die Werte-Basis bröckelt und sich auch die anderen Träger von Lebenssinn im Zeitalter des Individualismus als labil bis einsturzgefährdet erweisen – woher bezieht der heutige Mensch die Kraft, um seinem Leben Richtung, Kohärenz und Stabilität zu geben? – Die Antwort der Psychologen lautet: Er selbst wird zur Basis seines Lebensplanes mit seinen kleineren und größeren Sinn-Perspektiven. Indem er an seinem Selbst arbeitet und seine Potenziale ausschöpft, entwickelt er neue Ziele, eine neue Moral, neue Formen des Lebenssinnes.[…]

(Heiko Ernst, Die unstillbare Neugier auf Sinn, in: Psychologie heute 10/1994, S. 22–25 [Auszüge])

1. Stellt im Überblick, evtl. in einer Mind Map, zusammen: Was hilft dem Menschen bei seiner Konstruktion von Sinn? Was erschwert ihm oder gefährdet die Sinnklärung?

2. Leitet daraus ab: Wie können Eltern und Freunde ihren Kindern bei der Sinn-Suche helfen? Wie erschweren oder gefährden sie die Sinnklärung ihrer Kinder?

3. Welche Rolle sollten die Lehrer und Lehrerinnen der Schule in diesem Kontext spielen? Vorgaben machen? Sich raushalten? Vorleben? Nehmt begründet Stellung und versucht konkrete Vorschläge zu entwickeln.

Milchschnitten statt Zuwendung

Immer mehr Eltern leisten sich ihren Lebensstil auf Kosten der Kinder

Wenn die 18 Schülerinnen und Schüler der Klasse 10 der gewerblichen Berufsfachschule in Marburg – Mädchen und Jungen zwischen 15 und 16 Jahren – mittags nach Hause trotten, werden die meisten von niemandem erwartet.
Sie sind Selbstversorger und beklagen es nicht: „Ich finde es toll, wenn niemand da ist. Dann dreh' ich erst mal das Radio auf volle Pulle. Stört ja keinen." Oder: „Wenn niemand da ist, gibt's auch keinen Stress. Da hab' ich meine Ruhe."
Wenn dann die Eltern kommen, setzen sie sich schnell an die Hausaufgaben, simulieren Fleiß. Kaum ist die Begrüßung vorüber, verabschieden sich die Kids und ergreifen die Flucht.
Gemeinsame familiäre Riten und Kommunikation sind auf ein funktionales Minimum geschrumpft. Die Jugendlichen haben ihr eigenes Leben, ihre eigene Glotze und ihre eigenen Kanäle. Die Familie ist Versorgungsstation, eine Ansammlung auf Autonomie bedachter Individuen, die rein zufällig unter einem Dach zusammenleben. Nun ist es für heranwachsende Jugendliche normal, sich vom Elternhaus zu lösen und eigene Wege zu gehen. Was aber Besorgnis erregt und in Kindergarten und Schule längst zum Problem geworden ist, sind die fatalen Folgen dieses reduzierten Familienlebens und des jahrelangen Alleinseins schon im vorpubertären Alter für die seelische, soziale und geistige Entwicklung der Kinder.

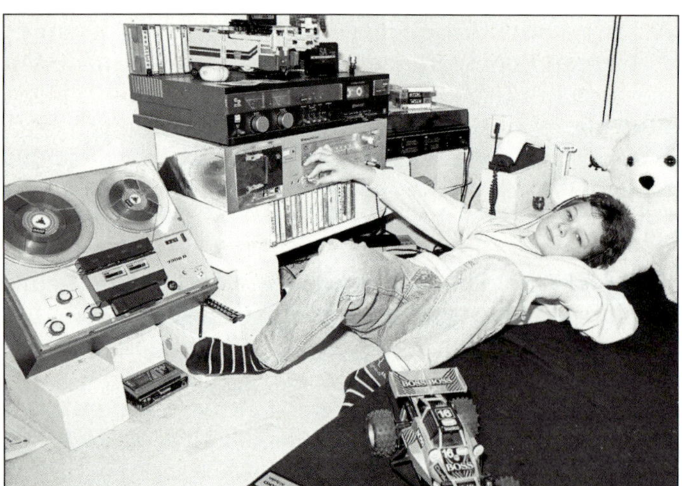

Schüler mit Stereoanlage: Kindergarten und Schule sind kein Ersatz für die Familie

Aus der „vaterlosen Gesellschaft" (Alexander Mitscherlich) ist eine elternlose geworden. Der Rückzug vieler Eltern auf die Befriedigung eigener Bedürfnisse beeinträchtigt die Persönlichkeitsentwicklung und die Lebenschancen ihrer Kinder.
Immer weniger Jugendliche sind bereit, sich sozial

zu verhalten, Regeln des Zusammenlebens einzuhalten, sich in andere hineinzuversetzen. Mit taktloser Selbstverständlichkeit klagen sie die spontane Befriedigung ihrer Grundbedürfnisse ein. Klassenfeste, die mehr bieten als Mega-Beats aus Boxen, bringen sie nicht mehr zustande. Cliquenbildung hat die Klassengemeinschaft abgelöst. Sie haben wenig Geduld, vermeiden schwierige Aufgaben und arbeitsintensive Tätigkeiten, und sie werden schnell aggressiv. Klassenarbeiten, früher unter Zeitdruck gerade noch mit dem Pausengong fertig bekommen, werden heute von der Mehrzahl weit vor der Zeit abgeliefert. „Mir fällt nichts mehr ein." „Mein Bus fährt in fünf Minuten."

Mutter, Sohn beim Vorlesen: Zuhören ist besser als Fernsehen

Dieser Typus ist kaum schulfähig, muss also erst für die Anforderungen der Schule sozialisiert werden. Aber in dem Maße, wie die Schule zur sozialtherapeutischen Auffangstation wird, ist sie heute mit den Reparaturversuchen fehlender und missglückter Erziehung heillos überfordert. Es ist nicht länger zu ignorieren: Die neuen Eltern leisten sich ihren Lebensstil auf Kosten ihrer Kinder. Die Konsequenz kann nicht die künstliche Wiederbelebung alter Rollenbilder und das Einklagen der Hausfrauen- und Mutterrolle früherer Zeiten sein. Aber wir müssen zur Kenntnis nehmen, dass die neuen Lebensformen keine überzeugenden Konzepte einer kindgerechten Erziehung entwickelt haben, die sich in ein gemeinschaftliches Lebenskonzept von Eltern und Kindern integrieren ließen.

Wo Eltern noch selbst gesetzte Prinzipien und Werte haben, wo sie durch eigenes Vorleben, durch Diskussion und Argumentation ihre Grundhaltung vertreten und auf die Probe stellen lassen, wachsen auch heute noch Jugendliche zu sozialen, selbstbewussten und motivierten Menschen heran, die den Verführungen der kommerziellen Unterhaltungsindustrie und dem Zeitgeist etwas Eigenes entgegenzusetzen haben –unabhängig von der weltanschaulichen Couleur ihrer Eltern. Nur findet eine solche Erziehung kaum noch statt.

Kindergarten und Schule können aber kein Ersatz für familiäre Sozialisation sein, sie können nur ergänzen und Hilfestellung geben. Natürlich muss auch die Schule auf die veränderten Verhältnisse und neuen Probleme reagieren – aber unter Einschätzung ihrer realen Möglichkeiten. Wenn der Problemfall zum Normalfall wird, sind der Leistungsfähigkeit und dem Erfolg von Erziehern und Lehrern Grenzen gesetzt.

Ohnehin ist nicht ausgemacht, ob in einer pluralistischen Gesellschaft staatliche Institutionen legitimiert sind, jene Erziehungsaufgaben zu übernehmen, die nach demokratischem Selbstverständnis in den individuellen Verantwortungsbereich der Familie fallen – abgesehen davon, dass über die Inhalte einer solchen Werteerziehung schon unter Pädagogen kein Konsens in Sicht wäre.

Auch wenn Pädagogen sich gern unentbehrlich machen, sind es die Eltern, auf die Kinder nicht verzichten können. Eltern sind wieder daran zu erinnern, ihre Verantwortung für die Erziehung ihrer Kinder wahrzunehmen; sie müssen in die Pflicht genommen werden. Elterliche Liebe und Fürsorge kann sich nicht darin erschöpfen, Babys den richtigen Nässeschutz zu verpassen und Schulkindern jene süßen Pausen-Snacks mit der Extra-Portion Milch in den Ranzen zu stopfen.
Es ist an der Zeit, Eltern nicht nur bei der Wahl des falschen Waschmittels ein schlechtes Gewissen zu machen.

(Joachim Kutschke, Milchschnitten statt Zuwendung, in: Spiegel special 11 /1996, S. 21f.)

1. Formuliert die Kritik des Autors am Verhalten vieler Eltern mit eigenen Worten.
2. Welche Auswirkungen kann dieses Verhalten für die Sinnorientierung von Kindern haben?
3. Gibt es auch das gegenteilige Verhalten von Eltern gegenüber ihren Kindern? Welche Folgen kann dies haben?

Cool, ey!

Es gibt Leute, die begreifen nie, was wirklich cool ist. Und es gibt einen, der es einfach weiß.

„Cool" ist das Wort. Es sagt alles. Und nichts. Zu meiner Zeit, also so vor fast zwanzig Jahren, meinte man mit cool etwas unfassbar Großes und Wichtiges, vielleicht das Allerwichtigste überhaupt. Etwas, das über allen Dingen steht, vielmehr schwebt. Und es war auch klar: Man sprach nicht darüber. Das wäre uncool gewesen. Als ich es zum ersten Mal hörte, nahm ich an, cool habe etwas mit Kälte zu tun. Mit Eskimos. Oder wenigstens mit Kühlschränken. Ich war fest davon überzeugt, die coolsten Menschen der Welt wohnen am Nordpol, und fand daher, wir seien ganz arm dran, denn in New York wird es im Sommer sehr, sehr heiß. […]
Mit 14 wusste ich, was Coolsein bedeutete. Vielmehr gab ich vor, es zu wissen (und hielt genau das für meinen ersten entscheidenden Schritt in Richtung Coolness): Es hatte etwas mit den richtigen Turnschuhen zu tun. Ungeschriebene Gesetze erlaubten Schuhe von Adidas und Puma, Jeans von Lee oder von Sergio Valente, Le-Tigre-Jacken und natürlich Kappen von Kangol. Coolness war was zum Anziehen. Ich trug also meine Mütze überall, auf den Konzerten, zu Hause, in der Kirche, bei der Verleihung der Grammy Awards, später sogar bei meiner eigenen Hochzeit. Niemand durfte mich ohne sehen. Irgendwann hatte ich nicht nur mehr als zweitausend verschiedene Kappen, sondern auch eine ernst zu nehmende Neurose. Mir musste nur jemand im Spaß die Mütze vom Kopf ziehen, sofort wurde ich furchtbar wütend. Ich verlor die Beherrschung und – alle Coolness. Lektion Nummer zwei: Eine coole Kappe kann man verlieren, Coolness nie.
Eine ganze Weile war ich auch der Meinung, coole Jungs dürften nicht viel oder nur sehr wenig reden. Und wenn, dann so nuschelig wie möglich. Das hatte zwei Vorteile: Es hörte sich wahnsinnig gut an. Und: Man konnte uns nicht mehr verstehen. Bis auf das »Knowhattamean« nach jedem Satz. Sollte bloß keiner denken, wir wollten

nicht verstanden werden. Dieser »flow« ist wunderbar, damit kann man prima Rapmusik machen, Millionär werden und zwei Grammys gewinnen. Aber irgendwann lernte ich Lektion drei: Ich saß mit 15 anderen Leuten in einem Klassenzimmer in Hempstead, New York, und denen waren »flow«, Dollars und Grammys mehr als egal. Ich war 25 Jahre alt und drückte dort die Schulbank, um meinen Highschool-Abschluss nachzumachen. Was übrigens eine der coolsten Entscheidungen war, die ich jemals getroffen habe.

Je mehr Bücher ich las, desto alberner kam mir mein alter Lebensstil vor: Kaviar, Kokain, sogar die Kappen. Das hatte nie etwas mit Coolness zu tun gehabt. Verantwortung war cool. Lesen war cool. Und Lernen war noch viel cooler. Ich hatte bis zu diesem Zeitpunkt meine Frau Simone und unsere drei Kinder einfach ignoriert. Dafür gibt es keine Entschuldigung, höchstens eine Erklärung: Wer immerzu nur daran denkt, so cool wie möglich zu erscheinen, führt sich meistens auf wie der größte Idiot auf diesem Planeten. Zu heiraten, Kinder zu haben und dafür zu sorgen, dass die Familie versorgt und glücklich ist – das ist eine einmalige Chance und gleichzeitig die größte Verantwortung, die ein Mann in seinem Leben auf sich nehmen kann.

Wahre Coolness lebt davon, dass man sich zurücknimmt, und das ganz selbstverständlich. Wer wirklich cool ist, muss es niemandem mehr beweisen. Er strahlt es aus. Ich habe dafür ein paar Lektionen benötigt, und die zusammenfassend, kann ich heute sagen: Die richtigen Turnschuhe machen aus einem Charakterschwein noch lange keine coole Sau.

LL Cool J (Ladies Love Cool James), 30, heißt eigentlich James Todd Smith. Er ist mit mehr als zwanzig Millionen verkaufter Platten und zwei Grammys (Musik-Oscars) der erfolgreichste aller Hip-Hop-Musiker. LL Cool J lebt mit seiner Frau und seinen Kindern Najee, Italia und Samaria in New York und Los Angeles.

(James Todd Smith [LL Cool J] Cool, ey!, in: Süddeutsche Zeitung – Magazin vom 23.1.1998, S. 24)

1. In welchen Situationen und mit welchen Bedeutungen begegnet euch das Wort cool?

2. Welches Verständnis von cool sein kommt in dem Artikel zum Ausdruck?

3. Was haltet ihr von der Sicht des Experten LL Cool J?

Leben können – Entwurf eines Systems von Haltungen

Der Essener Erziehungswissenschaftler Josef Fellsches hat in seinem neuesten Buch einen Vorschlag gemacht, über welche Haltungen Menschen verfügen sollten, damit sie ein gelingendes Leben führen können:

Grundhaltungen	Haupthaltungen	Zusammenleben	Bürgersinn
Lieben	Bewusstheit	Solidarität des Lebens	Politische Aufmerksamkeit
Hoffen	Klugheit	Gewaltverzicht	Politische Beteiligung
Trauen	Gerechtigkeit	Verzeihen	Anteilgabe
	Standhalten	Opfermut	Gegenseitigkeit

(Josef Fellsches, Lebenkönnen. Von Tugendtheorie zur Lebenskunst, Verlag Die Blaue Eule, Essen 1996, S. 40)

Grundhaltungen sind für Josef Fellsches fundamental, das heißt auf ihnen baut alles auf, auf der anderen Seite können sie nach seiner Ansicht in einem gelingenden Leben auch höchstmöglich verwirklicht werden. Die Haupthaltungen sind seine moderne Version alter Kardinaltugenden, wie sie schon die alten Griechen als Orientierung hatten. Da der Mensch ein soziales Wesen ist, äußern sich Grund- und Haupthaltungen auch im Umgang der Menschen untereinander – im Zusammenleben. Da die Menschen ihre Lebensumstände selbst gestalten und verantworten, gehört ein politisches Engagement unverzichtbar zu einem gelingenden Leben.

1. Versucht an konkreten Beispielen, evtl. arbeitsteilig, die Begriffe der Tabelle möglichst anschaulich zu erläutern.
2. Welche Rolle können diese Haltungen in erzieherischen Beziehungen haben?
   Versucht möglichst konkret zu beschreiben, wie Eltern ihren Kindern helfen können, solche Haltungen zu entwickeln.
3. Können Kinder oder Jugendliche auch ihren Eltern helfen, solche Haltungen zu entwickeln bzw. wieder zu praktizieren?
4. Wie müsste das Schulleben nach eurer Ansicht gestaltet werden, um bei der Herausbildung solcher Haltungen zu helfen?

Ein Paradies für Flüchtlingskinder?

Im Dezember 1994 war ich unterwegs in Kroatien und Bosnien. Ich habe viele Flüchtlingslager gesehen und überall Kinder, viele Kinder. In Ivankovo kam mir ein kleiner Junge entgegen. Er lebte mit seiner Familie in einem Eisenbahnwaggon. Das ganze Lager bestand aus Eisenbahnwaggons, die man als Notunterkunft aus Deutschland geschickt hatte. Für mich war das in gewisser Weise das Schlimmste, was ich gesehen habe. Wenn du als Flüchtling in einem Zug sitzt, hast du doch nur einen Wunsch: dass er abfährt, nur weg von hier! Wenige Kilometer entfernt war die Front. Manchmal schlugen Granaten in der Umgebung ein. In diesem Zug lebten vielleicht zweihundert Familien. Etwas weiter entfernt standen andere Züge, mit Hunderten von Familien. Es gab auch Züge, die noch fuhren. Aber nicht die mit den Flüchtlingen. Die standen nur da, standen und standen und bewegten sich nicht. Keiner wusste, was mit ihnen geschehen sollte. Die Kinder in diesen Zügen sind die Kinder der Ungewissheit.

(Peter Sager/Sebastião Salgado, Auf der Flucht. Kinder ohne Heimat, in: ZEIT-Magazin v. 20.12.1996, S. 16–31 [Auszüge])

1. Schreibe aus der Perspektive des Kindes in Kroatien einen Text, der deutlich macht, wie für ein solches Kind das Nachdenken über Sinn und die Vorstellung von einem „Paradies“ aussehen könnte.
2. Was bedeutet die weltweite, massenhafte Existenz solcher Flüchtlingskinder für unser Nachdenken über Sinn und für unsere „Paradies“-Vorstellungen ?

Wie können Eltern ihren Kindern bei der Entwicklung von Werthaltungen helfen ?

Warum brauchen Kinder Werte?

Für kleine Elefanten ist die Sache ganz einfach: Sie kommen auf die Welt und wissen sofort instinktiv, was sie tun müssen, um in ihrer Herde als gute Dickhäuter zu gelten. Kleine Menschen haben es da entschieden schwerer: Die Natur stattet sie zwar mit der Fähigkeit aus, sich zu ersprießlichen Mitgliedern der Gesellschaft zu entwickeln, aber dass sie das auch tatsächlich werden, ist keineswegs genetisch vorprogrammiert. Sie haben keine Ahnung, warum sie dieses tun und jenes lassen sollen, warum man wohl auf die Trommel, nicht aber auf den Kopf der kleinen Schwester hauen darf. Kinder müssen erst lernen und erfahren, welches Verhalten in ihrer Gruppe als gut und richtig oder böse und falsch angesehen wird und wie man es lebt. [...]

Vorleben statt predigen

Laufen, Sprechen, Essen, Singen – Menschen lernen das allermeiste durch Nachahmung. Auch und vor allem die Art, miteinander umzugehen. Ob sie es wissen und wollen oder nicht: Eltern können gar nicht anders, als ihre Kinder zu einer bestimmten Einschätzung von Werten zu „erziehen“. Sie tun es in jedem Fall, einfach durch die Weise, wie sie sind und reagieren – wie sie sich zueinander verhalten, wie sie ihr Kind lieben und respektieren, wie sie etwa Vertrauen und Hilfsbereitschaft zeigen oder Ärger und Ablehnung, Gleichgültigkeit oder Anteilnahme. Aus allem lernt ein Kind schon von klein auf, was ihnen „gut“ und „richtig“ erscheint oder „falsch“ und „böse“, und daran hangelt es sich hoch. Die wenigsten Eltern machen sich klar, dass selbst ihr unreflektiertes Handeln ihre Sprösslinge unvergleichlich mehr beeinflusst als alle Mahnungen, Drohungen und Sanktionen. Tatsächlich bringen sie ihnen ihre Wertvorstellungen in erster Linie durch ihr Vorleben bei und nicht durch Überredung und Druck.

Es gehört zu den größten Wünschen der Kinder, sich mit den Eltern zu identifizieren, so zu werden wie Vater und Mutter. Allerdings nur dann, wenn sie die Großen lieben und bewundern können und sich bei ihnen geborgen fühlen. In einem Klima von Vertrauen und gegenseitiger Zuneigung übernehmen die Kinder am ehesten die Wertvorstellungen der Eltern und versuchen, sich ihnen anzugleichen. Harte, strafende Eltern haben dagegen kaum eine Chance, als positive Vorbilder zu bestehen, selbst wenn sie es gut meinen. Anstelle der Werthaltungen, die sie ihnen mit ihrer Strenge aufzwingen wollen, kopieren die Sprösslinge häufig nur die Methoden und neigen selbst zur Gewaltbereitschaft.

Weil Kinder von Anfang an bemüht sind, sich zugehörig zu fühlen und den Verhaltensweisen ihrer Gruppe anzupassen, beobachten sie scharf, was in ihrem Umfeld vorgeht. Sie haben ausgezeichnete Antennen und merken schnell, wenn ihnen etwas

aufgedrückt werden soll, was die Großen selbst nicht praktizieren. Bei Kleinen, die noch leicht zu steuern sind, mag dies vielleicht eine Weile klappen. Aber Größere, denen bewusst wird, dass im Prinzip allen gleiche Rechte zustehen, begehren oft auf gegen die Verschiebung der Maßstäbe. Wieso sollen sie sich an Regeln halten, die ein Großteil der Erwachsenen offen oder auf spitzfindige Art umgeht? Für die meisten, die sich mit diesem Thema befassen, gilt es inzwischen als ausgemacht, dass viele Kinder und Jugendliche gerade deshalb auf Werte pfeifen, weil sie gegen die weit verbreitete Doppelmoral der Erwachsenen protestieren und sich nicht von denen an der Nase herumführen lassen wollen, die ihnen Ehrlichkeit und Bescheidenheit predigen und dann selbst mit allen Tricks versuchen, ihr Schäflein ins Trockene zu bringen.

Wenn Eltern ihre Kinder von humanen Werten überzeugen wollen, bleibt ihnen also nichts anderes übrig, als bei sich selbst anzufangen, in ihrem eigenen Leben damit ernst zu machen und den persönlichen Wertebestand aufzupolieren. Vermutlich erscheint das manchen als fürchterliche Last. Aber ebenso gut lässt es sich als Chance betrachten, mit und von den Kindern zu lernen. Wer Kinder wirklich mag und Spaß daran hat, mit ihnen Schneemänner zu bauen, Leberblümchen zu bestaunen und Wasserrutschen runterzusausen, kann genauso viel Freude dabei empfinden, mit ihnen eine Familienatmosphäre zu gestalten, in der sich Liebe, Gelassenheit und Selbstvertrauen entwickeln können und all die anderen Werte, die später auch über diesen Mikrokosmos hinaus das Leben lebenswert machen.

Das elterliche Vorleben gilt zwar als die wirksamste Methode, um Kindern bestimmte Werthaltungen nahe zu bringen, ist aber trotzdem kein Unterfangen mit Erfolgsgarantie. Ein Kind wird durch das Muster der Großen nicht einfach in eine vorgegebene Form gepresst. Jedes hat seine unverwechselbaren Eigenarten und Ausrichtungen. Es wählt aus und übernimmt die Normen der Erwachsenen in einer Weise, die zu seiner Individualität passt. Und dadurch entscheidet es immer selbst mit über das Erlebnis. Darum ist es wichtig, kein zu starres Gerüst aufzubauen, sondern den Sprösslingen Freiräume zu lassen, in denen sie sich ihren eigenen Anliegen und Überzeugungen entsprechend einrichten können.

Es gibt allerdings auch Kids, die sich gegen alle Steuerungsversuche resistent zeigen, weder durch Vorbilder noch durch Bitten, noch durch Druck erreichbar. So schwer es auch fallen mag, aber das Einzige, was Eltern dann bleibt, ist anzuerkennen, dass Kinder nicht unser Eigentum sind, das wir nach unseren Wünschen formen können. […]

Achtung

Achtung zu haben bedeutet, die unantastbare Würde des Menschen anzuerkennen – die des Mitmenschen und auch die eigene. Sie ist ein Prinzip der Gegenseitigkeit, denn grundsätzlich hat jeder ein Anrecht darauf, dass seine Menschenwürde respektiert wird. Wer das beherzigt und seine Mitmenschen achtet, kann niemandem wehtun: Freundschaft, Ehrlichkeit, Zuverlässigkeit, Toleranz – die allermeisten Werte fußen auf dieser Hochschätzung anderer.

Aber nur wer von sich selbst etwas hält, gibt auch etwas auf die Rechte und Bedürfnisse anderer. Um seine Mitmenschen achten zu können, muss jeder deshalb zuerst lernen, sich selbst zu achten.

Selbstachtung beruht auf der Überzeugung, etwas wert zu sein, Bedeutung für andere zu haben und positive Eigenschaften und Fähigkeiten. Und dabei auch die eigenen Fehler und Schwachstellen akzeptieren zu können. Ihr Fundament bekommt sie schon in frühester Kindheit: Fühlt sich ein kleiner Mensch von seiner Umgebung geliebt und angenommen, entwickelt er ein positives Bild von sich selbst, ein tragfähiges Selbstwertgefühl.

Der Grad seiner Selbstachtung bestimmt ganz wesentlich mit über das seelische Gleichgewicht eines Menschen, seine Art zu denken, sich auszudrücken, sich zu bewegen. Er ist ausschlaggebend für seine Rolle in der Welt und vor allem für sein soziales Verhalten.
Selbstachtung ist das, was einen Menschen veranlasst, seinen Grundsätzen entsprechend zu handeln – auch wenn keiner zusieht. Sie bildet deshalb die Basis für seinen Umgang mit Werten.

(Brigitte Beil, Gutes Kind, böses Kind. Warum brauchen Kinder Werte?, Deutscher Taschenbuch Verlag, München 1996, S. 17, 36 f., [Auszüge])

1. Wie könnte man mit Hilfe der Autorin die von ihr im Untertitel des Buches gestellte Frage: *Warum brauchen Kinder Werte?* beantworten?
2. Welche Werte haltet ihr nach der bisherigen Arbeit für vermittlungswürdig bzw. vermittlungsnotwendig?
3. Erläutert an möglichst konkreten Beispielen, wie eine solche Wertevermittlung gestaltet werden könnte und welche Probleme dabei auftauchen können. Dies könnt ihr auch in Rollenspielen vorführen.

Anwendung

Wir geben einander Auskunft über unseren Stand der Klärung:

Drei Varianten einer Kurs-Talkrunde (nach K. Vopel)

Ihr könnt mit diesen Interviews trainieren, eure erarbeiteten Standpunkte zu Fragen nach dem Lebenssinn, nach Lebenszielen und Lebensplänen, Werthaltungen und damit verbundenen Erziehungsfragen anderen gegenüber darzustellen. Die abgestuften Formen des „öffentlichen Interviews“ sind mit einem unterschiedlichen Grad von Offenheit verbunden.
Daher sollte der Kurs sich entweder für eine Variante entscheiden, die sich alle zutrauen, oder die Varianten nacheinander durchführen.

Variante A:

Jedes Kursmitglied sucht sich einen Partner/eine Partnerin und schreibt zehn Fragen auf, die der Partner/die Partnerin an sie/ihn stellen kann. Der Partner/die Partnerin führt dann das Interview mit dem vom Befragten aufgestellten Fragenkatalog vor der Gesamtgruppe.

Variante B:

Eine Teilnehmerin/ein Teilnehmer sucht sich aus dem Kurs drei Gruppenmitglieder aus, die sie/ihn befragen sollen. Dabei sollten die drei Interviewer mit „sanften“ Fragen beginnen. Die Fragen sollten zum Ziel haben die befragte Person kennen zu lernen, nicht, sie bloßzustellen oder zu kritisieren. Wenn der/die Befragte eine Antwort verweigert, muss das akzeptiert werden. Die Befragung findet vor der Gesamtgruppe statt.

Variante C:

In kleinen Gruppen (vier bis sechs Teilnehmer/Teilnehmerinnen) erhält jede/jeder abwechselnd die Gelegenheit, von den anderen befragt zu werden. Jede/jeder schreibt zwei Fragen auf, die er/sie in dem Interview stellen möchte, auch der/die Befragte kann Fragen formulieren, die er/sie beantworten möchte.
Die befragte Person entscheidet, wer ihr in welcher Reihenfolge Fragen stellen soll. Sie kann auch die Rückfrage stellen, welche Bedeutung die Frage für den Fragende/die Fragende hat. Jede/jeder hat das Recht, Antworten auch zu verweigern. Das Interview wird mit den Worten „Ich danke für das Gespräch" beendet und der/die nächste Befragte ist an der Reihe.

Diejenigen, die gerade nicht an Interviews beteiligt sind, hören aufmerksam zu und merken sich Fragen und Kommentare bzw. notieren sich diese. Nach jeder Runde kann das Publikum Gelegenheit erhalten, den Fragern und Befragten eine Rückmeldung zu geben, Gedanken und Gefühle mitzuteilen oder Nachfragen zu stellen.

Gestalterische Möglichkeiten

1. Das sind wir! – Selbstportraits

Dazu sollte der Kursraum zumindest in einer Hälfte leer geräumt und die Wand mit einem neutralen Hintergrund versehen werden. Benötigt wird eine Kamera auf einem Stativ, natürliches Licht wäre günstig, ein Selbstauslösemechanismus ist notwendig.
Wenn diese Vorbereitungen getroffen sind, betritt jeder Schüler/jede Schülerin alleine den Raum, ausgestattet mit Requisiten eigener Wahl, nimmt vor der Kamera eine selbst gewählte Haltung ein und betätigt den Auslöser. Die Fotos sollten in einem einheitlichen (möglichst großen) Format vergrößert werden.

2. Menschen und ihre Meinungen! – Portraits

Wenn ihr Erziehungsprofis oder andere Menschen, die Aussagen über ihre Sicht eines „Paradieses", ihre Interpretation von Lebenssinn, ihre Lebensgestaltung machen können und wollen, befragt habt, könnt ihr diese, mit deren Einverständnis, fotografieren und ihr Bild, zusammen mit Aussagen, typischen Gegenständen oder Symbolen aussagekräftig dokumentieren.

3. Wir haben eine Botschaft! – Gestaltung von Plakaten

Wenn ihr im Verlaufe des Projektes auf wichtige Aussagen, Appelle oder Ideen gestoßen seid, über die es sich lohnen würde nachzudenken oder mit denen man zum Nachdenken provokativ aufrufen sollte, könnt ihr versuchen, durch Text-Bild-Kombinationen die Botschaften zu visualisieren.
Hierbei kann man auch auf vorhandenes Werbematerial zurückgreifen und dieses in Wort oder Bild verfremden, z. B.: „Ich lebe gern! Nicht immer, aber immer öfter!", „Wohin, wohin? Zum Sinn! Zum Sinn!" Durch entgegengesetzte Wort-Bild-Kombinationen erreicht man besonders provokant Aufmerksamkeit.
Bei der Gestaltung von Plakaten sollte man folgende Faustregeln beachten: nur eine zentrale Botschaft; möglichst großes Format; originell und kontrastreich; prägnante, einprägsame Formulierungen; „Sage nie, was du zeigst, und zeige nie, was du sagst!"; einfacher, klarer Aufbau.

4. Wir haben eine Vision! – Gestaltung von Collagen

Bildmaterial aus Illustrierten, Broschüren, Tageszeitungen… kann als Rohmaterial genommen werden, um eigene Wunsch- und Traumbilder, positive oder negative Zukunftsvisionen zu entwerfen. Hier einige Beispiele für geeignetes Bildmaterial:

Die Produkte können nur für die Person bestimmt sein, die sie erstellt hat. Ihr könnt auch eine Präsentation nur für euren Kurs arrangieren. Ihr könnt euch aber auch an die Schulöffentlichkeit wenden und anderen Kursen oder Lehrern bzw. Eltern eure Produkte zeigen. Ihr könnt sogar einen Schritt über die Schule hinaus wagen und zum Beispiel die örtliche Presse einladen oder einen Artikel für die Lokalpresse schreiben !

Beurteilung

„Dem Sinn des Lebens eine Zukunft geben" – Rat eines Psychologen für das Ich im 3. Jahrtausend

1. Du bist Teil all dessen, was dich umgibt: Luft, Erde und Wasser, Vergangenheit und Zukunft. Wenn du eines davon in Unordnung bringst, schadest du dir selbst.
2. Du sollst deine Einzigartigkeit nicht leugnen. Du bist das einzige Zentrum des Bewusstseins an deinem Ort in Raum und Zeit. Deshalb sollen deine Gedanken, Gefühle und Handlungen ihren Ursprung in deinen persönlichen Erkenntnissen und Erfahrungen haben.

3. Du bist verantwortlich für dein Handeln. Wenn du Herrschaft über deine Gedanken, Wünsche und Handlungen erlangst, trägst du zur Ordnung in deiner Umwelt bei. [...]

4. Du sollst mehr werden als du bist. Das Selbst ist eine kreative Konstruktion. Niemand ist jemals vollständig oder vollendet. Was du in Zukunft tun wirst, entscheidet darüber, wer du bist. Wer die Grenzen seines egozentrischen Selbst transzendiert, beschreitet den Weg der Evolution.

(Mihaly Csikszentmihalyi, Dem Sinn des Lebens eine Zukunft geben. Eine Psychologie für das 3. Jahrtausend, übers. von Maren Klostermann, Klett-Cotta, Stuttgart 1995, S. 372f.)

1. Versucht die vier Grundsätze mit eigenen Worten zu beschreiben.
2. Sucht für jeden Grundsatz ein möglichst konkretes Beispiel.
3. Sind diese Grundsätze für euch einleuchtend ? Stimmt ihr ihnen zu oder lehnt ihr sie ab?
4. Welche Schlussfolgerungen könnte man daraus für Erziehung ableiten?
5. Versucht einen neuen, fünften Grundsatz für die Erziehung von Kindern hinzuzufügen.

Zum Abschluss: Das Ritual mit den drei Kerzen

Wenn ihr am Ende dieses Projektes mit eurer Arbeit zufrieden seid und sie mit einem besonderen Ausklang abschließen wollt, dann lohnt sich folgende Übung:

Übung

Material: Für jeden Teilnehmer benötigen Sie drei Kerzen, außerdem ist es schön, wenn Sie bei dem Ritual etwas Musik spielen können, die eine Atmosphäre der Freude und des Besonderen unterstreichen kann (z. B. Barockmusik o. Ä.). Am besten bereiten Sie diese Zeremonie vor, indem Sie die Teilnehmer in der vorangegangenen Sitzung auffordern, sich drei Dinge zu überlegen: 1. Was war für mich im Laufe des letzten Jahres besonders wichtig? Wovon konnte ich mich trennen? Was habe ich erreicht? Welche Probleme habe ich gelöst? etc. 2. Was steht für mich in der gegenwärtigen Phase im Mittelpunkt? Was trägt zu meiner Lebensfreude bei, was macht mich glücklich? 3. Welches Bild habe ich von meiner Zukunft? Worauf freue ich mich? Was will ich ändern? Welche Herausforderungen erwarte ich? Zu diesen drei Themen soll jeder auf der kommenden Gruppensitzung sprechen; frei oder nach Stichworten oder nach Manuskript.

Anleitung: Ich möchte, dass wir gemeinsam eine Zeremonie feiern, bei der wir uns vor allem auf die guten Dinge in unserem Leben konzentrieren können. Wenn wir mit anderen, die uns gut kennen und die Anteil nehmen an unserer Entwicklung, zusammen feiern, dann können wir das noch besser genießen. Ich habe für jeden drei Kerzen, die ihr nachher vor euch aufstellen sollt. Dann wird einer von euch beginnen und seine erste Kerze entzünden. Diese **erste Kerze** symbolisiert die Vergangenheit.

Wenn ihr sie anzündet, dann sprecht ungefähr ein bis zwei Minuten über die wichtigsten Dinge des letzten Jahres. Was hat euch geholfen, mit den Herausforderungen fertig zu werden, die sich für euch ergeben haben? Was hat dazu beigetragen, dass ihr Mut und Stärke empfunden habt oder Glück und Harmonie? Auf welche Weise habt ihr gut für euch selbst gesorgt? Welche alten Dinge konntet ihr aufgeben, weil sie nicht länger für euch notwendig waren? Gab es irgendwelche Ereignisse, für die ihr besonders dankbar seid? Gab es Dinge, von denen ihr im Rückblick sagen würdet, sie waren ein kleines oder großes Wunder? Wart ihr selbst für irgendeinen anderen Menschen besonders wichtig? Habt ihr irgendwie zum Glück eines anderen beigetragen? Ihr könnt aber auch Dinge berichten, die schwierig waren und die euch verletzt haben. Vielleicht seid ihr jetzt auch so weit, dass ihr sagen könnt, dass diese schwierigen Dinge irgendwie zu eurer Charakterstärke beigetragen haben.

Die **zweite Kerze** symbolisiert eure Gegenwart. Wenn ihr sie anzündet, sprecht darüber, wie ihr eure Gegenwart erlebt. Ihr könnt euch dabei auf all die guten Dinge konzentrieren, die ihr jetzt erlebt, die euch jetzt möglich sind. Und es gibt vieles, das zu eurer Lebensfreude beiträgt. Macht euch all das bewusst, was euer Herz weit und hell macht. Ihr könnt über die Vorlieben sprechen, die ihr habt, über Situationen, in denen ihr Schönheit und Liebe erlebt. Vielleicht habt ihr auch das Gefühl, dass ihr immer besser dazu in der Lage seid, wichtige Dinge in eurem Leben selbst zu bestimmen und selbst dafür zu sorgen, dass es euch gut geht.

Die **dritte Kerze** symbolisiert eure Zukunft. Wenn ihr sie anzündet, könnt ihr über eure Wünsche sprechen, die ihr an das Leben habt, über Ziele, die ihr anstreben wollt, über Dinge, die ihr lernen möchtet. Ihr könnt auch über die Zuversicht sprechen, die ihr empfindet, dass ihr vieles von dem, was ihr euch wünscht, auch erreichen werdet. Und vielleicht könnt ihr in das Bild eurer Zukunft manches hineinbringen aus der Vergangenheit, das Wissen um eure persönlichen Stärken, die Fähigkeit, aus Erfahrungen zu lernen, und vor allem das Bewusstsein, dass jeder von uns auf eine geheimnisvolle Weise mit dem Leben und mit der Welt verbunden ist. Jeder von uns darf wissen, dass er einzigartig und wertvoll ist, ganz unabhängig davon, wie gut es uns bisher gelungen ist, das nach außen sichtbar zu machen. Und immer wenn einer von uns alle drei Kerzen angezündet und dazu gesprochen hat, kann er einen anderen bitten, weiterzumachen und ebenfalls die erste Kerze anzuzünden und mit ein paar Worten über die Erfahrungen des letzten Jahres zu sprechen. Und so geht es immer weiter, und immer mehr Kerzen werden brennen und Licht und Wärme verbreiten und uns daran erinnern, dass wir alle lebendig sind. Und zugleich können die Flammen uns zeigen, dass wir ein Recht haben, uns selbst wertvoll zu finden, denn wir können wie die Flammen Licht und Wärme auch in unserer Existenz empfinden, und wir dürfen wissen, dass wir unseren Wert nicht aus unserem Verhalten ableiten müssen. Unser Verhalten spiegelt all das, was uns gelehrt wurde und was wir selbst gelernt haben. Aber jeder von uns hat in sich einen Platz, wo wir uns so fühlen können wie die Flamme, lebendig, hell, warm und vollkommen und verbunden mit dem Leben um uns herum und mit der Welt.

Und jetzt möchte ich, dass der Erste von uns beginnt und die erste Kerze entzündet.

(Es ist passend, wenn Sie sich selbst auch an diesem Ritual beteiligen. Am Ende des Rituales sollte keine Auswertung stehen. Wenn die Gruppe längere Zeit zusammen ist, kann diese Zeremonie übergehen in ein gemeinsames Essen. Oder es kann ein gemeinsamer Spaziergang angeschlossen werden oder etwas ähnlich Passendes.)

(Klaus W. Vopel, Nicht vom Brot allein, Iskopress, Salzhausen 1994, S. 217 ff.)

10/2

3. Erziehung zur Verantwortung

Notiere dir 10 Wörter,
die dir spontan zu diesem Bild einfallen.

Schreibe anschließend eine kurze Geschichte oder ein kurzes Gedicht, in denen diese Wörter vorkommen.

A Verantwortungsbereiche

Ergänze: Andere wahrnehmen – Zwischenräume erkennen – aufeinander zugehen – …
Wo stehe ich, wie steht der andere zu mir,…?

B Kooperative Spiele

Die nachfolgend aufgeführten Spieleinheiten können als einzelne Blöcke durchgeführt werden, es ist aber auch möglich, je nach Interesse und Kursklima eine Auswahl zu treffen. Kooperative Spiele können helfen, die Kommunikation, den Zusammenhalt, das Vertrauen und das Verantwortungsgefühl der Teilnehmerinnen und Teilnehmer zu thematisieren, indem die Übungen als eine gemeinsame Erfahrung erlebt werden und ihr euch über eure eigenen Spielerfahrungen austauscht. Dieser Austausch ist nur dann konstruktiv, wenn die Eigenarten der Teilnehmerinnen und Teilnehmer geachtet und nicht kommentierend abgewertet werden.

Die **erste Spieleinheit** hat die Zielsetzung, sich untereinander bewusst wahrzunehmen und Körperkontakt mit anderen einzugehen, um kooperatives Verhalten zu erproben:

Alle in einer Reihe: Die Gruppe bildet eine Reihe nach einem von der Spielleitung angesagten Kriterium. Beispiel: Alle in eine Reihe nach dem Anfangsbuchstaben der Vornamen – dann beginnt z. B. Andreas und man endet bei Wolfgang. Dann nach einem neuen Kriterium aufstellen, z. B. nach Alter, Größe, Gewicht, Augenfarbe usw. [...]

Aufstehen: Zwei Personen etwa gleicher Größe sitzen sich auf dem Boden gegenüber. Die Knie werden leicht angewinkelt, die Fußspitzen berühren sich und die beiden fassen sich an den Händen. Aufgabe der beiden sich gegenübersitzenden Spieler ist es nun, sich gegenseitig hochzuziehen und zum gleichen Zeitpunkt vom Boden abzuheben.

Wenn beide erfolgreich auf den Füßen stehen, suchen sie sich das nächste Paar und probieren das Ganze zu viert. Nach jedem geglückten Versuch sollten zwei weitere dazukommen. Vielleicht schafft es zum Schluss ja die gesamte Gruppe.

Drei Leute mit drei Füßen: Dreiergruppen sollten sich über eine bestimmte Strecke gemeinsam bewegen – allerdings unter der Bedingung, zugleich nie mehr als drei Füße auf dem Boden zu haben. Variante: vier Leute mit höchstens zwei Händen und drei Füßen auf dem Boden usw.

Blind führen: Einer schließt die Augen und lässt sich vom anderen durch den Raum, das Haus oder Gelände (sehr erlebnisreich) führen. Es darf nicht gesprochen werden. Kontaktmöglichkeiten bestehen über die Hände und Arme und Signale über die Schultern. *Variante:* Der Sehende führt den Blinden ohne jeden körperlichen Kontakt. Der Sehende gibt nur verbale Kommandos (sehr spannend und für die Teilnehmer herausfordernd). Anmerkung: Als „Blindenführer" langsam gehen, Zeit geben und alle Vorsichtsmaßnahmen für seinen „Blinden" treffen.

Die **zweite und dritte Spieleeinheit** haben die Zielsetzungen: Körperkontakt untereinander eingehen, Kooperation einüben und Vertrauen entwickeln. [...]

Personentransport: Die Aufgabe der Gruppe besteht darin, einen Spieler über oder durch eine Reihe von Hindernissen zu transportieren, die so ausgesucht oder konstruiert werden, dass sie eine Herausforderung an die ganze Gruppe darstellen. Der Parcours wird von der Spielleitung ohne die Gruppe aufgebaut. Beim Spiel ist auf Folgendes zu achten:

1. Einige denkbare und mögliche Hindernisse wären zum Beispiel: durch hohes Gras, über fließendes Wasser, die Treppe hoch und runter, über eine niedrige Mauer oder quer durch ein Auto.
2. Die Transporteure dürfen ihre Füße nicht bewegen, wenn sie körperlichen Kontakt mit dem Transportgut haben. Wenn dieser Kontakt beendet ist, können sie sich an anderer Stelle erneut postieren, damit der Transport weitergehen kann.
3. Das Transportgut darf weder den Boden noch die Hindernisse berühren.
4. Die Gruppe trifft selbst die Entscheidung, welche Mitspieler sie transportiert.
5. Die Hindernisse müssen unterschiedlich schwer zu bewältigen sein und ein Transport sollte nicht länger als 10–15 Minuten dauern.
6. Jedes Gruppenmitglied soll bei dem Transport mithelfen. Wer welchen Part schwerpunktmäßig übernimmt, kann die Gruppe vorher selbst überlegen.

[...]

Die Schaukel: Zwei Reihen von Spielern stehen sich gegenüber. Dann knien sich alle hin und die jeweils gegenüberknienden Spieler geben sich die Hände. Der erste Spieler kann sich nun auf dem Rücken in die entstandene Schaukel hineinlegen. Er schließt die Augen und wird nun von den anderen Spielern gleichmäßig und vorsichtig hochgehoben, das kann auch bis über die Köpfe der zwei Reihen geschehen. Nun wird der Liegende gleichmäßig und sanft hin und her geschaukelt. Je ruhiger alle sind, desto intensiver kann der Geschaukelte das Spiel erleben. Nach etwa 20–30 Sekunden wird der Schwebende wieder zu Boden gelassen.

Vertrauensfall: Auf einem stabilen Podest von etwa 120 cm Höhe stellt sich eine Person mit dem Rücken zu den sich vor einer Plattform aufbauenden Fängern (mindestens acht). Diese stehen sich in einer Zweierreihe gegenüber. Sie strecken die Arme auf Schulterhöhe, die Handfläche nach oben zeigend, nach vorne aus. Die Anordnung der Arme geschieht nach dem Reißverschlusssystem. So streckt der erste (A) seine Arme nach vorne aus, der ihm Gegenüberstehende (B) legt seinen rechten Arm (nicht nur die Hand) zwischen die ihm entgegengestreckten Arme, seinen linken neben den rechten Arm von A. Nicht an den Händen fassen! Der Fallende verschränkt seine Hände vor der Brust ineinander oder steckt sie in die Hosentaschen, damit der Fänger bei eventuellen Ausholbewegungen geschützt ist. Ein vorher bestimmtes Gruppenmitglied kontrolliert dann, ob der Fallende auch richtig auf die Fänger hin ausgerichtet ist. Sind die Fänger dann bereit, rufen auch sie laut „Fertig“. Dann sagt der Fallende entweder: „Ich falle“ und lässt sich in die Arme der Fänger fallen. Oder er sagt: „Ich habe den Mut wieder zurückzugehen“ und steigt wieder von der Plattform herunter. Die kräftigsten Fänger sollen sinnvollerweise dort postiert werden, wo der Hintern des Fallenden voraussichtlich landen wird.

(Thomas Petry, Kooperative Spiele mit benachteiligten Jugendlichen, in: Ulrich Baer u. a. [Hg.], Lernziel: Lebenskunst, Kallmeyersche Verlagsbuchhandlung, Seelze-Velber 1997, S. 176ff.)

C Zielscheibenmatrix

Wofür fühle ich mich verantwortlich?

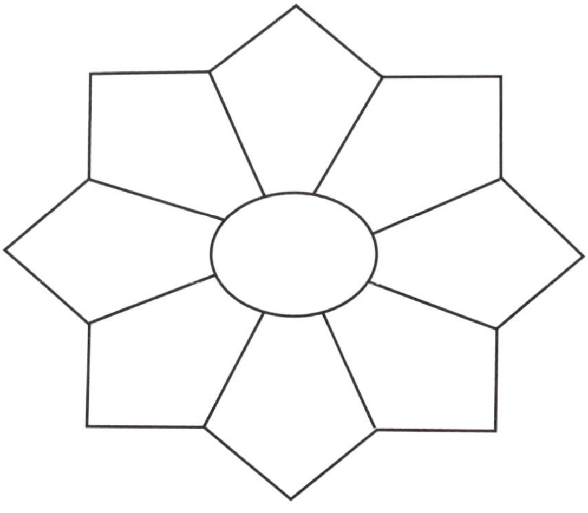

Kopiere diese Matrix. Schreibe in die Mitte deinen Namen. Durch farbiges Ausfüllen der einzelnen Felder kannst du deutlich machen, wofür du dich zur Zeit verantwortlich fühlst. Dazu solltest du vorher die Verantwortungsbereiche festlegen (z. B. ‚Sachen‘, ‚Personen‘, ‚Aufgaben‘,...) und den einzelnen Feldern zuordnen.
Suche dir anschließend einen Partner und vergleicht eure Ergebnisse.

D Verantwortlich miteinander umgehen

Wie sollte ein Klassenklima sein, damit ein verantwortliches Miteinander möglich ist? Der folgende Fragebogen kann helfen, von einem Ist-Zustand zu einer gewünschten Zielperspektive zu gelangen.

Statement	stimmt genau	stimmt zum Teil	stimmt weniger	stimmt überhaupt nicht
a) Ich helfe den anderen.				
b) Ich kränke oder verletze niemanden.				
c) Ich kümmere mich um Mitschüler/Mitschülerinnen, denen es nicht gut geht.				
d) Ich vermittle bei Streit.				
e) Ich sehe meine Mitschüler/Mitschülerinnen nicht als Konkurrenten/Konkurrentinnen.				
f) Ich erzähle Außenstehenden nichts über persönliche Dinge, die ich im Kurs erfahren habe.				
g) Ich rede nicht *über* andere, sondern *mit* ihnen.				
h) …				

Zum Verfahren:

1. Kopieren und anonym ausfüllen
2. Auswerten: durch den Lehrer/die Lehrerin oder Schülerpaar; Durchschnitts- und positive und negative Extremwerte festhalten
3. Ergebnisse auf Folie übertragen
4. Verbalisierung und Diskussion der Ergebnisse
5. Diskussion über Konsequenzen

(Nach: Edwin Stiller, Dialogische Fachdidaktik Pädagogik, Schöningh, Paderborn 1997, S. 102)

Orientierung und Planung

Antworten auf Fragen – Ver/antwort/ung

Der fragende Blick eines Kindes, welches auf den Arm genommen werden möchte, sucht nach einer Antwort, die in diesem Fall Nähe bedeutet. Das jüngere Geschwisterkind, auf das ich aufpasse, fühlt sich aufgehoben und weiß, dass ich es beschützen werde, falls es in eine gefährliche Situation kommt. Der Außenseiter, der umherirrt, fragt nach einem Gespräch, jemanden, der ihm zuhört. Der Süchtige ist möglicher-

weise voller Fragen und auf der Suche nach Antworten, die seinem Leben einen Sinn geben. Die Umwelt, die zerstört zu werden droht, fragt nach Einsicht und Orientierung an humanen Werten.

„Reden wir von Verantwortung, so haben wir es mit einem dreistelligen Ausdruck zu tun:
(1) ich bin
(2) jemandem
(3) für etwas/jemanden verantwortlich;
ich habe jemandem zu antworten auf dessen Rückfragen nach meinem Umgehen mit etwas oder jemand."

(Jörg Splett, Verantwortung religionsphilosophisch gesehen, in: Friedrich Jahresheft 1992: Verantwortung, S. 61)

Folgt man diesem Gedankengang, dann bedeutet Verantwortung übernehmen die Bereitschaft, auf einen Anlass, eine Herausforderung (die sich manchmal auch als zwingend darstellt), eine Frage zu antworten. Dies fordert eine Bewegung heraus, ein Zugehen, ein Herausgehen aus sich selbst. Übernehme ich Verantwortung, so gehe ich die Verpflichtung ein, für die Folgen einzustehen. Diese, auf die Zukunft gerichtete, Perspektive stellt eine Herausforderung dar: Werde ich dieser Forderung an mich selbst nicht gerecht, muss ich mit den Konsequenzen umgehen – ich werde zur Verantwortung gezogen.
Verantwortung übernehmen bedeutet sich einmischen, nicht anderen Interessensgruppen das Feld überlassen, ein Aspekt, der besonders für politische Bereiche von Bedeutung ist.

Die Qualität der Antwort kann dabei Interesse ausdrücken, kann aber auch bis zum Engagement oder sogar bis zur Selbstaufgabe führen, fühlt man sich nur noch für andere/anderes verantwortlich und nicht mehr für sich selbst.
Auch wir selbst sind in der Lage, an uns Fragen zu stellen, die nach einer Antwort suchen. Dies können z.B. religiös/philosophisch orientierte Fragen sein, etwa nach dem Sinn des Lebens, die eine Antwort herausfordern.
Antworte ich nicht, so bin ich gleichgültig, bleiben wir eine Antwort schuldig, sind wir verantwortungslos.
Übernehme ich für eine Sache/eine Person Verantwortung, so schließe ich diese Sache/diese Person in meinen Gedankenhorizont ein, richte mein Handeln danach aus, ein Stück weit nehme ich diese Sache/diese Person in mein Leben auf, was auch umgekehrt heißt, dass mein Leben davon beeinflusst wird.
Denken wir nur an den kleinen Prinzen aus der Geschichte von Antoine de Saint-Exupéry, der u.a. aus Verantwortung für eine Blume wieder in seine alte Heimat zurückkehrt:

„Die Menschen haben diese Wahrheit vergessen", sagte der Fuchs. „Aber du darfst sie nicht vergessen, du bist zeitlebens für das verantwortlich, was du dir vertraut gemacht hast. Du bist für deine Rose verantwortlich...". „Ich bin für meine Rose verantwortlich...", wiederholte der kleine Prinz, um es sich zu merken.

(Antoine de Saint-Exupéry, Der kleine Prinz, übers. von Grete und Josef Leitgeb, Karl Rauch Verlag, Düsseldorf 1998, S. 52, 53)

Eine Erziehung zur Verantwortung soll dabei helfen, die Fragen zu hören, die wir uns selber bzw. unsere Umgebung an uns stellen, wobei es manchmal sein kann, dass diese Fragen sehr leise geäußert werden oder sogar erst herausgefunden werden müssen. Entscheiden wir uns zu antworten, wenden wir uns der Frage zu und tun wir etwas, um diese Spannung zwischen Frage und Antwort aufzulösen, so fühlen wir uns verantwortlich, handeln verantwortungsbewusst.

Im Laufe der Lebensgeschichte lösen wir uns aus Verantwortungsbereichen heraus und werden zunehmend für uns selbst verantwortlich, sind eigentlich dann auch zunehmend in der Lage, Verantwortung zu übernehmen (als Heranwachsender werden wir zunehmend zur Verantwortung gezogen) oder Bereiche auszumachen, wo wir uns nicht verantwortlich fühlen.
Zur Verantwortung erziehen kann man nur, wenn man sich selbst zur Verantwortung ziehen lässt. Eine Erziehung zur Selbstständigkeit ist eng verbunden mit der Fähigkeit, Verantwortungsbereiche festzulegen und Verantwortung zu übernehmen, damit wir uns selbst und unserer Außenwelt ‚keine Antwort schuldig bleiben'.

(Heinz Dorlöchter, Mai 1998)

Die folgende Methode: ‚Textanalyse' gibt dir Hilfen, diesen Text zu erschließen.

Überlege dir Beispiele zu dir interessant erscheinenden Aussagen des Textes. Welche Parallelen zu früheren Kapiteln findest du heraus?

In dem Abschnitt *Erarbeitung* findest du Anregungen, einzelne Aspekte zu vertiefen.

Methode

TEXT ANALYSE

Die Erziehungswirklichkeit hast du in deinem bisherigen Leben in vielen Situationen und Handlungen erlebt. Manche erzieherischen Begegnungen haben dir gefallen, bei anderen hast du dich sicherlich gefragt: „Kann es nicht auch andere Lösungen bei Konflikten geben? Woher kann ich mehr Informationen über die Aufgaben eines Babysitters, über die Unterschiede von Jungen und Mädchen etc. bekommen?"
Sicherlich kannst du mit der Gruppe in Diskussionen, Interviews oder Rollenspielen viele zusätzliche Erkenntnisse gewinnen. Besonders wichtig für den Pädagogikunterricht ist es aber, dein Wissen zusätzlich durch schriftliche Informationen zu vergrößern. Texte können Sachverhalte wie z. B. die Entwicklung von Kindern zu Erwachsenen, die Bedeutung des Spiels für Kinder usw. wissenschaftlich präzise darstellen oder auch erzieherisches Handeln kritisch betrachten, wie es z. B. in Zeitungsartikeln, Reden, Flugblättern usw. geschieht. Sicherlich hast du schon oft erlebt, dass sich ein Text beim ersten Lesen nicht gleich verstehen lässt. Die folgenden Hinweise sollen dir den Umgang gerade mit schwierigen Texten erleichtern.

Als Grundlage soll dir die einprägsame **W-Formel** dienen:

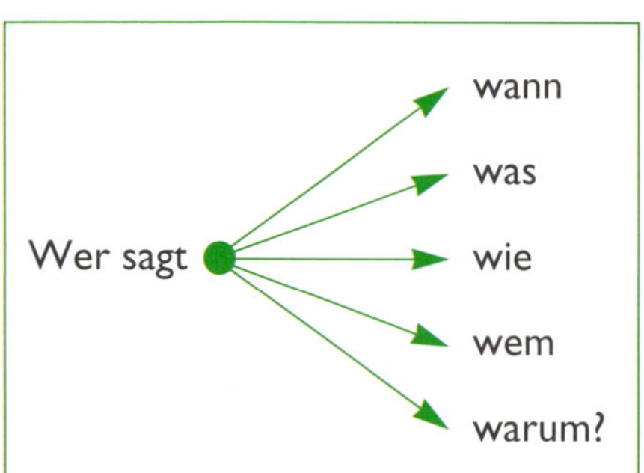

1. Schritt:
Stelle fest, wer der Autor/die Autorin ist und wann er/sie den Text verfasst hat. Daraus lassen sich wichtige Rückschlüsse für den Inhalt ziehen.

2. Schritt:
Erarbeite, was die Hauptaussagen des Textes sind, und fasse sie mit eigenen Worten zusammen.
Dazu kann es hilfreich sein
– den Text zu gliedern,
– Schlüsselbegriffe farbig zu markieren.

3. Schritt:
Untersuche, wie der Autor/die Autorin seine/ihre Argumentation aufgebaut hat und welche stilistischen Mittel er/sie einsetzt (z. B. Polemik, Satire, Rhetorik). Achte besonders auf die Textart, wie Rede, Interview, wissenschaftlicher Text, Zeitungsartikel, Flugblatt usw.

4. Schritt:
Prüfe, an wen sich der Text richtet, d. h. stelle den Adressaten fest. Sind es die Eltern, die Schülerinnen und Schüler, die Wissenschaft, …?

Hast du diese vier Schritte erfolgreich bewältigt und damit das Textverständnis hergestellt, kannst du nun in den nächsten beiden Schritten begründet zum Text Stellung nehmen:

5. Schritt:
Überlege, warum der Autor/die Autorin den Text geschrieben hat. Versuche die Absicht (Intention) zu erkennen und zu begründen. Will er/sie z. B.
a) neue pädagogische Prinzipien entwickeln?
b) wichtige Erziehungsratschläge geben?
c) …

6. Schritt:
Beurteile, wozu die Textaussagen führen, d. h., welche Wirkung der Text hat. Hier ist dann deine eigene Meinung gefragt und du kannst den Textinhalt kritisch unter die Lupe nehmen.

Nach der Pflicht kommt die ‚Kür':
Auch die folgenden kreativen Möglichkeiten hast du beim Umgang mit Texten:
- Folien und Tafelbilder zum Text in Gruppen entwerfen
- Texte umformulieren in andere Textarten (z. B. wissenschaftlichen Text zur Zeitungsmeldung oder zum Erziehungsratgeber umgestalten)
- Sprechblasen formulieren zu den Textaussagen
- …

Erarbeitung

Wie kann Erziehung helfen, Verantwortung für sich selbst zu übernehmen?

Wie bereits im Abschnitt *Orientierung* ausgeführt wurde, sind Kinder für eine positive Entwicklung darauf angewiesen, dass Bezugspersonen (Eltern, …) sich für sie verantwortlich fühlen. Daher ist eine erste wichtige Erfahrung auf dieser Welt, dass man nicht schutzlos, nicht alleine ist, dass Anteil an dem eigenen Leben genommen wird. Das bedürftige, das fordernde Kind kann sich ohne Versorgung, Unterstützung, Anteilnahme/Liebe – also das Gefühl in Verantwortungsbezügen zu leben – nur schwer entwickeln:
„Ich sage ohne zu zögern, dass man ein Kind nicht mit Liebe ‚verziehen' kann. Aber die Liebe muss echt sein, d.h. sie muss ein zärtliches Gefühl sein, das auf die Bedürfnisse des Kindes antwortet, und nicht das, von dem die Mutter ‚glaubt', das Kind brauche es."
(Alexander Lowen, Körperausdruck und Persönlichkeit, Kösel Verlag, München 1990, S. 182)

Ebenso ist es ein wichtiges Ziel für die Erlangung von Selbstständigkeit, dass im Verlaufe des Ablöseprozesses von den Eltern die Verantwortung für die eigene Lebensgestaltung zunehmend von den Heranwachsenden selbst übernommen wird, somit auch eigenständig Entscheidungen getroffen werden (vgl. das Kapitel 10/1,1.: Generationenkonflikte).

Wir tun unseren Kindern keinen Gefallen, wenn wir sie ständig davon abhalten, sich auf ihr eigenes Urteil zu verlassen. Durch Erfahrungen und das Vertrauen auf sein eigenes Urteilsvermögen gewinnt ein Kind an Intelligenz und wird es selbst. Ein Beispiel dafür ist das Klettern, eine Aktivität, die das ziellose Einüben von Geschicklichkeit ermöglicht und einzig und allein auf der Initiative des Kindes beruht. Viele Erwachsene halten Kinder vom Klettern ab und verstehen nicht, wozu das gut sein soll. Alison Stallibrass, die viele Jahre lang eine freie Spielgruppe geleitet hat, betrachtet Klettern als eine wichtige vorschulische Aktivität:
Es gibt eine Situation, in der das kleinste Kind vollkommen autonom sein, also selbstständig und erfolgreich handeln kann, und zwar, wenn es auf einen ihm zugänglichen Gegenstand oder eine entsprechende Fläche klettert. (Bei einem sehr kleinen Kind heißt ‚Klettern' auf abschüssigen Flächen krabbeln und rutschen, an den Händen schwingen, von Kisten steigen oder hüpfen, die Treppe hinaufkrabbeln und sich eine Stufe nach der anderen hinunterlassen.) Wie wir festgestellt haben, kann man darauf vertrauen, dass das Kind die Lage vernünftig einschätzt, wenn es sich dabei auf die Informationen verlassen kann, die ihm sein sensomotorisches System übermittelt. Das ist der Fall, wenn ein Kind ‚klettert'. Es entscheidet selber, wo es Hände und Füße und Körper platziert, um das Gleichgewicht zu halten, und es bestimmt, wie weit und wo entlang es klettert und was es mit seinem ganzen Körper anstellt und nicht bloß mit den Händen und Füßen. Das Kind empfindet Respekt und Verantwortung für sich selbst. Wahrscheinlich stärkt Klettern im Kleinkindalter Selbstachtung und Selbstvertrauen eines Kindes mehr als jede andere sensomotorische Aktivität.
Natürlich kann das Kind fallen, aber das ist ein Risiko, auf das wir uns einlassen müssen, wenn wir neue Höhen erklimmen wollen. Ein Kind bringt sich das Klettern selber bei, in dem es sich in kleinen Schritten, in dem ihm eigenen Tempo bewegt; es fällt gelegentlich, aber es reagiert darauf nicht wie ein Erwachsener mit Entsetzen oder Scham.
Ein Kind, dessen Körper entspannt ist, fällt leicht und weich und wird sich kaum ernsthaften Schaden zufügen. Es weiß, dass Fallen kein Zeichen von Inkompetenz ist, sondern nur bedeutet, dass es sich ein wenig zu weit vorgewagt hat. [...]
Ein Kind hat einen gesunden Appetit auf Bewegung und keinerlei selbstmörderische Tendenzen. Alle Kinder sind motiviert, ihre Welt auf ihre eigene Art und in ihrem eigenen Tempo zu erforschen. Sie sind allerdings gleichzeitig in hohem Maße anfällig, der erwachsenen Suggestion über die Beschaffenheit der Welt zu erliegen. [...]
Vor Jahren besuchte ich einen Abenteuerspielplatz im Holland Park in London. Überall waren Bäume zum Klettern, Seile zum Schwingen und dergleichen ‚gefährliche' Dinge mehr. Ich fragte die verantwortlichen jungen Leute, ob sich viele Kinder verletzen würden. „Nein, nicht mehr, seit wir den Erwachsenen den Zutritt verboten haben." Als die Mütter noch kommen konnten, haben sie ständig gesagt: „Tu dies nicht, tu das nicht, das ist zu gefährlich." Durch solche Mahnungen fühlten sich die Kinder gedemütigt, und sie waren so wütend, dass sie mit der Einstellung ‚Ich werd's dir schon zeigen' auf einen zu hohen Baum kletterten oder ein für sie zu schwieriges Gerät benutzten. Sobald sie sich in Gefahr befanden und dazu dieses „Du fällst, pass' auf, du fällst" im Ohr hatten, wurden sie nervös und stürzten ab. So bauten die Ver-

antwortlichen schließlich einen kleinen Wartebereich, in dem die Mütter sitzen und reden konnten, *aber ohne ihre Kinder sehen zu können*, während die Kinder auf dem Spielplatz spielten. Seitdem, wurde mir gesagt, bestand die schwerste Verletzung aus einem leicht verstauchten Knöchel. Wenn die Kinder sich selbst überlassen blieben, dann trafen sie bezüglich des Risikos, das sie eingehen wollten, sehr kluge Entscheidungen – denn natürlich mussten sie gewisse Risiken eingehen, wenn es ein abenteuerliches Spiel sein sollte. Und gleichzeitig lernten sie, in gefährlichen Situationen einen kühlen Kopf und Ruhe zu bewahren.

(Deborah Jackson, Das respektierte Kind, übers. von Heike Brandt, Quadriga Verlag, Weinheim/Berlin 1996, S. 69ff., 140)

1. Welche Freiräume sollten Kindern/Heranwachsenden eingeräumt werden, damit sie lernen können, Verantwortung für sich selbst zu übernehmen?
Versuche auf einer Altersskala Verantwortungsbereiche zu beschreiben, die helfen können, eine Erziehung zur Selbstständigkeit (Kinder/Heranwachsende treffen weitgehend eigene Entscheidungen und fühlen sich für die Folgen verantwortlich) zu unterstützen.
Hinweise findest du in den Kapiteln „Babysitterführerschein“, „Konflikte lösbar machen“ und „Generationenkonflikte“.

2. Nimm die Perspektive von Eltern gegenüber ihren Kindern ein und diskutiere anhand von konkreten Beispielen:
Worin besteht der Unterschied zwischen ‚Verantwortung abgeben‘ und ‚sich aus der Verantwortung stehlen‘?
Welche Wirkungen ergeben sich jeweils aus der Sicht der Kinder?

3. Kommentiere die nebenstehende Zeichnung im Zusammenhang mit der Überschrift dieses Abschnittes.

4. Verantwortung für sich selbst übernehmen, sein ‚eigenes Paradies‘ gestalten – welche Aspekte aus dem vorigen Kapitel sollten deiner Meinung nach in diesem Zusammenhang eine besondere Berücksichtigung finden?

Wie kann Erziehung helfen, Verantwortungsbereiche zu erkennen und Verantwortung wahrzunehmen?

Verantwortungsbereiche erkennen – ein Rollenspiel

Die Situationen a), b), c) sollen Anlass für ein Rollenspiel sein.
In verschiedenen Gruppen könnt ihr die Rollenspiele vorbereiten und zunächst einüben. Ihr könnt die Situationen auch umgestalten oder euch ähnliche ausdenken.
Vergleicht auch die Hinweise zur Methode: *Rollenspiel* auf S. 158f.

a) Ein Kind möchte gerne ein Haustier haben; die Eltern sind sich nicht einig, ob sie den Wunsch erfüllen sollen.

b) Ein Schüler/eine Schülerin möchte nach dem Jg. 10 die Schule verlassen und eine Ausbildung anfangen. Das Notenbild deutet darauf hin, dass dieser Schüler/diese Schülerin ohne große Schwierigkeiten das Abitur bestehen wird. Der Junge/das Mädchen teilt seinen Eltern die Entscheidung über den Schulabschluss mit, die Eltern sind entsetzt!

c) Auf dem Schulhof liegt Abfall herum. Am Ende der Pause fordert ein Lehrer/eine Lehrerin einen zufällig vorbeikommenden Schüler/eine Schülerin auf, den Abfall zu entsorgen. Der Schüler/die Schülerin weigert sich. Es kommt zu einem Streitgespräch.

Auswertungsfragen:

1. Was ist ein Verantwortungsbereich?
2. Welcher Zusammenhang besteht zwischen Verantwortung und Verpflichtung?
3. Welche Voraussetzungen müssen erfüllt sein, um Verantwortung übernehmen zu können?
4. …

Welche Erziehungsvorstellung ist geeignet, um ein Gefühl für Verantwortung bei Heranwachsenden zu entwickeln?

Teile den nachfolgenden, längeren Text in einzelne Abschnitte ein und suche für jeden Abschnitt eine Frage, die den Inhalt erschließen kann. Beantworte anschließend diese Fragen in Stichworten und notiere dir wichtige Zeilenverweise.

Weitere Hinweise zur Textbearbeitung findet ihr in diesem Kapitel auf der Seite 298 f.

Verantwortung steht zur Zeit nicht gerade hoch im Kurs. Gibt es nicht überall genügend Beispiele, dass es sich ohne wunderbar leben lässt? Leute auf dem Ego-Trip, die lieber genießen und mitnehmen, was zu kriegen ist, anstatt sich zu engagieren oder an mögliche Konsequenzen zu denken? Wozu überhaupt Verantwortung? […]

Natürlich ist es notwendig, mit den Kindern darüber zu reden, was Verantwortung bedeutet, aber unter unseren Lebensbedingungen brauchen sie fast immer auch die Hilfe der Eltern, um einen Ansatz für den praktischen Umgang damit zu finden. Die ideale Einstiegsmöglichkeit bietet ein Posten im häuslichen Zusammenleben. Fünfjährige können zum Beispiel schon regelmäßig alte Zeitungen zur blauen Tonne transportieren, Siebenjährige eine Pflanze – vielleicht nicht unbedingt die allerzarteste! – in ihre Obhut nehmen, Neunjährige den Hamster versorgen oder das Katzenklo reinigen. Das Ganze bitte ohne finanzielle oder süße Vergütung. Verantwortung zu übernehmen lernen Kinder nämlich nicht über Lohn, sondern über das Gefühl, wirklich gebraucht zu werden, etwas Sinnvolles und Vernünftiges beizutragen. Darum sollten Eltern sie auch möglichst nicht nur mit den allerniedrigsten Handlangerdiensten beauftragen und ihnen vor allen Dingen immer wieder zeigen, dass sie ihre Aktionen wirklich ernst und wichtig nehmen. […]

Aber wie soll's weitergehen, wenn sich plötzlich die Zeitungsberge türmen und das Katzenklo vor sich hin stinkt, weil die Kinder ihre Aufgabe vergessen oder sich davor gedrückt haben? […]

Der Versuch, die Kinder mit Druck und Vorwürfen auf Trab zu bringen, verspricht höchstens kurzfristige Wirkung und führt ganz gewiss nicht zu mehr Verantwortungsgefühl. Viel eher sind sie zu überzeugen, wenn sie die Folgen ihrer Verantwortungslosigkeit erleben. Vater und Mutter könnten ihnen also schon bei der Aufgabenverteilung klarmachen, dass weniger Zeit für gemeinsame Unternehmungen bleibt, wenn sie alles auf die Großen abwälzen. Und sie könnten von vornherein mit ihnen vereinbaren, dass Hamster oder Katze weggegeben werden, wenn sich eine gewisse Zeit lang keiner um sie kümmert. Sie müssten das dann allerdings auch wirklich durchführen – nicht als Strafaktion aufgezogen: „Das ist die Quittung, ich habe euch gewarnt!“, sondern ruhig und bestimmt als Konsequenz ihres Verhaltens. Nur so lernen Kinder, dass alles, was man tut oder unterlässt, Folgen hat. […]

Verantwortung setzt Entscheidungsfreiheit voraus, die Möglichkeit zu wählen, ob ich etwas tun oder lassen will, es so oder anders machen möchte. Schon kleine Kinder entwickeln ein Gespür für ihre eigene Zuständigkeit, wenn man sie möglichst oft mitentscheiden lässt. Gelegenheiten dazu gibt's genug: beim Anziehen, Spielen, Schlafengehen, bei Spaziergängen und Verabredungen. Ordnen Vater und Mutter nicht einfach an, dass dies oder jenes zu geschehen hat, sondern stellen das Kind vor die Wahl „Möchtest du die grüne oder die blaue Jacke anziehen?“ „Sollen wir in den Park gehen oder auf den Spielplatz?“ – erkennt bereits ein Knirps, dass er Einfluss auf das hat, was mit ihm geschieht. […]

Bei den meisten Kindern und Jugendlichen besetzt die Schule mit allem Drum und Dran einen großen Teil ihres Daseins. Ein ideales Revier, um Eigenverantwortung einzuüben und ein grundlegendes obendrein. Wer hier kapiert, dass es in seiner Hand liegt, ob der Alltag klappt, ob er erfolgreich ist oder ständig in Schwierigkeiten gerät, hat das fürs Leben gelernt. Psychologen und Pädagogen appellieren deshalb immer wieder an die Eltern, die Schule und alles, was dazu gehört, wirklich zur Sache der Kinder zu machen – vom pünktlichen Aufbruch bis zum Pauken für die nächste Matheprobe. Natürlich nicht per Verordnung von oben, denn die würden die Sprösslinge zu reinen Befehlsempfängern degradieren. Sondern über einen demokratischen Familienrat, in dem gemeinsam besprochen wird,

– dass sie selbst dafür zuständig sind, rechtzeitig aufzustehen, und nicht damit rechnen können, zwanzigmal geweckt und im Notfall schnell hingefahren zu werden;

– dass die Hausaufgaben ihre Angelegenheit sind und nicht die von Vater und Mutter. Und dass sie deshalb nicht darauf bauen können, dass man im letzten Moment den Aufsatz oder das Referat für sie schreibt;

– dass es ihre Sache ist, an alles zu denken, was sie für den Schulalltag brauchen, ob Brot oder Turnschuhe, und auf Hilfstruppen nicht zu setzen ist;

– dass sie natürlich fragen können, wenn sie Probleme mit einer Aufgabe haben, sich aber nicht darauf verlassen dürfen, dass die Eltern ihnen in häuslichen Crash-Kursen die Vokabeln oder Formeln für ihre Proben schon einbimsen werden, weil sie sich nicht aufraffen konnten, rechtzeitig mit dem Lernen anzufangen;

– dass sie für ihre Versäumnisse geradestehen müssen und nicht erwarten können, dass die Eltern Entschuldigungen schreiben wegen angeblicher Fieberschübe und Schwächeanfälle. Oder zu den Lehrern gehen, um sie mit irgendwelchen Erklärungen wieder günstig zu stimmen.

Kindern fällt es leichter, solche Beschlüsse anzuerkennen, wenn sie das Gefühl haben, wirklich mitzuentscheiden. Wenn sie zum Beispiel selbst bestimmen können, ob sie um viertel vor oder um Punkt sieben aufstehen wollen, ob sie von Vater oder Mutter (in genau begrenzter Rufzahl!) geweckt werden oder einen eigenen Wecker haben

möchten, wann sie die Hausaufgaben erledigen wollen – direkt nach dem Essen oder am späteren Nachmittag, ob sie Erinnerungshilfen brauchen oder sich zutrauen, allein den Überblick zu behalten.

Eltern zeigen mit dieser Art Absprachen eine Menge Vertrauen, und gerade das motiviert viele Kinder, sich daran zu halten. [...]

Geradezustehen für das, was man getan hat, gehört als ganz wesentlicher Punkt zur Verantwortung. [...] Natürlich wäre es unsinnig zu erwarten, dass Kinder zu ihren „Missetaten" oder Pleiten stehen, wenn sie mit einem Riesendonnerwetter rechnen müssen. Um nicht ihr Heil in Ausflüchten und Alibis zu suchen, brauchen sie die Gewissheit, dass die Eltern sie auch in weniger erfreulichen Situationen akzeptieren. Was sie angerichtet haben, mag ja schlimm sein, aber deswegen ist es noch lange nicht das ganze Kind. Am ehesten gelingt es Vätern und Müttern, ihre Sprösslinge zu motivieren, Fehler auf sich zu nehmen, wenn sie zwar Kritik äußern, aber auch die feste Zuversicht, dass die Kinder es besser könnten. Wenn sie die Sache in Ruhe mit ihnen besprechen und gemeinsam überlegen, ob und auf welche Weise etwas wieder gutzumachen wäre und wie sich ein neuer Ansatz finden ließe. [...]

Solange Eltern allerdings selbst anderen die Schuld für ihr eigenes Versagen zuschieben, werden sie ihren Nachwuchs kaum überzeugen. Darum bleibt ihnen, wenn sie es ernst meinen, ein kritischer Blick in den Spiegel nicht erspart.

Mit den ersten Anläufen der Heranwachsenden, flügge zu werden und die Freiheit auszuprobieren, beginnt für viele Eltern ein schwieriger Balanceakt. Einerseits sorgen sie sich, dass den Kindern auf nächtlichen Touren oder Alleinreisen etwas passieren könnte, und im juristischen Sinne sind sie bis zum 18. Lebensjahr voll verantwortlich. Andererseits würden sie sie in ihrer Entwicklung hemmen und auf erbitterten Widerstand stoßen, wenn sie weiterhin alles reglementieren wollten. Um ständige Auseinandersetzungen und Machtkämpfe zu vermeiden, gibt es nur eine Lösung – den Jugendlichen langsam immer mehr Eigenverantwortung übertragen und sie darin unterstützen. Konkret könnte das so aussehen:

– Anstelle von Anordnungen und Verboten gemeinsam nach Kompromissen suchen und so den Kids schon Mitverantwortung für die Entscheidungen geben. Auch zusammen mit ihnen überlegen, welche Konsequenzen es haben soll, wenn sie sich nicht an Vereinbarungen halten.

– Ihnen helfen, eine Situation und die Folgen richtig einzuschätzen, indem man zuhört, auf ihre Pläne eingeht und eigene Ansichten dazu äußert – allerdings ohne sie ihnen aufzuzwingen. Je weniger die Jugendlichen das Gefühl haben, dass die Eltern sie kritisieren oder bevormunden wollen, desto eher ziehen sie deren Meinung mit in Erwägung.

– Sie ermutigen – auch und gerade nach Enttäuschungen oder Rückschlägen. Immer wieder Vertrauen in sie setzen, ihr Selbstvertrauen stärken und ihre Freiräume erweitern, wenn sie gezeigt haben, dass sie fähig sind, verantwortungsbewusst zu handeln. [...]

Während sich das Verantwortungsgefühl von Kindern auf ihr direktes Umfeld

beschränkt – Familie, häusliche Pflichten, Schule –, können Jugendliche immer klarer erfassen, dass jeder Einzelne mitverantwortlich ist für umfassende politische und gesellschaftliche Probleme wie Umweltzerstörung, Arbeitslosigkeit, Hungersnöte. Ob sie daraus Konsequenzen für ihre persönliche Haltung ableiten, hängt – das zeigten Untersuchungen – stark vom Vorbild der Eltern ab. Wenn Vater und Mutter sich für soziale Belange einsetzen, sind auch ihre Kinder häufig bereit, Verantwortung in größerem Rahmen mitzutragen und für andere einzutreten. Und gerade über das praktische Engagement, egal, ob in der Schülermitverwaltung, bei amnesty international, Greenpeace oder im Tierschutzverein, erfahren sie, wie dringlich es ist, sich vor dieser Art von Aufgaben nicht einfach zu drücken. Dass Verantwortungsgefühl ein ganz wesentlicher Teil des Erwachsenseins ist, können Eltern ihren Kindern – vom Muster abgesehen – auch noch vermitteln, indem sie die Vierzehn- bis Fünfzehnjährigen mit ihrem erwachenden politischen Interesse ernst nehmen, sie in Diskussionen einbeziehen, ihnen Informationen weitergeben, sie ermuntern, sich persönlich einzusetzen und sie immer wieder in dem Bewusstsein bestärken, dass jeder Einzelne mit zuständig ist.

(Brigitte Beil, Gutes Kind, böses Kind – Warum brauchen Kinder Werte?, Deutscher Taschenbuch Verlag, München 1996, S. 204 ff.)

1. Brigitte Beil leitet in ihrem Buch den Abschnitt über Verantwortung mit folgendem Zitat ein: *„Man darf niemandem seine Verantwortung abnehmen, aber man soll jedem helfen, seine Verantwortung zu tragen.“* (Heinrich Wolfgang Seidel)
Suche anhand des Textes nach Beispielen für diese Aussage.

2. Welche Aufgaben haben nach der Vorstellung der Autorin die Eltern gegenüber den Kindern/Heranwachsenden?
Welche Auffassung von Erziehung wird hier deutlich?

3. In dem Buch von Deborah Jackson: *Das respektierte Kind* (a.a.O., S. 122, 280) findet sich folgende Aussage:
„Die Aufgabe der Eltern besteht darin, die Umgebung des Kindes zu gestalten, wozu nicht nur ‚Dinge‘ gehören, sondern auch Liebe, Akzeptanz und Orientierungshilfe. Beispielhaftes Verhalten und die Definition persönlicher Grenzen helfen Kindern, eine Orientierung zu finden. Eltern, die für ihre Kinder alles tun wollen, stören deren natürliches Wachstum. Wenn ein Kind uns sein Bedürfnis nach Hilfe signalisiert, sollten wir bereit sein, aber mehr nicht. […] Sehr oft möchte ein Kind nichts weiter sagen als „Ich bin anders als du“ und als eigenständige Person mit seinen eigenen Gefühlen, seinen eigenen Gedanken, dem Recht, eigene Fehler zu machen, anerkannt werden.“
Erläutere die hier deutlich werdende Auffassung von Erziehung und vergleiche sie mit der von Brigitte Beil (Aufgabe 2).

4. Nimm Stellung zu der These: *„Ich kann nicht nicht verantwortlich sein.“* (Winfried Palmowski, Schule als Zwangskodex, in: System Schule, Jg. 1, Heft 2, Juni 1997, S. 47).
Was bedeutet diese Aussage insbesondere für Erzieher bzw. Eltern?

Anwendung

- Wer trägt in der Schule für welche Bereiche Verantwortung? Wo ergeben sich durch Überschneidung von Verantwortungsbereichen Konflikte?
- Gibt es Gelegenheiten und Anlässe, bei denen ein Pädagogikkurs besonders gefragt ist, Verantwortung zu übernehmen?

- Erstelle eine Klassenordnung, bei der das Prinzip einer verantwortungsbewussten Klassengemeinschaft Berücksichtigung findet. Vergleicht dazu auch den Fragebogen in dem Abschnitt *Einführung*: D Verantwortlich miteinander umgehen.
  Vielleicht sind eure Überlegungen eine gute Anregung für untere Jahrgänge. In der Einführung gibt es einen Fragebogen, der euch dabei helfen kann!

- An der Käthe-Kollwitz-Gesamtschule der Stadt Grevenbroich sind alle Schülerinnen und Schüler der Jahrgänge 8 und 9 per Entscheid der Schulkonferenz dazu verpflichtet, einmal pro Woche eine soziale Verantwortung, die über die in der ASchO formulierten Pflichten hinausgeht, zu übernehmen. Der zeitliche Umfang des wöchentlichen Engagements soll mindestens 1,5 Stunden betragen. Die Aktivitäten der Schülerinnen und Schüler können innerhalb und außerhalb der Schule gesucht werden:

Aktivitäten innerhalb der Schule:

Die Schülerinnen und Schüler übernehmen Verantwortung für Mitschülerinnen und Mitschüler, indem sie eigenständig folgende Bereiche betreuen:
Schülercafé, AG-Assistenten/-Assistentinnen oder -leiter/-leiterinnen, halbjährige Patenschaft für den neuen 5. Jahrgang, Schülerlotsen, [...]
Die Schüler und Schülerinnen übernehmen Verantwortung für die Schule, indem sie eigenständig folgende Bereiche betreuen:
Reparaturdienst, Blumendienst, Mitarbeit beim Schülerparlament, Steuergruppe, [...]

Aktivitäten außerhalb der Schule:

Die Schülerinnen und Schüler übernehmen Verantwortung für sozial Schwache in folgenden Aufgabenbereichen:
Dienste im Altenheim oder im Kinderhort, Mitarbeit in sozialen Diensten, [...]
Die Schülerinnen und Schüler übernehmen Verantwortung für die Umwelt in folgenden Aufgabenbereichen:
Systematisierung der Müllentsorgung an der Schule, Mitarbeit in Umweltorganisationen

Ziele des Projekts:

Mit dem Projekt sollen zwei Ziele verfolgt werden:
- Alle Schülerinnen und Schüler übernehmen über die Dauer von 2 Jahren eine soziale Verantwortung. Soziale Verantwortung als demokratisches Grundelement soll erfahrbar werden.
- Die Schülerinnen und Schüler, die in der Steuergruppe des Projektes mitarbeiten, sollen journalistische Verantwortung übernehmen und damit ein wichtiges demokratisches Kontrollorgan kennen lernen.

[...]
Das Projekt soll der jungen Generation helfen, in die immer vielfältiger werdenden Aufgaben der modernen Gesellschaft im sozialen Bereich hineinzuwachsen. So wird es vielleicht möglich sein, das vom Aussterben bedrohte Engagement der jungen Generation neu zu beleben.

(Aus einer Information der Käthe-Kollwitz-Gesamtschule, Hans-Böckler Straße 19, 41515 Grevenbroich, E-Mail: Cschell @ t-online.de [Gesamtschuldirektor])

Der folgende Zeitungsartikel der Neuss Grevenbroicher Zeitung vom 18.6.1996 gibt einen weiteren Einblick in das Projekt:

Eine Pflicht, die sogar Spaß macht: Grevenbroicher Schüler setzen sich für Schwächere ein

Sie kaufen für alte Leute ein, helfen den Erstklässlern über die Straße, renovieren den Schulpavillon – und das alles, ohne einen Pfennig Geld dafür zu bekommen: Seit November läuft in der Grevenbroicher Käthe-Kollwitz-Gesamtschule das Projekt „Soziale Dienste", an der sich die rund 230 Jugendlichen der Stufen 8 und 9 beteiligen. Die „Steuer-AG" berichtete der „jungen NGZ" jetzt über ihre Erfahrungen.

„Das ist eine tolle Sache", sagt Hatidxe Ismani, die in der Steuer-AG für die Gruppe der Schülerlotsen zuständig ist. Hatidxe ist Ansprechpartnerin, wenn ihre Mitschüler Schwierigkeiten haben, und kontrolliert, ob diese ihre Aufgabe auch wirklich ausführen.

Die rund 20 Mitglieder der AG sind aber auch als Nachwuchs-Journalisten im Einsatz: Sie führen Interviews, schreiben Berichte und informieren so die anderen Schüler und die Öffentlichkeit darüber, was in den einzelnen Projektgruppen abläuft und wer sich besonders hervorgetan hat. Eine verantwortungsvolle Aufgabe – denn positive Beurteilungen beim sozialen Engagement werden im Zeugnis vermerkt. „Die Schüler sollen dabei lernen, dass Journalismus mit einer Aufsichtsfunktion verbunden ist, und dass man etwas Gutes damit erreichen kann", erklärt Schulleiter Ulrich Freiherr von Medem.

„In unserer Gesellschaft gilt man doch heute als ‚gut drauf', wenn man möglichst viel für sich selbst erreicht. Wir haben das Ganze einfach umgedreht und den Einsatz für andere zur Pflicht für alle gemacht", erläutert der Schulleiter. Das Projekt sei ein fester Bestandteil des Schulprofils, „doch wir Lehrer mischen uns da kaum ein, das regeln die Schüler alleine."

Über Langeweile können sich die Schüler der Jahrgangsstufen 8 und 9 der Käthe-Kollwitz-Gesamtschule Grevenbroich nicht beklagen: Sie reparieren Tische und Fahrräder, helfen Erstklässlern über die Straße und betreuen Senioren und das alles in ihrer Freizeit, ohne einen Pfennig dafür zu bekommen.

Über die große Anzahl derjenigen, die mit viel Spaß bei der Sache sind und ohne Murren einen Teil ihrer Freizeit opfern, war aber selbst der Schulleiter erstaunt: „Es steckt ein unglaubliches soziales Potenzial in den Köpfen und Herzen der Jugendlichen. Eine Erklärung für diesen Erfolg: „Es ist ein gutes Gefühl, gebraucht zu werden."
Manchmal entwickeln sich über die Pflichtstunden hinaus sogar Freundschaften: „Nadine Becker, die für eine alte Frau einkauft, spielt manchmal mit ihr zusammen Karten. Und Michael Glanz, der sich als Babysitter engagiert, geht auch schon mal mit den Kindern ins Schwimmbad", erzählt Stefan Lang, der sich um die Nachbarschaftshilfe-Gruppe kümmert. Diana Reuter betreut das Team, das sich jeden zweiten Samstag für vier bis sechs Stunden im Tierheim Oekoven nützlich macht: „Die Jugendlichen füttern die Tiere, gehen mit ihnen spazieren und helfen beim Saubermachen. Andere helfen im Kindergarten mit, leisten Senioren im Heim Gesellschaft oder betreiben einen Schulkiosk: „Wenn die Patrone leer ist oder das Heft voll, kann man sich dort Nachschub kaufen", erklärt Melanie Freitag.
Ihre erste AG-Info-Zeitung hat die Steuer-Gruppe bereits Anfang des Jahres herausgebracht. Das zweite Exemplar wird beim Schulfest am 28. Juni für 50 Pfennig pro Stück auf dem Schulhof verkauft.

(Christine Sommerfeld, in: Neuss Grevenbroicher Zeitung v. 18.6.1996)

- Eure Erfahrungen könnt ihr an das folgende Netzwerk weitergeben; dort bekommt ihr auch interessante Anregungen zu dem Thema Verantwortungsübernahme und Selbsthilfe:

Netzwerk Verantwortungsübernahme und Gewaltprävention

Herzlich willkommen auf der Homepage des Projektes „Neue Technologien nutzen: Entwicklung von Projekten zur Verantwortungsübernahme durch Schülerinnen, Schüler und Schulen"! Unser Projekt besteht aus einem Zusammenschluss von Schulen aus fünf Bundesländern: Berlin, Brandenburg, Hessen, Nordrhein-Westfalen und Sachsen. In allen Schulen haben Projekte zur Verantwortungsübernahme und zur Gewaltprävention erfolgreich stattgefunden oder sind noch im Gange. Aber isolierte Projekte an einer Schule erlangen bestenfalls eine lokale Öffentlichkeit. Damit alle Schulen in Deutschland von den Erfahrungen der Projekte profitieren können, haben wir ein neues Projekt auf die Beine gestellt, in dem die Ergebnisse all dieser Bemühungen zusammengefasst werden.

(www.verantwortung.de)

Zentrale Koordinierungsstelle
Brühlsbachstr. 2a, 35578 Wetzlar
Tel.: 0 64 41 - 90 28 50, Fax: 0 64 41 - 4 74 45
Internet: www.verantwortung.de

Beurteilung

Die Egoismus-Falle

CALVIN AND HOBBES
by Bill Watterson

1. Nimm Stellung zu folgendem Zitat von Ursula Nuber:
„Natürlich gibt es einen ‚guten' Egoismus, den ich allerdings lieber ‚Selbstliebe' nenne. Aber daneben gibt es eben jenen Egoismus […], der das Zusammenleben mit anderen erschwert und uns selbst auf Dauer physisch wie psychisch Schaden zufügen kann."
(Ursula Nuber, Die Egoismus-Falle, Kreuz Verlag, Zürich 1993, S. 7)

2. Diskutiert in Kleingruppen:
Ist jeder seines Glückes Schmied?
Ist Geben seliger als Nehmen?
Ist ‚Mein Paradies' auch ‚Dein Paradies'?
Entwerft in der Kleingruppe Slogans für Buttons und gestaltet diese. Vielleicht habt ihr ja Lust diese Buttons zu tragen.
Sammelt die Reaktionen und wertet sie aus.

3. Wenn Hände reden könnten …
Betrachtet die in diesem Kapitel verwendeten Gestaltungen zum Thema ‚Hände' und vergleicht sie miteinander.
Welche Darstellung ist eurer Meinung nach besonders geeignet, eure Überlegungen einer Erziehung zur Verantwortung darzustellen?
Von euch gestaltete Plakate sind eine Möglichkeit, eure Einsichten anderen Schülerinnen und Schülern mitzuteilen.

4. Lies dir noch einmal die Ausführungen im Abschnitt *Orientierung* durch. Wie sollten Erziehungssituationen deiner Meinung nach gestaltet werden, welche Ziele sollte eine Erziehung zu erreichen versuchen?

5. Welche Folgen hätte eine Erziehung ohne Verantwortung?

Rück-Blick

Je nach Interesse, Neigung und vorhandenem Gestaltungsraum hast du die Möglichkeit, dir deinen eigenen Lernweg selbst zu gestalten – eigenverantwortlich zu lernen; im Abschnitt *Orientierung* wurde dir dazu eine Möglichkeit angeboten.
Verantwortung für den eigenen Lernweg zu übernehmen bedeutet, bewusst und interessiert seine Schritte zu setzen und seinen Weg zu suchen. Anregungen in Form von Texten, Bildern, Aufgaben oder Fragen helfen, diese Lernschritte zielgerichtet zu setzen.
Dazu ist auch eine innere Einstellung nötig, die man mit aktiver Neugierde beschreiben kann: Neugierde, die sich dadurch ausdrückt, dass ich für mich interessierende Fragen entdecke, Zusammenhänge klären will, Antwortmöglichkeiten finden möchte; Aktivität, die mich nicht nur auf Hinweise warten lässt oder meine Aufmerksamkeit nur darauf lenkt, was ‚als Nächstes dran ist', die mich nicht in einer Reaktion des nur Antwortenden erstarren lässt.
Aktive Neugierde hält mich und meine Beine auf meinem Lernweg in Bewegung (– das suchende Blättern im Buch kann dafür ein Anzeichen sein). Lernwege gehen will gelernt sein – die methodischen Hinweise in diesem Buch, so z.B. in diesem Kapitel die ‚Textanalyse', sollen dazu eine Hilfe sein.
Im Vorwort zu diesem Buch steht u.a., dass es wichtig ist herauszufinden, wie man am besten lernt, das Lernen selbst also als eine Herausforderung zu erleben. Dies kann man nicht alleine, dazu benötigt man Lernpartner. Diese können deine Mitschüler und Mitschülerinnen sein, dein Lehrer/deine Lehrerin, dein Arbeitsbuch – aber letztlich findest nur du selbst heraus, wo deine Schwächen und Stärken liegen und ob du daran etwas verändern möchtest oder nicht.
Überlege und diskutiere mit deinen Mitschülerinnen und Mitschülern, inwiefern dir ein eigenverantwortliches Lernen bei diesem Kapitel/mit diesem Buch möglich war.
Hast du Hilfen dafür bekommen, im späteren Beruf oder bei deiner weiteren schulischen Ausbildung eigenverantwortlich Lernwege gehen zu können?

Glossar

Aggression
Weit gefasst meint der Begriff ein energisches In-Angriff-Nehmen, ein tatkräftiges Handeln. Im engeren, negativen Sinne ist es ein physisch oder psychisch schädigendes Verhalten. Aggressivität kann vielfache Ursachen haben, die nicht immer vordergründig zu erkennen sind. Eine Aggression kann sich gegen andere, aber auch gegen sich selbst richten.

Autonom/Autonomie
Eine Person oder Einrichtung, die eigenständig und unabhängig ist und nach eigenen Vorstellungen lebt bzw. aufgebaut ist und sich selber ihre Ziele setzt, bezeichnet man als autonom. Unter Autonomie versteht man in der Erziehung das Bestreben, Kindern Raum für Selbstständigkeit zu geben. Kindern wird zugestanden, „Nein" zu sagen, ihre Vorstellungen und ihr Wille wird respektiert. Der Spruch „Kinder, die was wollen, kriegen was auf die Bollen!" steht diesen Vorstellungen entgegen.

Autoritär
Eine Person oder Institution, die eine vorhandene Autorität einseitig ausnutzt und keine abweichende Meinung zulässt, bezeichnet man als autoritär.

Autorität
Eine Persönlichkeit, die durch eine besondere Stellung, besondere Ausstrahlung, überlegene Fähigkeiten oder außergewöhnliche Kenntnisse ein besonderes Ansehen zugesprochen bekommt und damit einen Einfluss auf andere hat, ist eine Autorität.

Biografie
Die Lebensgeschichte eines Menschen mit ihrer ganzen Vielfalt bezeichnet man als Biografie. Jeder Mensch wird durch seine Lebensgeschichte in besonderer und einzigartiger Weise geprägt. Deshalb ist es wichtig, diese Perspektive gerade im Pädagogikunterricht einzubeziehen.

Egoismus
Auch: Ichbezogenheit; Bezeichnung für Einstellungen und Verhaltensweisen, bei denen das eigene Ich gegenüber den Interessen anderer Menschen bevorzugt wird.

Empathie
Auch: Einfühlung; Bezeichnung für das Verstehen und Nachvollziehen fremden Erlebens. Bei entsprechender Einfühlung fühlen sich Menschen verstanden und sehen sich so eher in der Lage, offen von sich selbst zu erzählen. Das einfühlende Verstehen findet zum einen über die sprachliche Mitteilung statt, zum anderen über den spontanen Gefühlsausdruck und nichtsprachliche Signale.

Entwicklung
Allgemeine Bezeichnung für eine zeitlich geordnete Folge von Veränderungen äußerer Merkmale, innerer Strukturen und/oder Verhaltensweisen. Der Begriff Entwicklung wird auf körperliche sowie auf seelische Vorgänge angewandt.

Erziehung
Alle Maßnahmen, mit denen auf die Persönlichkeitsentwicklung eines anderen Menschen Einfluss genommen werden soll, fallen unter den Begriff „Erziehung". An Erziehung sind immer mindestens zwei Menschen beteiligt: der Erzieher/die Erzieherin und die zu erziehende Person. Erziehung findet somit immer als Interaktion statt, wobei sich beide Beteiligte wechselseitig in ihrem Verhalten beeinflussen, d. h., auch die zu erziehende Person hat Einfluss auf das Verhalten des Erziehers/der Erzieherin. Wünschenswert ist, dass die erziehende Person die zu erziehende Person als handelndes Subjekt und nicht als passives Objekt betrachtet.

Erziehungswissenschaft
Darunter versteht man den Versuch, über Erziehungssituationen zu systematischen Aussagen zu kommen, die dann auch als Modelle oder Theorien bezeichnet werden. Mithilfe dieser Theorien kann man die Erziehungswirklichkeit besser verstehen bzw. Aussagen darüber machen, welche Wirkungen bestimmte Einstellungen oder Verhaltensweisen auf die an der Erziehung beteiligten Personen haben. Diese Aussagen geben oft auch Hinweise, mit welcher Einstellung und nach welchen Regeln sich Erzieher und Zu-Erziehende begegnen sollten.

Generation
In der Alltagssprache verwendet man diesen Begriff, um die Gesamtheit der Menschen einer Altersstufe (z. B. die junge Generation) zu bezeichnen.

Gruppe
Bezeichnung für eine Ansammlung von zwei oder mehr Personen, die durch Gemeinsamkeiten in irgendeiner Form miteinander verbunden sind. Gruppen sind für den Menschen von entscheidender Bedeutung. Sie vermitteln soziale und kulturelle Normen, Werte, Einstellungen und Verhaltensweisen. Sie befriedigen Bedürfnisse nach Anerkennung, Zuwendung und Selbstverwirklichung. Eine Gruppe gibt dem Menschen das Gefühl der Sicherheit und Nützlichkeit. Gleichzeitig gibt sie dazu Gelegenheit, Status und Macht zu erlangen.

Identität
Ein relativ dauerhaftes, stabiles Bild von sich selbst und seinen Handlungsmöglichkeiten, welches aber lebenslang in Veränderung begriffen ist; s. auch S. 156.

Integration
Eingliederung von Menschen in bereits bestehende Gruppen oder in die Gesellschaft. Die Integration kann entweder als bedingungslose Anpassung erfolgen oder das Ziel haben, die Eigenheiten der Person/der Gruppe respektvoll zu achten und neue gemeinsame Wege zu suchen.

Interaktion
Damit bezeichnet man die durch Kommunikation vermittelte gegenseitige Beeinflussung von Personen im Hinblick auf ihr Verhalten, ihr Handeln, ihre Einstellung usw.

Kommunikation
Kommunikation ist die allgemeine Bezeichnung für den Austausch von Informationen. Sie ist gleichzeitig die wichtigste Form sozialer Interaktion.

Konflikt
Bezeichnung für das Bestehen von zwei oder mehreren unvereinbaren Motiven oder Interessen, die aufeinander treffen.

Kultur
Gesamtheit der Arten und Weisen, wie Menschen ihr Leben betrachten und gestalten (z. B. in Sprache, Kunst, Lebensart, Werten). In unserer Zeit ist Kultur immer vielfältig (viele Kulturen und Teilkulturen existieren parallel), widersprüchlich (von einer Kultur haben unterschiedliche Menschen unterschiedliche Vorstellungen) und im ständigen Wandel begriffen.

Norm
Auch: Richtschnur, Wertmaßstab.
Bei der Beurteilung eines Merkmals oder bei der Bewertung eines Verhaltens treten oft Schwierigkeiten dabei auf, was als „normal“ (normgerecht) oder als „anormal“ (abweichend) bezeichnet werden soll. Im Allgemeinen wird Normalität mit Häufigkeit gleichgesetzt: Normal ist, was häufig vorkommt bzw. im Durchschnitt zu erwarten ist. Die Gefahr besteht darin, dass alles andere oft negativ als „anormal“ bezeichnet wird.

Peer group (engl.: peer = gleichrangig, gleichaltrig)
Bezeichnung für eine in etwa gleichaltrige Gruppe Jugendlicher, die durch die Verfolgung gemeinsamer Interessen einen starken Zusammenhalt hat. Die peer group bietet oft die Möglichkeit einer weiteren sozialen Orientierung und kann dazu dienen, den Jugendlichen die Ablösung vom Elternhaus zu erleichtern. Wie bei jeder Gruppe kann ein erhöhter Druck auf die einzelnen Mitglieder die innere Freiheit einschränken, unter Umständen unterwirft sie den Einzelnen einer altersspezifischen ‚Subkultur‘.

Physisch
Bezeichnung für körperliche Vorgänge und Erscheinungsformen. Die Physiologie ist eine biologisch-medizinische Wissenschaft, die sich mit den Funktionserscheinungen bei verschiedenen Arten von Organismen beschäftigt.

Psychisch
Allgemeine Bezeichnung für seelische Vorgänge. In der Psychologie versteht man darunter alle bewussten und unbewussten seelischen Vorgänge des Menschen.

Pubertät
auch: Geschlechtsreife; s. S. 184f.

Rolle
Bezeichnung für das erwartete Verhalten einer Person, die innerhalb einer Bezugsgruppe bzw. eines sozialen Systems eine bestimmte Position einnimmt. Vgl. auch S. 155f.

Sozialisation
Prozess der Entstehung und Entwicklung einer sozial handlungsfähigen Persönlichkeit, den der Einzelne einerseits durch aktive Auseinandersetzung selbst gestaltet, in dem er andererseits aber auch von vielen sozialen Lebensbedingungen beeinflusst wird. Vgl. auch S. 156.

Spiel
Bezeichnung für eine lustvolle körperliche, psychische oder geistige Aktivität, die ohne Zwang von außen ausgeführt wird und ihren Sinn in sich selbst hat.

Symbiose
In menschlichen Beziehungen spricht man von Symbiose, wenn die Abhängigkeit einer Person von einer anderen so groß ist, dass der Betroffene erhebliche Einschränkungen seiner selbstständigen Lebensführung in Kauf nehmen muss. In der Kindheit ist eine Symbiose durchaus normal, da ein Kind in seinem seelischen und körperlichen Wohlbefinden von der Fürsorge einer Bezugsperson oder mehrerer Bezugspersonen abhängig ist. Wird diese frühkindliche Abhängigkeit im weiteren Lebenslauf nicht allmählich abgebaut, so spricht man von einer krankhaften Symbiose.

Vertrauen/Urvertrauen
Mit Urvertrauen bezeichnet man ein grundlegendes Geborgenheitsgefühl, welches sich in der frühesten Kindheit auf der Grundlage einer positiven Beziehung des Kindes zu seiner Bezugsperson entwickelt. Dieses Urvertrauen gibt Sicherheit im Umgang mit sich selbst und auch mit anderen Menschen. Wenn Eltern ihren Kindern vertrauen, sind sie bereit, ein Stück Verantwortung abzugeben – sie trauen ihren Kindern etwas zu.

Vorbild
Bezeichnung für ein konkretes Bild, das an eine bestimmte lebende (oder historische) Person gebunden ist. Das Vorbild ist besonders Jugendlichen in ihrer Verhaltensorientierung behilflich. Auf der Suche nach der eigenen Identität kann ein Vorbild als unterstützend und hilfreich zur Selbstfindung erlebt werden.

Werte
Im Entwicklungsprozess einer Gesellschaft bilden sich wünschenswerte Vorstellungen heraus in Bezug auf Handlungen oder Einstellungen des Menschen und sein Verhalten. Diese Werte sind eine Grundlage für die Orientierung des Menschen bei seinen Handlungen und geben ihm Sicherheit in seinem Verhalten.

Zuwendung
Allgemeine Bezeichnung für das Fundament sozialer Beziehungen und menschlicher Kommunikation durch signalisiertes Interesse und Aufmerksamkeit. Zuwendung ist die Basis für die Entwicklung von Vertrauen. Es gilt als unbestritten, dass Kinder, insbesondere Kleinkinder, ein gewisses Maß an Zuwendung für eine gesunde Entwicklung brauchen. Umstritten ist, ob Zuwendung von einer konstanten Bezugsperson stammen muss.

Register

Die grünen Begriffe werden im Glossar erklärt.

Aggression
Armut
– „Armutskarriere“ 96
– Ausgrenzung durch A. 100 f.
– Begriff 101
– Projektideen 115
Autonom
Autoritär
Autorität
Baby
– Betreuung 32 f.
– Perspektive 22
– Pflege 29 f.
– Spiele mit Babys 32
Babysitter
– Alltag 14, 37
– Führerschein 34
– Merkblatt 35
– Rolle 40
Bedürfnishierarchie nach A. Maslow 186
Beziehungen 188 f., 197
Biografie
Cool-Sein 282
Drittes Reich 191
Egoismus
Empathie
Entwicklung 187, 196
– Entwicklungstabelle 25
– Körperliche Entwicklung 28
– Motorische Entwicklung 27
Erwachsenwerden 184
Erzieher/Erzieherin 253 ff.
Erziehung
– Erziehung zur Verantwortung 297, 301 ff.
Erziehungswissenschaft
Flüchtlingskinder 284
Fremdenangst 148
Fremdsein 128
Generation
Geschlechterrollen 160 f.
Gleichheit 122
Gruppe
Hausaufgabenhilfe für Flüchtlingskinder 145 f.
Heilerziehungspfleger/-pflegerin 250 ff.
Heimerziehung 253 ff.
Homosexualität 167 ff.
Identität 150
– Ich-Identität 156
Integration
Interaktion
Jungenarbeit 164 f.
Kinder
– Kinderarmut 99 ff.
– Kindheit im Asyl 143 f.
– Kindergarten, spielzeugfreier 57 f.
– Gesetzesverstöße 109
– K. der Straße 119
– K. als Opfer 91 ff.
– K. als Täter 91 ff.
– Kommission 121
– Misshandlung 95, 105 ff.
– Vernachlässigung 104
Kinder-/Bilderbücher
– aus anderen Ländern 146 f.
– über „Fremdes“ 235 ff.
– über Schule 230 ff.
– über Tabus 243 f.
Kinder- und Jugendhilfegesetz (KJHG) 108
Klassenfoto 199 f.
Kommunikation
Konflikt 67 f.
Kultur 124 f.
Leben
– als Aufgabe/Genuss 272
– Lebenshaltungen 283
– Lebenssinn 278 f., 289
– Lebensstil 280 f.
– Lebenswege 277
– Lebenswelt von Kindern und Jugendlichen 51
– Lebensziele 273
Lehrmethoden 214 ff.
Lehrpläne 210 ff.
Lernwege 310
Mädchenarbeit 163 f.
Menschenrechte 104
Norm
Paradiesbilder 269 f.
Peer group 88 f.
Physisch
Psychisch
Reformpädagogik 215 ff.
Rolle
– Rollenkonflikte 156
– Rollenlernen 156
Säuglingsforschung 22
Schul-
-chronik 219 f.
-erfahrungen 201 f., 215 f.
-museum 204
-ordnung 202 f., 220 f.
Schule
– Pausengestaltung 60 f.
– Schulhofgestaltung 61 f.
Selbstständigkeit 187 f.
Sozialisation 156
Sozialpädagoge/-pädagogin 258 ff.
Spiel
– Bedeutung 47 f.
– Entwicklung 47 ff.
– Grundformen 48 f.
– Herstellung 56
– Leitung 59 ff.

– mit Babys 32
-mittel 53 ff.
-motivation 59 ff.
-räume 50 ff., 60 ff.
Symbiose
Tatverdächtigenstatistik 109 f.
Verantwortung übernehmen 299 f., 305 ff.
Vertrauen / Urvertrauen
Verurteiltenstatistik 112
Vorbild
Vorlese-Projekt 240 ff.
Werte 74
Werteerziehung 285 ff.
Wertewandel 190
Zuwendung

Methoden

Amerikanische Debatte 197
Befragung 45 f.
Biografisches Arbeiten
– Heimat 124
– in der Kindheit 15 ff.
– Leseerfahrungen 225
– Namen 124
– Schule 234
Biografisches Lernen 129 ff.
Erzähltextanalyse 227 f.
Facharbeit 228 f.
Fotodokumentation 115 ff.
Fotoprojekt 115 ff., 193 ff.
Fragebogen zum Klassenklima 182
Hitliste 45
Interview 181 ff.
Karikatur 157
Kerzenritual 290 f.
Kurs-Talkrunde 287 f.
Lesen 22
Meinungskarten 178
Mind Map 71
Oral history 206
Praktikum in erzieherischen Berufen 264 f.
Quellensuche 205
Referat 20
Rollenspiel 158 f.
Schachtelmuseum 274
Spiele 42
Kooperative Spiele 293 ff.
Spieltestbogen 54 f.
Statistische Daten 98 ff.
Textanalyse 298 f.
Zeitreise 15
Zielscheibenmatrix 295

Bildquellenverzeichnis

S. 1: Zeichnung von Keith Haring - © The Estate of Keith Haring, New York 1999; **S. 9 u.:** Calvin and Hobbes, © 1999 Watterson/Distr. Bulls; **S. 10:** © 1999 King Features Syndicate, Inc./Distr. Bulls; **S. 11:** Jules Stauber/CCC; **S. 13:** © Florian Stiller; **S. 14:** © Ensslin & Laiblin, Reutlingen; **S. 15 o.:** beide Zeichnungen aus: Willy Breinholst, Hallo - hier bin ich, Gustav Lübbe Verlag, Bergisch Gladbach 1999, S. 101, 116; © Willy Breinholst, Kopenhagen; **S. 15 u.:** George Deem, Magrittes Freistunde, aus: „Art School", © Thames and Hudson, London; **S. 17:** Zeichnung: Papan; **S. 18 o.:** Foto: Olaf Gollnek; **S. 20:** Anne Fine, Das Baby-Projekt, Diogenes, Zürich 1995, Cover; Abdruck mit freundlicher Genehmigung der Diogenes Verlag AG Zürich; **S. 25/26:** Zeichnungen: Barbara Michael/GEO; **S. 29/30/32 u.:** Zeichnungen: Monica May-Vetter, aus: Marianne Austermann/Gesa Wohlleben, Der Babysitter kommt, Kösel-Verlag, München 1996, S. 28-31, 66; **S. 32 o.:** Foto: Edwin Stiller; **S. 34 o.:** Tigerente, aus: Janosch, Oh wie schön ist Panama, © 1978 Beltz Verlag, Weinheim und Basel, Programm Beltz & Gelberg, Weinheim; **S. 41:** Anzeige des Bundesfamilienministeriums, Bonn; © Photo: David Ausserhofer (Anzeige enthielt ursprünglich anderes Fotomotiv); **S. 43:** sechs Fotos: © und Fotos Cynthia Rühmekorf, fünf Fotos aus: Udo Lange/Thomas Stadelmann, spiel-platz ist überall, Herder, Freiburg i. Br. 1996; **S. 48 und 49:** © und Fotos: Cynthia Rühmekorf; **S. 50 o. r.:** Anzeige des Bundesfamilienministeriums, Bonn; **S. 50 u. und S. 52:** Aus: Johannes Wessel/Harald Gesing (Hg.), Spielend die Umwelt entdecken - Handbuch Umwelt - Bildung, Luchterhand, Neuwied 1995, S. 295, 309; **S. 56:** Foto: Volkmar Flemming, Hameln, in: Jürgen Fritz, Spielzeugwelten. Eine Einführung in die Pädagogik der Spielmittel, Juventa, Weinheim/München, 2. korr. Auflage 1992, S. 11; **S. 58 links:** Foto: Hartmut W. Schmidt Fotografie; **S. 58 rechts:** Aus: kindergarten heute, Heft 7-8/1996, Verlag Herder, Freiburg i. Br. 1996, S. 37; **S. 60 und 61:** Aus: Eva Deppe/Jochen Dietrich, Offene Pause, in: Friedrich Jahresheft XIII 1995: Spielzeit, Friedrich Verlag, Seelze 1995, S. 128f.; **S. 62 o.:** zwei Fotos aus: Udo Lange/Thomas Stadelmann, spiel-platz ist überall, Herder, Freiburg i. Br. 1996, S. 60, 64; **S. 62 u.:** Fotos: Christel Schrieverhoff; **S. 63:** Fotos: Gudrun Maciejewski; **S. 66:** David McKee, „Du hast angefangen!" „Nein, du!", Cover, © 1985 by Andersen Press Ltd., London, © 1986 der deutschsprachigen Ausgabe by Verlag Sauerländer, Aarau, Frankfurt am Main und Salzburg; **S. 67 u.:** Mainbild; **S. 68:** © Ökumenische Friedensdekade, Mittelstelle für Werk und Feier, Franz Zauleck, Berlin; **S. 69:** Mel Ramos: Captain Midnight, © VG Bild-Kunst, Bonn 1999; **S. 70 o.:** Zeichnung: Nik Ebert, in: Rheinische Post Nr. 97 v. 26.4.1997; **S. 71:** Aus: Claudia Feichtenberger/Susanne Wechdorn, Mind-Mapping für Kinder, hpt-breitschopf, Wien 1996, S. 19; **S. 72, 73 und 86:** Zeichnung: Sempé, aus: Sempé's Volltreffer, Copyright © 1959, 1975 by Diogenes Verlag AG Zürich; **S. 74:** Stark verändert nach: Christian Besemer, Meditation, in: Kurt Faller u.a., Konflikte selber lösen, Verlag an der Ruhr, Mülheim/Ruhr 1996, S. 58; **S. 77:** Aus: Rheinische Post v. 16.2.1998; **S. 80 links:** Aus: Konflikte und Aggressionen im Betrieb, Author: Paul Gamber, © 1995 mvg-Verlag, Landsberg, S. 39; **S. 80 rechts:** Foto: E. Becker, © Grafik Werkstatt Bielefeld; **S. 81:** © Kulturrecycling/DISCORDIA; **S. 83 links:** Zeichnung: Tom Körner; **S. 83 rechts:** Zeichnung: Peter Butschkow; **S. 85:** © Herbert Gutsch; **S. 87:** Anne und Abraham Teuter, Du gegen Mich, © Alibaba-Verlag, Frankfurt a. M. 1997, Cover; **S. 90:** Aus: Alexander Redlich, Konfliktmoderation, Windmühle Verlag, Hamburg 1997, S. 22; **S. 91:** Kampagne der UNESCO: Kinder in Not/Agentur TBWA, Düsseldorf; **S. 92:** DER SPIEGEL Nr. 15 v. 6.4.1998, Cover; **S. 95:** Mehr Zeit für Kinder - Plakatkampagne 1997, Foto: © Mehr Zeit für Kinder e. V., Fellnerstr. 12, 60322 Frankfurt/Main; **S. 100:** Grafik aus: Joachim Stary, Visualisieren: ein Studien- und Praxisbuch, Berlin: Cornelsen Scriptor 1997, S. 84; **S. 104:** Grafiken aus: Reinhold Schone u.a., Kinder in Not, Votum, Münster 1997, S. 20 und 24; **S. 112:** Foto: Gabriele Krafeld; **S. 115 und 116:** © und Fotos Cynthia Rühmekorf; **S. 117 o.:** Foto: dpa/Gerten; **S. 117 u.:** Foto: dpa/Klaus Franke Zentralbild; **S. 119:** Fotos: Kerstin Zillmer, Berlin; **S. 121:** Aus: Kinderkommission im Deutschen Bundestag, hg. vom Deutschen Bundestag, Referat Öffentlichkeitsarbeit, Bonn o. J., S. 8/9 - Illustrationen: Josta Stapper, Köln; **S. 122:** Foto: The Stock Market/© 1993 Jon Feingersh; **S. 123:** Fotos: INTERFOTO (Moore/3, Kersten/1); **S. 126:** Grafik aus: Max Nr. 10/1997, S. 76; **S. 130:** Ruud van der Rol/Rian Verhoeven, Anne Frank, deutsch von Mirjam Pressler, Anne Frank Stiftung, Amsterdam, Verlag Friedrich Oetinger, Hamburg 1993, Cover; **S. 132 - 142:** Fotos aus: BMW AG und Stadtjugendamt München (Hg.), Bilder von Jugend - Katalog, München 1996; **S. 144:** Foto: © Andreas Bohnenstengel; **S. 145:** Gestaltung: Frank Faßmer/Deutsches Plakat Museum Essen; **S. 146:** Axel Gauvin, Kindheitshunger, Peter Hammer Verlag, Wuppertal 1995, Cover; **S. 147 o.:** Copyright Kinderbuchaktion „Guck mal übern Tellerrand", c/o Deutsche Welthungerhilfe, Adenauerallee 134, 53113 Bonn; **S. 147 Mitte:** Monika Springer, Fremd wie der Fisch dem Vogel, rororo rotfuchs 578, Rowohlt Taschenbuch Verlag, Reinbek 1990, Cover; **S. 147 u.:** DER SPIEGEL Nr. 16 v. 14.4.1997, Cover; **S. 151:** Foto: Christel Schrieverhoff; **S. 153:** Foto: AKG Photo; **S. 154 u. und 161:** Zeichnungen: © Marie Marcks, Heidelberg; **S. 163:** Zeichnung: Rupert Tacke; **S. 164:** Foto: Veit Mette/Bielefelder Fotobüro; **S. 167 o.:** Zeichnung: Nike Thurn, in: Christine Biermann/Marlene Schütte, Verknallt und so weiter..., Peter Hammer Verlag, Wuppertal 1996, S. 38; **S. 167 u.l.:** Foto: © Wolfgang Schmidt; **S. 167 u.r.:** Foto: © Manz/present; **S. 172:** © und Bezugsadresse für die Spielkarten: Angela Krüger Selbstverlag, Titlisweg 15A, 12107 Berlin; **S. 173:** Foto: © Hartmut W. Schmidt Fotografie; **S. 174:** Sonia Levitin, Der Tag, an dem sie sich die Freiheit nahm, © Alibaba Verlag, Frankfurt a. M. 1995, Cover; **S. 175:** Zeichnung: © Marie

Marcks, Heidelberg; **S. 177:** Foto: Karl Johaentges; **S. 186:** Grafik aus: Rolf Oerter, Moderne Entwicklungspsychologie, 21. Auflage, Donauwörth, Auer 1987, S. 101; **S. 189 o.:** Zeichnung: Buzz'z/CCC; **S. 189 Mitte und unten:** Zeichnungen: C. Padberg, in: Elternbroschüre zur Suchtprävention 2, hg. von der Bundeszentrale für gesundheitliche Aufklärung, Köln 1993, S. 6; **S. 190:** Zeichnung: André Poloczek/CCC; **S. 191 links:** Bundesarchiv/Plak 3/11/018; **S. 191 unten:** © Presseagentur Ursula Röhnert; **S. 194:** Foto: Peter Neubauer/WAZ; **S. 195:** Foto: Jürgen Wolter; **S. 197 u.:** © Photo: David Ausserhofer; **S. 198:** Zeichnung: Jan Tomaschoff/CCC; **S. 200 o.:** Aus: Wilfried Breyvogel (Hg.), Mädchenbildung in Deutschland. Die Maria-Wächtler-Schule in Essen 1896-1996, Klartext Verlag, Essen 1996, S. 139; **S. 200 u.:** Aus: Josef Fellsches, Didaktische Phantasie. Einführungen in die Erziehungswissenschaft (Folkwang-Texte I/Band 4), Verlag Die Blaue Eule, Essen 1993, S. 34; **S. 204:** Aus: Prospekt des Westfälischen Schulmuseums der Stadt Dortmund, hg. vom Museum für Kunst und Kulturgeschichte der Stadt Dortmund, © Westfälisches Schulmuseum; **S. 212, 213, 214 o.:** Aus: Jochen Löher/Rüdiger Wulf, Furchtbar dräute der Erbfeind, Schriftenreihe des Westfälischen Schulmuseums Dortmund, Band 3, hg. vom Museum für Kunst und Kulturgeschichte der Stadt Dortmund und der Stadtsparkasse Dortmund, S. 41, 73, 59, 43, © Westfälisches Schulmuseum; **S. 214 Mitte und u.:** Aus: Sabine Kramer, Die Schulgemeinde Marten. Ein Beispiel für westfälische Schulgeschichte, Schriftenreihe des Westfälischen Schulmuseums Dortmund, Band 1, Dortmund 1992, S. 50, 51, © Westfälisches Schulmuseum; **S. 216 Mitte:** Aus: Prospekt des Westfälischen Schulmuseums der Stadt Dortmund, © Westfälisches Schulmuseum; **S. 216 u. und 217 o.:** Aus: Arbeitsgruppe Pädagogisches Museum (Hg.), Hilfe Schule. Ein BilderLeseBuch über Schule und Alltag, Elefanten Press, Berlin 1981, S. 89; **S. 217 u.:** Fotos: Bilderdienst Süddeutscher Verlag; **S. 218:** Aus: Arbeitsgruppe Pädagogisches Museum (Hg.), Hilfe Schule. Ein BilderLeseBuch über Schule und Alltag, Elefanten Press, Berlin 1981, S. 170, 177; **S. 219 und 220:** Aus: Wilfried Breyvogel (Hg.), Mädchenbildung in Deutschland. Die Maria-Wächtler-Schule in Essen 1896-1996, Klartext Verlag, Essen 1996, S. 95, 35, 171; **S. 223:** Zeichnung: Nikolaus Heidelbach, in: Nikolaus Heidelbach, Kinderparadies, 1994 Beltz Verlag, Weinheim und Basel, Programm Beltz & Gelberg, Weinheim; **S. 225, 226, 239, 240:** Zeichnungen: Verena Pavoni, in: Ursula Meier-Hirschi, Bücher machen Kinder stark... und Lesen macht das Leben schön, verlag pro juventute, Zürich 1994, S. 17, 60, 99, 89; **S. 230, 231, 232 o.:** Aus: Fritz Koch-Gotha/Albert Sixtus, Die Häschenschule, © Esslinger Verlag J. F. Schreiber GmbH, Esslingen; **S. 232 u., 233, 234:** Aus: Mirjam Pressler/Maria Wissmann, Jola und Nickel in der Schule, © 1994 by Loewe Verlag, Bindlach; **S. 235, 236:** Aus: Dr. Heinrich Hoffmann, Der Struwwelpeter - Ein lustiges Umkehrbuch, © Esslinger Verlag J. F. Schreiber GmbH, Esslingen; **S. 237, 238:** Aus: Tina Rau, Kennt ihr Blauland?, AnTex Verlag/TINA Kinderbücher, Geislingen/Steige 1988; **S. 243, 244:** Aus: Margaret Merrifield/Heather Collins, Mama, was ist AIDS?, übers. von Margarete Längsfeld, Donna Vita Verlag, Ruhnmark 1994; **S. 247 und 248 o.:** Peanuts, © PIB Kopenhagen; **S. 248 Mitte links:** Foto: © Hartmut W. Schmidt Fotografie; **S. 248 Mitte rechts:** Foto: Edwin Stiller; **S. 248 unten links:** Foto: TG/INTERFOTO; **S. 248 unten rechts:** Foto: Mainbild/Schindler; **S. 248 unten Mitte:** Foto: Ursula Markus, aus: D. Kreusch-Jacob, Mit Liedern in die Stille, Patmos Verlag Düsseldorf; **S. 250:** Foto: HERZOG/foto-present; **S. 252 o.:** Foto: Wolf-Dieter Weißbach/dpa; **S. 252 Mitte:** Foto: Stefan Hesse/dpa; **S. 255:** Fotos: Thorsten Rosenberg; **S. 267:** Plakate: Walter Bollwein, Fachakademie Seligenthal Landshut; **S. 268:** Foto: Edwin Stiller; **S. 269 und 270:** Fotos und © Dirk Hasskarl; **S. 274 und 275 o.:** Fotos: © Kultur- und Spielraum e. V., München, in: Gerhard Knecht/Ulrich Baer, Das Leben hineingeschachtelt und ausgestellt, in: gruppe & spiel 2/1996, Kallmeyer'sche Verlagsbuchhandlung, Seelze 1996, S. 19; **S. 277:** Foto: Edwin Stiller; **S. 280:** Foto: Gerald Sagorski; **S. 281:** Foto: bonn-sequenz; **S. 282:** Foto: dpa/Photoreporters; **S. 284:** Foto: © Sebastião Salgado; **S. 289 links und Mitte:** Aus: Ulrich Baer u.a., Lernziel Lebenskunst, Kallmeyer'sche Verlagsbuchhandlung, Seelze 1997, S. 185, 184; **S. 289 rechts:** Aus: Eva Marsal, Unverletzende Selbstbehauptung. Das Karlsruher Jugendtraining, Verlag Leske + Budrich, Opladen 1997, S. 37, 38; **S. 292:** © Pressefoto Michael Seifert; **S. 293:** Zeichnung: Katharina Joanowitsch; **S. 301:** Zeichnung: Lothar Reinhardt; **S. 304:** Aus: Friedrich Jahresheft 1992: Verantwortung, Friedrich Verlag, Seelze 1991, Cover; **S. 307:** Fotos: Michael Reuter; **S. 309:** © 1999 Watterson/Distr. Bulls; **S. 310:** Zeichnung: Roland Bühs/CCC

Wir haben uns in allen Fällen bemüht, den jeweiligen Urheber ausfindig zu machen. Sollte dabei ein Irrtum unterlaufen sein, bitten wir darum, sich mit dem Verlag in Verbindung zu setzen, damit wir eventuelle Korrekturen vornehmen können.

Die Autoren des „Kleinen Phoenix"

Heinz Dorlöchter

(Jahrgang 1951) hat zwei Kinder und wohnt in Dorsten. Von 1971 bis 1976 studierte er Mathematik und Erziehungswissenschaft in Bochum, seit 1978 ist er im Schuldienst (an der Gesamtschule Wulfen der Stadt Dorsten). Er bildet seit Febr. 1999 im Seminar in Gelsenkirchen Lehrerinnen und Lehrer für das Fach Erziehungswissenschaft/Pädagogik aus.

Bernd Kahlbau

(Jahrgang 1951) lebt mit seiner Frau und seinen beiden Kindern (12 und 15 Jahre) am Stadtrand im Grünen. Er unterrichtet die Fächer Deutsch und Pädagogik an einem Solinger Gymnasium. Seine Lebenseinstellung: „Wer Kraft zum Traum hat, hat Kraft zum Leben."

Gabriele Krafeld

(Jahrgang 1967) lebt mit ihrem Mann in Münster. Sie studierte die Fächer Deutsch, Pädagogik, Kunst und Textilgestaltung an der Universität und an der Kunstakademie in Münster. Seit 1998 ist sie als Lehrerin an der Gesamtschule Waltrop tätig.

Gudrun Maciejewski,

geb. 1964, ledig, keine Kinder, arbeitet seit 1995 am Berufskolleg Lise Meitner in Ahaus. Sie unterrichtet vor allem die Fächer Erziehungswissenschaft, Deutsch mit Kinder- und Jugendliteratur und Medienerziehung an der Fachschule für Sozialpädagogik und das Fach Pädagogik an der Fachoberschule für Sozial- und Gesundheitswesen und wohnt in Münster.

Martina Sander,

geb. 1967, hat es nach den Kindheitsjahren im Sauerland und dem Studium in Münster ins Ruhrgebiet verschlagen. Sie unterrichtet an der Gesamtschule Unna-Königsborn Deutsch, Pädagogik, Literatur und Gesellschaftslehre, wohnt jedoch in der „Weltstadt" Dortmund. Sie lebt seit Jahren in einer festen Beziehung, zu der zwar kein Kind, aber das Streifenhörnchen „Emil" gehört.

Christel Schrieverhoff

erlebt als verheiratete Mutter von zwei Söhnen (13 und 15 Jahre) und einer Tochter (11 Jahre) täglich die vielfältige pädagogische Praxis hautnah. Sie wohnt in Dorsten-Wulfen und unterrichtet seit 1980 die Fächer Pädagogik, Sozialwissenschaften, Geschichte und Chemie am Albert-Schweitzer-Gymnasium in Marl.

Edwin Stiller

(Jahrgang 1952) ist verheiratet und hat einen zur Zeit 16-jährigen Sohn (von ihm stammt die Aufmacher-Zeichnung zum Kapitel „Babysitterführerschein"). Er unterrichtet die Fächer Erziehungswissenschaft und Sozialwissenschaften am Freiherr-vom-Stein-Gymnasium in Recklinghausen und bildet am dortigen Seminar Lehrerinnen und Lehrer aus.

Frank Wittig

(Jahrgang 1963), verheiratet und Vater eines Sohnes, ist Pädagoge und Lehrer aus Leidenschaft an einer berufsbildenden Schule in Münster mit den Fächern Pädagogik, Didaktik/Methodik und Deutsch. Darüber hinaus hat er einen Lehrauftrag für Erziehungswissenschaft an der Universität Münster.